AF233396

ÉLÉMENTS

DE

PHILOSOPHIE SCIENTIFIQUE

ET DE

PHILOSOPHIE MORALE

SUIVIS DE SUJETS DE DISSERTATIONS

POUR LES CLASSES

DE MATHÉMATIQUES ÉLÉMENTAIRES ET DE PREMIÈRE-SCIENCES

(Baccalauréat ès sciences et Écoles spéciales)

PAR

P.-FÉLIX THOMAS

Docteur ès lettres
Professeur agrégé de philosophie au lycée Hoche.

PARIS

ANCIENNE LIBRAIRIE GERMER BAILLIÈRE ET Cⁱᵉ

FÉLIX ALCAN, ÉDITEUR

108, BOULEVARD SAINT-GERMAIN, 108

1893

ÉLÉMENTS
DE PHILOSOPHIE
SCIENTIFIQUE ET MORALE

ÉLÉMENTS

DE

PHILOSOPHIE SCIENTIFIQUE

ET DE

PHILOSOPHIE MORALE

SUIVIS DE SUJETS DE DISSERTATIONS

POUR LES CLASSES

DE MATHÉMATIQUES ÉLÉMENTAIRES ET DE PREMIÈRE-SCIENCES

(Baccalauréat ès sciences et Ecoles spéciales)

PAR

P.-FÉLIX THOMAS

Docteur ès lettres
Professeur agrégé de philosophie au lycée Hoche.

PARIS

ANCIENNE LIBRAIRIE GERMER BAILLIÈRE ET Cⁱᵉ

FÉLIX ALCAN, ÉDITEUR

108, BOULEVARD SAINT-GERMAIN, 108

1893

RÉSUMÉ DE PHILOSOPHIE

PREMIÈRE PARTIE
ÉLÉMENTS DE PHILOSOPHIE SCIENTIFIQUE

CHAPITRE PREMIER
DE LA SCIENCE

I
LA SCIENCE

1. Origine de la science. — 2. De la connaissance scientifique. — 3. Ses caractères. — 4. Définition de la science. — 5. Du savant et de l'ignorant. De l'esprit scientifique. — 6. La science, l'art et l'industrie.

1. Origine de la science. — Tous les hommes, comme le remarque Aristote au début de sa Métaphysique, ont naturellement le désir de connaître. C'est ce désir qui suscite les questions incessantes de l'enfant, la curiosité de l'homme à tout âge, les recherches du savant; c'est lui qui a donné naissance à la science et en explique, en grande partie, les progrès.

2. De la connaissance scientifique. — Ce que l'esprit veut connaître, c'est le *pourquoi* et le *comment* des choses, leurs *causes* ou leurs *principes* et leurs *lois*, c'est-à-dire leurs *raisons*. — Nous constatons, une première fois, que dans un tube où l'on a fait le vide, l'eau s'élève à une certaine hauteur; nous cherchons aussitôt une explication à ce phénomène dont la nouveauté nous surprend, et, si l'expérience et le raisonnement ne nous la fournissent pas, nous en inventons une : ainsi faisaient les anciens en admettant que la nature a horreur du vide. Nous ne considérons aujourd'hui un phénomène comme expliqué, qu'après avoir découvert le phénomène antécédent qui en est la condition nécessaire. Or, dans l'exemple précédent, ce phénomène antécédent, — c'est-à-dire la pression atmosphérique, — en l'absence duquel l'élévation du liquide ne se produit pas, qui varie comme elle et disparaît avec elle, est précisément la *cause* cherchée. Au rapport constant et invariable qui unit entre eux ces deux phénomènes, le phénomène-cause et le phénomène-effet, on donne le nom de *loi*.

Supposons maintenant qu'on énonce devant nous un théorème de géométrie qui nous soit inconnu ; celui-ci par exemple : le carré construit sur l'hypoténuse d'un triangle rectangle est égal à la somme des carrés construits sur les deux autres côtés. Ici, de nouveau, une explication est nécessaire, mais celle que demande l'esprit diffère de la précédente. Il ne s'agit plus, en effet, de phénomène antécédent à découvrir ; ce que nous voulons connaître, c'est la vérité générale ou le *principe* dont la proposition énoncée est la *conséquence*. Le rapport nécessaire qui existe entre cette proposition-principe et cette proposition-conséquence porte également le nom de *loi ;* seulement, dans ce cas, la conséquence étant implicitement contenue dans son principe, la loi est un *rapport de coexistence ;* elle était un *rapport de succession* dans le cas précédent, l'effet suivant toujours sa cause.

Si, poussant plus loin nos recherches, nous nous demandions quelle est la raison de ces lois, nous les expliquerions à leur tour en les rattachant à des lois plus générales dont elles dépendent. Ainsi, l'esprit s'élève à des généralisations de plus en plus hautes, reculant sans cesse les limites de son savoir, jusqu'à ce qu'il ait atteint une loi qui enveloppe toutes les autres et les explique, tout en restant elle-même inexpliquée [1].

3. Caractères de la connaissance scientifique. — Quand l'esprit s'est élevé de la connaissance des faits à celle des causes, des principes et des lois, il s'est élevé de la connaissance vulgaire ou empirique à la connaissance scientifique. Cette connaissance diffère de toute autre par des caractères précis :

1° Elle est, d'abord, *réfléchie* et *rationnelle*, puisqu'elle implique la recherche et la découverte des raisons des choses.

---

(1) La devise du savant pourrait être celle de l'Euphorion du second Faust de Gœthe :

Immer höher muss ich steigen,
Immer weiter muss ich schauen.

2° Elle est *certaine*, car elle peut être *vérifiée* et *démontrée*, soit par des expériences nouvelles, comme dans les sciences physiques, soit par des calculs nouveaux, comme dans les sciences mathématiques.

3° Elle est *nécessaire*, en ce sens que nous ne concevons pas qu'elle puisse être contredite à un moment donné. Nous sommes surpris en voyant, une première fois, le mercure monter dans le tube barométrique ; nous serions surpris, quand nous connaissons la cause de ce phénomène, si, les mêmes circonstances se trouvant réunies, il ne se produisait plus [1].

4° Elle est, de plus, *générale* et a une portée *universelle*. Cette loi, par exemple : tous les corps dans le vide tombent avec une égale vitesse, n'a été dégagée que d'un nombre d'expériences relativement restreint et cependant nous affirmons qu'elle s'applique à tous les corps, à tous les temps et à tous les lieux [2]. De même, les démonstrations que nous instituons dans les sciences exactes valent, non seulement pour les nombres ou les figures que nous avons sous les yeux, mais pour tous les nombres et pour toutes les figures semblables. — C'est ce caractère de la connaissance scientifique qui avait surtout frappé les philosophes anciens. « Il n'y a point, disaient-ils, de science du particulier : *non est fluxorum scientia;* il n'y a de science que du général. » Ils avaient bien compris, en effet, que la connaissance des phénomènes changeants et passagers ne saurait suffire à l'esprit humain. A quoi nous servirait de connaître jusque dans leurs éléments les plus simples, quelques minéraux, quelques fleurs, quelques hommes, si nos connaissances ne valaient que pour les objets observés? Notre instruction serait toujours, non à compléter, mais à refaire, et l'expérience de la veille serait sans profit pour celle du lendemain. Grâce à la connaissance des causes et des lois, notre intelligence, qui sait à quelles conditions nécessaires sont soumis les faits et les idées, n'est plus enfermée dans le présent ; elle peut empiéter sur l'avenir et, dans une certaine mesure, en disposer ; c'est en ce

______

(1) Remarquons ici que la nécessité porte non sur les termes eux-mêmes, mais sur le rapport qui les unit. Nous pouvons concevoir que les termes n'existent point, mais nous ne pourrions concevoir, par exemple, que le phénomène-cause étant donné, le phénomène-effet n'eût pas lieu.

(2) M. Lachelier caractérise la science en disant qu'elle est une réduction du particulier à l'universel, du composé au simple et du contingent au nécessaire. (Voy. Liard, *La métaphysique et la science*, chap. i.)

sens qu'on a pu dire que « savoir, c'est à la fois prévoir et pouvoir ».

5° Nous ajouterons que la connaissance scientifique peut seule véritablement être enseignée. L'empirique, sans doute, pourra nous apprendre beaucoup de faits qu'il a vus, dont il a été l'acteur ou le témoin, le savant seul pourra nous les *expliquer* et par cela même nous instruire.

4. Définition de la science. — En groupant les connaissances que nous avons acquises sur un même objet, si ces connaissances réunissent les caractères précédents, nous formons une science. On peut donc définir la science : *Un système de vérités générales dues à un travail méthodique de l'esprit et se rapportant à un même objet.* La géométrie, par exemple, est l'ensemble des connaissances générales, méthodiques et raisonnées que nous avons sur l'étendue ; la psychologie, l'ensemble de nos connaissances sur le sujet pensant, et ainsi des autres.

5. Le savant et l'ignorant. De l'esprit scientifique. — On voit dès lors que, si le savant diffère de l'ignorant, c'est moins parce qu'il sait davantage que parce qu'il sait *mieux*. On peut connaître tous les faits importants de l'histoire, les détails les plus intéressants sur les événements et sur les hommes, et n'être point un véritable historien ; de même, on peut connaître tous les noms des principales étoiles et leur position respective, sans être un savant en astronomie. Celui-là seul mérite le titre de savant qui a pu grouper et coordonner ses connaissances ; par delà les faits, entrevoir les lois qui les expliquent, en un mot, interpréter la nature dont l'ignorant ne soupçonne pas le sens profond et caché.

Le savant diffère plus encore, peut-être, de celui qui ne peut atteindre à la science, par les qualités d'esprit qu'il possède. — Il faut qu'il soit assez *curieux* pour désirer l'explication des choses ; assez *persévérant* pour poursuivre ses recherches, malgré les échecs et les déceptions qui l'attendent ; assez *désintéressé* pour n'obéir qu'à l'amour du vrai ; assez *méthodique* pour conduire avec ordre ses études ; assez *pénétrant* pour dégager des faits qui passent des lois fixes de plus en plus générales. C'est l'ensemble de ces qualités essentielles qui constitue *l'esprit vraiment scientifique.*

6. La science, l'art et l'industrie. — L'originalité propre de la science ressort plus nettement encore lorsqu'on l'oppose à l'art et à l'industrie avec lesquels parfois on semble la confondre.

La science diffère de l'art et par son *origine*, et par son *objet*, et par le *but* qu'elle poursuit, et par les *moyens* qu'elle emploie. La science a sa source dans la réflexion et dans la raison ; l'art dans l'inspiration soutenue par l'imagination et le goût. — La science cherche à remonter sans cesse du particulier au général, du concret à l'abstrait ; l'art cherche à réaliser ses conceptions, même les plus générales, sous une forme particulière et concrète. — La science est purement théorique et spéculative ; l'art est essentiellement créateur. — Pour atteindre son but, la science est obligée d'approprier ses méthodes aux objets mêmes qu'elle étudie et de se faire, en quelque sorte, l'esclave de la nature ; l'art, bien qu'il doive recourir à l'imitation des choses sensibles, pour réaliser son idéal, possède une liberté beaucoup plus grande dans le choix de ses moyens. — Enfin, l'histoire nous montre qu'ils ne se sont point développés d'une manière parallèle.

Quant à l'industrie, elle est née du désir qu'a tout homme d'accroître son bien-être, par conséquent, elle n'est point désintéressée ; elle a pour objet non seulement le vrai, mais l'utile ; elle est essentiellement agissante et pratique et tend à son but en mettant en œuvre les forces de la nature que le savant lui apprend à maîtriser. Elle diffère donc également de la science à laquelle cependant, comme nous le verrons plus tard, elle est étroitement unie [1].

II

LES SCIENCES. CLASSIFICATION ET HIÉRARCHIE DES SCIENCES

1. De la science universelle et des sciences particulières. — 2. Classification des sciences. Classification de Bacon. — 3. Classifications d'Ampère, d'Auguste Comte, de Herbert Spencer. — Hiérarchie des sciences.

1. De la science universelle et des sciences particulières. — L'idéal, pour le savant, serait de connaître l'universalité des choses et de remonter jusqu'à la loi suprême qui en explique à la fois les rapports de coexistence et les rap-

(1) Voy. page 90.

ports de succession. Un tel idéal ne sera jamais atteint, sans doute, toutefois les hommes depuis longtemps ont compris que le meilleur moyen de s'en approcher un peu était d'acquérir, d'abord, des connaissances précises et, à cet effet, de limiter leurs efforts en se spécialisant suivant leurs aptitudes et leurs goûts. C'est pourquoi au-dessous ou à côté de la philosophie qui prétendait être, à l'origine, la science universelle, ils ont créé de nombreuses sciences particulières.

2. Classification des sciences. Classification de Bacon. — C'est le tableau de ces sciences que depuis Aristote jusqu'à nos jours les philosophes souvent se sont efforcés de dresser, afin de nous donner, suivant l'expression de d'Alembert, comme « une mappemonde de l'univers scientifique ». Parmi ces tentatives, dont on ne saurait contester l'utilité, il faut citer surtout celles de Bacon, d'Ampère, d'Auguste Comte et de Herbert Spencer.

Bacon classe les sciences d'après les facultés qui servent à leur acquisition ; or, ces facultés sont, suivant ce philosophe, la mémoire, l'imagination et la raison. A la mémoire, il rattache l'histoire dont les branches principales sont : l'histoire naturelle, l'histoire civile et l'histoire sacrée ; à l'imagination, il rattache la poésie, qui a pour objet, non plus le réel, comme l'histoire, mais l'idéal, et à la raison, la philosophie, qui a un triple objet : Dieu, l'homme et la nature.

Le principal défaut de cette classification qui, d'ailleurs, est incomplète et range à tort la poésie parmi les sciences, est de reposer sur un principe ruineux. Il est évident, en effet, que chaque science, quelle qu'elle soit, réclame le concours de toutes nos facultés. On louerait mal un historien ou un poète, en leur accordant uniquement de la mémoire ou de l'imagination ; de même, on se tromperait étrangement sur la nature de la science proprement dite, si l'on en attribuait les progrès à la seule raison[1].

---

(1) Malgré ces défauts, la classification de Bacon contient plusieurs vues neuves et fécondes. Dans l'étude de l'histoire naturelle, Bacon recommande au savant d'observer avec soin les êtres, non seulement sous leurs formes ordinaires, mais encore sous leurs formes anormales, que ces formes qui constituent ces monstruosités soient notre œuvre, ou qu'elles soient celle de la nature. On sait quels développements cette méthode comparative a reçus de nos jours et à quels brillants résultats elle a conduit. A l'histoire civile, proprement dite, il veut qu'on rattache l'histoire ecclésiastique ; or, c'est cette étude qui est devenue, à notre époque, l'histoire des religions. — Enfin Bacon a le mérite d'avoir bien fait ressortir

3. Classification d'Ampère, d'Auguste Comte et de Herbert Spencer.

— Tout autre est la méthode suivie par Ampère, Aug. Comte et H. Spencer. Ils classent en effet les sciences, non d'après nos facultés, mais d'après leurs objets.

Comme tous les objets à connaître peuvent, en définitive, se ranger en deux classes, Ampère divise toutes les sciences en deux règnes, celles qui s'occupent du monde matériel et celles qui s'occupent du monde moral ; les unes qui étudient la nature, les autres qui étudient l'esprit. Aux premières, il donne le nom de *sciences cosmologiques ;* aux secondes, celui de *sciences noologiques.* Chacune de ces sciences se subdivise elle-même en deux sous-règnes ; chacun de ces sous-règnes en deux autres, et ainsi de suite. Ampère en arrive, en poursuivant cette division dichotomique, à trouver cent vingt-huit sciences spéciales, dites sciences de troisième ordre, qui embrassent toutes les connaissances humaines. — Cette classification est, comme on le voit, extrêmement compliquée, mais son défaut le plus grave est de ne point montrer les rapports qui unissent les sciences entre elles et l'ordre dans lequel elles se subordonnent.

La classification d'Aug. Comte échappe à cette critique en groupant les sciences d'après leur ordre de complexité croissante et de généralité décroissante ; cet ordre correspondant à celui dans lequel elles se subordonnent les unes aux autres et à celui dans lequel elles se sont développées. De là la série des six sciences fondamentales : les *mathématiques*, l'*astronomie*, la *physique*, la *chimie*, la *biologie* et la *sociologie*. Les mathématiques sont mises au premier rang car elles sont les plus générales, les moins complexes, les plus faciles et les premières qui se soient développées ; de plus, il n'est pas indispensable, pour en aborder l'étude, de connaître les autres sciences. La sociologie vient, au contraire, au dernier rang, parce qu'elle est plus particulière, plus complexe, plus difficile que toutes les autres dont elle suppose la connaissance [1]. Ainsi s'explique

l'importance de l'histoire littéraire. « Sans elle, dit-il, le monde n'aurait qu'un œil comme Polyphème. » N'est-ce pas dans ses œuvres littéraires, en effet, que l'esprit humain se révèle avec le plus de fidélité.

(1) Il est douteux que la dépendance entre les sciences — dépendance réelle cependant — soit toujours aussi étroite que l'indique A. Comte. Est-il certain, par exemple, que la physique et la chimie ne puissent faire aucun progrès, sans le secours de l'astronomie ?

qu'elle n'ait été créée que fort tard et n'ait fait encore que peu de progrès.

II. Spencer a, sur plusieurs points de détail, critiqué et complété cette classification. Tenant un compte plus rigoureux de la nature même des objets qu'étudient les sciences, il a pu les grouper d'une manière plus logique. C'est ainsi qu'il les distingue en sciences *abstraites, abstraites-concrètes* et *concrètes,* suivant qu'elles ont pour objet les *formes* vides sous lesquelles nous apparaissent les phénomènes, comme la Logique et les Mathématiques ; les *phénomènes* eux-mêmes, comme la Mécanique, la Physique et la Chimie, ou enfin les *êtres* comme l'Astronomie, la Biologie, etc. [1]. — Mais, en réalité, cette classification est édifiée sur le même principe que la précédente ; c'est le seul d'ailleurs qui nous permette de grouper logiquement les sciences et d'en comprendre la hiérarchie.

4. Hiérarchie des sciences. — En appliquant ce principe, nous pouvons d'abord, comme on le fait d'ordinaire, diviser les sciences en sciences mathématiques, physiques, naturelles et morales.

Les trois premières classes de ces sciences qui ont pour objet le monde matériel, nous initient graduellement aux lois de plus en plus complexes qui le dirigent.

a). Les plus abstraites et les plus simples sont les *mathématiques,* car elles limitent leurs recherches à l'étude de la quantité ou des grandeurs. Ces sciences peuvent se ramener à deux principales : l'*arithmétique* et la *géométrie,* l'une qui a pour objet les nombres et qui est indépendante ; l'autre, qui a pour objet l'étendue, mais qui est déjà tributaire de la science précédente. A ces sciences on ajoute ordinairement l'*algèbre ;* mais elle est moins une science proprement dite qu'une méthode de généralisation et de simplification dont toutes les sciences font usage.

(1) La subordination des sciences s'explique aisément si l'on songe que les phénomènes complexes dont s'occupent, par exemple, les sciences biologiques ont toujours leur condition dans les phénomènes plus simples dont s'occupent la physique et la chimie ; mais nous ne saurions, pour cela, conclure, comme on l'a fait, que les sciences se ramènent, en définitive, les unes aux autres, qu'entre leurs objets il n'y ait qu'une différence de complexité et que les phénomènes vitaux se réduisent à des mouvements. L'inférieur, comme le remarque M. Ravaisson, peut être la condition nécessaire du supérieur, sans que nous ayons le droit d'affirmer qu'il en est la condition suffisante.

Nous pouvons rapprocher de ces sciences la *mécanique* et l'*astronomie* qui étudient, l'une l'équilibre des forces et les mouvements qu'elles produisent, l'autre les mouvements des astres et leurs lois. Ces sciences, comme il ressort de leurs définitions mêmes, sont moins abstraites que les premières ; mais, si elles ont leur point de départ dans l'expérience, c'est aux mathématiques surtout qu'elles doivent de résoudre la plupart des problèmes qu'elles agitent. La mécanique ne se conçoit pas sans la géométrie et c'est grâce à la géométrie et à la mécanique que les astronomes ont fait leurs plus belles découvertes.

b). Les sciences *physiques* étudient plus directement les corps. On peut les ramener à la *physique proprement dite* et à la *chimie*. Celle-là étudie les propriétés générales des corps, telles que la lumière, la chaleur, l'électricité et les modifications qu'ils subissent dans leur constitution externe ; celle-ci, les modifications durables qui se produisent dans leur nature intime et font apparaître des propriétés nouvelles. Pour comprendre les rapports qui unissent aux précédentes ces sciences dont la complexité est déjà très grande, remarquons simplement que, si le nombre n'a rien de commun avec les modifications physiques et chimiques, ces modifications, elles, sont mesurables, et que le calcul est indispensable au physicien et au chimiste.

c). Avec les *sciences naturelles*, nous abordons l'étude des êtres eux-mêmes dans toute la complexité de leur nature et toute la variété de leurs formes. Ces sciences sont essentiellement des sciences concrètes. Les principales d'entre elles sont, dans leur ordre de dépendance et de complexité croissante : la *minéralogie* et la *géologie*, qui ont pour objet les êtres inanimés ; — la *botanique*, la *zoologie* et l'*anthropologie*, qui ont pour objet les êtres vivants et auxquelles on a, pour cette raison, donné le nom de *sciences biologiques*. Chacune de ces sciences ayant reçu, par suite des découvertes des savants, des développements considérables, devait nécessairement donner naissance à d'autres sciences secondaires. C'est ainsi qu'à la botanique et à la zoologie se sont ajoutées, comme annexes, l'*anatomie* et la *physiologie* végétales et l'anatomie et la physiologie animales — l'une qui étudie les organes, l'autre les fonctions ; — à l'anthropologie, l'*ethnologie* qui s'occupe de l'origine et de la distribution des races, puis la *pathologie*, la *nosologie* et beaucoup d'autres.

d). Si maintenant nous considérons quels objets comprennent les nombreuses sciences que nous venons d'énumérer, nous constatons qu'il en est un qu'elles laissent complètement à l'écart. C'est l'homme lui-même en tant qu'être pensant, sentant et voulant. Or, c'est ce nouvel objet qui a suscité un nouveau groupe de sciences, les sciences *morales*, qu'Ampère appelle, comme nous l'avons vu, *sciences noologiques* ou sciences de l'esprit. Ces sciences étudient d'abord les faits généraux de la nature humaine, les émotions, les pensées, les habitudes... De là tout un ordre de sciences particulières qu'on désigne sous le nom de *sciences psychologiques*. — En second lieu, elles cherchent à découvrir les raisons des changements qui surviennent dans l'humanité, à travers les âges, quelles lois président à son évolution et rendent compte de ses progrès : elles forment alors les *sciences historiques*. — Enfin, comme l'homme ne vit pas isolé, mais soutient des rapports continuels avec ses semblables, on est naturellement amené à se demander si la société elle-même n'est pas soumise à un mécanisme spécial et s'il n'est pas des conditions plus favorables que d'autres au bien-être de tous : d'où un dernier groupe de sciences, les sciences *politiques et sociales*. De toutes les sciences, celles-ci sont les moins développées; c'est qu'en effet leur complexité est extrême et que leurs progrès sont subordonnés à ceux de toutes les autres.

III

DE LA PHILOSOPHIE DES SCIENCES

1. De la philosophie des sciences. Son utilité. — 2. Insuffisance de cette philosophie. Nécessité d'une philosophie critique et d'une philosophie métaphysique.

1. De la philosophie des sciences. — Nous avons dressé le tableau général des sciences; or, en admettant que chacune d'elles eût atteint son développement complet — ce qui ne sera jamais — notre besoin de savoir serait-il entièrement satisfait? — Évidemment non.

Il est, d'abord, un certain nombre de questions générales et communes à toutes les sciences, auxquelles nulle science particulière ne répond. La première est celle qui porte sur la nature même de la science, sur ses caractères, ses différentes espèces et leur ordre de subordination. C'est à cette première question que nous nous sommes attachés jusqu'ici.

En second lieu, nulle science ne peut se constituer sans méthode. Quels sont les caractères de cette méthode ; quelle en est la légitimité et la portée ; à quelles lois obéit l'esprit humain qui l'applique ? Nouvelle question qui appelle une nouvelle réponse.

Enfin, plus l'intelligence s'ouvre à la vérité et plus elle se persuade que cette vérité est une et que la nature, suivant la juste remarque d'Aristote, « n'est pas un ensemble de phénomènes sans lien, semblable à une mauvaise tragédie faite d'épisodes divers ». Or, chaque science ne nous fait connaître qu'une parcelle de la vérité, qu'un des aspects de l'Univers; il est donc indispensable de créer en quelque sorte au-dessus d'elles une *science des sciences* qui en systématise les résultats et unifie nos connaissances.

C'est l'ensemble de ces études qui constitue précisément la *philosophie des sciences*.

L'importance de cette philosophie, l'attrait qu'elle exerce sur l'esprit, son incontestable légitimité, sont attestés encore par les nombreux travaux qu'elle a inspirés non seulement aux philosophes, mais aux plus illustres savants. C'est ainsi, pour citer seulement quelques exemples, que d'Alembert écrit son *Discours préliminaire de l'Encyclopédie;* Ampère, son *Essai sur la classification des sciences;* Aug. Comte, son *Cours de philosophie positive;* Duhamel, son ouvrage sur les *Méthodes dans les sciences de raisonnement;* Cournot, son *Essai sur les fondements de nos connaissances;* Herschell, son *Discours sur l'étude de la philosophie naturelle;* Chevreul, Berthelot, Claude Bernard, leurs réflexions sur la méthode dans les sciences expérimentales... Il semble que chaque savant espère trouver dans ces études nouvelles comme un couronnement à ses découvertes et se rendre mieux compte à lui-même de ses propres travaux.

2. Nécessité d'une philosophie critique et d'une philosophie première. — Quelque importantes que soient ces études, elles en appellent cependant une autre encore. Que l'on songe, en effet, à tous les problèmes qu'elles laissent sans solution et que l'esprit invinciblement se pose. Les sciences mathématiques traitent des nombres et des figures, sans s'occuper des choses étendues et mesurables; — la physique traite des propriétés des corps, sans s'occuper de la matière; la biologie, des phénomènes vitaux, sans s'occuper du principe de la vie ; la psychologie, quand on la considère comme une science purement expérimentale, ne nous renseigne ni sur la nature du principe pensant, ni sur son origine, ni sur sa destinée; enfin, aucune science positive ne nous apprend si ce monde dont nous faisons partie, si cet Univers avec la variété de ses lois et leur merveilleuse harmonie, se suffit à lui-même ; s'il est le produit du hasard ou l'œuvre d'une intelligence supérieure.

Ces problèmes, touchant la nature, l'origine et la fin des choses, sont les premiers que les philosophes aient agités; nous pouvons ajouter que, si les sciences positives paraissent en éloigner quelques esprits, la philosophie des sciences logiquement les y ramène. Il suffit, pour s'en convaincre, de parcourir les travaux des savants eux-mêmes. Ceux de Newton contiennent fréquemment des considérations métaphysiques de la plus haute portée; on sait quelle place accorde Descartes à la philosophie première. Galilée se faisait gloire d'avoir consacré plus d'années à la philosophie que de mois à la physique. Enfin, les études de Geoffroy Saint-Hilaire sur la *Philosophie anatomique*, celles de Cournot, que nous avons déjà citées; celles de J.-B. Dumas, sur la *Philosophie de la chimie;* de Claude Bernard, sur le principe de la vie, et beaucoup d'autres, remarquables à différents titres, ne relèvent-elles pas de la métaphysique autant que de la science proprement dite? — La raison humaine ne peut donc se désintéresser de ces recherches sans abdiquer.

(1) Les positivistes cherchent à justifier encore par des raisons historiques l'ostracisme dont ils frappent la métaphysique. A l'origine, nous disent-ils, pour expliquer les choses, les hommes font intervenir des puissances faites à leur image ; c'est Jupiter qui fait tonner; Neptune et Éole qui soulèvent les flots. C'est la *période théologique.* Plus tard, ils s'aperçoivent combien sont peu probantes de telles explications; aussi, pour rendre compte des choses, ont-ils recours à des causes moins éloignées, mais encore invisibles, quoique étroitement unies aux phénomènes. A la période théologique succède alors la période *métaphysique,* avec toute sa légion des vertus occultes et des propriétés latentes. — Enfin, un jour arrive où l'esprit comprend que ces explications sont aussi vaines que les premières, et il s'en tient à l'étude des faits et de leurs lois, seuls observables et vérifiables. C'est la *période scientifique.* Dans cette période le seul rôle de la philosophie est de systématiser les résultats obtenus par les autres sciences.

En présence, il est vrai, des résultats obtenus — résultats souvent contradictoires, — les positivistes se sont demandé si ces problèmes ne seraient point, par nature, insolubles. — Peut-être. Dans tous les cas, nous n'aurions le droit de les déclarer tels que si nous avions prouvé d'abord qu'ils ne peuvent être résolus. « S'il faut philosopher, disait Platon, il faut philosopher; s'il ne faut pas philosopher, il faut philosopher encore pour montrer que nous ne devons pas philosopher. » La philosophie des sciences appelle donc bien comme complément nécessaire une philosophie critique et aussi, croyons-nous, une métaphysique.

OUVRAGES A CONSULTER

Aristote, *Métaphysique*. — 1. Bacon, *De augmentis scientiarum*. — Ampère, *Essai sur la philosophie des sciences*. — Aug. Comte, *Cours de philosophie positive*. — Ravaisson, *Essai sur la métaphysique d'Aristote*, I, p. 50 et suiv. — Renan, *Avenir de la science*. — H. Spencer, *Classification des sciences* (trad. Rhétoré). — Robinet, *La philosophie positive*. — D. Stolipine, *Essai de philosophie des sciences*. — Janet, *Revue des cours littéraires*, 1864. — Liard, *La métaphysique et la science*, chap. 1.

CHAPITRE II

DE LA MÉTHODE

I

1. Définition de la méthode. Son utilité. — 2. De la méthode générale
et des méthodes particulières. — 3. De la méthodologie.

1. Définition de la méthode. Son utilité. — La
méthode est la direction qu'on imprime à ses pensées dans la
recherche et la démonstration de la vérité.

Sans méthode, nul progrès sérieux dans les sciences. C'est
elle, en effet, qui discipline nos facultés et féconde nos efforts;
qui abrège le temps de la recherche, en évitant les tâtonné-
ments inutiles et les essais infructueux; qui met l'esprit à l'abri
de l'erreur en le forçant, à chaque pas, à contrôler les résultats
obtenus et à vérifier ses jugements. Elle permet donc d'atteindre plus aisément, plus vite et plus sûrement la vérité. —
Quelques théoriciens, il est vrai, ont cru devoir la déprécier au
profit du hasard et du génie. Avec eux, nous reconnaitrons
volontiers qu'elle ne saurait donner d'esprit à qui en manque
et que le hasard est parfois un précieux auxiliaire pour la
science, mais ne faudra-t-il pas reconnaitre aussi que souvent
c'est elle qui a fait naitre ces hasards heureux dont a bénéficié
le génie et que c'est elle surtout qui a permis de les utiliser?
Sans admettre absolument, comme Descartes, que l'inégalité
des intelligences vient uniquement de la différence des méthodes
suivies, nous admettrons donc avec lui « qu'il ne suffit pas
d'avoir l'esprit bon, *mais que l'essentiel est de l'appliquer
bien* [1] ! »

(1) « Ceux qui ne marchent que fort lentement peuvent avancer beaucoup davantage, s'ils suivent le droit chemin, que ne font ceux qui courent
et qui s'en éloignent. » (Desc., *Disc. de la méth*, I.) « Un boiteux qui suit

L'histoire, du reste, est là pour prouver que les progrès de la science sont intimement unis à ceux des méthodes. Si, dans l'antiquité et au moyen âge, les sciences de la nature parviennent à peine à se constituer, il en faut chercher la cause dans les méthodes défectueuses dont on se servait ou dans l'absence de méthode, bien plus encore que dans l'absence de génie. Nous savons, au contraire, quel essor ont donné à la philosophie et aux sciences les méthodes de Socrate et d'Aristote, de Descartes et de Bacon, de Claude Bernard et de Pasteur.

2. Méthodes particulières et méthode générale. — Si ces méthodes ont été si fécondes, c'est qu'elles étaient appropriées exactement aux objets étudiés. En effet, pour parvenir à la science, l'esprit doit obéir à la nature, suivre les indications qu'elle lui donne et varier ses procédés suivant les buts qu'il poursuit. Aussi peut-on considérer autant de méthodes particulières qu'il y a d'objets distincts dont s'occupent les sciences. — N'oublions pas cependant que l'intelligence humaine, quelle que soit d'ailleurs la nature de ses recherches, ne saurait modifier les lois fondamentales qui la dirigent. Il existe donc toujours un certain nombre de règles qui dominent par leur généralité même les formes particulières que les méthodes doivent revêtir et dont l'application est universelle ; c'est pourquoi, au-dessus des méthodes propres à chaque science, se trouve une méthode générale utile à connaître, car ses préceptes constituent comme une sorte de préparation naturelle à toute recherche scientifique.

3. De la Méthodologie. — C'est à l'étude *théorique* de cette méthode générale et de ces méthodes particulières que l'on donne ordinairement le nom de *méthodologie*. Son objet est donc nettement défini ; il importe seulement d'en bien comprendre le rôle. Ce rôle n'est pas de dogmatiser, comme on l'a cru quelquefois. La méthodologie ne se propose pas d'enseigner au savant un code infaillible auquel il devrait servilement obéir ; elle demande, au contraire, à la science des conseils ; elle recherche quelle marche a conduit aux plus beaux résultats ;

le droit chemin devance le coureur qui s'égare hors de la route. » Bacon, *Nov. org.*, I, 82.) — « Des études sans ordre et des méditations obscures troublent les lumières naturelles et aveuglent l'esprit... Quiconque s'accoutume à marcher ainsi dans les ténèbres, s'affaiblit tellement la vue, qu'il ne peut plus supporter le grand jour. » (Desc., *Règles*, III.) — « La main seule et la pensée livrées à elles-mêmes n'ont pas grande puissance. » (Bacon, 2ᵉ *Aphorisme*.)

quelles méthodes ont été appliquées, puis elle en dégage les règles, en fait la théorie, se complétant et se corrigeant à mesure que la science elle-même se corrige et se complète [1].

II

DE LA MÉTHODE GÉNÉRALE

1. Règle de Descartes. Autorité de la raison. — 2. De la méthode d'autorité. Jugement de Pascal.

1. Règle de Descartes. Autorité de la raison. —La première règle de la méthode générale, — règle qui comprend toutes les autres, — c'est, suivant Descartes, de « n'admettre pour vrai que ce qui est évident », c'est-à-dire de s'en rapporter uniquement au témoignage de la raison. Dans le domaine de la croyance, il est prudent, il est sage même parfois de préférer à son jugement le jugement d'autrui ; dans le domaine de la science on ne doit, en définitive, s'en remettre qu'à soi-même, et n'affirmer que « lorsqu'on voit clair ».

2. De la méthode d'autorité. Jugement de Pascal. — Cette règle si simple, — en apparence, du moins, — et dont nul aujourd'hui ne songe à discuter la légitimité, semble cependant, surtout au moyen âge, avoir été longtemps méconnue. A l'évidence de la raison, même au commencement du XVIIᵉ siècle, on préférait encore l'autorité des anciens. « Le respect que l'on porte à l'autorité, écrivait Pascal, est à tel point dans les matières où il doit avoir le moins de force, que l'on se fait des oracles de toutes ses pensées et des mystères même de ses obscurités ; que l'on ne peut avancer de nouveautés sans péril et que le texte d'un auteur suffit pour détruire les plus fortes rai-

(1) Stuart Mill met bien en relief l'utilité de cette étude. « Les hommes, dit-il, jugeaient sans doute de la vérité des choses, et souvent avec justesse, avant que la logique fût une science constituée, comme ils exécutaient de grands travaux de mécanique avant de connaitre les lois de cette science, mais il y a des bornes à ce que peuvent faire les mécaniciens qui ne possèdent pas les principes de la mécanique et à ce que peuvent faire les penseurs qui ne possèdent pas les principes de la logique. » (Syst. de Log., introd.) « La principale différence entre un logicien et un autre consiste dans leur plus ou moins grande aptitude à errer... Les règles de logique n'ont pas tant pour but de nous apprendre à penser juste que de nous préserver de penser mal. » (Revue des cours littéraires, 1867. — L'instruction moderne.)

sons. » De là le peu de liberté laissé aux savants, comme le prouvent l'accueil fait aux « nouveautés » de Galilée et la conduite de Descartes, qui renonça à publier son *Traité du monde ;* de là aussi le peu de progrès des sciences.

Et cependant, quoi de moins légitime que ce respect de l'autorité dans des sujets qui ne relèvent ni de l'histoire, ni de la religion ? « Supposons que les anciens aient eu pour leurs devanciers le même respect absolu et inintelligent que nous avons pour les nôtres, ils n'auraient fait aucune invention. »

Ne traitons donc pas nos anciens, continue Pascal, avec plus de retenue qu'ils n'ont traité ceux qui les ont précédés. Ce serait faire injure à la raison qui ne demeure pas stationnaire comme l'instinct de l'animal. « L'homme, ajoute-t-il, est fait pour l'infinité ; il est dans l'ignorance au premier âge de la vie, mais il s'instruit sans cesse dans son progrès, car il tire avantage, non seulement de sa propre expérience, mais encore de celle de ses prédécesseurs. De là vient que, par une prérogative particulière, non seulement chacun des hommes s'avance de jour en jour dans les sciences, mais que tous les hommes ensemble y font de continuels progrès, à mesure que l'univers vieillit, parce que la même chose arrive dans la succession des hommes que dans les âges différents d'un particulier, de sorte que toute la suite des hommes pendant le cours de tant de siècles doit être considérée comme un même homme qui subsiste toujours et qui apprend sans cesse. Ceux que nous appelons anciens étaient véritablement nouveaux en toutes choses et formaient l'enfance des hommes proprement, et, comme nous avons joint à leurs connaissances l'expérience des siècles qui les ont suivis, c'est en nous que l'on peut trouver cette antiquité que nous révérons chez les autres [1]. » — Descartes avait déjà dit dans les mêmes termes : « c'est nous qui sommes les anciens du monde, » et l'on connaît la maxime de Bacon : « la vérité est fille du temps, non de l'autorité : *Veritas, filia temporis, non auctoritatis.* »

---

(1) Gassendi qui nous a laissé un tableau fidèle de l'état des sciences à son époque, conclut dans le même sens : « Certes, dit-il, je ne condamne pas les anciens et je sais de quel prix sont leurs travaux, mais je ne puis m'astreindre à mesurer la vertu aux années et oublier que les choses, anciennes aujourdh'ui, autrefois ont été nouvelles. La connaissance du passé doit uniquement nous servir à pousser plus loin nos recherches, grâce à l'expérience et à la raison. Les anciens doivent être pour nous des guides, non des maîtres absolus. » —*Exercit. adv. Arist.*

III

PROCÉDÉS ESSENTIELS DE LA MÉTHODE GÉNÉRALE

1. De l'analyse et de la synthèse. — 2. Leurs caractères dans les divers ordres de sciences. — 3. Leur union. — 4. Règles de l'analyse et de la synthèse.

1. De l'analyse et de la synthèse. — Pour parvenir à l'évidence rationnelle et découvrir l'explication des choses, l'esprit, quelle que soit la science qu'il étudie, procède nécessairement de l'une ou l'autre de ces deux manières : ou il part de faits et de conséquences, qui lui sont connus, pour remonter jusqu'aux lois et aux principes qu'il ignore; ou il s'efforce de découvrir les conséquences et les faits qu'il ignore, en partant des lois et des principes qui lui sont connus. Dans le premier cas, il procède par *analyse;* dans le second par *synthèse*, suivant ici une marche *régressive* et *ascendante;* là une marche *descendante* et *progressive.* — L'analyse et la synthèse sont donc bien les deux procédés essentiels de la méthode générale, puisqu'elles sont communes à toutes les sciences et doivent se retrouver dans toutes les méthodes particulières.

2. De l'analyse et de la synthèse dans les différents ordres de sciences. — Ces procédés, cependant, revêtent des formes un peu différentes suivant que nos recherches tendent, comme dans les mathématiques, à la découverte d'un principe ou d'une conséquence, ou, comme dans les sciences physiques et naturelles, à la découverte d'un fait ou d'une loi.

Dans les sciences mathématiques, procéder par analyse, c'est rattacher une proposition donnée à une ou à plusieurs autres propositions plus simples et rattacher ces propositions elles-mêmes, si elles ne sont pas démontrées déjà, à des propositions évidentes dont elles sont la conséquence. Procéder par synthèse, au contraire, « c'est partir de propositions reconnues vraies, en déduire d'autres comme conséquences nécessaires, de celles-ci de nouvelles, et ainsi de suite, jusqu'à ce qu'on parvienne à la proposée, qui se trouve alors reconnue elle-même comme vraie[1]. » La méthode suivie dans un cas est donc une *régression,*

______
(1) Duhamel, *Des méthodes dans les sciences de raisonnement*, p. 40.

un retour sur ses pas, une sorte de solution à rebours, puisque nous nous reportons à des vérités précédemment établies ; — dans l'autre, pour des raisons opposées, une *progression*, une sorte de marche en avant, puisque nous allons de vérités connues à d'autres qui ne le sont pas. — Comme exemple d'analyse appliquée à la solution des problèmes, on peut citer la méthode ordinairement usitée pour découvrir le centre d'une circonférence passant par trois points, non en ligne droite ; — comme exemple de synthèse, celle dont on se sert le plus souvent pour prouver que le carré de l'hypoténuse est égal à la somme des carrés construits sur les deux autres côtés du triangle.

Dans les sciences physiques, procéder analytiquement, c'est, pour expliquer un fait, dégager des circonstances multiples qui l'accompagnent celle qui en est la cause véritable ; c'est remonter à sa loi et rattacher cette loi à des lois de plus en plus générales. Procéder synthétiquement, c'est suivre une route inverse et redescendre de ces lois à leurs applications : il y a donc bien encore régression dans un cas et progression dans l'autre.

En chimie et dans les sciences naturelles, l'analyse et la synthèse s'offrent plus spécialement à nous comme des méthodes de composition et de décomposition. Faire l'analyse de l'eau, en effet, c'est la décomposer en oxygène et en hydrogène ; en faire la synthèse, c'est la reconstituer à l'aide de ces éléments. — De même, faire l'analyse de l'être vivant, pour découvrir les éléments qui le constituent, c'est le décomposer en ses rouages divers ; n'est-ce pas également par une série d'abstractions, c'est-à-dire de décompositions, que le naturaliste s'élève des individus à l'espèce, et de l'espèce au genre ; par une série de compositions, qu'il redescend du genre à l'espèce et à l'individu ? — Toutefois, il serait aisé de montrer que, même dans ces sciences, l'analyse de décomposition implique une analyse régressive et qu'on retrouve une synthèse progressive sous la synthèse de composition. — En se plaçant à ce point de vue, il est donc possible de ramener à l'unité les différentes espèces d'analyses que les logiciens et les savants ont souvent opposées entre elles, comme il est possible de ramener à l'unité les différentes espèces de synthèses, puisque sous les formes qu'elles revêtent nous retrouvons toujours une même méthode suivie par l'esprit.

3. Union de l'analyse et de la synthèse. — Le secours que se prêtent mutuellement l'analyse et la synthèse varie suivant les sciences auxquelles on les applique. Dans les mathématiques, elles constituent chacune une méthode complète et peuvent, à la rigueur, se passer l'une de l'autre. C'est ainsi que la démonstration analytique d'un théorème ne réclame, pour être absolument certaine, aucun surcroît d'information.

Dans les sciences physiques, leur union est beaucoup plus étroite, car souvent il faut recourir à la synthèse pour s'assurer que notre analyse a été complète et pour en mieux dégager les résultats. — C'est cette union que nous nous efforcerons de mettre en lumière, en étudiant plus tard le rôle de la déduction dans les sciences expérimentales.

Dans les sciences naturelles, au contraire, où le concours de l'analyse et de la synthèse nous serait plus nécessaire que partout ailleurs, car, plus que partout ailleurs, les chances d'erreur sont nombreuses, il est le plus ordinairement impossible de l'obtenir. — Comment, par exemple, reconstituer l'être vivant que l'analyse a décomposé? comment rendre la vie à ce qui l'a perdue ? A une analyse réelle qui fournit rarement toutes les explications dont nous avons besoin, ne peut succéder qu'une synthèse idéale dont la valeur scientifique est toujours contestable.

Remarquons, enfin, que l'esprit ne saurait indifféremment recourir à l'un où à l'autre de ces procédés, quel que soit le but qu'il se propose. Le premier, en effet, est plus propre à l'invention; le second, à la démonstration de la vérité; aussi les logiciens désignent-ils souvent la méthode analytique sous le nom de *méthode de découverte* ou d'*investigation;* la méthode synthétique, sous celui de *méthode de doctrine* ou d'*enseignement.*

4. Règles de l'analyse et de la synthèse. — Pour que l'analyse et la synthèse nous conduisent à des résultats certains, plusieurs conditions sont requises. Il faut d'abord que l'analyse ne s'arrête qu'aux éléments premiers et vraiment irréductibles et aux vrais principes, et que la synthèse parte toujours de ces principes et de ces éléments obtenus par l'analyse ; il faut, en outre, que dans la recherche de la vérité, l'analyse et la synthèse ne s'avancent que graduellement, déterminant avec soin les rapports de tous les intermédiaires qu'elles ren-

contrent, de telle sorte que leur enchaînement logique, depuis
le point de départ jusqu'au point d'arrivée n'échappe jamais à
l'esprit.

IV

RÈGLES DE DESCARTES

Toutes ces remarques sur la méthode générale ont été résumées par Descartes dans les quatre règles suivantes :

La première est de ne recevoir jamais aucune chose pour
vraie, qu'on ne la connaisse évidemment être telle, c'est-à-dire
d'éviter soigneusement la précipitation et la prévention, et de
ne comprendre rien de plus en ses jugements que ce qui se
présente si clairement à l'esprit, qu'on n'ait aucune occasion de
le mettre en doute ;

La deuxième, de diviser chacune des difficultés qu'on exa-
mine en autant de parcelles qu'il se peut, et qu'il est requis pour
les résoudre ;

La troisième, de conduire par ordre ses pensées, en commençant par les objets les plus simples et les plus aisés à connaître, pour monter peu à peu, comme par degrés, jusqu'à la
connaissance des plus composés, en supposant même de l'ordre
entre ceux qui ne se précèdent point naturellement les uns les
autres.

La quatrième, de faire partout des dénombrements si entiers
et des revues si générales, qu'on soit assuré de ne rien omettre.

OUVRAGES A CONSULTER

Descartes, *Discours de la méthode*, 2ᵉ partie et *Règles pour la direction
de l'esprit*. — Port-Royal, *Logique*, 4ᵉ partie, chap. ii et iii.— F. Thomas,
La philosophie de Gassendi, introduction. — Pascal, *De l'autorité en matière de philosophie*. — Condillac, *L'art de penser*. — Duhamel, *Des
méthodes dans les sciences de raisonnement*. — Renouvier, *Logique*, I. —
Rabier, *Logique*, chap. xvi. — Berthelot, *La synthèse chimique*. — Fonsegrive, *L'analyse et la synthèse : Revue philosophique*, t. XIV, p. 313 et *Éléments de Philosophie*, t. II, p. 75 et suiv.

CHAPITRE III

MÉTHODE DANS LES SCIENCES MATHÉMATIQUES

A. — DE LA DÉMONSTRATION

I

1. Aperçu historique. — Les sciences mathématiques
sont les premières qui se soient détachées de la philosophie
pour vivre d'une vie propre et indépendante ; aussi leurs progrès ont-ils surpassé ceux de toutes les autres sciences et sont-
elles aujourd'hui les plus parfaites. On leur a même donné le
nom de *sciences exactes*, c'est-à-dire de sciences par excellence
et ce nom nous paraîtra pleinement justifié quand nous aurons
montré qu'elles sont des sciences essentiellement rationnelles ;
que « leur objet, suivant la remarque de Descartes, est si clair
et si simple qu'elles n'ont besoin de rien supposer que l'expérience puisse révoquer en doute » ; que leur méthode est d'une
précision rigoureuse et leur langage celui de tous qui prête le
moins à l'amphibologie et à l'erreur.

Parmi les savants qui ont le plus contribué à leur avancement il faut citer dans l'antiquité, après les Pythagoriciens et
Platon : *Euclide*, qui le premier exposa d'une manière métho-

dique et sous forme démonstrative les découvertes faites par ses devanciers en géométrie; *Archimède*, qui, dans la même science, inventa la méthode que nous appelons encore *méthode des limites; Pappus*, qui non seulement fait avancer la géométrie jusqu'au degré de perfection où la trouve Descartes, mais de plus, nous donne la théorie des méthodes qu'il emploie; *Diophante*, qui applique l'algèbre à la solution des problèmes d'arithmétique; — au moyen âge : *Léon de Pise, Alfonse X le Sage, Regiomontanus*, qui s'appliquèrent surtout à vulgariser les travaux des anciens; — pendant la renaissance : *Tartaglia* et *Cardan*, en Italie; *Ramus*, en France, et surtout *Viète* qui donne un nouvel essor à l'algèbre, en apprenant à substituer des lettres aux nombres, pour simplifier les calculs, et qui ébauche une théorie générale des équations; — dans les temps modernes : *Descartes*, qui perfectionne la théorie des équations algébriques et applique l'algèbre à la géométrie; *Leibniz* qui invente le calcul différentiel, Newton le calcul des flexions; — puis, plus près de nous : Euler, d'Alembert, Lagrange, Laplace, Monge, etc., dont les travaux sont plus connus. — L'histoire attentive de ces travaux, l'une des plus instructives, mais des plus négligées, en nous offrant le tableau des progrès accomplis par les mathématiques, nous prouverait qu'une simplification dans les méthodes accompagne toujours un progrès dans ces sciences [1].

2. Objet et but des sciences mathématiques. — Ces sciences ont pour *objet* les nombres et les figures et pour *but* la détermination de leurs propriétés. Comme ces propriétés dépendent soit de l'*ordre* et de la *situation*, soit de la *quantité* [2], les mathématiciens distinguent d'ordinaire de l'arithmétique élémentaire et de la géométrie des mesures, l'arithmétique supérieure et la géométrie des formes et des situations :

(1) Consulter l'ouvrage de M. Eug. Lévêque qui a eu l'heureuse idée de nous exposer parallèlement l'histoire de la philosophie et l'histoire des sciences, afin de nous bien montrer l'étroite parenté qui existe entre les sciences et la philosophie. *Histoire de la philosophie et des sciences.*

(2) Suivant Bacon, la *quantité* est l'objet unique des mathématiques. Descartes, au contraire, les fait reposer sur les deux idées d'*ordre* et de *mesure.* « Plus j'ai considéré attentivement les choses, dit-il, plus j'ai reconnu qu'on ne peut apporter aux mathématiques que celles d'*ordre* et de *mesure.* » Leibniz, simplifiant cette vue de Descartes, soutient qu'il n'y a de mesure « que là où il y a antérieurement de l'ordre, » aussi ramène-t-il à cette dernière idée l'objet des mathématiques.

celles-là qui s'occupent uniquement des propriétés relatives à la grandeur et à la quantité ; celles-ci qui s'occupent plus spécialement des autres [1]. Les premières seules évidemment doivent être considérées ici et c'est leur méthode qu'il nous faut étudier.

8. Des nombres et des figures. — Et d'abord, comment devons-nous concevoir les nombres et les figures, objets des sciences mathématiques ?

Une première remarque à faire, c'est que les notions mathématiques ne correspondent, à proprement parler, à aucune réalité hors de nous. Considérons les nombres : s'il s'agit de nombres un peu étendus, il est évident que nous ne les avons aperçus réalisés nulle part. Dans nos calculs, nous introduisons fréquemment des centaines de mille et de millions : quelle expérience nous les a révélées? — S'il s'agit de nombres très simples, il en est encore de même, car tout, autour de nous, est individuel et singulier. De plus, le nombre, suivant une juste remarque, « n'est pas une propriété des corps que nous songions à leur attribuer comme la forme ou la couleur [2] ». *Il n'existe que pour celui qui sait nombrer.* L'animal n'a probablement pas l'idée de nombre; l'idiot n'en a qu'une idée très confuse; l'homme intelligent seul la possède claire et distincte. — Les mêmes remarques s'appliquent aux figures. Il est possible que la vue des étoiles, par exemple, ait suggéré l'idée de point; la vue d'astres plus grands, celle de circonférence; mais ni le point, ni la ligne, ni la circonférence ne se trouvent exactement réalisés dans la nature. Nous n'avons jamais perçu de point sans étendue, de ligne sans épaisseur, de polygone à mille côtés. « Les lignes que l'on considère dans la géométrie, remarque

(1) Tout en reconnaissant que ces distinctions sont légitimes, Aug. Comte pense qu'il ne faut pas en exagérer la portée. « Il n'est pas douteux, dit-il, que la majeure partie des recherches qui constituent notre géométrie actuelle ne paraissent nullement avoir pour objet la *mesure* de l'étendue. Je crois néanmoins pouvoir persister à indiquer la mesure de l'étendue comme le but général et uniforme de la science géométrique. En effet, si au lieu de se borner à considérer isolément les diverses recherches géométriques, on s'attache à saisir les questions principales, par rapport auxquelles toutes les autres doivent être considérées comme secondaires, on finira par reconnaître que la *mesure* des lignes, des surfaces et des volumes est le but invariable de tous les travaux géométriques. » X^e *leçon*, p. 273. « On pourrait soutenir de même que toutes les recherches, en arithmétique, se réduisent, en dernière analyse, à la détermination des grandeurs. » IIIe *leçon*, p. 98.

(2) Rabier, *Logique*, p. 260.

justement d'Alembert, ne sont ni parfaitement droites, ni parfaitement courbes ; les surfaces ne sont ni parfaitement planes, ni parfaitement curvilignes ; mais il est nécessaire de les supposer telles pour arriver à des vérités fixes et déterminées dont on puisse faire ensuite l'application plus ou moins exacte aux lignes et aux surfaces physiques [1]. » Nous sommes donc autorisés à considérer les notions mathématiques comme de vraies créations de l'esprit.

4. Comment se forment les nombres et les figures. — L'esprit crée les nombres à l'aide d'un seul élément : l'*unité*. Remarquons seulement que l'unité, pour les mathématiciens, n'est pas nécessairement quelque chose de simple et d'indivisible. Tout terme, tout objet, toute mesure, auxquels, par voie de comparaison, on rapporte d'autres termes, d'autres objets, d'autres mesures, peuvent être pris pour unités. C'est ainsi qu'on peut prendre pour unité soit un soldat, soit un bataillon, soit une armée ; ou encore, un mètre, un hectomètre ou un kilomètre. — C'est de la composition de l'unité avec elle-même que naît le nombre : je forme le nombre 2 en ajoutant l'unité à elle-même ; le nombre 10, en ajoutant à 9 une unité nouvelle et ainsi de suite. Le nombre n'est donc pas une simple juxtaposition d'unités ; c'est une synthèse, une addition, une « sommation ». Je puis répéter indéfiniment un, un, un... sans obtenir un nombre, il faut que ces unités soient réunies en un tout, en un mot, soient additionnées.

Pour créer les figures, trois éléments sont nécessaires à l'esprit : l'*espace*, le *point*, le *mouvement*. Suivant la loi qu'il assigne au mouvement, il obtient successivement la ligne, les surfaces, les volumes. Supposons un point se mouvant dans l'espace, son tracé idéal est la *ligne ;* s'il se meut vers un second point fixe et vers ce second point seulement, son tracé est une *ligne droite*. La circonférence est une ligne engendrée par un point qui se meut en restant à la même distance d'un autre point fixe ; la sphère, la figure engendrée par la rotation d'un demi-cercle autour de son diamètre, etc. Tous les nombres et toutes les figures sont donc véritablement créés par l'esprit et c'est de là précisément que viennent leur exactitude et leur perfection.

(1) D'Alembert, *Eléments de philosophie* XV, p. 311.

II

Voyons maintenant à l'aide de quelle méthode nous pourrons mesurer les grandeurs et déterminer les rapports qui existent entre les nombres et entre les figures.

1. De la méthode dans les sciences mathématiques. — « La question de mesurer une grandeur, dit Aug. Comte, ne présente par elle-même à l'esprit d'autre idée que celle de la simple comparaison *immédiate* de cette grandeur avec une autre grandeur semblable supposée connue, qu'on prend pour unité entre toutes celles de la même espèce[1]. » Mais l'esprit s'aperçoit bien vite que, dans la plupart des cas, toute comparaison directe est impossible et qu'il ne peut découvrir la solution cherchée qu'en ayant recours à des intermédiaires. Comment comparer *directement*, par exemple, deux lignes dont l'une est droite, l'autre courbe ; deux surfaces, dont l'une est un parallélogramme, l'autre un triangle et même deux triangles ou deux volumes inégaux ? L'esprit ne peut effectuer ces comparaisons qu'en ayant recours à des artifices, à des mesures indirectes et c'est à cet effet précisément que les mathématiques ont été créées. C'est ainsi que les mathématiciens ont établi la relation qui existe entre telle droite et telle courbe ; qu'ils ont ramené la mesure des surfaces à celle des lignes, celle des volumes à celle des lignes et des surfaces. « On peut, dit Aug. Comte, se former une idée très nette de la science géométrique, conçue dans son ensemble, en lui assignant pour destination générale de réduire finalement les comparaisons de toutes les espèces d'étendue, volumes, surfaces ou lignes, à de simples comparaisons de lignes droites, les seules regardées comme pouvant être effectuées immédiatement, et qui, en effet, ne sauraient évidemment être ramenées à d'autres plus faciles[2]. »

2. De la méthode expérimentale. — Quant à ces relations au moyen desquelles nous rattachons une grandeur à une autre, ne se pourrait-il pas qu'elles nous eussent été révélées par l'expérience ? — Qu'il en ait été ainsi, à l'origine, pour

(1) Aug. Comte, IIIe leçon.
(2) *Id.* X^e leçon.

quelques-unes d'entre elles, rien d'absurde à l'admettre. Il est fort possible que les hommes aient d'abord découvert expérimentalement, par exemple, le rapport qui existe entre la circonférence et le diamètre; entre le carré construit sur l'hypoténuse d'un triangle rectangle et la somme des carrés construits sur les deux autres côtés... « Il y a, dit Leibniz, une espèce de géométrie qu'on appelle *empirique*, qui se sert d'expériences démonstratives et prouve plusieurs propositions d'Euclide, mais particulièrement celles qui regardent l'égalité de deux figures, en coupant l'une en pièces et en rejoignant ces pièces pour en faire l'autre. De cette manière, en coupant comme il faut en parties les carrés de deux côtés d'un triangle rectangle et en arrangeant ces parties comme il faut, on en fait le carré de l'hypoténuse; c'est démontrer empiriquement la 47ᵉ proposition du premier livre d'Euclide [1]. » Auguste Comte nous rapporte un exemple non moins frappant des services que peut rendre la méthode expérimentale en mathématiques. Galilée cherchait à évaluer le rapport qui existe entre l'aire de la cycloïde ordinaire et celle du cercle générateur. « La géométrie de son temps étant encore trop inférieure à la solution rationnelle d'un tel problème, Galilée imagina de chercher ce rapport par une expérience directe. Ayant pesé le plus exactement possible deux lames de même matière et d'égale épaisseur, dont l'une avait la forme d'un cercle et l'autre celle de la cycloïde engendrée, il trouva le poids de celle-ci constamment triple de celui de la première, d'où il conclut que l'aire de la cycloïde est triple de celle du cercle générateur, résultat conforme à la véritable solution obtenue plus tard par Pascal et Wallis [2]. »

De ces remarques et de ces exemples, dont il serait aisé de multiplier le nombre, devons-nous conclure que la méthode propre aux sciences mathématiques est la méthode expérimentale? — Évidemment non, et cela pour plusieurs motifs. — Si les vérités mathématiques n'avaient d'autre garantie que l'expérience, elles auraient encore force de loi, sans doute, mais leur certitude ne serait plus la même. En effet, nous savons d'abord que nulle mesure concrète n'est d'une exactitude parfaite. En second lieu, l'expérience nous montre bien *ce qui est*, mais non

----

(1) Leibniz, *Théodicée*, II.
(2) Aug. Comte, Xᵉ leçon.

ce *qui doit être* et *pourquoi* cela doit être ; or, les propositions qu'établit le mathématicien sont toujours complètement expliquées. Enfin, ces propositions nous paraissent absolument *nécessaires* et *universelles*, car elles sont les conséquences logiques d'un petit nombre de vérités premières auxquelles l'esprit ne peut, sans se contredire, refuser son adhésion. Dans le domaine de l'expérience, il n'existe pas une loi dont le contraire ne soit concevable. — La méthode propre aux sciences mathématiques n'est donc pas la méthode expérimentale, — quels que soient d'ailleurs les services que l'expérience ait rendus et puisse rendre encore, — mais bien la méthode déductive qui prend alors le nom de démonstration [1].

3. De la démonstration. Opinion de Pascal. — Aristote définit la démonstration le *syllogisme du nécessaire* ou le *syllogisme scientifique*. C'est une opération qui consiste à prouver la vérité d'une proposition en montrant qu'elle est la conséquence *nécessaire* d'une autre proposition ou principe *nécessaire*, c'est-à-dire dont le contraire est inconcevable. Par conséquent, sans principes antérieurement admis, il n'y a pas de démonstration possible.

Pascal semble se faire, il est vrai, de la démonstration parfaite une idée différente. « Cette véritable méthode, dit-il, qui formerait les démonstrations dans la plus haute excellence, s'il était possible d'y arriver, consisterait en deux choses principales : l'une, de n'employer aucun terme dont on n'eût auparavant expliqué nettement le sens ; l'autre, de n'avancer jamais aucune proposition qu'on ne démontrât par des vérités déjà connues ; c'est-à-dire, en un mot, *à définir tous les termes et à prouver toutes les propositions* [2]. » Cette opinion qui rappelle celle des philosophes de Mégare et celle des sophistes, se trouve déjà réfutée dans Aristote. Et d'abord, il est fort contestable que l'idéal pour l'intelligence soit d'user toujours ainsi du raisonnement et de la démonstration. Il ne faut pas oublier que démontrer, partant raisonner, est une preuve de faiblesse plus encore que de puissance, car si notre intelligence était assez vive, elle apercevrait immédiatement la nature et les rapports des choses et tout raisonnement serait inutile. En second lieu,

(1) Sur la marche et la valeur du raisonnement déductif, voy. le chapitre suivant.

(2) Pascal, *De l'esprit géométrique*. Édit. Havet, . 280.

si nous en étions réduits à n'admettre jamais pour vrai que ce qui est démontré, chaque proposition ne pouvant l'être que par une autre, celle-ci par une troisième et ainsi de suite, nous remonterions de la sorte indéfiniment sans pouvoir atteindre la vérité. Dans cette régression, force est donc de nous arrêter quelque part et d'admettre, comme le fait d'ailleurs Pascal lui-même, dans un autre passage du même ouvrage « qu'il y a des principes qui n'ont pas besoin d'être démontrés; qu'il suffit dans toute discussion de demander à ses adversaires s'ils les reconnaissent comme véritables et que toute la lumière de la démonstration vient de leur certitude incontestable [1] ».

Ces principes sur lesquels reposent toute démonstration sont les *définitions* et les *axiomes*.

<h2 style="text-align:center">III</h2>

1. Des définitions mathématiques. — De la nature même des notions mathématiques, découlent logiquement les caractères de leurs définitions.

Les notions mathématiques étant des créations de l'esprit, la définition la plus instructive est celle qui nous indique suivant quelle loi s'obtiennent ces créations. C'est ainsi que nous définirons la circonférence, la ligne *engendrée* par un point qui se meut en restant à la même distance d'un point fixe; le nombre 2, le nombre obtenu en ajoutant à l'unité une autre unité, et ainsi des autres. Une telle définition désigne évidemment l'essence, c'est-à-dire toutes les propriétés fondamentales de l'objet défini. Elle présente, en outre, sur les définitions purement *descriptives* un nouvel avantage : elle nous montre, suivant la remarque de Leibniz, la *possibilité* de l'objet défini. Si nous disons simplement que la circonférence est une ligne courbe fermée dont tous les points sont à égale distance d'un point intérieur, rien ne nous avertit que cette figure soit possible, même idéalement. Si, au contraire, nous disons qu'elle est une ligne *engendrée* par un point qui se meut suivant une loi déterminée, l'esprit est immédiatement éclairé et sur sa possibilité et sur sa vraie nature. — Ce premier caractère en entraine plusieurs autres : 1° Énonçant la loi génératrice des nombres et des

<hr>

(1) Pascal, *De l'esprit géométrique.*

figures, les définitions mathématiques se forment, pour ainsi dire, tout d'un coup dans l'esprit et s'offrent à lui *complètes* et *définitives*. La définition de la circonférence donnée par Aristote ne diffère pas de celle qu'on en donne aujourd'hui. 2° En outre, le lien qui unit les divers éléments de la définition mathématique est un lien *nécessaire*. Étant donné un nombre, je ne puis, sans le détruire, y ajouter ou en retrancher une unité. De même, trois droites ne peuvent cesser de se couper, sans que le triangle soit détruit. 3° Enfin, ces définitions sont conçues comme absolument *universelles* et valables pour tous les esprits [1].

2. Des axiomes. — On entend, d'une manière générale, par axiomes, des propositions d'une évidence immédiate qui, non seulement n'ont pas besoin de démonstration, mais qui ne peuvent en recevoir aucune, car elles sont elles-mêmes plus claires que toute démonstration. De cette définition seule, il ressort que les axiomes sont conçus comme *universellement vrais*, c'est-à-dire comme s'imposant à tous les esprits et comme *nécessaires*, en ce sens que leur contraire est inconcevable. Si je dis : le soleil nous éclaire, j'énonce sans doute une proposition vraie, mais je puis concevoir que le soleil ne nous éclaire point; si je dis : deux quantités égales à une même troisième sont égales entre elles, j'énonce une proposition telle que je ne puis affirmer la proposition contraire sans faire violence à ma raison.

Si tous les mathématiciens reconnaissent aux axiomes ces caractères, tous n'en admettent pas le même nombre. Ainsi, Euclide en compte douze; Legendre cinq; Alexandre Bain pense, au contraire, qu'ils peuvent se ramener aux deux suivants : « Deux choses égales à la même chose sont égales entre elles. — Les sommes de quantités égales sont égales. » — Peut-être est-il possible de simplifier les discussions nombreuses qu'on a élevées à ce sujet et qui, en dernière analyse, portent sur la nature même des axiomes, en distinguant d'abord des axiomes proprement dits les principes premiers de la raison et en comparant ensuite les axiomes entre eux.

Les principes premiers de la raison, c'est-à-dire ceux sans lesquels toute science serait impossible, se ramènent au *principe de*

---

(1) Voy. Liard, *Les définitions géométriques et les définitions empiriques.*

raison suffisante : tout ce qui est a sa raison d'être, et aux *principes d'identité et de contradiction :* ce qui est, est; une même
chose ne peut pas en même temps et sous le même rapport être
et n'être pas. Or, si nous considérons maintenant l'un des
axiomes de Bain : deux quantités égales à une même troisième
sont égales entre elles, le moindre examen nous montre bien
vite qu'il se ramène, en définitive, à ceci : deux quantités égales
sont égales; puis : trois quantités égales sont égales. Ce qui
n'est que la traduction du principe d'identité. On s'explique
alors pourquoi l'on a pu soutenir que le mathématicien n'invoque pas dans ses raisonnements d'autres principes que ceux
qui dirigent en général tout homme qui pense : de telle sorte
que les axiomes ne seraient que des *vérités dérivées.* Entre
l'axiome et le principe on a cependant noté cette différence :
celui-ci s'appliquerait aussi bien à la *qualité* qu'à la *quantité;*
celui-là, au contraire, aurait une portée plus restreinte puisqu'il
ne s'appliquerait qu'à la *quantité.*

Si maintenant, nous comparons les axiomes entre eux, nous
remarquons que les uns énoncent simplement un rapport entre
des *grandeurs indéterminées* et s'appliquent, par conséquent,
aussi bien aux nombres qu'aux figures, à l'arithmétique qu'à la
géométrie. Tel est cet axiome : deux quantités égales à une
même troisième sont égales entre elles. — D'autres, au contraire, énoncent un rapport entre des *grandeurs déterminées*
et sont propres à telle ou telle science spéciale. Telle est cette
proposition généralement mise au nombre des axiomes : « La
ligne droite est le plus court chemin d'un point à un autre. » Il
est aisé de voir que les axiomes de la première classe sont *analytiques,* car, en eux, l'attribut n'est que l'analyse du sujet.
Quant aux axiomes de la seconde classe ils sont *synthétiques,*
car l'attribut alors ajoute quelque chose au sujet : dans
l'axiome de la ligne droite, par exemple, à l'idée d'un rapport
de quantité se trouve unie celle d'une certaine direction[1]. —
Les axiomes analytiques qui peuvent se ramener aux deux admis
par Bain, dérivent, nous l'avons vu, du principe d'identité. Les
autres[2] dus probablement à une intuition, à une synthèse pri-

____

(1) Voy. Rabier, *Logique,* p. 280 et suiv.

(2) M. Liard ramène à quatre les axiomes synthétiques de la géométrie
que nous énoncerons ainsi : 1° La ligne droite est le plus court chemin
d'un point à un autre; 2° le plan est la surface sur laquelle une ligne

mitive de l'esprit sont beaucoup plus difficiles à expliquer; ajoutons, d'ailleurs, que la plupart des mathématiciens les considèrent simplement comme des définitions ou des théorèmes [1].

3. Des postulats. — Des axiomes il faut rapprocher les
postulats. Les postulats sont également des propositions évidentes, mais d'une évidence moins immédiate. Si leur contraire
implique ou non contradiction, on ne le voit pas aussi vite.
Néanmoins, toute démonstration serait inutile pour en établir
la vérité. Comme ces propositions sont d'une très grande utilité
dans l'enchaînement et la déduction des vérités mathématiques,
on *demande* de les accorder. Ce sont des *postulata* pour celui
qui démontre, des *data* pour celui qui les accepte et suit la démonstration. Hamilton et Bain font remarquer que les axiomes
sont surtout des *propositions théoriques*, les postulats des *propositions pratiques* : ceux-là sont des propositions d'immédiate
certitude, ceux-ci des principes d'application immédiate [2].

IV

Nous savons quel est l'objet de la démonstration et quels éléments elle utilise : voyons quel en est le mécanisme.

1. Mécanisme de la démonstration. — La démonstration ayant pour but « de déterminer les grandeurs les unes par
les autres, d'après les relations précises qui existent entre
elles, » tout l'art du mathématicien consiste, deux ou plusieurs
grandeurs étant données dont on ignore le rapport, à découvrir
ce rapport à l'aide d'autres grandeurs intermédiaires. — En
géométrie, il suffit quelquefois de *construire* les figures ou de
les *superposer* [3] pour arriver à la solution cherchée. Mais, dans

droite peut être appliquée dans tous les sens; 3° une droite est dite per-
pendiculaire à une autre quand elle forme avec elle deux angles adjacents
égaux ; 4° deux droites situées dans un même plan et parallèles sont toujours également distantes si loin qu'on les prolonge. « Le premier permet
de mesurer les longueurs; le deuxième, les surfaces; les deux autres les
directions. *La science positive et la métaphysique*, liv. II, V.

(1) « La définition et les propriétés de la ligne droite ainsi que des
lignes parallèles sont l'écueil et, pour ainsi dire, le *scandale* des éléments
de géométrie. » D'Alembert, *Ouvrage cité. Éclaircissements*, XII.

(2) Voy. Charles, *Éléments de philosophie*, t. II.

(3) « Le principe de superposition n'est point, comme l'ont prétendu
plusieurs géomètres, une méthode de démontrer peu exacte et purement
mécanique. La superposition, telle que les mathématiciens la conçoivent
ne consiste pas à appliquer grossièrement une figure sur une autre, pour

le plus grand nombre des cas, il faut *décomposer* les figures en plusieurs autres, en déplacer certaines parties, ce qui revient précisément à *substituer* à une quantité, une ou plusieurs autres quantités équivalentes, lesquelles nous servent d'intermédiaires entre les deux termes donnés. Par exemple, si je démontre que les 3 angles d'un triangle sont égaux à 2 droits, je construis sur l'un des côtés du triangle prolongé 2 angles respectivement égaux à 2 angles de ce triangle; par conséquent, je les substitue à eux. De même, s'il faut trouver la valeur de x dans l'équation : $x^2 + p\,x + q = 0$, je procède par une série de substitutions et ensuite d'éliminations.

Suivant qu'on part de la question posée pour remonter à un principe évident ou qu'on part de ce principe pour redescendre à la question, la démonstration est *analytique* ou *synthétique*. Nous avons montré ailleurs comment procède la démonstrations dans ces deux cas[1].

Il nous faut signaler encore la distinction non moins fondée qu'on établit d'ordinaire entre la *démonstration directe* et la *démonstration indirecte*. « Les *démonstrations directes* sont immédiatement déduites de la notion même de l'objet dont on veut établir quelque propriété : ce sont elles qu'on doit employer de préférence parce qu'elles éclairent en même temps qu'elles convainquent. » Elles peuvent être analytiques ou synthétiques. « Les *démonstrations indirectes* ou de *réduction a l'absurde* consistent à prouver une vérité par les absurdités qui s'ensuivraient si on ne l'admettait pas[2]. » Le grave inconvénient de ces démonstrations, — qui d'ailleurs, dans certains cas, sont seules possibles, — est de faire violence à l'esprit sans lui donner la vraie raison des vérités qu'elles imposent. C'est par une démonstration indirecte, par exemple, que l'on démontre que si deux angles adjacents valent ensemble deux angles droits, les deux côtés extérieurs sont en ligne droite.

juger par les yeux de leur égalité ou de leur différence, comme un ouvrier applique son pied sur une ligne pour la mesurer; elle consiste à imaginer une figure transportée sur une autre, et à conclure de l'égalité supposée de certaines parties de deux figures, la coïncidence de ces parties entre elles et, de leur coïncidence, la coïncidence du reste : d'où résulte l'égalité et la similitude parfaites des figures entières. » D'Alembert, *Ouv. cit.*, XV, p. 311.

(1). Voy. chap. précédent.

(2) D'Alembert, *Ouvrage cité*, XV, p. 312.

2. Rôle des définitions dans la démonstration. —
Pour comprendre quel est le rôle des définitions dans la démonstration, il suffit de rappeler quelle en est la nature. S'il
est vrai, comme nous l'avons montré, qu'elles créent en quelque
sorte leur objet; qu'elles nous en font connaître l'essence et la
loi génératrice, il est vrai également qu'il faut s'appuyer sur
elles pour découvrir les propriétés des nombres et des figures. —
N'est-ce pas de la définition même de la circonférence que nous
déduisons sa propriété fondamentale d'avoir tous ses rayons
égaux? de la définition des nombres 2 et 4, que nous déduisons
que 2 et 2 font 4 ? — Sans doute, dans certains cas, la définition
paraît ne point intervenir, mais alors, c'est qu'en raisonnant
nous nous appuyons sur quelque théorème précédemment démontré et dérivé lui-même, soit directement, soit indirectement,
de la définition.

Stuart Mill nie cependant cette fécondité des définitions. « Ce
qu'on ne remarque pas, dit-il, c'est que dans une définition
mathématique il y a, en réalité, deux propositions parfaitement
distinctes, celle-ci, par exemple : *Il peut y avoir une figure déterminée par trois lignes droites;* et cette autre : *cette figure
peut être appelée triangle.* Or, la première de ces propositions
n'est pas une définition du tout, mais un postulat; la deuxième
seule est une définition. Par conséquent, de la définition qui est
une simple proposition identique, on ne peut tirer aucune conclusion relative aux faits; le postulat seul nous permet de tirer
des conséquences[1]. » Si la critique de Stuart Mill était fondée,
il n'y aurait plus de démonstration possible; en effet, le postulat
ne saurait être accordé, puisque nulle figure géométrique ne
peut être exactement réalisée. Stuart Mill confond ici la notion
du triangle avec la possibilité de le réaliser; or, nous avons
vu que le géomètre ne s'occupe en aucune manière de cette
réalisation. De plus, ce que St. Mill appelle définition est
simplement l'imposition d'un nom à une figure; or, cela n'est
point définir. La définition, consistant essentiellement dans
l'énoncé de la loi de construction, se ramène donc à ce que
St. Mill appelle le postulat. Maintenant, si St. Mill entend simplement dire que, en définitive, toute démonstration mathématique est hypothétique, en ce sens qu'elle ne porte pas sur la

____

(1) Stuart Mill, *Logique*, t. 1er.

réalité sensible, nul ne saurait contester qu'il ait raison. C'est là ce que reconnaît formellement d'Alembert lorsqu'il nous dit : « Les vérités que la géométrie démontre sur l'étendue sont des vérités purement hypothétiques, car les figures sur lesquelles on raisonne sont tout imaginaires [1]. »

3. Rôle des axiomes dans la démonstration. — Pour bien comprendre quel est le rôle des axiomes, il faut considérer séparément les axiomes *propres* ou *synthétiques* et les axiomes *communs* ou *analytiques*.

Les axiomes propres, étant de la nature des définitions, interviennent naturellement comme elles dans le raisonnement. Ils constituent toujours l'une des prémisses sur lesquelles, soit directement, soit indirectement, nous nous appuyons pour obtenir la solution cherchée.

Quant aux axiomes communs, — c'est-à-dire à ceux qui méritent seuls véritablement le nom d'axiomes, — on les considère ordinairement comme guidant simplement l'esprit sans intervenir dans la démonstration à titre de prémisses. Soit l'exemple suivant : Démontrer que les trois angles d'un triangle sont égaux à deux droits. La construction faite, comment raisonnons-nous ?

Nous disons :

ACB + BCD + DCE = 2 angles droits.

Or,

ACB + BCD + DCE = ABC + BCA + CAB.

donc

ABC + BCA + CAB = 2 angles droits.

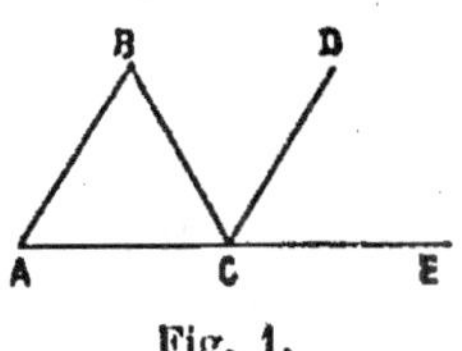

Fig. 1.

A quoi m'a servi l'axiome ? Fait-il, à proprement parler, partie de la démonstration ? Non, car il ne se trouve pas au nombre des termes mis en rapport; il ne constitue aucune des prémisses de mon raisonnement. Son rôle est uniquement de garantir la liaison que j'établis entre les termes. Si j'ai pu formuler ma conclusion, c'est, en définitive, en vertu de cet axiome : deux quantités égales à une même troisième sont égales entre elles. Seuls, par conséquent, les axiomes seraient des cadres vides, d'où l'on ne pourrait rien tirer; seules, les notions sans

____

(1) D'Alembert, *Ouvrage cité*, p. 314.

axiomes, seraient des éléments qu'on ne pourrait rapprocher et unir. Aussi Locke nous dit-il qu'un homme pourrait méditer éternellement sur les axiomes sans faire un pas de plus dans la connaissance des vérités mathématiques ; pour qu'ils deviennent féconds, il leur faut une matière à laquelle ils s'appliquent [1].

V

5. Règles de la démonstration. — Les règles de la démonstration peuvent se résumer ainsi :

1° S'assurer, avant tout, de l'exactitude et de l'évidence des propositions sur lesquelles on s'appuie pour démontrer quelque chose ;

2° Comme preuve des propositions à établir, n'invoquer que des axiomes déjà accordés, des définitions inattaquables, ou enfin, des théorèmes déjà démontrés ;

3° Veiller à ce que les termes dont on se sert conservent toujours une signification identique et nettement définie ;

4° Relier solidement entre eux tous les anneaux de notre démonstration, de telle sorte que nos conclusions découlent nécessairement des prémisses posées et ne soient pas plus étendues qu'elles ;

5° Quant au mode de démonstration que nous devons préférer et à l'ordre dans lequel il convient d'enchaîner nos raisonnements, il est impossible de fixer d'autre règle que celle de Descartes. « Il faut, nous dit-il, conduire par ordre ses pensées, en commençant par les objets les plus simples et les plus aisés à connaître, pour monter peu à peu, comme par degrés, jusqu'à la connaissance des plus composés. »

OUVRAGES A CONSULTER

Hœfer, *Histoire des mathématiques.* — Papillon, *Histoire de la philosophie moderne.* — Descartes, *Règles pour la direction de l'esprit.* — D'Alembert, *Éléments de philosophie.* — Aug. Comte, *Cours de philosophie,* IIIe et

(1) Il est à remarquer cependant qu'Euclide fait souvent intervenir l'axiome dans ses démonstrations (voy. par exemple liv. I, prop. 13); aussi plusieurs mathématiciens soutiennent-ils qu'on peut et qu'on doit les considérer comme faisant partie du raisonnement. Voy. sur ce sujet : Rabier, *Logique,* chap. XV, p. 289.

X⁰ leçons. — Cournot, *De l'enchaînement des idées fondamentales.* — Duhamel, *De la méthode dans les sciences de raisonnement.* — Boussinesq, *Revue philosophique*, t. VIII. — Liard, *Des définitions géométriques; La métaphysique et la science.* — Renouvier, *Logique*, t. Iᵉʳ. — Rabier, *Logique*, chap. xv. — Otto Stelz, *Allgemeine Arithmetik*, 1885.

B. — DE LA DÉDUCTION

De la déduction, ses différentes formes. — I. De la déduction immédiate.— 1. *a.* Quantité et qualité des propositions. Extension et compréhension des termes. — *b.* Opposition des propositions. — *c.* Règles de l'opposition des propositions. — 2. *a.* Conversion des propositions. — *b.* Règles de la conversion des propositions. — II. De la déduction immédiate. — 1. Mécanisme de la déduction. — 2. Du syllogisme. Analyse du syllogisme. Des propositions et des termes. — 3. Principe sur lequel repose le syllogisme. — 4. Règles du syllogisme. — III. 1. Des modes et des figures du syllogisme. — 2. Des différentes espèces de syllogismes. — IV. 1. De l'emploi du syllogisme. — 2. Son utilité. Abus qu'on en peut faire.

Nous avons indiqué déjà quel rôle joue le raisonnement déductif dans les sciences mathématiques ; l'étude de cette forme de raisonnement est donc le complément naturel et nécessaire des analyses qui précèdent.

On peut définir la déduction une opération par laquelle l'esprit conclut du général au particulier, en vertu des lois mêmes qui le dirigent. Son rôle est uniquement de montrer le rapport qui existe entre les principes et leurs conséquences, quelle que soit d'ailleurs l'exactitude de ces principes : de telle sorte que sa formule pourrait être celle-ci : si telle chose est vraie, telle autre l'est également; si tel principe est admis, telle conséquence nécessairement en découle. C'est par là qu'elle diffère de la démonstration, qui part de principes vrais pour aboutir à des conséquences vraies. Dans un cas, la légitimité des prémisses d'où l'on tire des conclusions n'est pas garantie, elle n'est même pas en cause; dans l'autre, elle doit l'être, sinon la démonstration perd toute sa valeur.

Le raisonnement déductif peut s'effectuer de deux manières différentes. En effet, nous pouvons inférer le particulier du général tantôt directement, tantôt indirectement, suivant que la proposition-conséquence se tire de la proposition-principe avec ou sans l'aide de propositions intermédiaires. De là la distinction que les logiciens établissent ordinairement entre la *déduction immédiate* et la *déduction médiate* [1], ou déduction proprement dite, dont il nous faut étudier et le mécanisme et les lois.

I

1. De la déduction immédiate. — Pour inférer directement une proposition d'une autre, on procède le plus souvent par *opposition* et par *conversion*. Or, pour bien comprendre la nature et la légitimité de ces procédés, il importe de remarquer d'abord que les propositions peuvent être considérées aux différents points de vue de la *quantité* et de la *qualité*.

I. — a). *De la quantité et de la qualité des propositions.* — Au point de vue de la quantité, les propositions sont dites *universelles* quand l'attribut est affirmé de la totalité du sujet; c'est-à-dire quand celui-ci est pris dans toute son *extension* [2] : *Tous* les hommes sont mortels. — Elles sont dites *particulières*, au contraire, si, comme dans cet exemple : *quelques* hommes sont méchants, l'attribut n'est affirmé que d'une partie du sujet. Quant aux propositions individuelles ou *singulières*, que l'on distingue parfois des précédentes : par exemple, Socrate est sage, il est évident qu'on peut les assimiler aux propositions universelles, puisque, dans les unes comme dans les autres, l'attribut est affirmé du sujet tout entier.

Au point de vue de la *qualité*, les propositions sont dites *affirmatives* ou *négatives* suivant que l'attribut est dit convenir ou ne pas convenir au sujet : L'homme est mortel; l'homme n'est pas immortel.

En tenant compte de la quantité et de la qualité des propositions, on voit aisément qu'elles peuvent se ranger en quatre classes :

1° Les *universelles affirmatives* que l'on désigne habituelle-

---

(1) Sur la légitimité de cette distinction, voy. l'étude de M. Lachelier sur *la Théorie du syllogisme. Revue philosophique*, t. I⁰, p. 468 et suiv.

(2) Dans toute idée on peut distinguer son *extension* et sa *compréhension*. La compréhension d'une idée est l'ensemble des caractères ou des qualités qu'elle désigne; son extension, le nombre des choses auxquelles elle s'applique. Aussi l'extension et la compréhension sont-elles en rapport inverse : l'idée de rectangle, par exemple, a plus d'extension que celle de carré, car elle s'applique à un plus grand nombre de figures; mais celle de carré a plus de compréhension, car elle désigne un plus grand nombre de propriétés.

ment, en logique, par la lettre A : Tous les avares sont malheureux.

2° Les *universelles négatives* que l'on désigne par la lettre E : Nul avare n'est heureux.

3° Les *particulières affirmatives* que l'on désigne par la lettre I : Quelques hommes sont instruits.

4° Les *particulières négatives* que l'on désigne par la lettre O [1] : Quelques hommes ne sont pas instruits [2].

b). *Opposition des propositions.* — Si maintenant nous comparons ces propositions entre elles, nous remarquons aussitôt qu'elles diffèrent, tout en ayant même sujet et même attribut, soit par la *quantité*, soit par la *qualité*, soit par la *quantité et la qualité* à la fois.

Lorsqu'elles diffèrent simplement de quantité, elles sont dites *subalternes*, telles sont les propositions A et I, E et O.

Lorsqu'elles diffèrent simplement de qualité, elles sont dites *contraires*, si elles sont toutes les deux universelles : A et E; *subcontraires*, si elles sont toutes les deux particulières : I et O.

Lorsqu'elles diffèrent à la fois de quantité et de qualité elles sont dites *contradictoires;* telles sont les propositions A et O, I et E.

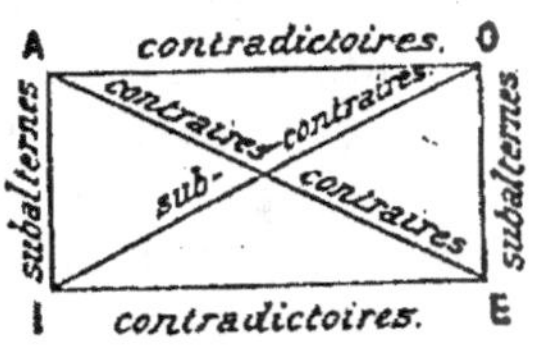

Fig. 2.

Ces oppositions sont clairement indiquées par la figure ci-dessus :

c). *Règles de l'opposition des propositions.* — Il nous reste à examiner comment nous pouvons conclure immédiatement d'une de ces propositions à la proposition opposée.

1° *Considérons, d'abord,* les propositions *subalternes* [3]. Si A

----

(1) Les anciens indiquaient toutes ces différences dans les deux vers mnémoniques suivants :

  Asserit A, negat E, verum generaliter ambo ;
  Asserit I, negat O, sed particulariter ambo.

(2) Hamilton, dans sa théorie de la *quantification* du prédicat, critique la classification précédente et le principe sur lequel elle repose. Voy. sur ce sujet *Les logiciens anglais contemporains* de M. Liard.

(3) Port-Royal fait remarquer justement que les propositions subalternes ne sont pas véritablement opposées, puisque, dans ces propositions, « la particulière est une suite de la générale ». Voy. Port-Royal, *Logique,* 2e partie, chap. IV.

est vraie, I est nécessairement vraie; si tout homme est mortel, il est évident que quelques hommes sont mortels. Mais si A est faux, on n'en peut rien conclure au sujet de I : en effet, « quoiqu'il soit faux, par exemple, que tout homme soit juste, il ne s'ensuit pas que ce soit une fausseté de dire que quelque homme est juste ». — Inversement, si I est vrai, il ne s'ensuit pas que A soit vrai, « car la vérité des particulières n'emporte pas celle des universelles; de cette proposition : quelque homme est juste, on ne saurait légitimement conclure que tout homme est juste ». Au contraire, « la fausseté des particulières emporte celle des universelles ». Si I est faux, A est faux aussi; si quelques hommes ne sont pas sages, on ne saurait affirmer que tous les hommes sont sages. — Les mêmes remarques s'appliquent à E et à D. — De ces remarques, nous pouvons donc tirer les règles suivantes :

Quand l'universelle est vraie, la particulière correspondante est vraie; quand la particulière est fausse, l'universelle correspondante est fausse; quand, au contraire, l'universelle est fausse ou la particulière vraie, on n'en peut rien conclure au sujet de la particulière ou de l'universelle correspondantes.

En raisonnant de la même manière sur les autres propositions, nous arriverions au résultat suivant :

2° Pour les propositions *contraires* A et E : si l'une des universelles est vraie, l'autre est nécessairement fausse ; mais, si l'une est fausse, on ne peut rien conclure touchant la vérité ou la fausseté de la proposition correspondante.

3° Pour les propositions *sub-contraires* I et O : si l'une des particulières est vraie, on ne peut rien conclure pour l'autre particulière; mais si l'une est fausse, l'autre est nécessairement vraie.

4° Pour les propositions *contradictoires* A et O, I et E: si l'une de ces propositions est vraie, l'autre est nécessairement fausse et réciproquement : elles ne peuvent être vraies ou fausses toutes les deux.

Toutes ces règles, comme il est facile de s'en assurer en les appliquant à des exemples, sont simplement des conséquences des principes de *contradiction* et d'*exclusion du milieu*, dont nous avons déjà montré le rôle dans la démonstration.

2. De la conversion des propositions. — Plus simple encore est l'inférence immédiate par *conversion*. Convertir une proposition, c'est en transposer les termes de telle sorte que l'attribut devienne sujet et le sujet attribut, en donnant toutefois à chacun de ces termes l'extension que comporte son nouveau rôle.

Soit d'abord une proposition universelle A : tous les hommes sont mortels ; il est évident qu'elle ne peut se convertir parfaitement. Tous les mortels ne sont pas des hommes. Pour que la conversion soit légitime, il faut dire : quelques êtres mortels sont hommes ; or, cette dernière proposition est une particulière affirmative, donc A se convertit en I.

La proposition universelle négative se convertit au contraire très bien en une proposition de même nature : nul homme n'est immortel ; aucun être immortel n'est homme. E se convertit en E.

La proposition particulière affirmative se convertit de même en proposition particulière affirmative : quelques hommes sont sages ; quelques sages sont hommes. Donc I se convertit en I.

La proposition particulière négative ne se convertit pas. En effet, de cette proposition : quelques hommes ne sont pas mathématiciens, on ne saurait conclure : aucun mathématicien n'est homme [1].

Il suffit de remarquer, pour bien comprendre ces quatre règles, que dans les propositions affirmatives l'attribut est pris dans une partie seulement de son extension, tandis que dans les propositions négatives il est pris dans son extension tout entière. Tous les hommes sont mortels équivaut à : *Tous* les hommes sont *quelques* mortels ; nul homme n'est immortel équivaut à nul homme ne fait partie de la catégorie entière des êtres immortels.

En recourant à des exemples, on prouverait aisément que beaucoup des erreurs que nous commettons dans les sciences et la vie ordinaire, viennent de ce que nous n'observons pas rigoureusement ces règles de l'opposition et de la conversion des propositions et que ces règles n'ont pas simplement une valeur théorique, mais aussi une valeur pratique incontestable.

---

(1) Pour expliquer la conversion des propositions, nous nous sommes placés ici au point de l'*extension* des termes, comme on le fait d'ordinaire, mais il serait tout aussi légitime, sinon plus, de se placer à celui de leur compréhension. Dans les deux cas, d'ailleurs, on aboutit au même résultat. (Voy. Rabier, *Logique*, chap. IV, § 3.)

II

1. De la déduction médiate. Mécanisme de la déduction. — La déduction médiate ou déduction proprement dite, n'est possible, comme nous l'avons vu, qu'à l'aide d'intermédiaires. Nous recourons à ce procédé toutes les fois que, deux idées étant données, nous cherchons le rapport ignoré qui les unit entre elles.

Je veux savoir, par exemple, si Pierre est mortel. En supposant que le rapport qui existe entre ces deux termes me soit inconnu, je puis, pour le découvrir, suivre deux routes différentes et considérer soit l'extension, soit la compréhension des idées mises en présence. Dans un cas, je découvre que Pierre est dans la classe des hommes et que les hommes sont compris dans la classe des êtres mortels. Dès lors, nulle difficulté pour apercevoir le rapport cherché entre Pierre et mortel. — Dans l'autre cas, je remarque que l'attribut mortel est au nombre de ceux que possèdent les hommes et que les attributs propres à l'homme se retrouvent dans Pierre. Par l'un et l'autre procédé je suis donc parvenu au même résultat; résultat que je puis formuler ainsi :

> Tous les hommes sont mortels;
> Or, Pierre est un homme :
> Donc Pierre est mortel.

La déduction médiate est donc bien *une opération qui consiste à découvrir le rapport inconnu qui existe entre deux idées, au moyen d'une ou de plusieurs autres idées qui sont avec les deux premières dans un rapport connu.*

2. Du syllogisme. Analyse du syllogisme. — L'ensemble des trois propositions par lesquelles se traduit la déduction porte le nom de *syllogisme*. Le syllogisme n'est donc que l'expression la plus parfaite de la déduction, la déduction en *forme*. On peut le définir : *Un argument formé de trois propositions qui s'enchaînent de telle sorte que la troisième découle de l'une des deux premières au moyen de l'autre.*

Si nous faisons l'analyse du syllogisme, nous voyons qu'il se compose nécessairement de trois propositions et de trois termes.

Dans l'exemple que nous avons donné plus haut, les trois termes sont : *Pierre, homme* et *mortel* et chacun d'eux est répété deux fois ; quant au verbe, on ne saurait le considérer comme un terme distinct, car son rôle unique est de marquer l'affirmation. On donne le nom de *grand terme* à celui qui a le plus d'extension : le nom de *petit terme*, à celui qui en a le moins, et le nom de *moyen terme*, à celui qui a moins d'extension que le grand terme et plus d'extension que le petit terme. Le grand terme de notre syllogisme est *mortel*, le moyen terme est *homme* et le petit terme est *Pierre*.

Bien qu'elle soit consacrée par l'usage, cette terminologie est dans bien des cas tout à fait inexacte. En effet, il peut se faire, d'abord, que deux des termes du syllogisme ou même tous les trois aient absolument même extension ; c'est ce qui a lieu dans les raisonnements mathématiques : $A = B$; or, $B = C$, donc $A = C$. Dans ce cas, il n'y a évidemment ni grand ni petit terme. — En outre, en dénommant ainsi les termes, on ne tient compte que de leur extension ; or, en raisonnant, c'est à leur compréhension que l'on songe le plus souvent. Si nous nous placions à ce nouveau point de vue, c'est le grand terme qui deviendrait le petit terme et inversement ; néanmoins ces réserves faites, nous conserverons la terminologie ordinaire.

Quant aux propositions qui constituent le syllogisme, elles sont appelées, les deux premières, *prémisses* et la troisième, *conclusion*. Les prémisses, comme l'indique leur nom (præ-missæ), sont, en quelque sorte, envoyées en avant pour préparer la solution cherchée. La conclusion achève et clôt (concludere) le raisonnement. Les prémisses se distinguent encore entre elles en *prémisse majeure* et en *prémisse mineure*. Dans la majeure sont toujours unis le grand terme et le moyen terme ; dans la mineure, le moyen terme et le petit terme. La conclusion seule unit le petit terme et le grand terme que l'on désigne encore sous le nom d'*extrêmes*.

3. Principe sur lequel repose le syllogisme. — Il ressort de tout ce qui précède que la force et la légitimité du syllogisme dépendent uniquement des rapports qui existent entre les termes qu'il rapproche. L'étude de ces rapports pourra donc seule nous montrer sur quel principe il repose.

a). Il se peut, d'abord, que les termes à comparer désignent des grandeurs ou des quantités identiques et que le syllogisme se présente sous cette forme que nous connaissons déjà : A = B; or, B = C, donc A = C. Il est évident alors que le principe sur lequel il repose n'est autre que cet axiome, dérivé du principe d'identité : deux quantités égales à une même troisième sont égales entre elles.

b). Lorsque les termes ne sont plus des grandeurs proprement dites, si nous les considérons au point de vue de l'extension, plusieurs cas peuvent se présenter :

Il se peut, en premier lieu, que les termes n'aient pas même extension et qu'ils s'enveloppent en quelque sorte les uns les autres, comme les termes : Pierre, homme, mortel ; le grand terme contenant le moyen terme dans son extension et le moyen terme contenant le petit dans la sienne. Dans ce cas, le principe du syllogisme peut se formuler ainsi : *Tout ce qui est dans le contenu est dans le contenant*, pour les syllogismes affirmatifs, et, *ce qui est hors de tout le contenu est hors du contenant*, pour les syllogismes négatifs. — Euler représentait ce syllogisme sous la forme de trois cercles concentriques et de rayons inégaux. Il est évident que si B est contenu dans C et A dans B, A est contenu dans C.

Il se peut, en second lieu, que deux des termes aient même extension : c'est ce qui arrive lorsque le moyen terme est simplement soit la définition, soit l'énumération des parties de l'un des deux extrêmes. Dans ces nouveaux cas et dans les cas analogues, le syllogisme repose à la fois et sur le principe d'égalité et sur celui du contenant et du contenu.

c). Si, enfin, nous considérons les termes non plus au point de vue de l'extension, mais au point de vue de la compréhension, nous pourrons avec Stuart Mill formuler ainsi le principe du syllogisme : « Les choses qui coexistent avec une autre chose coexistent entre elles. — Deux choses dont l'une seule coexiste avec une même troisième, ne coexistent pas entre elles. »

4. Règles du syllogisme. — Quelles conditions, maintenant, doit réunir le syllogisme pour être concluant ? Cette question longuement débattue par les philosophes du moyen âge, leur a suggéré tout un code de lois qu'ils ont résumé dans les huit règles suivantes dont les quatre premières sont relatives aux termes, les quatre autres aux propositions.

1° *Le syllogisme doit contenir trois termes : le grand, le petit et le moyen.* Cette règle est le corollaire naturel des définitions mêmes que nous avons données.

2° *Dans la conclusion, les termes ne doivent pas avoir plus d'extension que dans les prémisses.* Contre cette règle, par exemple, pèche le syllogisme suivant : tout voleur est homme ; or, tout voleur prend le bien d'autrui, donc tout homme prend le bien d'autrui. En effet, le mot homme est pris universellement dans la conclusion, alors qu'il ne l'est pas dans la majeure.

3° *Il faut que le moyen terme soit pris universellement, au moins dans l'une des prémisses.* S'il en était autrement, il pourrait convenir au grand terme, dans l'une de ses parties ; au petit terme, dans l'autre et ne rien nous apprendre des rapports qui existent entre eux.

4° *La conclusion ne doit jamais contenir le moyen terme.* Nous avons déjà vu que son rôle est uniquement d'unir les deux extrêmes dont les rapports nous ont été, grâce au moyen terme, montrés dans les prémisses.

5° *Deux prémisses affirmatives ne peuvent conduire à une conclusion négative.* Si A coexiste avec B et si B coexiste avec C, on ne saurait évidemment conclure que A et C ne coexistent pas ensemble.

6° *De deux prémisses négatives on ne peut rien conclure :* De ce fait que le moyen terme ne convient à aucun des deux extrêmes, comment conclure, en effet, que ces extrêmes se conviennent ou ne se conviennent pas ensemble ? — On a cependant fait remarquer avec raison que certains syllogismes, où sont mises en présence des notions désignant des grandeurs de même série, échappent à cette règle. L'*Austerlitz* n'est pas aussi grand que le *Borda* ; or, le *Borda* n'est pas aussi grand que la *Bretagne*, donc l'*Austerlitz* n'est pas aussi grand que la *Bretagne.*

7° *La conclusion suit toujours la plus faible partie*, c'est-à-dire que si l'une des prémisses est universelle et l'autre particulière, la conclusion est particulière ; que si l'une des prémisses est affirmative et l'autre négative, la conclusion est négative. Si tous les A sont B et si quelques B sont C, je ne puis conclure avec certitude que tous les A sont C ; de même si tout A est B et si nul B n'est C, il est évident que nul A n'est C.

8° *On ne peut rien conclure de deux prémisses particulières.* Examinons les trois cas qui peuvent se présenter. Dans le premier, les deux prémisses sont particulières affirmatives : alors le moyen terme n'est pas pris au moins une fois universellement, ce qui est contraire à la troisième règle. — Dans le deuxième, les deux prémisses sont particulières négatives; or, nous savons déjà que de deux prémisses négatives on ne peut rien conclure. — Dans le troisième, enfin, l'une des prémisses est affirmative, l'autre est négative : quelques A sont B ; or, quelques B ne sont pas C. Comment tirer une conclusion certaine puisque nous ne savons pas si ce sont les mêmes B qui sont comparés à A et à C, dans la majeure et dans la mineure [1] ?

Ces règles fort compliquées et dont on a longtemps exagéré l'importance peuvent utilement se ramener aux trois suivantes :

1° Le syllogisme doit contenir nécessairement trois termes : il faut, en outre, que chacun de ces termes, dans les deux propositions où il se trouve, conserve toujours la même signification. Par conséquent, la première précaution à prendre est de définir avec soin les mots dont on se sert et de veiller à l'extension qu'on leur donne;

2° Le moyen terme doit être pris au moins une fois universellement, c'est-à-dire dans un sens général ;

3° Enfin, la conclusion ne doit jamais être plus étendue que les prémisses. En d'autres termes et plus simplement encore : Il faut que la majeure contienne la conclusion et que la mineure la fasse voir.

III

1. Des modes et des figures du syllogisme. — Les différentes formes que revêt le syllogisme sont désignées par les noms de *modes* et de *figures*.

La figure du syllogisme dépend de la place que le moyen terme occupe dans les prémisses. Or, il peut être *sujet de la*

---

(1) Ces règles ont été résumées dans les huit vers suivants :

> Terminus esto triplex : medius, majorque, minorque,
> Latius hunc quam præmissæ conclusio non vult.
> Nunquam contineat medium conclusio fas est.
> Aut semel aut iterum medius generaliter esto.
> Utraque si præmissa neget, nihil inde sequetur.
> Ambæ affirmantes nequeunt generare negantem.
> Pejorem sequitur semper conclusio partem.
> Nil sequitur geminis e particularibus unquam.

Voy Port-Royal, *Logique*, 3ᵉ partie, chap. III.

majeure et attribut de la mineure : Tout *homme* est mortel, or Pierre est un *homme*, donc Pierre est mortel ;

Attribut de la majeure et attribut de la mineure : Tous les criminels *ont des remords ;* or, aucun homme de bien *n'a de remords*, donc aucun homme de bien n'est criminel ;

Sujet de la majeure et sujet de la mineure : Le *mercure* est un métal ; or, le *mercure* n'est pas solide ; donc quelque métal n'est pas solide ;

Attribut de la majeure et sujet de la mineure : Les maux de la vie sont des *maux passagers ;* or, les *maux passagers* ne sont pas à craindre ; donc les maux de la vie ne sont pas à craindre [1].

Quant aux *modes*, ils sont déterminés par la quantité et par la qualité des propositions dont le syllogisme se compose ; or, comme toutes les propositions, classées d'après leur quantité et leur qualité, se ramènent à quatre que nous avons désignées par les lettres A, E, I, O, il est aisé de comprendre combien de combinaisons elles peuvent former en s'unissant trois à trois.

A étant majeure, nous obtenons d'abord les combinaisons suivantes :

AAA	AEA	AIA	AOA
AAE	AEE	AIE	AOE
AAI	AEI	AII	AOI
AAO	AEO	AIO	AOO

Si E est majeure, nous obtenons 16 combinaisons nouvelles ; 16 également, quand E est remplacé par I, et 16 quand il est remplacé par O. De sorte que nous arrivons au total de 64 modes possibles pour une seule figure ; par conséquent de 256 modes pour les quatre figures réunies.

En appliquant à ces 256 modes les 8 règles que nous avons énoncées plus haut, les logiciens ont trouvé que *quatre* seulement étaient concluants dans la première figure ; *quatre* également dans la deuxième ; *six*, dans la troisième et *cinq* dans la quatrième.

---

(1) Les anciens désignaient ces figures par le vers mnémonique suivant :

Sub-præ ; tum præ-præ ; tum sub-sub ; denique præ-sub.

præ et sub étant les premières syllabes des mots prædicatum et subjectum. Sur la fonction propre de chacune de ces figures, voy. Rabier, *Logique*, chap. V, 2.

2. Variétés du syllogisme. — Jusqu'ici nous avons supposé que le syllogisme présente toujours la forme régulière et parfaite sous laquelle nous l'avons étudié. En réalité, il n'a cette forme qu'exceptionnellement; tantôt, en effet, il est plus développé; tantôt il est plus concis, suivant les exigences de la discussion et de la littérature : c'est alors qu'il prend les différents noms d'enthymème, d'épichérème, de prosyllogisme, de sorite.

L'*enthymème* est un syllogisme dont l'une des prémisses est sous-entendue :

> L'homme a des devoirs,
> Donc il a des droits [1].

L'*épichérème* est un syllogisme dont les prémisses sont développées et prouvées. Le plaidoyer de Cicéron pour Milon peut se ramener à l'épichérème suivant :

Il est permis de tuer un injuste agresseur : la loi naturelle, le droit public, la conduite universelle des hommes le prouvent. Or, Clodius a été un injuste agresseur, comme le prouvent ses antécédents, ses préparatifs, sa suite le jour de sa rencontre avec Milon. — Donc, il était permis à Milon de tuer Clodius.

Le *prosyllogisme* est un argument composé de plusieurs syllogismes enchaînés de telle sorte que la conclusion du premier serve de majeure ou de mineure au second et ainsi de suite :

Ce qui se meut est un corps; — or, l'air se meut, donc l'air est un corps; — mais tout corps est pesant, or, l'air est un corps, donc il est pesant.

Le *sorite* est un argument formé de propositions telles que l'attribut de la première devient sujet de la seconde et ainsi de suite jusqu'à la conclusion qui réunit à la fois le sujet de la première et l'attribut de la dernière. Tel est le raisonnement sur lequel repose le pessimisme :

« Etre c'est agir; — agir c'est faire effort; — faire effort c'est

---

(1) On peut citer comme exemple d'enthymèmes le passage suivant : « Tous mes actes sont appréciés, dénaturés, travestis avec art ! Exemple : Je me promène... J'ai donc bien des loisirs. — Je ne me promène plus... J'ai peur de me montrer. — Je donne un bal... Luxe effréné. — Pas de bal?... Quelle avarice. — Je passe une revue... Intimidation militaire. — Je n'en passe pas?... Je crains l'esprit des troupes. — Des pétards à ma fête !... L'argent du peuple en fumée ! — Pas de pétards?... Rien pour les plaisirs du peuple. — Je me porte bien... L'oisiveté. — Je me porte mal... La débauche. — Je bâtis... Gaspillage. — Je ne bâtis pas ?... Et le prolétaire ! »

tendre vers un bien dont on est privé ; — tendre vers un bien dont on est privé, c'est souffrir ; — donc être, c'est souffrir. »

De ces syllogismes on peut rapprocher les syllogismes composés :

1° Les syllogismes *hypothétiques* : « Si l'homme est libre, il est responsable ; or, il est libre, donc il est responsable. »

2° Les syllogismes *disjonctifs* : « Ou ce général a exécuté les ordres reçus, ou il a trahi ; or, il a exécuté les ordres reçus, donc il n'a pas trahi. »

3° Le *dilemme* qui consiste à placer un adversaire entre deux ou plusieurs alternatives qui conduisent au même résultat : tel est l'argument de Mathan dans *Athalie* :

> A d'illustres parents s'il doit son origine,
> La splendeur de son sort doit hâter sa ruine ;
> Dans le vulgaire obscur si le sort l'a placé,
> Qu'importe qu'au hasard un sang vil soit versé ?

On voit, par ces exemples, que tous ces arguments ne sont, en définitive, que des formes particulières du syllogisme auquel il est toujours facile de les ramener.

IV

1. Valeur du syllogisme. — La méthode syllogistique dont Aristote nous a le premier donné la théorie et formulé les lois est d'une exactitude si rigoureuse et d'une perfection si grande que beaucoup de logiciens, surtout au moyen âge, ont cru trouver en elle, non seulement la méthode par excellence, mais encore la méthode universelle, seule capable de conduire à la vérité. C'était en exagérer singulièrement la portée. De là, à partir du xvie siècle, les critiques nombreuses et souvent excessives qui se sont élevées contre elle [1].

De toutes ces critiques, la plus radicale est celle de St. Mill. Suivant ce philosophe, le syllogisme, tel que nous l'avons défini, ne serait qu'un raisonnement incorrect et stérile, une

---

(1) A côté des travaux d'Aristote et des philosophes du moyen âge, sur le syllogisme, il faut citer ceux d'Euler, de Hamilton, de Boole, de de Morgan, de Stanley Jevons et de M. Lachelier. Les principaux philosophes qui ont combattu la méthode syllogistique sont Ramus, Bacon, Gassendi, Descartes, Condillac et St. Mill.

« solennelle futilité ». Soit le syllogisme suivant : « Tous les hommes sont mortels ; or, le duc de Wellington est un homme, donc le duc de Wellington est mortel. » Sur quoi nous appuyons-nous pour établir notre conclusion ? — Sur cette prémisse évidemment : tous les hommes sont mortels. Mais alors de deux choses l'une : ou, en énonçant cette prémisse, nous savons déjà que le duc de Wellington est mortel, auquel cas notre syllogisme ne nous apprend rien et n'est qu'une pure tautologie ; — ou nous ne le savons pas, et alors quelle valeur peut avoir la prémisse d'où nous sommes partis. Nous ne pouvons affirmer que tous les hommes sont mortels, si nous ignorons que le duc de Wellington est mortel. La conclusion est nécessaire pour prouver la majeure qui, par hypothèse, devrait prouver la conclusion. Le cercle vicieux est manifeste.

La vraie raison, ajoute St. Mill, qui nous fait croire à la mortalité du duc de Wellington, c'est que ses ancêtres et les nôtres sont morts ; faire appel, pour mieux l'établir, à cette proposition générale : tous les hommes sont mortels, n'ajouterait pas un iota à la valeur de notre preuve. C'est que, en réalité, la proposition générale d'où nous prétendons tout déduire n'est qu'un résumé d'expériences particulières, une sorte de *registre*, de *memento*, de *memorendum* où, sous une forme concise, sont notées nos constatations antérieures. De la valeur seule de ces constatations dépend celle de nos conclusions. Si entre elles s'interpose la proposition générale, ce n'est pas comme partie intégrante du raisonnement, mais comme moyen de contrôle. Cette proposition est « comme une station intermédiaire pour l'esprit », qui lui permet de s'assurer des faits observés et de mesurer le terrain parcouru. — Ainsi interprété, le syllogisme n'est plus « qu'une inférence du particulier au particulier, autorisée par une inférence du particulier au général » et toute pétition de principe est évitée.

Examinons d'abord cette théorie de St. Mill. Pouvons-nous admettre que la déduction se réduise à une simple inférence du particulier au particulier ? Évidemment non, car toute inférence de cette nature loin d'être un véritable raisonnement, n'est qu'une opération machinale et une simple association d'idées. Si de ce fait que Pierre et Paul sont morts, je conclus que le duc de Wellington est mortel, c'est que la mort de Pierre et celle de Paul m'ont paru conformes à une loi. Or, c'est cette loi et elle seule qui rend possible la déduction et l'explique.

Restent les objections contre la théorie ordinaire du syllogisme. Que le syllogisme ne soit pas une vaine tautologie, il suffit de remarquer, pour le prouver, que nous pouvons très bien penser à une classe, sans penser aux individus qu'elle renferme; à la majeure, sans penser à la conclusion. Je puis penser que tous les hommes sont mortels, sans penser que je le suis moi-même. Si cette dernière proposition est impliquée dans la première, je ne le vois pas. C'est la mineure qui m'en avertit en me montrant que je suis homme. Aussi est-ce avec raison qu'on a reproché à St. Mill d'oublier que la conclusion n'est pas contenue dans la majeure seule, mais à la fois dans la majeure et dans la mineure. C'est en quelque sorte de leur réunion qu'elle jaillit. Il y a donc bien, dans le syllogisme, extension de connaissance. — Le syllogisme n'est pas davantage un cercle vicieux, car il n'est pas nécessaire de savoir quels hommes ont existé ou existeront pour affirmer que tous les hommes mourront; quels sont tous les corps de la nature, pour affirmer que tous, dans le vide, tombent également vite; quels crimes ont été commis, pour affirmer que tous sont condamnables. — Nous pouvons donc conclure en disant que le syllogisme est une forme de raisonnement correcte et légitime. Voyons maintenant quelle en est l'utilité.

2. Emploi du syllogisme. Abus qu'on peut en faire. — Une première remarque à faire, c'est que le raisonnement déductif est un des procédés les plus familiers à l'esprit, comme le prouve l'emploi si fréquent, dans le langage, des mots or, donc, par conséquent, c'est pourquoi... qui marquent en quelque sorte les articulations multiples de la pensée discursive.

En second lieu, si nous considérons le syllogisme dans sa forme, il est incontestable que l'étude de ses lois est à la fois utile et curieuse : utile, car elle donne à l'esprit plus de finesse; curieuse, car elle montre combien sont rigoureuses les lois de la pensée. « Il n'est pas plus ridicule, dit Hegel, de décrire les lois du syllogisme, que d'étudier les faits de l'âme humaine et les différents êtres de la nature. » ╀ En outre, nul procédé n'est aussi propre que le syllogisme à analyser une vérité générale, à mettre en lumière une vérité découverte, à dévoiler le vice d'une argumentation captieuse. C'est là ce qui faisait dire à Leibniz « qu'un art d'infaillibilité est contenu dans le syllogisme, pourvu qu'on sache et qu'on puisse s'en servir ». « J'ai expérimenté plusieurs fois, ajoute ce même philosophe, en disputant, même par écrit, avec des personnes de bonne foi, que l'on n'a commencé à s'entendre que lorsqu'on a argumenté en forme, pour débrouiller un chaos de raisonnements. » — Ajoutons, enfin, que l'usage et même l'abus qui ont été faits autrefois, dans l'École, de la méthode syllogistique, n'ont pas peu contribué à donner à la langue française sa concision et sa clarté.

Si nous considérons maintenant le syllogisme, non plus dans sa forme, mais dans son essence, il sera plus facile encore d'en constater la valeur. Sans doute, le syllogisme, tel qu'on le formule d'ordinaire, nous apprend peu de choses, mais il faut songer aux efforts qu'a dû faire l'esprit pour en arriver à cette forme simple et concise du raisonnement, sorte de tautologie en apparence stérile. C'est pour l'obtenir que nous nous livrons à tant de recherches pénibles, mais fructueuses; que nous passons en revue toutes nos connaissances pour en découvrir une qui serve de lien entre des idées dont le rapport nous échappe. La mise en syllogisme est donc bien le résultat que nous poursuivons, en raisonnant, souvent à notre insu, de telle sorte qu'on peut soutenir que le point de départ de nos études est un syllogisme idéal, le point d'arrivée, un syllogisme réel et formulé.

Cependant, il ne faut pas oublier que le syllogisme, comme tout procédé, lorsqu'on en abuse, peut offrir des dangers. Si l'on ne voit plus dans cet argument qu'une forme savante, ingénieuse et subtile; si l'on néglige ce qui lui est essentiel, à savoir les idées, on épuise l'esprit et on le fatigue, au lieu de le féconder. On fait de l'intelligence un instrument, bien ordonné, peut-être, mais improductif. — Multiplier les règles du syllogisme, s'attarder aux détails et aux minuties puériles, c'est également surcharger la mémoire et nuire au jugement; c'est s'exposer aux justes reproches de Bacon qui condamne « cette philosophie disputeuse, frivole et vaine qui a l'éclat et la fragilité des toiles d'araignées »; c'est enlever au langage tout intérêt, toute grâce et toute élégance. Il faut s'inspirer, au contraire, de l'esprit de Descartes et de Pascal, et se rappeler que « les règles doivent être simples, naturelles, naïves et ne point guinder l'esprit ».

OUVRAGES A CONSULTER

Logique de Port-Royal, 3ᵉ partie. — Leibniz, *Nouveaux essais*, liv. III et IV. — St. Mill, *Philosophie de Hamilton* et *Système de logique.* — Waddington, *Essais de logique.* — Renouvier, *Logique.* — Lachelier, *Revue philosophique*, t. Iᵉʳ. — Janet, *De la nature du syllogisme.* — V. Brochard, *Logique de St. Mill. Revue philosophique*, t. XII. — Janet et Séailles, *Histoire de la philosophie.* — Rabier, *Logique*, chap. v.

CHAPITRE IV

MÉTHODE DES SCIENCES DE LA NATURE

L'objet des sciences exactes est, comme nous l'avons vu, tout idéal; l'objet des sciences de la nature est, au contraire, le monde sensible lui-même. Le champ de leur étude est donc illimité, aussi semble-t-il que toute connaissance vraiment scientifique nous en soit à jamais interdite. Comment, en effet, connaître la multitude infinie des êtres et des faits qui se succèdent, incessamment renouvelés et toujours dissemblables? — La difficulté serait assurément insurmontable si nous n'avions le pouvoir de réduire cette multiplicité à l'unité et de ramener le particulier au général. Or, c'est ce travail de réduction et de simplification qu'il nous faut décrire en passant en revue les procédés principaux qui nous permettent de l'accomplir.

1. — Précisons bien d'abord le but que poursuivent ces sciences et la nature des explications qu'elles recherchent.

Nous savons déjà qu'elles se divisent en deux grandes classes : les sciences *physico-chimiques* et les *sciences naturelles*. — Les sciences *physico-chimiques* s'occupent uniquement des *phénomènes* qui se produisent dans la nature. Or, ces phénomènes, elles les considèrent comme expliqués quand elles en ont trouvé les causes et les lois. La découverte des lois par la détermination des causes, telle est donc la fin qu'elles poursuivent.

Les sciences *naturelles* s'occupent, au contraire, des *êtres* eux-mêmes et des *formes* qu'ils présentent. Leur but est de montrer les lois de coexistence de leurs caractères essentiels; de découvrir, au-dessus des individus passagers et dissemblables, le type qu'ils réalisent; de distribuer, enfin, et de hiérarchiser tous ces êtres trop nombreux pour être connus individuellement, de telle sorte qu'ils forment un petit nombre de groupes dont les caractères généraux soient nettement définis.

Au nombre des sciences physiques, ainsi entendues, nous avons rangé la mécanique, l'astronomie, la physique, la chimie...; au nombre des sciences naturelles : la minéralogie, la géologie, la botanique, la zoologie, etc.

2. — De la ressemblance et de la différence de leurs objets et de leurs fins, découlent naturellement la ressemblance et la différence de leurs méthodes.

Il est évident que le premier souci du physicien doit être de bien connaître les phénomènes dont il cherche l'explication. Or, cette connaissance, il ne peut l'acquérir que par l'*observation*. En second lieu, il doit chercher la cause de ces phénomènes, c'est-à-dire les phénomènes antécédents auxquels ils sont nécessairement unis; connaissance qu'il obtient surtout à l'aide de l'*expérimentation* secondée par l'*hypothèse*. Enfin, il lui reste à universaliser le rapport de causalité une fois qu'il l'a découvert, ce qui est le propre de l'*induction*.

Le naturaliste emploie également la plupart des procédés qui précèdent : on conçoit, en effet, que la première condition requise pour connaître les êtres, comme pour connaître les faits, soit de les *observer;* on conçoit aussi que l'hypothèse, sinon l'expérimentation, lui soit d'un grand secours; toutefois, comme le but ici poursuivi est, d'une part, de dégager les différents types des êtres; d'autre part, de grouper, d'après ces types eux-mêmes, les êtres en classes de plus en plus étendues, l'induction est remplacée par la *classification*, qui a pour auxiliaire l'analogie, et par la définition.

L'ensemble de ces procédés constitue la *méthode expérimentale* ou *inductive* qui s'oppose, par des caractères bien précis, à la méthode des sciences exactes qu'on appelle *méthode démonstrative ou déductive*.

3. — L'homme a, de tout temps sans doute, mis en œuvre les procédés de la méthode expérimentale, car l'esprit ne saurait raisonner sans les matériaux que ces procédés lui fournissent. Toutefois, c'est à dater du xvii° siècle surtout que cette méthode a été bien comprise, bien définie et appliquée d'une manière fructueuse. — En effet, les savants, dans l'antiquité, font à l'expérience la part beaucoup trop restreinte et trop souvent, aussi, croient pouvoir suppléer à ses données par des

hypothèses sans valeur : s'ils soutenaient, par exemple, que les astres, dans leur révolution, ne peuvent décrire que des cercles, c'est en vertu de cette hypothèse que le cercle est la plus parfaite des figures. — Au moyen âge, les alchimistes observent et expérimentent même avec soin, mais au lieu de chercher l'explication des faits dans d'autres faits qui les déterminent, ils font intervenir, à chaque instant, des considérations métaphysiques, ayant recours, pour rendre compte des choses, soit à des *lusus naturæ*, à des jeux de la nature, soit à des forces occultes dont l'existence était aussi mystérieuse que l'action. Aussi ne font-ils accomplir que peu de progrès aux sciences de la nature. — Ces sciences ne sont véritablement constituées que depuis Galilée, Descartes et Bacon, c'est-à-dire depuis qu'elles ont été complètement affranchies de la métaphysique et qu'elles ont borné leurs recherches à celles des rapports nécessaires qui unissent entre eux les phénomènes.

A. — LES PROCÉDÉS DES SCIENCES PHYSIQUES

I

L'OBSERVATION

1. Définition de l'observation. Son utilité. — 2. Qualités requises pour bien observer. — 3. Nécessité des instruments. — 4. Règles de l'observation. — 5. Des faits privilégiés. — 6. Insuffisance de l'observation.

1. Définition de l'observation. Son utilité. — *Observer, c'est étudier avec soin les phénomènes de la nature, afin d'en découvrir les causes et les lois.* « L'art d'observer les faits, dit Cl. Bernard, est la pierre angulaire des sciences de la nature. Si les faits qui servent de base au raisonnement sont mal établis, tout s'écroulera et tout deviendra faux : c'est ainsi que le plus souvent les erreurs, dans les théories scientifiques, ont pour origine des erreurs de fait. »

2. Qualités requises pour bien observer. — Si l'art de bien observer est utile, il est également difficile et peu savent le pratiquer avec fruit; c'est qu'il exige tout un ensemble de qualités que rarement l'on trouve réunies.

La première est la *curiosité*. Le véritable observateur n'est pas celui qui, passivement, attend que les faits d'eux-mêmes s'offrent à lui, mais bien celui qui, désireux de les connaître jusque dans leurs plus menus détails, va, en quelque sorte, à leur rencontre et les épie, afin qu'aucun de leurs caractères essentiels ne lui échappe... « Il en est, disent à peu près dans les mêmes termes, Bacon et Gassendi, du physicien comme du chasseur. De même que celui-ci n'attend pas, spectateur oisif, le gibier, mais le poursuit avec adresse, le presse, le fatigue, déjouant ses ruses et ses détours; de même celui-là, pour acquérir une connaissance exacte des choses, doit non pas les considérer d'un regard rapide, superficiel et paresseux, mais, par des observations et des expériences nombreuses, les poursuivre, les explorer en tous sens, les retenir lorsqu'elles se dérobent et les interroger sans cesse [1]. »

La deuxième est la *patience*. Souvent, en effet, la nature, peu soucieuse de nos désirs, semble nous dérober, avec un soin jaloux, les faits dont la connaissance serait le plus utile à la science ; souvent aussi, sa marche est si lente, que ses transformations restent inaperçues, pour les regards distraits. Il est donc indispensable au savant de pouvoir attendre, sans découragement, comme de pouvoir observer sans défaillance. C'est là, sans doute, ce qui faisait dire à Buffon que « le génie n'est qu'une longue patience, » et à Malebranche que « la vérité se révèle uniquement à ceux qui l'ont beaucoup priée ».

A ces qualités il est utile d'unir encore la *méthode*, la *pénétration* et l'*imagination :*

Sans *méthode*, nos efforts se dispersent. Loin de se compléter, nos observations se nuisent et les données qu'elles nous fournissent, sans cohésion comme sans unité, sont impuissantes à nous révéler les lois des choses.

Sans *pénétration*, l'esprit ne peut discerner, dans les objets qu'il observe, ce qui est principal de ce qui est accessoire, ce qui est clair de ce qui est obscur, ce qui doit être négligé de ce qui demande explication.

Sans l'*imagination*, les observations les plus exactes et les plus minutieuses restent elles-mêmes stériles. C'est que seule, elle peut, par une sorte de pressentiment merveilleux, nous suggérer l'explication des faits observés. C'est grâce à cette

____

(1) Gassendi, t. 1er, p. 126.

précieuse qualité que Newton trouve, dans la chute d'une pomme, le point de départ de sa plus belle découverte; que, dans les oscillations d'une lampe suspendue, Galilée entrevoit les lois du pendule. Il serait facile de montrer, par l'histoire, que les plus illustres savants ne sont pas moins remarquables, peut-être, par la puissance de leur imagination que par la sûreté de leur jugement.

Enfin, n'oublions pas quels services les qualités du corps peuvent rendre à celles de l'esprit. S'il est vrai qu'un aveugle est moins apte que tout autre à étudier les couleurs; un sourd à étudier les sons... on conçoit de quelle utilité peuvent être pour l'observateur des organes sains et parfaitement exercés. Cependant, tout importantes qu'elles soient, ces qualités ne sont que secondaires, car l'esprit, dans une certaine mesure, peut suppléer à leur imperfection : l'aveugle François Huber a pu, malgré sa cécité, connaître les mœurs des abeilles et nous les décrire ? De même Arago, ayant perdu la vue, a pu continuer ses expériences sur la photométrie. C'est que les sens, en effet, ne sont que des instruments à l'usage de l'esprit. Aux imperfections de l'esprit, au contraire, on ne peut suppléer par rien et les organes les plus délicats restent stériles s'ils sont mal dirigés. C'est ainsi que beaucoup ont des yeux pour ne point voir, car ils ne savent point s'en servir.

3. Nécessité des instruments. — Pour suppléer à l'insuffisance des sens dont le rayon d'activité est relativement restreint et les données souvent vagues et contradictoires, les hommes ont inventé les *instruments.* Les uns ont spécialement pour but d'*étendre le champ de nos observations :* tel est le microscope qui nous a révélé le monde des infiniment petits; tel est le télescope, qui nous révèle celui des objets infiniment éloignés; tel est encore, par exemple, le galvanomètre qui nous permet de constater l'existence de propriétés qui ne tombent pas directement sous les sens.

Les autres ont plus spécialement pour but de rectifier les erreurs des sens et de rendre possibles, dans nos observations, les mesures rigoureuses. Tels sont les *instruments de précision,* comme la balance, le baromètre, le thermomètre, etc.

Enfin, pour éviter toutes les inexactitudes qui pourraient provenir de l'observateur lui-même, les savants ont inventé des appareils capables de fonctionner en son absence et d'*enregis-*

trer les faits qu'il importe de connaître. Tels sont les baromètres et les thermomètres à maxima et à minima; tel est le sphygmographe dont se servent les médecins pour constater le nombre des battements du pouls et ses irrégularités; tel est le météorographe du P. Secchi, dont les indications permettent de reconnaître quelle a été la direction du vent et sa vitesse, la hauteur barométrique, la quantité de pluie tombée, l'état hygrométrique de l'air, la température. — C'est en mettant à profit ces instruments, fruit de son travail et de sa réflexion, que l'homme s'est, en quelque sorte, créé de nouveaux sens et qu'il peut observer plus fidèlement et plus efficacement la nature.

4. Règles de l'observation. — Quel que soit maintenant son mode d'observation, qu'il observe directement par les sens ou indirectement à l'aide d'instruments, il est certaines règles dont le savant ne doit jamais s'affranchir.

La plus importante, suivant Herschell, est de *se défaire de tout préjugé*. Entreprendre des recherches avec une idée préconçue et bien arrêtée, être plus occupé de vérifier une théorie que de rechercher la vérité, c'est s'exposer à dénaturer les faits, même de bonne foi. Il faut, au contraire, être toujours prêt à suspendre son jugement et à se rendre à l'évidence; il faut être absolument désintéressé. « Le savant, dit Cl. Bernard, doit écouter la nature et écrire sous sa dictée. »

Il faut, en second lieu, que notre observation soit *minutieuse, précise* et *complète;* c'est-à-dire que nous devons noter avec soin toutes les circonstances qui suivent ou précèdent l'apparition des faits et relever même les détails qui nous paraissent les moins importants. C'est ainsi qu'un médecin s'enquiert de la conduite de son malade, ne néglige aucun des symptômes que présente le mal, aucun des effets produits par ses remèdes; c'est ainsi qu'un physicien, en faisant des expériences, tient compte de la pression atmosphérique, de l'état hygrométrique de l'air, de la température... Procéder avec moins de scrupuleuse attention, c'est se condamner d'avance à l'erreur.

Enfin, l'observateur doit s'efforcer d'obtenir le plus possible des mesures rigoureuses. « La précision numérique, dit Herschell, est véritablement l'âme de la science, la pierre de touche à laquelle on reconnaît la vérité des théories, l'exactitude des expériences. »

5. Des faits privilégiés. — Dans son *Novum organum,*

Bacon signale plusieurs catégories de faits sur lesquels doit porter plus particulièrement notre attention. Parmi ces faits, les plus importants sont les faits *limitrophes* et les faits *cruciaux*. « Les faits limitrophes, nous dit-il, sont ceux où se présentent certaines espèces qui semblent composées de deux espèces différentes ou n'être que des ébauches, des essais d'une espèce à une autre. Par exemple, ces fœtus animaux qui affectent souvent les formes de deux espèces ou d'un plus grand nombre. » Ces faits, dont les savants contemporains se sont occupés d'une manière toute spéciale sont surtout utiles pour nous faire connaître la continuité et l'évolution des choses dans la nature.

Les faits *cruciaux* [1] sont ceux qui offrent l'avantage de nous fournir une indication décisive à la suite de laquelle le doute devient impossible. Ainsi, on attribue à la pression atmosphérique l'élévation du mercure dans le tube barométrique. Supposons que cette pression soit tout à coup supprimée : si le mercure redescend, nous avons là un de ces faits dont parle Bacon et dont la signification est évidente.

6. Insuffisance de l'observation. — Quelque minutieuse et quelque attentive que soit l'observation, dans bien des cas elle est impuissante à fournir les renseignements qu'on lui demande. Souvent, en effet, les phénomènes sont si rapides qu'ils se dérobent à notre étude, et si *complexes* qu'on ne peut en connaître les vrais caractères. C'est que la nature ne nous montre que des résultats : son action est « synergique » ; un fait, quel qu'il soit, dépend parfois de mille circonstances qui le précèdent et l'accompagnent ; aussi, combien il est difficile, au milieu d'une telle variété de distinguer ce qui est essentiel et fondamental de ce qui n'est qu'accidentel et passager. C'est pour remédier à ces inconvénients et suppléer à l'insuffisance de l'observation qu'on a recours à un nouveau procédé : l'expérimentation.

(1) Ces phénomènes sont ainsi nommés par analogie avec les poteaux indicateurs en forme de croix qui, placés dans les carrefours, grâce aux inscriptions qu'ils portent, tirent définitivement d'embarras le voyageur qui cherche sa route.

II

L'EXPÉRIMENTATION

1. Nature de l'expérimentation. — 2. Des principaux modes d'expérimentation. — 3. Interprétation de l'expérience. Les tables de Bacon. — 4. Les quatre méthodes de Stuart Mill.

1. Nature de l'expérimentation. — Expérimenter, c'est *étudier les faits dans des conditions déterminées par l'observateur lui-même.* Ce procédé consiste essentiellement à reproduire, à supprimer, à faire varier les circonstances qui, d'ordinaire, accompagnent les phénomènes dont nous cherchons l'explication, afin de découvrir celles qui sont nécessaires à son apparition. L'expérimentation ne doit donc pas être considérée simplement comme une forme plus complète et plus délicate de l'observation, mais bien comme une opération spéciale dont le but est non seulement la constatation des faits, mais le contrôle de l'observation elle-même et la détermination des causes.

Tel étant son but, on conçoit que toutes les qualités requises de celui qui observe le sont également de celui qui expérimente. On peut même soutenir qu'elles lui sont plus nécessaires encore, car contribuant à produire les phénomènes dont il a besoin, il doit scrupuleusement tenir compte de la part qui lui r 'ent dans cette production.

2. Des principaux modes de l'expérimentation. — Bacon qui a fait de la méthode expérimentale l'étude la plus judicieuse ramène à huit les principales formes de l'expérimentation, c'est-à-dire les moyens différents de se procurer les faits utiles à la science.

1° *La variation de l'expérience (variatio experimenti).* — Varier l'expérience, c'est la reproduire dans des circonstances différentes de temps et de lieu et, quand il est possible, avec d'autres matières. C'est ainsi que Pascal, pour vérifier les expériences de Torricelli, emploie successivement plusieurs liquides et compare les observations qu'il a faites à Paris avec celles qu'il a fait faire sur les montagnes du Puy-de-Dôme.

2° *L'extension de l'expérience (extensio experimenti).* — Étendre l'expérience, c'est la reproduire dans des proportions de plus en plus considérables. C'est ainsi que pour démontrer la loi de Mariotte on a augmenté de plus en plus le nombre des atmosphères et rendu de plus en plus forte la pression subie par les gaz.

3° *La compulsion et le prolongement de l'expérience (compulsio et productio experimenti).* — Compulser et prolonger une expérience c'est la pousser aussi loin que possible, jusqu'au point ou s'annihile la propriété observée. « L'esprit-de-vin que l'on obtient par une seule distillation, est plus subtil et plus fort que le vin ; l'esprit-de-vin lui-même distillé et sublimé ne deviendrait-il pas encore plus fort ? » Le fer devient rouge lorsqu'on le soumet à une certaine température, on prolonge l'expérience pour voir si, chauffé davantage, il ne deviendra pas encore plus rouge.

4° *La translation de l'expérience (translatio experimenti).* Transférer l'expérience, c'est appliquer les procédés qui ont permis d'étudier certains faits, à un ordre de faits différents. Grâce à des observations précises, Arago et Fresnel sont amenés à substituer, dans l'explication de la lumière, l'hypothèse des vibrations à celle des ondulations; plus tard, on transfère leurs expériences, de la lumière au son et à la chaleur, et l'on découvre que tous ces phénomènes sont dus aux mouvements ondulatoires d'un milieu élastique.

5° *Le renversement de l'expérience (inversio experimenti).* Renverser l'expérience, c'est la reproduire par des procédés nouveaux et en faire la contre-épreuve. Ainsi, par exemple, procède le chimiste qui, après avoir fait l'analyse de l'eau, en fait la synthèse.

6° et 7° *L'application et la copulation de l'expérience (applicatio et copulatio experimenti).* — Ces deux procédés conviennent moins à la recherche expérimentale, proprement dite, qu'aux applications pratiques des découvertes que nous avons faites. Ils peuvent du reste, se rattacher à la *translation de l'expérience* que nous avons déjà définie.

8° *Les hasards de l'expérience (sortes experimenti).* Sous cette dénomination Bacon désigne toutes ces expériences qu'on a appelées depuis « des expériences de tâtonnement, » des expériences « pour voir, » auxquelles, dans les sciences peu avancées surtout, on est souvent obligé de recourir. « En effet, dit Claude Bernard, on ne doit pas craindre d'agir parfois un peu au hasard, et d'essayer même de pêcher en eau trouble. » Comment, par exemple, un médecin pourrait-il découvrir les vertus thérapeutiques d'un produit nouveau, s'il ne faisait pas sur les animaux d'abord, sur les hommes ensuite, de telles expériences ? — Ce sont leurs résultats qui le guideront plus tard en le mettant peut-être sur la voie des découvertes les plus utiles.

L'immense avantage de tous ces procédés, — avantage que présente rarement l'observation, — est de nous fournir des faits nombreux, précis, bien caractérisés, partant significatifs, sur lesquels nous pouvons appuyer des raisonnements solides et rigoureux.

3. Interprétation de l'expérience. Méthode des coïncidences. Tables de Bacon. — Les expériences faites, il faut les interpréter, c'est-à-dire déterminer les causes des phénomènes étudiés.

La méthode la plus simple est celle qui consiste à noter attentivement les coïncidences qui existent entre les faits donnés et les circonstances qui les accompagnent. Pour en rendre l'application plus facile, on peut recourir aux trois tables de Bacon : les *tables de présence*, les *tables d'absence* et les *tables de degrés* ou *de comparaison*. Sur les premières on consigne tous les cas où se produit le phénomène dont on cherche la cause, et toutes les circonstances qui l'accompagnent; — sur les deuxièmes, toutes les circonstances analogues aux précédentes qui se trouvent réunies, quand le phénomène ne se produit pas; — sur les troisièmes, toutes les circonstances qui offrent ce caractère particulier de varier dans les mêmes proportions que le phénomène lui-même. Si certains faits antécédents sont toujours présents quand ce phénomène est présent; toujours absents, quand il est absent; si, de plus, ils varient toujours quand il varie, on peut voir en eux la cause cherchée. — En raisonnant ainsi, on ne fait qu'appliquer ces trois principes de raison, la cause n'étant, comme nous l'avons vu, que l'antécédent nécessaire et déterminant : Si la cause est donnée, l'effet doit être donné; si la cause disparaît, l'effet doit disparaître; si la cause varie, l'effet doit également varier[1].

L'utilité d'une telle méthode ne saurait être contestée et, dans bien des cas, elle doit nous révéler la cause véritable. Elle est

______

(1) Posita causa, ponitur effectus; — sublata causa, tollitur effectus; — variante causa, variatur effectus.

cependant insuffisante, car elle manque de rigueur et d'exactitude et ne nous fournit pas de preuve décisive en faveur des conclusions qu'elle suggère. Ainsi, il n'est jamais absolument certain que les coïncidences constatées ne soient pas l'effet du hasard. Deux faits peuvent toujours se succéder sans être unis par un lien de causalité, c'est ce qui a lieu, par exemple, quand ils dépendent l'un et l'autre d'une même cause supérieure. L'éclair précède le tonnerre; pourtant il ne le produit pas. Plus le nombre des coïncidences est grand, plus, sans doute, notre inférence est légitime. Mais quel est le nombre des coïncidences nécessaire pour que tout doute soit dissipé et toute erreur impossible? — La méthode des coïncidences ne nous l'apprend pas, aussi en appelle-t-elle une autre plus scientifique et plus rigoureuse.

4. De la méthode d'élimination. — Les quatre méthodes de Stuart Mill. — Cette méthode est celle qu'on peut appeler la *méthode d'élimination* ou *d'exclusion*. Elle consiste à écarter successivement, — réellement, quand la chose est possible, mentalement, dans les autres cas, — de toutes les circonstances qui accompagnent un fait, celles qui sont inutiles à sa production. On réalise ainsi idéalement le cas d'un phénomène que précède un seul antécédent; ce qui ne permet, par conséquent, aucun doute sur la cause cherchée. — Pour mener à bien ce travail nettement caractérisé par Bacon [1], on peut recourir encore aux tables de présence, d'absence et de comparaison sur lesquelles sont consignés les résultats de nos expériences : on conçoit, en effet, qu'elles puissent faciliter nos recherches en nous signalant les circonstances qu'on peut éliminer. Toutefois, beaucoup plus précises sont les quatre méthodes suivantes que nous décrit St. Mill, en en faisant des applications nombreuses :

1° *Méthode de concordance.* — Supposons un phénomène

---

(1) « Le premier procédé de l'induction véritable pour découvrir les causes est de *rejeter* et d'*exclure* successivement chacun des antécédents qui ne se trouvent pas dans tel exemple où la nature (cause) en question est présente, ou qui se trouvent dans tel exemple où elle est absente, ou qui ne croissent pas ou ne décroissent pas avec elle. Alors seulement, en seconde instance, après les exclusions et les rejections convenables (*exclusiones et rejectiones debitas*) toutes les opinions volatiles s'étant dissipées en fumée, restera au fond du creuset l'affirmative véritable, solide et bien limitée. » (Bacon, *Novum organum*, liv. II, xvi.)

qui se produise dans les circonstances les plus différentes, mais
de telle sorte que l'une de ces circonstances seule soit toujours
présente quand le phénomène se produit; il est évident que
cette circonstance constante et antécédente est la cause cherchée. Soit le fait A qui a pour circonstances antécédentes BCD,
BEF ; la cause de A ne saurait être ni C, ni D, ni E, ni F, puisqu'il se produit en leur absence; elle ne peut être que B. — Par
exemple, plusieurs corps, dans des circonstances différentes,
entrent en fusion et se volatilisent partiellement, lorsqu'ils sont
soumis à une forte température; la fusion et la volatilisation ont
évidemment pour cause la chaleur.

2° *Méthode de différence.* — Cette méthode est la contre-
épreuve de la précédente. Elle consiste à supprimer l'antécédent que tout à l'heure nous considérions comme la cause du
fait étudié, toutes les autres circonstances restant les mêmes.
Ainsi, ce ne sont plus les différences que l'on élimine, dans l'expérience, mais bien la circonstance ou les circonstances communes.
Supprimons B, par exemple, et voyons si A continue à se produire. — Toutes les fois que la pression atmosphérique s'exerce
sur la cuvette, le mercure s'élève dans le tube barométrique ;
supprimons cette pression, en faisant le vide : si le mercure
descend, c'est que la pesanteur de l'air est bien la cause cherchée.

La méthode de concordance repose sur ce principe « que rien
de ce qui peut être éliminé n'est lié par une loi au phénomène » ;
la méthode de différence, sur celui-ci « que tout ce qui ne peut
être éliminé est lié au phénomène par une loi ».

Cette dernière méthode a, comme il ressort de sa définition
même, une importance capitale; on pourrait même la concevoir, dans la recherche expérimentale, comme la méthode
idéale, car nulle ne frappe aussi vivement l'esprit et n'est plus
convaincante; mais elle n'est pas toujours applicable; aussi,
pour y suppléer, dans la mesure du possible, convient-il d'observer ce qui se produit, non plus quand la circonstance essentielle disparaît, mais quand elle varie. Nous passons ainsi de la
méthode de différence à la méthode des variations concomitantes.

3° *Méthode des variations concomitantes.* — Cette nouvelle
méthode peut se caractériser ainsi : lorsque parmi les circonstances qui accompagnent la production d'un phénomène, il en

est une qui varie toujours quand le phénomène varie, et cela dans les mêmes proportions, cette circonstance est la cause du phénomène. Supposons que A ait pour circonstances antécédentes B, C, D, et que A varie proportionnellement à B, — C et D restant invariables, — c'est évidemment que B est cause de A. L'explication du phénomène des marées nous offre un exemple frappant de l'emploi et de l'utilité de cette méthode. Nous ne pouvons ici, par la méthode de différence, supprimer les causes de ce phénomène; mais nous pouvons remarquer, par une longue suite d'observations, que les variations qui se produisent dans les marées correspondent aux variations qui se produisent dans l'attraction de la lune et du soleil, par suite des positions respectives de ces deux astres dans l'espace. Or, l'accord constant qui existe entre ces variations nous fournit une démonstration aussi concluante que la méthode même de différence [1].

4° *Méthode des résidus*. — La méthode des résidus peut se ramener à la méthode de différence : elle consiste, un phénomène étant donné que des causes connues expliquent partiellement, à trouver, par le raisonnement, une cause nouvelle qui rende compte du *résidu* inexpliqué. C'est à l'application de cette méthode que Le Verrier dut la découverte de la planète Neptune. Les astronomes avaient remarqué, depuis plusieurs années déjà, que la courbe décrite par la planète Uranus ne pouvait s'expliquer entièrement à l'aide des causes connues; Le Verrier, pour obtenir une explication complète, attribue les perturbations constatées à l'action d'une planète nouvelle, encore inaperçue : nous savons que son hypothèse a été pleinement justifiée.

Les quatre méthodes que nous venons de décrire nous font passer de la connaissance des faits à celle des causes; voyons maintenant comment, par l'induction, nous pouvons légitimement nous élever à celle des lois.

(1) Voy. dans St. Mill et dans Bain les nombreux exemples qu'ils citent pour bien faire comprendre toutes les ressources et toute l'importance de ces méthodes.

III

L'INDUCTION

1. Nature de l'induction. — 2. L'induction et la déduction.— 3. Fondement de l'induction. — A. Théorie de St. Mill. — B. Critique de cette théorie. — C. Théorie de H. Spencer. — D. Conclusion. — 4. Rôle de l'induction.

1. Nature de l'induction. — L'expérience nous révèle simplement, dans quelques cas particuliers, le rapport de causalité qui unit deux phénomènes ; l'induction universalise ce rapport et conclut des cas observés à tous les cas semblables. Nous avons constaté, par exemple, que 100° de chaleur font bouillir l'eau, sous la pression normale ; nous affirmons que *partout* et *toujours* le même fait se produira, si l'eau est soumise à la même température, dans des conditions identiques. Par l'induction l'esprit s'élève donc de *quelques* à *tous*, du particulier au général, des faits aux lois qui les régissent.

L'induction scientifique, ainsi définie, se distingue nettement de l'*induction vulgaire*. Celle-ci n'est qu'une conjecture appuyée sur de simples coïncidences ou de simples successions de phénomènes ; celle-là est une inférence que fait l'esprit uniquement quand il a découvert un rapport de causalité. Nulle opération n'est plus familière à chacun de nous que l'induction vulgaire ; c'est par elle que nous attribuons, par exemple, à tous les hommes d'un parti, à tous les individus d'une même classe les qualités ou les défauts aperçus seulement chez quelques-uns ; aussi nulle opération n'est-elle plus féconde en erreurs. — Il en est tout autrement de l'induction scientifique.

Cette induction diffère plus encore peut-être de l'*induction formelle* qui consiste simplement à affirmer d'un tout ce que l'on a affirmé déjà de chacune de ses parties : par exemple, les planètes A, B, C... ont un double mouvement de rotation sur elles-mêmes et de translation autour du soleil ; or, les planètes A, B, C... sont toutes les planètes ; donc toutes les planètes ont un double mouvement de rotation sur elles-mêmes et de translation autour du soleil. — La valeur d'un tel raisonnement ne saurait être contestée, mais il est évident qu'il n'a rien de commun avec l'induction proprement dite, car il n'implique en aucune façon extension de connaissance. La conclusion est ≀

simple résumé des constatations partielles qu'on a faites, une pure tautologie.

Dans les sciences mathématiques il existe également plusieurs formes de raisonnement qu'on est porté parfois à confondre avec le raisonnement inductif. Quand, par exemple, après avoir démontré que la somme des trois angles d'un triangle est égale à deux droits, nous affirmons qu'il en est de même pour tous les autres triangles, il semble bien que nous raisonnions inductivement ; mais, suivant la juste remarque de St. Mill, l'induction n'est ici qu'apparente, car la vérité obtenue, bien que générale, n'est pas admise sur la foi d'exemples particuliers. « Nous ne concluons pas que tous les triangles ont cette propriété par ce que quelques triangles la possèdent ; nous le concluons en vertu de la démonstration qui vaut pour tous les cas particuliers. »

2. L'induction et la déduction. — On voit de même, par les explications qui précèdent, comment l'induction s'oppose au raisonnement déductif que nous avons déjà décrit. La déduction part d'une proposition générale et en tire des propositions particulières ; elle va, par conséquent, du plus au moins ; le raisonnement inductif, au contraire, passe de quelques faits particuliers à tous les faits semblables et va du moins au plus. — En second lieu, ces procédés ne produisent pas la même certitude. La déduction conduit à une certitude absolue telle qu'on ne peut nier l'exactitude de la proposition démontrée, sans nier le principe même de contradiction ; l'induction conduit à des conclusions telles qu'il n'y aurait rien d'absurde à supposer que la vérité découverte fût autre qu'elle n'est.

Quelques philosophes, cependant, se sont efforcés de ramener ces deux procédés à l'unité. « L'induction, a-t-on dit, n'est qu'une déduction provisoire et conditionnelle, qui se change, par la vérification de l'expérience, en une déduction inconditionnelle et définitive [1]. » Toute induction pourrait dès lors se ramener à un syllogisme ayant pour majeure sous-entendue le principe sur lequel elle repose ; soit ce principe : il y a de l'ordre dans la nature, ou la nature est soumise à des lois fixes et universelles ; soit cet autre : les mêmes causes produisent dans les mêmes circonstances les mêmes effets. — Cette loi, par

(1) Ravaisson, *La philosophie en France au XIXe siècle*, ch. IX, XV, XVI.

exemple : l'eau entre en ébullition à 100° serait due au raisonnement suivant : « Les mêmes causes tendent toujours à produire les mêmes effets; or, 100° de chaleur sont cause de l'ébullition de l'eau ; donc c'est une loi que la chaleur fasse bouillir l'eau à 100°. » Que l'on remplace la majeure, par quelque autre équivalente, peu importe, le raisonnement restera toujours le même. Or, un tel raisonnement est vicieux pour plusieurs raisons. — Et d'abord, le principe sur lequel on s'appuie est un principe abstrait, or, jamais d'un principe abstrait on ne pourra déduire l'existence d'une loi réelle. Notre conclusion, dans l'exemple précédent, est tirée non pas de ce principe que les mêmes causes produisent les mêmes effets, mais des constatations que nous avons faites et que relate la mineure. Sans doute, le principe de causalité guide ici l'esprit, comme le principe de contradiction le guide, dans la déduction, mais, à proprement parler, il ne fait pas partie intégrante du raisonnement[1]. — En second lieu, ce raisonnement est incorrect dans la forme, car les termes n'y conservent pas toujours la même extension. C'est ainsi que les termes *ébullition* et 100° *de chaleur* désignent dans la mineure des faits particuliers, tandis que, dans la conclusion, ils sont pris dans un sens tout à fait général et indéterminé. — L'induction est donc bien un procédé d'ordre spécial et irréductible à tout autre. Il nous reste à en expliquer la légitimité.

3. Du fondement de l'induction. — Bien que la connaissance des lois ne soit pas *déduite*, comme conséquence, d'un principe général abstrait, elle n'en serait pas moins, sans ce principe, impossible à obtenir. Rappelons-nous, en effet, quel travail de l'esprit suppose l'induction. Elle suppose d'abord qu'un fait étant donné, nous en ayons cherché la cause; elle suppose ensuite que nous généralisons le rapport de causalité, ce rapport une fois découvert. Or, ce double travail serait inexplicable sans notre croyance en ces deux principes : 1° que tout fait a une cause ; 2° que les mêmes causes, dans les mêmes circonstances, produisent les mêmes effets. De la valeur de cette croyance dépend évidemment la valeur du raisonnement inductif, pris en lui-même.

---

[1] Notre conclusion n'est pas déduite du principe général que l'on propose, mais elle est obtenue en raisonnant *conformément à ce principe.*

A. Théorie de St. Mill. — Suivant St. Mill cette croyance se formerait en nous graduellement et n'aurait d'autre source que l'expérience. Il faut remarquer, en premier lieu, nous dit-il, que l'esprit ne débute pas par des inductions savantes et réfléchies. A l'origine, nos inférences ne vont pas du particulier au général, mais bien du particulier au particulier. « Dès les premières lueurs de l'intelligence, nous tirons des conclusions et des années se passent avant que nous apprenions l'usage des termes généraux. L'enfant qui, s'étant brûlé le doigt, se garde de l'approcher du feu, a raisonné et conclu, bien qu'il n'ait jamais pensé au principe général : le feu brûle. Il se souvient qu'il a été brûlé et, sur ce témoignage de sa mémoire, il croit, lorsqu'il voit le feu, que s'il met son doigt dans la flamme, il sera encore brûlé. Il ne généralise pas ; il infère un fait particulier d'un autre fait particulier. C'est aussi de la même manière que raisonnent les animaux, c'est de la même manière que le plus souvent nous raisonnons tous. » — Comment s'explique cette croyance à la reproduction des mêmes phénomènes, dans les mêmes conditions ? Par la force de l'association des idées. L'image du feu et la sensation de brûlure se sont unies de telle sorte, dans l'esprit de l'enfant, que la présence de l'une évoque aussitôt la présence de l'autre.

Maintenant, comme il s'établit en nous beaucoup d'associations semblables, par suite des rapports nombreux que nous soutenons avec les choses ; comme, en outre, nos prévisions sont presque toujours vérifiées, il se crée peu à peu dans l'esprit, sans qu'il s'en rende compte, une tendance de plus en plus forte à croire que les faits se succèdent ainsi régulièrement. — Enfin, la réflexion intervenant, nous rapprochons toutes ces indications et nous en arrivons à croire que le cours de la nature est uniforme. Cette croyance elle-même est d'autant plus assurée que les témoignages de l'expérience concordent mieux entre eux et que les habitudes auxquelles elle a donné naissance sont plus solidement enracinées.

Lorsque s'est établie en nous cette certitude que les mêmes antécédents ont les mêmes conséquents, c'est-à-dire que les mêmes causes ont les mêmes effets, nos inférences peuvent se faire, non plus simplement du particulier au particulier, mais bien du particulier au général. Toutefois, l'expérience seule nous a rendus capables de ce nouveau raisonnement.

B. Critique de cette théorie. — Cette explication est assurément fort simple et ne présente, bien qu'on l'en ait accusée, aucune ombre de cercle vicieux. Elle n'en soulève pas moins de sérieuses objections.

a. En premier lieu, St. Mill soutient que notre croyance au *principe de la causalité universelle* est le résultat d'expériences accumulées, mais comment justifier une telle affirmation? Il faudrait, pour cela, connaître exactement quelle a été la manière de penser des premiers hommes; quelle est la manière de penser des tout jeunes enfants; or, sur ces deux points, nous en sommes réduits aux hypothèses. Nous ne pouvons davantage invoquer nos observations sur nous-mêmes, car nous n'avons gardé aucun souvenir des premiers efforts de notre esprit.

b. En second lieu, dans cette hypothèse, notre croyance devrait s'affermir à mesure que nous avançons en âge et, logiquement, être proportionnée au nombre de nos expériences; nous savons, au contraire, qu'elle est aussi vive et aussi ferme chez l'enfant que chez le savant, comme le prouvent les questions incessantes qu'il nous adresse et ses jugements sur le passé et sur l'avenir.

c. Il semble même que l'expérience témoigne plutôt contre l'explication de St. Mill, qu'elle ne témoigne en sa faveur. On ne saurait prétendre, en effet, qu'elle nous offre constamment le tableau de cet ordre régulier que nous affirmons partout; qu'elle nous montre toujours le même effet après la même cause, la même cause avant le même effet. En outre, comme le remarque justement Helmholtz, « le nombre des cas où nous pouvons démontrer le rapport causal est bien peu considérable par rapport au nombre des cas où cette démonstration nous est impossible. » Donc, l'expérience seule ne saurait nous amener à penser que *tous* les faits ont une cause; que *les mêmes causes* produisent les mêmes effets.

d. Enfin, en admettant que nous ayons toujours observé dans la nature la régularité la plus parfaite; que nous ayons toujours vu les mêmes antécédents suivis des mêmes conséquents, quelle valeur aurait, dans l'hypothèse empirique, notre croyance au principe de causalité? — Même dans ce cas, il n'aurait qu'une valeur relative. Rien ne nous autoriserait à affirmer d'une manière absolue que la régularité constatée doit *nécessairement* persister. C'est en vertu d'une habitude acquise que nous attendons les mêmes effets après les mêmes causes, que nous prédisons le retour régulier de certains phénomènes, mais qui nous assure que cette force qui lie ainsi l'esprit lie également les choses? En bonne logique, si notre croyance n'a d'autre garantie que l'expérience, ses limites doivent être celles de l'expérience elle-même; par conséquent, l'induction qui empiète non seulement sur le passé, mais sur l'avenir, cesse d'avoir une valeur vraiment scientifique.

C. Théorie de H. Spencer. — H. Spencer modifie heureusement l'explication de St. Mill en faisant dériver notre croyance non plus de l'expérience individuelle, mais de l'expérience de toute la race humaine. — Elle aurait sa source non seulement dans les habitudes que nous avons acquises, mais encore dans les habitudes héréditaires que nous ont transmises nos ancêtres et que de nombreux siècles ont enracinées en nous et fortifiées. — Dans cette nouvelle hypothèse, le principe de causalité présente évidemment une autorité plus grande, puisqu'il est produit par une plus longue série d'expériences; mais cette production elle-même n'en demeure pas moins inexplicable. On se demande, en effet, comment les hommes, à l'origine, ont pu penser, privés de ce principe qui nous est aujourd'hui nécessaire; on se demande, en outre, puisque les faits dont la cause est inconnue sont les plus nombreux, comment l'expérience, en se prolongeant, a pu nous porter à croire que *tous les faits ont une cause.* Enfin, la dernière objection que nous avons élevée contre St. Mill conserve toute sa force contre H. Spencer. L'évolutionnisme recule donc la difficulté sans la résoudre.

D. Conclusion. — Le principal défaut de ces théories, c'est de ne point faire à l'esprit la part qui lui revient; or, ce qui est vrai, c'est que le principe de causalité, comme tous les principes, dérive à la fois de l'expérience et de la raison : de l'expérience, qui nous révèle les faits, de la raison, qui en saisit les rapports et les interprète. Une tendance naturelle nous pousse à rechercher partout l'ordre et l'harmonie, à ramener à l'unité nos connaissances particulières; de là tous nos efforts pour découvrir dans la nature des traces de cette unité, de cet ordre et de cette harmonie. Plus ces traces sont nombreuses, plus la raison est satisfaite; chaque constatation nouvelle en ce sens est une nouvelle vérification de sa puissance. De telle sorte que le principe de causalité, qui n'est qu'une des formes de ce principe plus général que tout

se produit avec ordre dans la nature, trouve à la fois sa confirmation dans la raison et dans l'expérience; ce qui nous autorise
à dire qu'il est en même temps l'expression d'une loi de l'esprit
et d'une loi des choses. Si telle est sa nature, sa valeur ne saurait
être mise en doute, ni celle de l'induction qu'il sert à légitimer[1].

4. Rôle de l'induction. — L'induction nous faisant connaître les lois de la nature, on conçoit aisément toute l'étendue
de son rôle.

Et d'abord, en nous faisant connaître une loi, c'est-à-dire le
rapport constant qui existe entre deux faits, l'induction nous
rend capable souvent de les reproduire à notre gré, et suivant
nos besoins de chaque jour. — Le savant découvre la loi de la
tension de la vapeur et on construit la locomotive; il découvre
les lois de l'électricité et on invente le télégraphe, etc. — Quand
les phénomènes échappent à notre action, nous pouvons encore,
s'ils sont dangereux, les prévoir, grâce à l'induction, et nous
mettre à l'abri de leurs atteintes[2]. Nul n'a pu encore empêcher
les orages de se produire, conserver la mer calme, mais grâce
à des indications exactes, l'agriculteur prévenu met à couvert
ses récoltes et le marin reste à l'abri dans le port. *Savoir*, disait
Bacon, *c'est pouvoir*, « *quantum scit homo, tantum potest.* »
Les découvertes de la science justifient chaque jour davantage
la vérité de cette devise, qui est la devise même du savant[3].

(1) Voy. Rabier, *Leçons de philosophie*, t. 1er, p. 405 et 406.— F. Thomas,
La philosophie de Gassendi, p. 175 et suiv.

(2) « Les lois de la nature, dit Herschell, sont des auxiliaires tout-puissants, aussi importe-t-il de les connaître : 1° Pour ne pas s'engager dans
des entreprises sans issue ; 2° pour se mettre en garde contre les méprises, dans les travaux possibles, mais tentés avec des moyens insuffisants ; 3° pour mener à bien ses recherches, avec le moins d'embarras, le
plus d'économie et le plus de célérité possible; 4° pour être en état d'entreprendre et de conduire à bon terme, ce qu'on ne saurait même aborder
sans la connaissance des lois. » Herschell; *Discours sur l'étude de la philosophie naturelle*, p. 42 et suiv.

(3) Bacon a souvent été considéré comme l'inventeur de l'induction. Sans
discuter ici la valeur de ce jugement, il faut reconnaître que Bacon le
premier a bien compris quel est le rôle de ce procédé et, le premier, en a
donné les règles. Nous avons vu déjà avec quelle force il s'élève, comme
Descartes et Pascal, contre la méthode d'autorité et conseille de revenir
à l'étude de la nature, la seule « institutrice vraiment féconde » ; c'est par
cette étude que l'homme peut étendre son empire sur les choses et reculer indéfiniment les limites de son savoir. — Nous avons montré également que la science, suivant Bacon, consiste essentiellement dans la connaissance des causes, *vere scire per causas scire,* — non des causes finales,

IV

L'HYPOTHÈSE

1. Définition de l'hypothèse. — 2. Rôle de l'hypothèse dans l'organisation de l'expérience. — 3. Rôle de l'hypothèse dans l'interprétation de l'expérience. — 4. Utilité de l'hypothèse scientifique. — 5. Règles de l'hypothèse. — 6. La méthode expérimentale et l'empirisme.

1. Définition de l'hypothèse. — Tous les procédés que nous venons d'analyser ont pour auxiliaire naturel et nécessaire l'*hypothèse*. L'hypothèse est une supposition tantôt spontanée, tantôt réfléchie, soit sur la nature, la cause ou l'effet d'une chose imparfaitement connue, soit sur l'existence d'une loi imparfaitement établie. — Elle est à la fois indispensable pour organiser l'expérience et pour l'interpréter, de sorte qu'elle se trouve au point de départ et au point d'arrivée de la science, dont elle est, en quelque sorte, suivant une juste remarque, « le préambule et l'épilogue ».

2. Rôle de l'hypothèse dans l'organisation de l'expérience. — L'hypothèse est d'abord utile à l'observateur; en effet, le véritable observateur, comme nous l'avons remarqué déjà, n'est pas celui qui attend passivement les faits, mais bien celui qui va, pour ainsi dire, au-devant d'eux, qui les *pressent* et sait *prévoir* l'heure et les conditions les plus favorables à son étude. — En outre, comment instituer des expériences, si l'imagination ne nous éclaire? Un phénomène se produit dont nous ignorons la cause; aussitôt nous en supposons une et nous nous mettons en quête de preuves qui justifient cette supposition ; mais pour atteindre ce résultat, que de tâtonnements et de recherches parfois sont nécessaires. Or, que sont tous ces essais, sinon des hypothèses? — Bacon nous parle d'une

mais des causes efficientes; de là toutes les règles qu'il nous donne, touchant l'observation et l'expérimentation, règles qui ont pour but de nous faciliter la découverte des causes véritables. — Le mérite de Bacon, sur tous ces points, n'est plus à discuter, quels que soient d'ailleurs les services que ses conseils aient rendus aux savants. — Toutefois on peut lui reprocher : 1° d'avoir méconnu la vraie nature de l'induction ou plutôt les rapports qui l'unissent à la raison, sans laquelle elle est impuissante ; 2° d'avoir méconnu le rôle de la déduction et des mathématiques dans les sciences de la nature : rôle dont Descartes a bien vu, peut-être même exagéré, l'importance.

espèce de flair propre aux observateurs de génie : *subodoratio quædam venatica;* c'est ce flair qui précisément nous suggère les moyens les plus propres à faire naître les faits dont nous avons besoin et à nous faire découvrir leurs causes cachées.

Toutes ces remarques s'appliquent aussi bien aux recherches du savant dans les sciences exactes. Il faut une *idée directrice* pour trouver la solution d'un problème , comme il en faut une pour découvrir une loi physique. Que sont tous les procédés auxquels nous avons recours pour obtenir une solution demandée ; les constructions et les substitutions de figures, les simplifications d'équations, sinon des suppositions de l'esprit en quête d'une. méthode sûre? Sans ce pouvoir de faire ainsi des hypothèses, nous en serions réduits à relire indéfiniment les données du problème sans en entrevoir jamais la solution [1].

« Une idée anticipée ou une hypothèse, voilà donc bien, comme le dit Claude Bernard, le point de départ de tout raisonnement expérimental. » — Quant aux moyens de susciter cette hypothèse, on ne saurait les indiquer avec sûreté; c'est « qu'il n'y a pas de règles à fixer, pour faire naître, à propos d'une observation, une idée juste et féconde; cette idée, une fois admise, on peut la soumettre à des règles, mais son application est toute spontanée, sa nature toute individuelle, c'est le *quid proprium* qui constitue l'invention, l'originalité, le génie de chacun ».

3. Rôle de l'hypothèse dans l'interprétation de l'expérience.. — Dans l'interprétation de l'expérience, l'hypothèse souvent précède l'induction et la prépare, quelquefois même elle la remplace.

Il peut arriver, en effet, que la *cause* d'un phénomène échappe absolument à l'expérience et que nous en soyons réduits à de simples suppositions. Quelle est, par exemple, la cause des volcans ? Sur ce point, comme sur beaucoup d'autres, il est évident que l'observation est impuissante; c'est donc au raisonnement d'y suppléer. Dans ce cas, l'hypothèse est seule possible et remplace l'induction.

D'autres fois, la cause du phénomène étudié ne nous est pas,

(1) C'est à l'importance de l'hypothèse que songe Descartes lorsqu'il nous dit dans son *Discours de la méthode* « qu'il faut supposer de l'ordre même entre les choses qui ne paraissent pas se suivre naturellement les unes les autres ».

comme dans l'exemple précédent, absolument inaccessible, mais elle semble, momentanément du moins, se dérober à nous. C'est alors que, cédant à son besoin d'ordre et d'unité, le savant imagine une explication et devance, en quelque sorte, les résultats que l'expérience donnera peut-être un jour. Dans ce cas, l'hypothèse n'est que le substitut provisoire de l'induction.

4. Utilité de l'hypothèse scientifique. — Dans ce rôle d'interprète de l'expérience, l'hypothèse rend d'immenses services à la science. Elle a pour effet de provoquer des recherches nombreuses, tant de ceux qui l'admettent que de ceux qui la combattent, recherches qui aboutissent d'ordinaire à la découverte de la vérité. Est-elle reconnue fondée, son utilité est par là même établie; est-elle reconnue fausse, son utilité est encore incontestable, puisqu'elle nous avertit qu'il faut diriger nos efforts dans un autre sens. Fontenelle prétendait « que les hommes n'arrivent à se former une opinion raisonnable sur une chose, qu'après avoir épuisé toutes les idées absurdes qu'on s'en peut faire »; et d'Alembert « qu'on doit quelquefois plus à une erreur singulière qu'à une vérité banale ».

L'histoire, d'ailleurs, nous apprend que les plus grandes découvertes ont été précédées et suscitées par des hypothèses. La complexité trop grande du système de Ptolémée amène Copernic à penser qu'il existe une explication plus simple et plus naturelle des faits célestes, et il suppose que c'est le soleil et non la terre qui est au centre du monde. Cette hypothèse est devenue le point de départ de toute l'astronomie moderne. Quand Kepler découvrit les lois auxquelles il a attaché son nom, il ne les admit d'abord qu'à titre d'hypothèses vraisemblables; c'est plus tard seulement qu'il en put démontrer l'exactitude. Huyghens, le premier, émit l'opinion que la planète Saturne était entourée d'un anneau; les recherches que cette conjecture provoqua en fournirent la vérification. — La théorie des ondulations qui a remplacé, en physique, celle de l'émission, a été longtemps combattue et elle n'a été pleinement démontrée que de nos jours. — Enfin, qui pourrait contester la haute portée des hypothèses de Laplace sur la formation du système solaire; de Darwin sur l'origine des espèces, de M. Pasteur sur la cause des maladies contagieuses[1] ?

(1) La première de ces hypothèses c'est que les maladies contagieuses

On ne saurait donc proscrire systématiquement l'hypothèse, ni prendre dans son sens rigoureux le mot de Newton : *Je ne forge pas d'hypothèses : Hypotheses non fingo!* Telle n'était pas la pensée de ce philosophe; il entendait, sans doute, et en cela il avait pleinement raison, que toutes les hypothèses sont loin de mériter le même crédit. Beaucoup ne sont que des fictions de l'esprit, sans fondement et sans autorité, qui encombrent la science au lieu de la servir. Examinons donc quelles qualités doit réunir une hypothèse vraiment sérieuse.

5. Règles de l'hypothèse. Moyens de la vérifier. — Une hypothèse vraiment scientifique doit réunir les conditions suivantes :

1° Elle ne doit jamais être présentée sous une forme trop affirmative, comme l'expression dernière d'une vérité certaine. Elle pourrait sous une telle forme, faire illusion à l'esprit; lui donner une sécurité qu'il ne doit pas avoir et le détourner de recherches utiles.

2° Elle ne doit être en contradiction ni avec les principes de la raison, ni avec les données incontestables de la science. Telles n'étaient point, par exemple, les hypothèses anciennes sur la quadrature du cercle et le mouvement perpétuel; telle n'était pas surtout l'invention trop ingénieuse, pour nous transporter rapidement d'un lieu à un autre, d'un ballon qui nous aurait maintenu dans l'espace pendant que la terre tourne et nous aurait ensuite déposé à l'endroit désiré. On oubliait ce simple fait d'expérience, que l'atmosphère tourne avec la terre.

3° Toute hypothèse que nous savons *a priori* absolument invérifiable ne mérite jamais un grand crédit. Telle est cette hypothèse : Il existe d'autres mondes habités que le nôtre. Il ne faut pas oublier cependant que beaucoup d'hypothèses peuvent paraître contredire des lois établies, qui cependant sont légitimes et rationnelles. Telle était, au début, l'hypothèse de Copernic. De même, une hypothèse peut être invérifiable actuellement et

sont dues à un virus, c'est-à-dire à un poison vivant et capable de se reproduire ; la deuxième — celle de la variabilité de la virulence, — c'est qu'on peut obtenir, en changeant le milieu de culture, une variation de l'espèce microscopique ; la troisième, c'est que le virus atténué est un vaccin. — Quand ces principes, aujourd'hui vérifiés, n'étaient reçus encore qu'à titre d'hypothèses, ils ont provoqué en physiologie, en médecine et en chirurgie, les expériences les plus instructives et les plus merveilleux résultats.

devenir vérifiable à un moment donné. Telles sont les hypothèses qu'ont faites les savants sur le soulèvement des montagnes, la nature du diamant, etc.

4° Il faut préférer les hypothèses simples aux hypothèses éloignées, trop complexes ou trop vagues. La nature, en effet, ne se dépense pas en efforts inutiles et elle agit toujours, comme le remarque Leibniz, suivant le principe de moindre action.

5° Enfin, une hypothèse vraiment scientifique et parfaite serait celle qui expliquerait tous les faits qu'elle prétend expliquer et qui les expliquerait seule.

6. De l'empirisme et de la méthode expérimentale. — Il nous sera facile maintenant d'apprécier l'*empirisme* dont quelques savants se sont faits les défenseurs. La science, suivant eux, se construirait par la seule constatation des faits, sans qu'il fût nécessaire de recourir à l'hypothèse et au raisonnement. « Il suffit d'expérimenter, dit Magendie, et pour cela d'avoir des yeux et des oreilles. La découverte bien constatée d'un fait est plus précieuse pour moi que les rapprochements les plus brillants, car ils ne mènent à rien. » — Raisonner ainsi c'est oublier que l'efficacité d'une méthode dépend uniquement de la pensée qui la met en œuvre. Sans la pensée, il en serait d'elle comme d'un instrument, très parfait peut-être, mais impuissant tant qu'il n'est pas dirigé par une main habile. C'est là ce qu'exprime nettement Claude Bernard lorsqu'il dit : « Il ne suffit pas d'avoir un bon instrument dans les mains, il faut avoir une bonne idée directrice dans l'esprit, sans cela, on ne saurait faire aucune investigation, ni s'instruire, on ne pourrait qu'entasser des observations stériles. Si l'on expérimentait sans idée préconçue, on irait à l'aventure. » — La méthode expérimentale, distincte essentiellement de l'empirisme, doit donc s'appuyer à la fois sur l'expérience et sur la raison : l'esprit, en l'appliquant, ne se borne pas à enregistrer des phénomènes, il cherche à les interpréter à la lumière des principes qui le guident, de manière à en dégager les lois[1].

____

(1) « Les philosophes qui se sont mêlés de traiter de la science se partagent, dit Bacon, en deux classes : les empiriques et les dogmatiques. L'empirique, semblable à la fourmi, se contente d'amasser et de consommer ensuite ses provisions. Le dogmatique, pareil à l'araignée, ourdit des toiles dont la matière est extraite de sa propre substance, admirables par

OUVRAGES A CONSULTER

Bacon, *De augmentis scientiarum. Novum organum.* — Herschell, *Discours sur la philosophie naturelle.* — St. Mill, *Système de logique.* — Bain, *Logique.* — Cl. Bernard, *Introduction à l'étude de la médecine expérimentale.* — Naville, *Logique de l'hypothèse.* — Cuvier, *Règne animal, Préface.* — Caro, *Le matérialisme et la science,* chap. II.

B. — LES PROCÉDÉS DES SCIENCES NATURELLES

I

L'OBSERVATION ET L'EXPÉRIMENTATION

1. De l'observation. — 2. De l'expérimentation. Son rôle en géologie. — 3. De l'expérimentation en physiologie et en anatomie. — 4. Comment l'expérimentation est possible.

Les sciences naturelles, comme les sciences physiques, ne peuvent se constituer qu'à l'aide de la méthode expérimentale.

1. De l'observation. — Le premier procédé auquel elles doivent recourir est évidemment l'*observation*. Elles font même à ce procédé une part d'autant plus grande que leur objet est plus complexe et ses caractères plus difficiles à isoler.

2. De l'expérimentation. Son rôle en géologie. — L'observation a pour auxiliaire l'*expérimentation* dont le rôle, dans ces sciences, a été longtemps méconnu. Il semble bien, en effet, que, dans la plupart des cas, son intervention soit impossible. Comment reproduire, en *géologie*, par exemple, tous ces bouleversements qui ont amené la formation de notre globe; comment mettre en jeu toutes les forces qui ont causé les variations de terrains, les diverses espèces de métaux, les volcans, etc.? Ici, sans doute, le savant ne saurait expérimenter directement; cependant, nous savons que par des expériences indirectes il a pu nous fournir, sur la plupart de ces points, des explications qui paraissent beaucoup plus que vraisemblables.

la délicatesse du travail, mais sans solidité ni usage. L'abeille garde le milieu : elle tire la matière première des fleurs et des jardins, puis, par un art qui lui est propre, elle la travaille et la digère. La vraie philosophie fait quelque chose de semblable. Et ainsi on peut tout espérer de l'étroite alliance entre l'expérience et la raison dont le désolant divorce a jusqu'ici tout troublé dans les sciences. »

3. De l'expérimentation en physiologie et en anatomie. — En *physiologie* et en *anatomie*, l'expérimentation semble plus difficile encore. Cuvier la jugeait même tout à fait impossible. « Toutes les parties d'un corps vivant sont liées, dit-il, elles ne peuvent agir qu'autant qu'elles agissent toutes ensemble. Vouloir en séparer une de la masse, c'est la reporter dans l'ordre des substances mortes, c'est en changer entièrement l'essence. » Ainsi, l'être vivant, pour Cuvier, serait un tout organisé auquel l'expérimentateur ne pourrait toucher sans détruire le caractère même de la vie. — Claude Bernard qui s'inscrit en faux contre ce jugement, soutient, au contraire, que « proscrire l'analyse des organes au moyen de l'expérimentation c'est vouloir immobiliser la science ».

4. Comment l'expérimentation est possible. — Pour comprendre, d'ailleurs, comment il est possible de recourir à ce procédé il suffit de remarquer, nous dit Claude Bernard, que tout corps vivant est lié à des conditions ambiantes de température et d'humidité et à des conditions physico-chimiques des éléments qui le constituent. En étudiant un phénomène vital il faut donc tenir compte à la fois et de son milieu extérieur, ou extra-organique, et de son milieu intérieur, ou intra-organique. Or, c'est sur ces milieux que nous pouvons agir et, par eux, produire des modifications dans l'être étudié, c'est-à-dire instituer de véritables expériences. Leur utilité nous est, du reste, prouvée par l'expérience.

a. Les expériences qui consistent à agir sur *le milieu extérieur* sont les plus faciles. « Si, pour des infusoires, par exemple, nous faisons varier les conditions d'humidité, de chaleur et de pression atmosphérique, nous verrons les manifestations vitales de ces êtres se modifier ou s'anéantir suivant les variations plus ou moins considérables que nous introduirons dans les influences cosmiques précédentes. » Ainsi sont obtenues des modifications dans les *fonctions* mêmes de l'être ; nous pouvons encore en obtenir, en agissant sur le milieu extérieur, dans sa *forme* : ce qui prouve que l'expérimentation est utile en anatomie aussi bien qu'en physiologie. Est-ce qu'en changeant de milieux des plantes ou des animaux nous n'en arrivons pas à produire en eux des transformations profondes ? La sélection artificielle que pratiquent les éleveurs nous montre également quels changements peuvent s'opérer dans une race déterminée. Enfin, la possibilité et l'utilité de ce mode d'expérimentation nous sont attestées plus nettement encore peut-être par les résultats qu'ont obtenus les tératologistes, en faisant naitre artificiellement des monstres [1].

b. Les expériences que l'on institue en agissant sur le *milieu intérieur* sont beaucoup plus délicates. Les résultats qu'elles ont donnés nous prouvent cependant combien elles sont utiles et fécondes. C'est ainsi « qu'en instituant des digestions [2] et des fécondations artificielles, les savants ont appris à mieux connaitre les digestions et les fécondations naturelles »; qu'ils ont pu encore « à raison des autonomies organiques, séparer les tissus vivants et les placer, au moyen de la circulation artificielle, dans des conditions où il était possible d'en mieux étudier les propriétés ». C'est grâce encore à l'expérimentation que Claude Bernard a pu étudier la fonction glycogénique du foie, celles des nerfs vaso-moteurs, etc., etc. [3]. Les principaux auxiliaires du savant, dans ces expériences, ont été les instruments, les poisons et la vivisection : les instruments qui lui ont permis de faire des constatations rigoureuses; les poisons qui lui ont permis de détruire certaines propriétés des organes et certaines fonctions, les autres restant intactes et plus faciles à observer; la vivisection qui lui a permis enfin d'observer directement le mécanisme de la vie même. « Pour apprendre comment l'homme et les animaux vivent, il est indispensable, dit Claude Bernard, d'en voir mourir un grand nombre, parce que les mécanismes de la vie ne peuvent se dévoiler et se prouver que par la connaissance des mécanismes de la mort [4]. »

(1) Les expériences de M. Dareste sont les plus célèbres qui aient été faites sur ce sujet.

(2) Spallanzani, un savant italien du XVIIIe siècle, avait déjà institué des digestions artificielles et fait sur l'action du suc gastrique les expériences les plus instructives.

(3) Voy. dans l'ouvrage déjà cité de Cl. Bernard (3e partie) les nombreux exemples d'investigation expérimentale qu'il rapporte.

(4) Le procédé de la méthode expérimentale est donc bien, comme le dit Cl. Bernard, le même partout. « Il consiste à rattacher par l'expérience les phénomènes naturels à leurs conditions d'existence et à leurs causes prochaines... Mais ici les difficultés se multiplient à raison de la délicatesse des conditions des phénomènes vitaux, de la complexité et de la solidarité de toutes les parties qui se groupent pour former un être organisé... Néanmoins les entraves qui arrêtent la puissance du physiologiste ne résident point dans la nature même des phénomènes de la vie, mais seulement dans leur complexité. » *Ouv. cit.*, 2e partie, p. 118.

F. THOMAS. — Résumé de philos.   6

II

DE LA CLASSIFICATION

1. De la classification et de la définition. — 2. De la méthode analytique
et de la méthode synthétique dans la classification. — 3. Diverses espèces de classifications : classifications usuelles, classifications artificielles et classifications naturelles. — 4. Règles de la classification
naturelle. — 5. Des systèmes. — 6. Fondement de la classification. —
7. Valeur scientifique de la classification. Son utilité.

1. De la classification et de la définition. — L'observation et l'expérimentation ne nous fournissent que des connaissances particulières; or, nous savons qu'il n'y a de science
que du général. Quand le savant a étudié les propriétés des êtres,
il doit donc chercher à grouper ces êtres eux-mêmes, en les
ramenant à des types de plus en plus généraux, et à découvrir
les rapports de coexistence et de subordination qui existent
entre leurs diverses propriétés. En un mot, après avoir observé
et expérimenté, il doit *classer* et *définir* [1].

**2. De la méthode analytique et de la méthode syn-
thétique dans la classification.** — Pour classer les êtres,
l'esprit peut procéder soit par voie d'*analyse* et de *généralisation*, soit par voie de *synthèse* et de *division*.

a. La première de ces méthodes a son point de départ dans
l'*observation* même des êtres. Les êtres, une fois connus, nous
les *comparons* entre eux, afin d'en découvrir les ressemblances
et les différences; faisant ensuite *abstraction* [2] des différences,
nous réunissons dans une même *idée générale* tous les caractères communs et rangeons dans un même groupe tous les individus qui les possèdent. Après avoir formé de la sorte plusieurs
groupes, nous opérons sur eux comme nous avons opéré sur
les êtres individuels, les comparant les uns aux autres, en déga-

(1) La définition et la classification sont deux procédés inséparables
qui correspondent l'un, à la compréhension de l'idée générale, l'autre, à
son extension. On ne peut classer sans connaître les caractères essentiels
qui sont en quelque sorte la matière de la définition ; on ne peut définir
sans classer déjà les êtres qui possèdent ces caractères essentiels. On
conçoit cependant que la définition logiquement précède la classification.

(2) L'abstraction est cette opération par laquelle l'esprit considère isolément ce qui n'est jamais aperçu isolément dans la nature.

geant les ressemblances essentielles, de manière à obtenir des séries d'idées de plus en plus générales, et de classes de plus en plus étendues, qui se subordonnent et se hiérarchisent d'une façon méthodique. C'est ainsi, par exemple, que nous nous élevons progressivement des idées particulières de Socrate, Platon, Aristote... aux idées d'homme, de mammifère, de vertébré, d'animal, d'être et aux groupes de plus en plus nombreux d'individus qui leur correspondent.

b. La seconde méthode consiste à partir, non plus de l'individu, mais d'un groupe ou d'un objet complexe pour redescendre graduellement jusqu'aux êtres ou aux éléments qui le composent. C'est ce qui a lieu, par exemple, lorsque dans le groupe des animaux, le naturaliste distingue celui des vertébrés; dans le groupe des vertébrés, celui des mammifères; dans le groupe des mammifères, celui des hommes. La classification peut donc être définie d'une manière générale : l'opération par laquelle nous distribuons les êtres dans un ordre méthodique, d'après leurs ressemblances et leurs différences.

3. Des divers caractères de la classification. — Suivant le but qu'on se propose et les caractères dont on tient compte, la classification obtenue présente des caractères différents.

Souvent la classification n'a d'autre but que de mettre un peu d'ordre dans nos travaux et de faciliter nos recherches. Telle est la classification des mots par ordre alphabétique, dans un dictionnaire; la classification des livres, par ordre de dates, dans une bibliothèque. Dans ce cas, la classification n'a aucun caractère scientifique.

Reproduire le plus fidèlement possible l'ordre de la nature, tel est toujours, au contraire, le but de la classification scientifique. Pour être parfaite, elle supposerait connus tous les caractères des êtres et tous les rapports qui les unissent. Or, une telle connaissance faisant nécessairement défaut, surtout au début de la science, le naturaliste en est réduit, pour classer, à s'appuyer uniquement sur un nombre restreint de caractères. La classification est dite alors *artificielle :* telle est la classification botanique de Tournefort, telle est aussi celle de Linné, fondée exclusivement sur les organes de la fécondation. — Le mérite de ces classifications, notamment quand elles reposent sur des caractères saillants qui sont inhérents à la plante ou à l'animal et subsistent même après leur mort, c'est de soulager la mémoire, de rendre nos études plus méthodiques, de « faciliter à ceux qui ne connaissent pas le nom des êtres, le moyen de le découvrir dans les livres, par l'inspection de l'être lui-même; » c'est enfin de préparer la classification naturelle, comme l'hypothèse prépare l'induction. — De telles classifications n'ont donc rien d'arbitraire, comme on le croit ordinairement et leur rôle est de la plus grande utilité.

Lorsque le naturaliste, au contraire, considère la totalité des caractères par lesquels les êtres sont constitués; les caractères les plus cachés, non moins que les caractères les plus apparents; les caractères d'évolution non moins que les caractères permanents; lorsqu'il les groupe et les subordonne d'après leur ordre d'importance, il obtient alors une *classification naturelle*. Comme exemples de classifications naturelles, on peut citer la méthode proposée en cristallographie par Haüy, et qui rattache toutes les formes des cristaux à trois formes primitives; la méthode adoptée en botanique par de Jussieu, qui détermine les classes végétales, les familles, les genres...; d'après la structure de l'embryon, l'insertion des étamines, l'union ou la séparation des sexes, la présence ou l'absence de la corolle; la méthode de Cuvier, qui groupe les animaux d'après les caractères des organes de la sensation, du mouvement, de la respiration, de la circulation, etc., c'est-à-dire, d'après les caractères essentiels, rangés suivant leur ordre d'importance dans l'accomplissement du phénomène de la vie[1].

4. Règles de la classification. — Les règles de la classification ressortent de toutes les remarques qui précèdent.

a. La première est de s'appuyer « dans la formation des groupes naturels sur un tel ensemble d'analogies essentielles que, malgré les différences caractéristiques, les êtres apparte-

---

(1) Dans son mémoire sur la *pilulaire* (1739), B. de Jussieu marque avec précision la différence qui sépare ces deux sortes de classifications. « Le caractère d'une plante, dit-il, est ce qui la distingue de toutes celles qui ont quelque rapport avec elle, et ce caractère, par les lois établies de la botanique, doit être formé d'après l'examen des parties qui composent la fleur; on nomme *caractère incomplet* ou *artificiel* celui dans lequel on *décrit seulement quelques parties* de la plante, en gardant le silence sur les autres parties que, par la méthode que l'on s'est proposée, l'on suppose inutiles, au lieu que l'on entend par le *caractère naturel* celui dans lequel on désigne *toutes les parties de la fleur* et on en considère le *nombre*, la *figure* et la *proportion*. »

nant à une même catégorie soient toujours plus semblables entre eux qu'à aucun de ceux qui n'en font pas partie[1] ».

b. La seconde règle est celle de la *subordination des caractères.* Elle sert à hiérarchiser les groupes d'après l'importance de leurs caractères, comme la précédente a servi à grouper les individus. Pour en bien comprendre la portée, il suffit de remarquer que tous les caractères des êtres, sont loin d'avoir la même valeur. « Par exemple, nous dit M. Taine, dans une plante, la taille et la grandeur sont moins importantes que la structure; car, à l'intérieur, certains caractères accessoires, à l'extérieur, certaines conditions secondaires font varier la grandeur et la taille sans altérer la structure. Le pois qui rampe à terre et l'acacia qui monte dans l'air sont des légumineuses très voisines; la même fougère, si petite en nos climats, devient un arbre sous les tropiques. Pareillement encore, dans un vertébré, le nombre, la disposition et l'emploi des membres sont moins importants que la possession des mamelles. Il pourra être aquatique, terrestre, aérien, subir tous les changements que comporte le changement d'habitation, sans que pour cela la structure qui le rend capable d'allaiter soit altérée ou détruite[2]. » Or, ce sont ces caractères communs *essentiels* qu'il faut s'efforcer de découvrir et de bien distinguer des caractères *accidentels.* Lorsque les caractères essentiels sont unis de telle sorte qu'ils sont toujours présents et absents ensemble, et qu'ils varient en même temps, ils sont dits *coordonnés.* C'est ainsi, par exemple, que « la forme de la dent entraîne la forme du condyle, celle de l'omoplate, celle des ongles tout comme l'équation d'une courbe entraîne toutes ses propriétés » (Cuvier) : Tous ces caractères sont *coordonnés.* Lorsque les rapports qui existent entre les caractères essentiels sont différents, ces caractères sont dits les uns *subordonnés,* les autres *dominateurs.* Le caractère dominateur est celui qui reste invariable, même quand les formes des caractères subordonnés varient, et qui ne peut disparaître sans qu'ils disparaissent. C'est ainsi, par exemple,

---

(1) Aug. Comte, *Ouv. cit.*, XII° leçon. — « On nomme méthode naturelle un arrangement dans lequel les êtres du même genre seraient plus voisins entre eux que de ceux de tous les autres genres du même ordre, plus que de ceux de tous les autres ordres, et ainsi de suite. » Cuvier, *Le règne animal.* Introduction.

(2) Taine, *De l'idéal dans l'art.*

qu'un animal qui a des vertèbres possède également les organes de la circulation et de la respiration, mais ces organes peuvent revêtir *un certain nombre déterminé* de formes différentes. Dans l'animal privé de vertèbres aucune de ces formes ne se rencontre. Ajoutons encore que les caractères dominateurs sont les premiers qui apparaissent dans l'embryon; les autres ne se révèlent que progressivement d'après leur ordre d'importance[1]. — Or, les groupes de toute classification naturelle doivent se coordonner et se subordonner comme les caractères sont coordonnés et subordonnés entre eux.

c. La troisième concerne le groupement des êtres qui ont mêmes caractères dominateurs. Dans quel ordre, par exemple, devons-nous disposer les subdivisions introduites dans le groupe des vertébrés? Pourquoi placer au premier rang les mammifères, au second les oiseaux... au dernier les poissons? — Nous n'avons d'autre raison pour nous guider ici que la perfection relative des êtres qui composent ces groupes secondaires. La classification, en nous faisant ainsi passer des êtres qui sont le mieux organisés à ceux qui le sont le moins bien, ou inversement, se conforme donc encore à l'ordre de la nature : c'est là ce qu'on a appelé le *principe de la série naturelle.*

5. Des systèmes. — L'échelle des divisions et des subdivisio qui constituent une classification porte le nom de *système.*

Ainsi : tous les êtres de la nature peuvent se ranger en trois grandes catégories ou *règnes :* le règne animal, le règne végétal et le règne minéral. Le règne se subdivise en *embranchements;* le règne animal, par exemple, comprend les vertébrés, les articulés ou annelés, les mollusques et les rayonnés. Chaque embranchement contient plusieurs *classes;* celui des vertébrés contient celles des mammifères, des oiseaux, des reptiles, des batraciens, des poissons. Les classes à leur tour se subdivisent en *ordres;* les ordres en *familles;* les familles en *genres;* les genres en *espèces* et enfin les espèces en *races* et en *variétés*[2].

---

(1) Von Baër s'est surtout appuyé sur l'embryogénie pour déterminer les caractères dominateurs.

(2) La différence qui existe entre ces catégories ne vient pas uniquement, comme on est porté à le croire, du nombre plus ou moins grand d'êtres qu'elles comprennent. Dans une classification vraiment scientifique chaque catégorie correspond à un point de vue spécial, auquel l'es-

6. Fondement de la classification. — C'est donc un tableau des *lois de coexistence et de subordination* qui unissent entre eux les caractères des êtres que nous offre la classification. Voyons maintenant comment peuvent s'expliquer ces lois.

Suivant G. Cuvier elles trouveraient leur explication dans le principe rationnel des *conditions d'existence* ou *des causes finales*. « Comme rien, dit-il, ne peut exister s'il ne réunit les conditions qui rendent son existence possible, les différentes parties de chaque être doivent être coordonnées de manière à rendre possible l'être total, non seulement en lui-même, mais dans ses rapports avec ceux qui l'entourent. » Par conséquent, si certains caractères, certains organes se rencontrent toujours nécessairement dans une même classe d'êtres, c'est qu'ils sont indispensables à la vie de ces êtres et l'importance de chacun d'eux est proportionnée à l'importance des fonctions qu'ils remplissent. Que l'une de ces fonctions cesse d'être utile et son organe s'atrophie. C'est en s'appuyant sur ce principe que Cuvier croyait possible, dans certains cas, de déterminer *a priori* les caractères dominateurs d'un être et ses caractères subordonnés, de reconstruire même, à l'aide de quelques fragments, un organisme entier.

Suivant Geoffroy Saint-Hilaire, les lois de coexistence auraient leur raison dans la loi plus générale des *connexions organ*

prit s'est placé pour grouper les individus. Ces différences de points de vue ont été caractérisées avec précision par Agassiz dans son livre de *l'Espèce et de la classification en zoologie*. — Tous les naturalistes s'accordent sur les caractères essentiels qui légitiment la division des êtres en trois règnes ; mais il en est tout autrement pour leurs subdivisions. « Il n'y a pas de sujet, dit Agassiz, à l'égard duquel l'incertitude soit plus grande et le défaut plus absolu. » Or, pour faire cesser cette confusion, voici les définitions qu'il nous donne. « Les *embranchements*, dit-il, sont caractérisés par les différences dans le plan de structure ; — les *classes*, par la façon dont le plan typique est exécuté. Les *ordres* sont des groupes naturels caractérisés par le degré de complication de la structure et entre lesquels se manifeste, dans leurs classes respectives, une hiérarchie. Les *familles* sont caractérisées par la forme telle que la déterminent les particularités de la structure. Les *genres* sont des groupes très étroitement alliés qui diffèrent non par la forme, non par les complications de la structure, mais simplement par les détails infimes de la structure de quelques parties. L'*espèce* est basée sur l'exacte détermination des rapports entre les individus et le monde ambiant, de leur parenté, des proportions et des rapports des parties aussi bien que de l'ornementation spéciale des animaux. » Suivant d'autres naturalistes, l'espèce serait caractérisée par la possibilité indéfinie de reproduction entre les animaux qu'elle comprend. Agassiz, *De l'espèce et de la classification*, chap. II.

ques. Il admet en principe que tous les animaux se rattachent à un même type et que les parties qui les composent sont en nombre égal et semblablement disposées. Cette connexion des organes « est, dit-il, quelque chose de tellement fixe que l'un d'entre eux pourrait être plutôt anéanti que transposé », même quand il devient inactif. Les lois de coexistence seraient donc uniquement l'expression de cette unité de plan dans la nature des êtres animés[1].

Ces deux explications ne doivent pas être opposées, mais bien conciliées entre elles. En effet, si on limite à l'espèce le principe de l'unité de composition, la loi des *connexions organiques* apparaît comme un complément nécessaire du principe des *conditions d'existence :* l'une nous fait comprendre la fixité des caractères qui, de génération en génération, se transmettent aux êtres d'une même espèce; l'autre, les modifications incessantes que ces êtres subissent sous l'influence des milieux où ils vivent.

7. Valeur scientifique de la classification. Son utilité. — L'utilité de la classification naturelle n'est pas moins évidente dans les sciences expérimentales que celle de l'induction. En effet, les êtres sont assurément trop nombreux pour que nous puissions les connaître avec leurs caractères particuliers et distinctifs; notre langage est trop pauvre pour que nous puissions donner un nom à tous; notre mémoire est trop faible, pour retenir le résultat de toutes nos observations et de toutes nos expériences; mais si nous groupons ensemble et distribuons méthodiquement les êtres, il nous suffira de savoir à quel groupe l'un d'eux appartient, pour en connaître immédiatement les caractères principaux. — Ajoutons qu'aucun procédé n'est plus propre que la classification naturelle à nous faire entrevoir l'ordre et l'harmonie de la nature, l'enchaînement merveilleux qui existe entre tous les êtres et l'intelligence profonde des lois qui les régissent.

Il resterait cependant à se demander si nos classifications reproduisent bien l'ordre de la nature et si elles ont une valeur vraiment scientifique. — On ne saurait contester que les plus parfaites elles-mêmes n'ont qu'une perfection relative. Nous

---

(1) Cuvier, *Règne animal. Introduction.* — Geoffroy Saint-Hilaire, *Philosophie anatomique*, Ier vol.

avons montré déjà l'impossibilité, pour l'esprit, de connaître tous les rapports des choses. En outre, nous savons combien les classifications des naturalistes parfois sont différentes, sinon dans leurs grandes lignes, du moins dans leurs subdivisions[1]; il n'en est pas moins vrai que ces classifications se complètent et se rectifient chaque jour. Or, si l'on admet que les caractères de l'espèce sont immuables, il est permis de supposer qu'elles nous en offriront un tableau de plus en plus fidèle, nous révélant ainsi le plan de la création; si l'on admet, au contraire, avec les transformistes, que les êtres se modifient sans cesse, elles auront le mérite non moins grand de nous en faire voir la parenté et en quelque sorte la généalogie. Quelle que soit l'hypothèse que l'on adopte, la classification conserve donc toujours une incontestable valeur.

III

DE L'ANALOGIE

1. De l'analogie. — 2. Du raisonnement par analogie. — 3. L'analogie ne nous donne que des probabilités. — 4. L'analogie comparée à l'induction et à la déduction. Principe sur lequel elle repose. — 5. Rôle de l'analogie dans les sciences.

1. De l'analogie. — Nous avons signalé déjà le rôle de l'analogie dans les sciences de la nature. Étudions-la maintenant en elle-même.

Considérée comme *propriété des choses*, l'analogie est une ressemblance partielle et imparfaite entre des objets dont les différences sont d'ailleurs importantes. C'est ainsi que nous disons qu'il y a analogie entre la famille et l'Etat; entre un ballon et un vaisseau, à cause des caractères communs à ces objets pourtant fort dissemblables. — Dans les sciences naturelles, le sens du mot analogie est plus restreint; il désigne

(1) Voy. les remarques d'Agassiz sur les principaux systèmes zoologiques, *Ouv. cit.*, chap. III. Les classifications semblent si peu fixées d'une manière définitive que certains savants contemporains (Haeckel, entre autres) ont cru pouvoir ajouter au règne animal et au règne végétal, celui des *protistes*, qui désignerait tout un groupe d'êtres vivants jusqu'ici compris dans les deux autres règnes. Dans les embranchements du règne animal, les uns admettent quatre divisions, d'autres trois seulement, d'autres douze. — Les classifications sont encore plus différentes quand elles portent sur les êtres inférieurs qui sont moins connus.

« une ressemblance de rapports entre les traits qui caractérisent des groupes naturels ». C'est ainsi qu'il y a analogie entre le poumon, les branchies et la trachée qui ont même fonction; entre l'aile de l'oiseau et la nageoire du poisson, etc. — La détermination des analogies, ainsi comprises, constitue, comme on le conçoit aisément, la tâche la plus importante et la plus délicate du naturaliste.

Considérée comme *procédé de l'esprit*, l'analogie est un raisonnement qui conclut de quelques ressemblances connues à d'autres ressemblances qui ne le sont pas. Newton constate que le diamant a, comme l'huile, un très grand pouvoir de réfraction; il en conclut, par analogie, qu'il est combustible comme elle. Certains astres ont, comme la terre, un double mouvement de rotation autour de l'axe du pôle et de translation autour du soleil; ils ont de plus des saisons et une atmosphère; or, la terre est habitée, donc ces astres le sont aussi. En d'autres termes, étant donnés deux objets A et B qui ont pour caractères communs $a\ b\ c$; si nous constatons que A possède, de plus, le caractère m, nous en inférons que par là même B le possède.

2. Du raisonnement par analogie. — Ce raisonnement est le plus souvent *spontané* et consiste dans une simple inférence du particulier au particulier. Il s'explique alors par la seule loi de l'association des idées qui nous porte à toujours unir les caractères que précédemment nous avons perçus ensemble.

Lorsqu'elle est *réfléchie*, l'analogie est un raisonnement complexe qui implique à la fois une induction et une déduction réunies. Reprenons, pour le prouver, l'exemple précédent. Pour pouvoir affirmer que m est présent dans B, il faut évidemment supposer que $a\ b\ c\ m$ qui dans A se trouvaient ensemble, sont unis par une loi. S'il en était autrement, leur liaison nous paraissant toute fortuite, nous ne songerions pas à en tirer une conclusion. C'est donc sur cette loi supposée, en vertu d'une induction préalable, que nous nous appuyons pour conclure déductivement à la présence de m dans B où sont déjà présents les caractères $a\ b\ c$. En résumé, notre raisonnement consiste dans une inférence du général au particulier, précédée d'une inférence du particulier au général.

3. L'analogie ne nous donne que des probabilités. — Si telle est l'analogie, on conçoit qu'elle reste toujours hypothétique et ne puisse nous donner que des probabilités.

Et d'abord, l'erreur peut se glisser dans notre première inférence du particulier au général. C'est ainsi que nous pouvons nous tromper en affirmant que $a\ b\ c$ et m sont unis par une loi; c'est ainsi que se trompait Newton en affirmant que tous les corps très réfringents sont combustibles. L'erreur, ici, est d'autant plus facile à commettre que nous ne pouvons pas appliquer les méthodes d'élimination qui donnent précisément à l'induction vraiment scientifique toute sa valeur.

En second lieu, l'erreur peut se glisser dans notre inférence du général au particulier. En effet, notre déduction, dans ce cas, ne conclut plus du même au même, comme dans les sciences mathématiques, par exemple, — ce qui exclut toute chance d'erreur; — mais simplement du semblable au semblable : le cas particulier sur lequel nous nous prononçons, différant toujours plus ou moins du cas particulier ou mieux du cas abstrait sur lequel nous appuyons notre raisonnement. — Ainsi il est possible que $a\ b\ c$ produisent dans A l'effet m et ne le produisent point dans B, si dans B se trouvent des circonstances qui s'opposent à la production de cet effet.

« Un argument fondé sur l'analogie, nous dit Bain, n'est donc que probable. Quant à son degré de probabilité, il se mesure par la comparaison du nombre et de l'importance des points de différence, en tenant compte, en outre, du nombre de propriétés inconnues relativement aux propriétés connues. »

4. L'analogie comparée à l'induction et à la déduction. — Il est facile de voir, après les remarques précédentes, en quoi l'analogie diffère de l'induction et de la déduction qui cependant, comme elle, concluent l'une du particulier au général, l'autre du général au particulier.

Par l'induction nous rangeons sous une même loi des cas absolument semblables; par l'analogie, des cas dont les ressemblances ne sont que partielles et imparfaites; — le rapport que généralise l'induction a été, grâce aux méthodes d'élimination dont le savant dispose, reconnu comme réel; la réalité de celui que généralise l'analogie est simplement supposée : dans un cas la certitude est complète, dans l'autre un doute est toujours possible.

Dans la déduction, l'esprit conclut, en définitive, du même au même, car des démonstrations antérieures l'autorisent à consi-dérer commes nulles les différences qu'il rencontre ; dans l'ana-logie, rien ne l'autorise à annuler ces différences. De là l'inégale valeur scientifique de ces deux procédés. Cette opposition parait d'ailleurs manifeste si l'on se reporte au principe rationnel sur lequel reposent tous nos raisonnements : « *Des conditions sem-blables justifient des affirmations semblables.* » Or, ces condi-tions semblables se trouvent à la fois réunies dans l'induction et dans la déduction : leurs inférences sont donc légitimes. Dans l'analogie, il doit en être autrement, puisque les conditions sont en partie semblables, en partie dissemblables ; puisque surtout les rapports qui existent entre les ressemblances et les dissem-blances nous sont inconnus.

5. Rôle de l'analogie. — Si l'on remarque, maintenant, que les cas où les phénomènes étudiés sont parfaitement connus et tout à fait semblables, se rencontrent très rarement ; que ceux, au contraire, où les différences sont mêlées aux ressem-blances existent en grand nombre, on comprendra le rôle con-sidérable que joue l'analogie. — Dans notre conduite de chaque jour, c'est l'analogie qui nous fait juger sur un geste, sur un signe, sur le moindre indice, s'il faut parler ou se taire, com-ment nous devons agir et s'il faut agir. — Dans les sciences physiques et chimiques, c'est elle qui nous met sur la voie des expériences à faire et nous suggère des hypothèses. Son con-cours est d'autant plus précieux ici que ses erreurs sont moins à redouter, car le plus souvent l'observation des faits permet de la contrôler et de la rectifier si elle est fausse [1]. — Nous avons montré que dans les sciences naturelles elle est d'un usage continuel. Sans elle, point de classification possible. Cuvier, en raisonnant par analogie, a pu non seulement classer les êtres vivants d'une manière méthodique et naturelle, mais encore reconstituer, à l'aide de quelques fragments, des animaux dis-

(1) « Un grand nombre de découvertes dans les sciences sont dues à l'analogie. Je citerai comme une des plus remarquables, l'électricité atmos-phérique, à laquelle on a été conduit par l'analogie des phénomènes élec-triques avec les effets du tonnerre. » Beaucoup de nos connaissances en astronomie sont dues également à ce procédé. « Ainsi, nous sommes con-duits par une forte analogie à regarder les étoiles comme étant des so-leils doués, ainsi que le nôtre, d'un pouvoir attractif et proportionnel à la masse, car ce pouvoir appartient à toute la matière. » Laplace, *Sys-tème du monde.*

parus. — N'est-ce pas à ce procédé encore que la médecine est redevable de ses plus belles découvertes? C'est après avoir constaté des ressemblances nombreuses entre l'homme et l'animal, que les savants ont supposé que certaines causes produiraient les mêmes effets sur l'homme et sur les animaux. De là les *expériences d'essai* faites sur d'autres êtres que sur nous et qui ont révélé le remède de plusieurs graves maladies. — Enfin, dans les sciences morales, les services de l'analogie sont non moins apparents, car, sans elle, on n'aurait pu créer, notamment, ni la psychologie comparée, ni la science du langage.

IV

DES DÉFINITIONS EMPIRIQUES

1. De la définition empirique. Ses conditions. — 2. Des définitions empiriques et des définitions mathématiques. — 3. Doit-on, dans la science commencer ou finir par les définitions.

Les résultats que nous avons obtenus par l'analogie et la classification se résument dans les définitions empiriques.

1. De la définition empirique. Ses conditions. — Le but de la définition empirique est de nous faire connaitre la nature des objets étudiés [1].

Pour être rigoureuse et scientifique, cette définition doit réunir trois conditions principales. Elle doit :

(1) On distingue ordinairement de ces définitions de choses ou définitions *réelles*, les définitions de mots ou définitions *nominales*. La distinction doit être maintenue. En effet, le but qu'on se propose dans les deux cas, en définissant, n'est pas le même. Ce que nous nous proposons surtout et peut-être exclusivement, dans une définition de mots, c'est d'indiquer *dans quel sens nous employons un terme et voulons qu'il soit pris par ceux auxquels nous nous adressons.* Telle est cette définition : *J'appelle* poisson tout vertébré à respiration aquatique et à circulation simple. — Dans l'autre cas, notre intention est de spécifier nettement *la nature des êtres dont nous nous occupons.* La formule que nous employons alors est un peu différente de la précédente. Nous disons, par exemple : le poisson *est* un vertébré à respiration aquatique et à respiration simple. — En un sens, la définition nominale est arbitraire, car il m'est toujours permis de donner à un terme la signification qu'il me plait. Néanmoins, mépriser les lois établies et refaire le dictionnaire à son usage, ce serait aller directement contre le but que l'on poursuit et s'exposer à n'être compris de personne. — Quant aux définitions de choses, elles ne dépendent en aucune façon de notre bon plaisir ; elles doivent nous faire connaitre exactement et scientifiquement la nature de leur objet.

1° S'appliquer à tout l'objet défini (*toti definito*) ;

2° S'appliquer à lui seul (*soli definito*) ;

3° Enumérer ses caractères essentiels d'après leur ordre d'importance ; mettre en relief, d'abord, les caractères communs à tous les êtres de son groupe, ensuite, ceux qui lui sont propres et le distinguent des autres.

Or, pour réunir ces trois conditions, la définition doit se faire par *le genre prochain et la différence spécifique. (Définitio fit per genus proximum et differentiam specificam.)*

Définir par le genre prochain, c'est indiquer le groupe dont un objet fait partie et lui attribuer, par là même, implicitement tous les caractères de ce groupe. Ainsi, pour définir l'homme, il est inutile de dire qu'il est un animal vertébré, *mammifère*: il suffit d'indiquer ce dernier caractère, car il implique les deux autres. Nous savons, en effet, que les groupes des êtres forment entre eux, comme nos concepts, une hiérarchie telle qu'ils s'enveloppent les uns les autres, de telle sorte que chaque groupe ou chaque concept inférieur possède tous les caractères des groupes ou des concepts supérieurs. — De plus, en disant de l'homme qu'il est un *mammifère*, nous indiquons en même temps qu'il est un vertébré à circulation complète dont le cœur possède quatre cavités ; un vertébré à sang chaud, à respiration pulmonaire simple, etc.

Définir par la différence spécifique, c'est signaler la propriété essentielle et caractéristique qui appartient à l'objet défini et le distingue de tous les autres êtres du même groupe. C'est ce que nous faisons en disant que l'homme est un mammifère *bimane*. Or, cette définition remplit bien les conditions que nous avons énumérées. Elle s'applique à l'homme tout entier, considéré au point de vue scientifique ; elle s'applique à lui seul et énonce ses caractères d'après leur ordre d'importance relative.

2. Des définitions empiriques et des définitions mathématiques. — Les définitions obtenues ainsi diffèrent nécessairement des définitions mathématiques dont nous nous sommes occupés déjà. Elles n'ont ni même objet, ni mêmes caractères.

L'objet des définitions mathématiques est tout idéal, les nombres et les figures étant de simples créations de l'esprit qui, à proprement parler, ne correspondent à aucune réalité hors de nous; les définitions empiriques ont, au contraire, pour objet les êtres eux-mêmes qui nous entourent.

Celles-là, en énonçant la loi génératrice des nombres et des figures se forment, pour ainsi dire, tout d'un coup dans l'esprit; celles-ci ne peuvent être que le résultat de patientes recherches.

Les premières sont immédiatement complètes et parfaites, c'est-à-dire adéquates à leur objet ; la définition de la circonférence donnée par Aristote est aussi rigoureusement exacte que toutes celles qu'on a pu en donner depuis; les secondes sont toujours plus ou moins provisoires, leur objet n'étant jamais complètement connu.

Les définitions empiriques reposent sur la classification et nous avons constaté que les classifications sont loin encore d'être définitives. Ainsi, dans la définition que nous avons donnée de l'homme, les termes *mammifère* et *bimane* éveillent des idées différentes, suivant la classification qu'on adopte; c'est pourquoi ils sont diversement interprétés par Cuvier, par exemple, et par Haeckel. Les définitions mathématiques qui ne dépendent d'aucune classification échappent à cette nouvelle cause d'incertitude. — De tous ces caractères, enfin, il résulte que ces définitions ne sauraient avoir exactement le même rôle dans les sciences.

3. Doit-on, dans les sciences, commencer ou finir par les définitions? — Les définitions empiriques étant de simples formules, de simples résumés de nos observations, toujours susceptibles d'ailleurs d'être modifiés, marquent évidemment le point d'arrivée de la science. La question si longtemps débattue de savoir si l'on doit commencer ou si l'on doit finir par les définitions dans les sciences, se trouve par là même résolue, ou plutôt il n'y a pas lieu de la poser. Il est manifeste, en effet, que dans les sciences exactes où nul raisonnement n'est possible sans les définitions, qui sont les principes propres de la démonstration, elles doivent se trouver au début de tout raisonnement, tandis que dans les sciences expérimentales où elles expriment les résultats que nous avons obtenus, elles doivent en être la conclusion.

V

RÔLE DE LA DÉDUCTION DANS LES SCIENCES DE LA NATURE

1. De la déduction dans les sciences de la nature. — 2. Elle permet de
vérifier les hypothèses. — 3. Elle permet d'expliquer et de vérifier les
lois déjà établies. — 4. Elle permet de découvrir des lois et des faits
nouveaux. — 5. Les trois procédés essentiels de la méthode expérimentale. — 6. Problème que la science ne peut résoudre.

1. De la déduction dans les sciences de la nature.
— Bien que les sciences de la nature soient essentiellement des
sciences expérimentales et inductives, nous avons déjà constaté
qu'elles ont fréquemment recours à la déduction. C'est le rôle
de la déduction dans ces sciences qu'il nous reste à bien mettre
en lumière. Or, la déduction peut intervenir soit comme *vérification* des hypothèses proposées; soit comme *explication* et
confirmation des lois précédemment établies; soit comme
moyen de découvrir des lois et des faits encore inconnus.

2. Elle permet de vérifier les hypothèses. — Il
arrive fréquemment qu'on ne peut vérifier d'une manière
directe les hypothèses suggérées par l'expérience. Voici alors
comment le savant procède : Il part de ces hypothèses comme
de principes certains et il en tire *déductivement* les conséquences. Lorsque tous les faits connus s'accordent avec ces conséquences, la valeur de l'hypothèse n'est pas douteuse; mais il
peut arriver que, parmi ces conséquences, se trouvent des faits
auxquels nous n'avions pas songé et qui attirent aussitôt notre
attention. Ces faits nouveaux se produisent-ils tels que notre
raisonnement l'exige, c'est qu'évidemment notre hypothèse a
force de loi. Soit la théorie des ondulations qui a définitivement
remplacé celle de l'émission : on constata d'abord que seule elle
rendait compte de tous les faits observés; mais, en raisonnant
par voie déductive, on en vint à reconnaître que, cette théorie
admise, il fallait admettre également « que l'ombre d'un petit
disque circulaire, éclairé par un point lumineux, devait recevoir
au centre, autant de lumière que si le disque était percé d'un
trou[1] ». Par la déduction on attirait donc l'attention sur un

(1) J. Bertrand, *Éloge de Foucault.* — Herschell, *Ouv. cit.,* 1re partie, II.

fait non encore observé et non prévu ; or, nous savons que l'expérience est venue sur ce point prouver la légitimité du raisonnement.

3. Elle permet d'expliquer et de confirmer des lois déjà établies. — La déduction ne sert pas seulement à vérifier les lois supposées, elle sert encore à *expliquer* et à *confirmer* les lois établies déjà par l'expérience.

« Lorsqu'on a saisi quelque rapport, découvert quelque loi, remarque Herschell, on éprouve une sorte de malaise jusqu'à ce que, partant de ce rapport, s'appuyant sur cette loi, on soit parvenu à établir, d'une manière rigoureuse, que les faits observés doivent s'en déduire comme des conséquences logiques, nécessaires ; qu'ils doivent s'en déduire non d'une manière vague, générale, mais avec une véritable précision, pour le temps, le lieu, le poids, la mesure. » — Tant qu'une loi n'a pas reçu ce contrôle elle est purement « *empirique* [1] » ; c'est une simple généralisation de l'expérience dont le *pourquoi* nous échappe. Or, ce pourquoi la déduction nous permet souvent de le découvrir, en nous montrant dans cette loi, dans cette généralisation, un cas particulier d'une ou de plusieurs autres lois plus générales. C'est ainsi que les lois de Kepler peuvent se déduire, comme l'a prouvé Newton, des lois plus générales de la force centripète et de la force tangentielle ; que la loi d'ascension d'un ballon se déduit des lois de la pesanteur et de l'élasticité des gaz. — Grâce à la déduction, la loi dont on s'occupe se trouve donc *expliquée* et *confirmée*, puisqu'elle est rattachée à une ou à plusieurs autres lois plus générales qu'elle. L'idéal poursuivi par l'esprit serait de découvrir une loi telle qu'on en pût déduire toutes les autres, comme d'une définition le géomètre déduit toutes les propriétés d'une figure. L'univers nous apparaîtrait alors, suivant le mot de d'Alembert, comme « l'expression d'une seule et même vérité ».

4. Elle permet de découvrir des lois et des faits nouveaux. — La déduction fait plus : elle nous conduit souvent à la *découverte* de faits et de lois encore inconnus. Nous avons remarqué précédemment que parmi les conséquences déduites d'une loi supposée, pouvaient se trouver des faits dont

---

(1) Herschell, *Ouv. cit.*, p. 22, 187. Voy. également : St. Mill, *Logique*, liv. III, XII ; Bain, *Logique*, liv. VII ; Taine, *De l'intelligence*, liv. IV.

F. Thomas. — Résumé de philos.   7

l'expérience plus tard nous révélera l'existence. Il y a donc bien, dans ce cas, découverte. — En outre, nous savons que l'analogie joue un rôle considérable dans les sciences de la nature; or, l'analogie, comme nous l'avons montré, n'est qu'une des formes du raisonnement déductif. — Enfin, on conçoit très bien qu'en calculant les effets combinés de deux ou plusieurs lois clairement établies, on puisse déduire l'existence de lois particulières qui en sont comme les corollaires logiques et naturels. Ce qui facilite cette substitution de la méthode déductive à la méthode inductive et rend celle-là extrêmement féconde, c'est l'application des mathématiques aux sciences de la nature, application possible toutes les fois que les variations de *qualité* correspondent à des variations de *quantité* et deviennent ainsi mesurables.

Herschell a bien compris et bien montré tous ces avantages de la méthode déductive. « La déduction, dit-il, permet de devancer l'expérience; elle indique ce qui arrivera sous de nouvelles combinaisons, corrige des expériences imparfaites; révèle des faits contraires à des analogies conclues de recherches mal conduites; nous explique mieux des faits déjà connus et nous en découvre qui ne l'étaient pas. C'est en raisonnant par déduction que Fresnel découvrit la réfraction extraordinaire de deux rayons dans un milieu doublement réfringent. — De la loi de la gravitation, admise comme base du raisonnement appliqué à l'état actuel de notre planète, on a été conduit, entre autres, à cette conséquence que la terre, loin d'être une sphère parfaite, doit être comprimée ou aplatie dans la direction de son diamètre polaire qui est plus court que le diamètre équatorial. Plus tard l'expérience a confirmé ce raisonnement [1]. »

5. Les trois procédés essentiels de la méthode expérimentale. — Nous remarquons ainsi trois moments distincts dans la méthode expérimentale. L'esprit étudie d'abord les faits et, par *induction*, en dégage les lois. Les lois ainsi obtenues sont purement empiriques. — La *déduction* intervient ensuite qui nous permet de contrôler et d'expliquer ces lois, voire même de découvrir des faits et des lois jusqu'alors ignorés. — Enfin nous recourons de nouveau à l'*expérience* pour nous assurer que les faits concordent bien avec nos déductions et

_____

(1) Herschell, *Ouvrage cité*, p. 30, 88.

les vérifient. De cet accord entre l'expérience et le raisonnement qui mutuellement se contrôlent, résulte pour l'esprit la sécurité la plus complète, car les lois qui régissent la pensée sont alors trouvées conformes aux lois qui régissent les choses.

6. Limite de la science. — Gardons-nous de croire cependant que cette double démonstration, — inductive et déductive, analytique et synthétique, — satisfasse entièrement l'esprit. Supposons, en effet, que nous ayons découvert une loi plus générale encore que celle de Newton; que de cette loi nous ayons pu déduire toutes les lois particulières des phénomènes que nous connaissons; que le principe de contradiction, première condition de la certitude, ne soit jamais violé dans nos longues suites de raisonnements, les faits s'accordant entre eux, comme s'accordent nos idées, il resterait toujours à expliquer la loi d'où nous sommes partis. — Pourquoi les corps s'attirent-ils en raison directe de leur masse et en raison inverse du carré de leur distance? — Pourquoi cette loi régit-elle le monde? — La science ne saurait répondre et c'est à la philosophie de le faire, si elle le peut, non plus en invoquant des raisons d'ordre purement logique, mais bien des raisons d'ordre métaphysique et moral.

VI

CONCLUSION

1. Utilité de la science au point de vue matériel. — 2. Son utilité au point de vue intellectuel. — 3. Son utilité au point de vue moral. — 4. Insuffisance des études purement scientifiques.

Les sciences positives ont fait à notre époque de tels progrès, et produit dans les sociétés modernes des modifications si profondes, qu'il est extrêmement difficile d'en apprécier exactement la portée.

1. Leur influence au point de vue matériel. — L'influence de ces sciences sur le bien-être matériel des peuples est celle qui frappe le plus, au premier abord. — C'est grâce à leurs découvertes que l'homme a pu dompter les forces aveugles et fatales de la nature, si souvent ses ennemies, pour en faire des auxiliaires précieux et dociles. La nourriture, les vêtements, les habitations du plus grand nombre ont été améliorés. La terre, avec la même somme de travail et la même quantité de semence, fournit des fruits plus abondants. Les échanges entre les différentes nations sont devenus si rapides que les famines, fréquentes autrefois, ne sont plus à redouter. La durée moyenne de la vie elle-même a été doublée depuis deux siècles chez les peuples civilisés, et les moyens de combattre la maladie et la souffrance vont se multipliant sans cesse [1]. — Il n'est pas une science, quelque abstraite qu'elle paraisse, qui ne trouve, à un moment donné, une application utile. « Qu'y a-t-il, par exemple, de plus stérile en apparence que les sèches spéculations des anciens géomètres sur les sections coniques, que les rêves de Kepler, comme on les appelait autrefois, sur les harmonies numériques de l'univers ? C'est là cependant ce qui nous a conduits à la connaissance des mouvements elliptiques des planètes, à la découverte de la loi de la gravitation, de ses brillantes conséquences et de ses résultats [2]. » Toutes les industries des métaux, des pierres, du bois, des matériaux de tout genre reposent sur les découvertes de la chimie et de la mécanique. De ces sciences et des sciences naturelles, relèvent également l'art d'élever les animaux, l'hygiène, la médecine, etc.

2. Leur influence au point de vue intellectuel. — L'utilité des sciences positives se manifeste également par leur puissance éducatrice. Considérons d'abord les sciences mathématiques. Le premier service qu'elles nous rendent c'est, suivant la remarque de Descartes, « d'accoutumer l'homme à se repaître de vérités et à ne point se payer de fausses raisons ». Elles donnent à l'esprit de la précision et de l'exactitude; lui font connaître quels caractères doit offrir une démonstration véritable; l'habituent à former de longues suites d'idées et de raisonnements, méthodiquement enchaînés, augmentant ainsi sa force et sa souplesse. — Platon avait déjà entrevu tous ces avantages, aussi fait-il, dans son plan d'éducation, une très large place aux sciences mathématiques.

Les sciences physiques développent des qualités différentes, mais non moins nécessaires, en nous rendant capables d'observer et d'expérimenter avec soin. — Quant aux sciences naturelles, elles nous apprennent l'importance des classifications

---

(1) Berthelot, *La science éducatrice. Revue des Deux Mondes*, 15 mars 1891.
(2) Herschell, *Ouvrage cité*, p. 11.

dont le rôle est si grand dans la connaissance humaine; elles nous font comprendre, en outre, l'harmonie qui se révèle dans les organismes compliqués des êtres doués de vie, et développent ainsi en nous le sentiment de la beauté.

3. Leur influence au point de vue moral. — Les sciences positives ont, de plus, une influence moralisatrice incontestable. Elles sont moralisatrices, d'abord, parce qu'elles accoutument l'esprit à la vérité pure et lui en inspirent l'amour profond et désintéressé. Cette union de la science et de la vertu paraissait si étroite à Socrate, qu'il en était arrivé à identifier le bien et le vrai. — En second lieu, la science a pour effet de délivrer l'esprit des préjugés les plus funestes qui, souvent, comme le prouve l'histoire, rendent l'homme injuste et malheureux. — N'est-ce pas à la science encore que les travailleurs sont redevables, *en partie du moins*, de l'indépendance relative dont ils jouissent et des droits, longtemps contestés, que tous leur reconnaissent aujourd'hui? Enfin, c'est elle qui a facilité, par ses découvertes, le rapprochement des hommes, l'échange des idées et l'union de tous les efforts en vue de l'intérêt général.

4. Insuffisance des études purement scientifiques. — Malgré tous ces services, dont nul ne songe à contester l'étendue, la vertu éducatrice des sciences est cependant limitée, et l'on peut ajouter même que leur étude exclusive ne laisserait pas de présenter des dangers. « L'esprit d'un homme, écrit St. Mill, est inévitablement rapetissé, l'essor de ses sentiments vers les grandes fins de l'humanité est misérablement entravé, quand toutes ses pensées se tournent à la classification d'un petit nombre d'insectes ou à la résolution d'un petit nombre d'équations, comme quand elles sont toutes employées à fabriquer des pointes ou des têtes d'épingles. » Les études purement scientifiques appellent donc comme premier complément nécessaire l'étude de la philosophie des sciences. « Séparées de l'esprit philosophique, les sciences, dit Dubois-Raymond, ne peuvent que rétrécir l'esprit et détruire le sens de l'idéal [1]. »

(1) « L'éducation n'est pas complète si l'on ne se place, au terme de ses études, à ce point de vue général (au point de vue philosophique) qui domine et coordonne l'ensemble des connaissances. » — « Il convient, de plus, de compléter l'enseignement scientifique par un enseignement littéraire *subordonné* (?), auquel nul homme cultivé ne saurait demeurer étranger. » Berthelot, *La Science éducatrice.*

Les sciences] mathématiques habituent sans doute l'esprit à la rigueur et à la précision, mais leurs raisonnements ne portent que sur des]abstractions. « Leur domaine est celui des quantités mesurables et, en dehors de ce domaine, il y a celui des âmes dont les passions, les sentiments, les idées ne se ramènent pas à des équations et à des théorèmes [1]. » « L'esprit mathématique dans la vie privée et dans la vie publique, c'est, dit un philosophe contemporain, l'art de ne voir qu'un côté de la question. Dans les sciences mathématiques nous faisons nous-mêmes nos définitions ; dans la réalité, c'est l'expérience qui nous les impose et, sans cesse, les transforme, les corrige par des additions nouvelles [2]. » — « Les vérités démontrées, disait dans le même sens Mme de Staël, ne conduisent point aux vérités probables, les seules qui servent de guides dans les affaires, comme dans les arts, comme dans la société. » — C'est là ce que résume fort nettement d'Alembert en disant : « Pour acquérir la sagacité, cette qualité première de l'esprit, deux choses sont nécessaires : s'exercer aux démonstrations rigoureuses et ne pas s'y borner ; l'habitude trop grande et continue du vrai absolu et rigoureux peut émousser le sentiment de ce qui ne l'est pas. »

Les sciences physiques et naturelles nous donnent également une précieuse habitude, celle d'observer avec soin, mais elles n'attirent notre attention que sur des objets matériels. N'est-il pas à craindre, alors, que notre intérêt se concentre sur ces seuls objets et qu'en nous se développe, outre mesure, l'esprit positif qui n'est pas sans danger dans les domaines de la vie privée et de la vie sociale ?

En un mot, « bien vivre » est le but vers lequel nous devons tendre, et les sciences positives sont impuissantes à nous le montrer clairement ; elles ont besoin d'être complétées par l'histoire, la poésie, l'éloquence, mieux informées des choses de l'âme. « Que serait devenu notre pays si plusieurs générations n'avaient fait que des sciences ? Où seraient ces précepteurs incomparables, Montaigne, Corneille, Pascal ? Les sciences, disait Napoléon, ne sont que des applications de l'esprit humain, les lettres sont l'esprit humain lui-même [3]. »

(1) Hatzfeld, *Revue politique et littéraire*, 11 avril 1891.

(2) Fouillée, *L'enseignement au point de vue national*, p. 71.

(3) « Les mathématiques, disait Joubert, rendent l'esprit juste en mathématique, tandis que les lettres le rendent juste en morale. »

A ceux qui discutent encore pour savoir lequel doit obtenir le premier rang, de celui qui excelle dans les lettres ou de celui qui l'emporte dans les sciences, nous répondrons simplement avec d'Alembert : « La supériorité dans ces deux genres nous paraît d'un mérite égal. D'ailleurs, si la littérature et le bel esprit du premier ordre a plus de partisans, parce qu'il a plus de juges, celui qui recule les limites des sciences a, de son côté, des juges et des partisans plus éclairés. Qui aurait à choisir d'être Newton ou Corneille, ferait bien d'être embarrassé, ou ne mériterait pas d'avoir à choisir [1] ».

OUVRAGES A CONSULTER

Bacon, *De augmentis* et *Novum organum*. — Cl. Bernard, *Introduction à l'étude de la médecine expérimentale*. — Agassiz, *De l'espèce et de la classification*. — Cuvier, *Règne animal. Introduction*. — G. Saint-Hilaire, *Philosophie anatomique*, 1er vol. — Darwin, *L'origine des espèces*. — Ed. Perrier, *Philosophie zoologique avant Darwin. Les colonies animales*. — V. Meunier, *La philosophie zoologique*. — Liard, *Les notions géométriques et empiriques. Des notions de genre et d'espèce dans les sciences de la nature*, Rev. philos. 1er sem. de 1870. — St. Mill, *Système de logique* — Bain, *Logique*. — Rabier, *Leçons de philosophie*, t. II. — Berthelot, *La science éducatrice*, Revue des Deux-Mondes, 15 mars 1891. — Fouillée, *L'enseignement au point de vue national*.

(1) D'Alembert, *Ouvrage cité*, p. 326.

CHAPITRE V

MÉTHODE DES SCIENCES MORALES

I

1. Objet des sciences morales. — 2. Leurs principales divisions. — 3. Leurs caractères. En quoi elles diffèrent des autres sciences. — 4. Leur possibilité.

1. Objet des sciences morales. — Les sciences biologiques nous font connaître dans l'homme l'être organisé ; les sciences morales nous font connaître en lui, l'être pensant, sentant et voulant. L'esprit humain, tel est donc leur objet ; la détermination des lois qui régissent les manifestations de son activité, telle est leur fin.

2. Leurs principales divisions. — Ces sciences peuvent, comme nous l'avons vu déjà [1], se partager en trois groupes. En effet, on peut étudier plus spécialement soit l'homme en lui-même, soit l'homme dans ses rapports avec ses semblables, soit l'homme dans son évolution à travers les âges : d'où la distinction des sciences psychologiques, des sciences sociales et des sciences historiques. — De plus, en poursuivant ces études, on peut se proposer de connaître surtout l'homme tel qu'il est, ou l'homme tel qu'il devrait être, l'homme réel ou l'homme idéal, c'est pourquoi l'on distingue encore dans les sciences psychologiques, les sciences psychologiques proprement dites et la morale ; dans les sciences sociales, la sociologie et les sciences politiques.

3. Leurs caractères. En quoi elles diffèrent des autres sciences. — Ces sciences se distinguent de toutes les autres par des caractères précis.

(1) Voy. chap. 1er.

D'abord, elles n'ont pas même objet. Quels que soient, en effet, les rapports qui unissent le corps et l'esprit, les phénomènes physiologiques et les états de conscience, il existe toujours entre eux, du moins pour l'observateur, des différences profondes, qui rendent toute identification impossible [1]. « Quelque opinion que l'on adopte, dit St. Mill, sur l'identité ou la diversité fondamentale de la matière et de l'esprit, la distinction des faits mentaux et des faits organiques subsiste toujours comme base d'une classification, » et légitime l'existence de deux ordres de sciences différentes.

En second lieu, ces objets ne nous sont pas connus de la même manière. C'est par les sens que nous sont révélées les propriétés des corps ; c'est par la conscience que nous sont révélés les états de l'esprit. Pour celui qui ne se connaîtrait pas d'abord lui-même, l'âme des autres hommes serait absolument fermée, leur conduite, inexplicable, l'histoire entière inintelligible. C'est d'après les données de la conscience que nous interprétons les actes de nos semblables. — De plus, lorsqu'il étudie les corps, en substituant le point de vue de la quantité à celui de la qualité, le savant peut soumettre au calcul et à la mesure les phénomènes observés ; l'emploi du calcul et de la mesure est le plus souvent impossible dans les sciences morales.

Le postulat sur lequel on s'appuie dans les sciences physiques et naturelles, c'est que tous les faits sont soumis à un déterminisme inflexible. Dans les sciences morales, il est, au contraire, un facteur dont nous devons toujours tenir compte, c'est la liberté. Aussi, les lois que nous obtenons de part et d'autre n'ont-elles pas même caractère : celles-ci sont nécessaires et certaines, celles-là sont toujours plus ou moins problématiques et douteuses.

Enfin, dans les sciences de la nature, le savant constate simplement les faits pour en dégager les lois réelles ; dans les sciences morales, il les juge et cherche à connaître les lois idéales qui nous dirigent. Au-dessus de ce qui est, il veut nous montrer ce qui doit être.

4. Leur possibilité. — La simple énumération de ces caractères suffit à nous montrer combien est difficile l'étude des sciences morales. — Si nous songeons, en outre, à l'étroite

(1) Voy. *Morale*, chap. II.

union de l'âme et du corps, à l'action continue qu'exercent sur nous les milieux où nous vivons, à la multiplicité des causes qui influent sur nos actes, à l'impossibilité presque absolue de soumettre au calcul et à la mesure les phénomènes mentaux et les rapports qui les unissent, à la complexité parfois extrême de ces phénomènes, nous comprendrons aisément pourquoi la science de l'homme a fait encore si peu de progrès. Plus complexe que toutes les autres sciences, dont elle est d'ailleurs tributaire, elle devait nécessairement, comme le remarque Aug. Comte, se constituer et se développer la dernière.

Mais il est une autre cause dont nous avons parlé et qui semble, au premier abord, plus encore que les précédentes, s'opposer à la constitution des sciences morales : c'est la liberté. S'il est vrai, comme le disait Aristote, qu'il n'y ait pas de science du particulier, mais seulement du général, de ce qui est fixe, constant, universel, soumis à des lois inflexibles, comment les actes humains, dus en partie à la liberté, pourraient-il donner lieu à une science véritable ? On comprend encore que les sciences qui s'occupent de l'homme idéal soient possibles, mais comment les autres le seraient-elles ? — On écarte quelquefois cette objection, en supprimant la liberté ; mais c'est recourir à un moyen trop commode ; mieux vaut, croyons-nous, chercher à y répondre, en étudiant les caractères propres de la liberté dont on se fait souvent l'idée la plus fausse. La liberté n'est pas un pouvoir capricieux et sans frein, capable d'agir sans motif et se contredisant à toute heure. La vraie liberté est inséparable de la raison ; nous ne nous déterminons pas au hasard et nos déterminations nous lient pour l'avenir. Or, d'où viennent les motifs qui nous font agir ? De nos habitudes, de nos tendances héréditaires, de notre éducation ; par conséquent, connaître le caractère d'un homme, c'est savoir, dans un grand nombre de cas, quelle conduite il tiendra, si telles circonstances se présentent, et quelle conduite il tiendra librement. Je prévois, par exemple, sachant que vous êtes un homme d'honneur, que telles circonstances s'offrant à vous, vous ne mentirez pas, vous ne volerez pas, etc.

Lorsque les prévisions portent non plus sur les actes d'un individu, mais sur ceux d'un groupe d'individus ; lorsqu'elles embrassent, non plus une période de quelques heures ou de quelques jours, mais une période de plusieurs mois ou de plusieurs années, elles deviennent de plus en plus probables. Ce qui le prouve, c'est que les événements les plus capricieux, en apparence, se présentent, quand on les prend en grand nombre, avec une régularité presque mathématique. « C'est ainsi, comme le remarque Buckle, que, dans tout grand pays, le nombre des assassinats, en proportion de la population, varie très peu d'une année à l'autre... La même régularité se rencontre dans la proportion des meurtres commis annuellement avec telle ou telle espèce d'instrument... Fait plus curieux encore, le nombre des lettres jetées à la poste, à Paris et à Londres, et auxquelles on a oublié de mettre l'adresse, est chaque année à peu près dans la même proportion avec le nombre des lettres déposées. » Nous avons donc ici des éléments de calcul très délicats, sans doute, très complexes, mais très réels et très précieux, qui nous permettent d'établir un raisonnement légitime et d'en dégager les lois *probables*. Ainsi, *a priori*, nous n'avons le droit d'écarter aucune science morale comme impossible, tout en reconnaissant qu'elles présentent, pour la plupart, des difficultés innombrables [1].

Examinons maintenant par quels procédés se constituent chacune de ces sciences, et dans quelle mesure elles font appel au raisonnement inductif et au raisonnement déductif.

II

A). MÉTHODE DE LA PSYCHOLOGIE. — 1. Méthode subjective : l'introspection. Son insuffisance. — 2. Méthode objective : langues, histoire, tératologie, etc. — 3. De l'expérimentation. — 4. De la classification — 5. De l'induction et de la déduction.

B). MÉTHODE DE LA MORALE. — 1. Méthode inductive. — 2. Méthode déductive. — 3 Rôle de l'histoire.

A. MÉTHODE DE LA PSYCHOLOGIE. — La psychologie expérimentale est une science de faits : elle a pour objet les pensées, les émotions, les déterminations par lesquelles se manifeste l'activité de l'esprit [2]; elle a pour but de

---

(1) Voy. Liard, *Logique*, chap. xv et xvi.

(2) La psychologie expérimentale se distingue de la psychologie rationnelle qui s'occupe non seulement de nos états de conscience, mais encore de la nature même de l'âme. La psychologie rationnelle n'est qu'une des branches de la métaphysique.

nous décrire ces phénomènes, de les classer, d'en découvrir les causes et les lois. Sa méthode est donc nécessairement la méthode *inductive*, comme celle des sciences de la nature. Cette méthode est dite *subjective*, lorsque l'esprit s'étudie directement lui-même; elle est dite *objective*, lorsqu'il s'étudie indirectement dans ses manifestations extérieures.

1. De la méthode subjective. — L'esprit s'observe directement lui-même par la conscience et par la réflexion. Cette observation de soi-même ou introspection est le point de départ naturel de toute étude psychologique; sans la conscience, nous ne pourrions pas plus avoir connaissance de nos modifications intérieures et de nos actes que nous ne pourrions, sans la vue, avoir connaissance des couleurs. De plus, ces modifications et ces actes, nous les connaissons tels qu'ils sont en réalité, car, entre l'objet connu et le sujet qui connait, il ne se place aucun intermédiaire. A ce point de vue, l'observation par la conscience l'emporte donc sur l'observation par les sens. L'importance et la légitimité de l'introspection nous sont attestées par les analyses de tous ceux qui ont étudié le cœur humain; il faut cependant reconnaitre que ce procédé ne saurait suffire à faire de la psychologie une science véritable. C'est que nulle observation n'est aussi difficile que l'observation de soi-même : cette difficulté tient à la fois à la vivacité et à la rapidité de certains états de l'âme qui semblent se dérober à l'analyse; à leur complexité parfois extrême; aux illusions fréquentes produites par le souvenir; à l'influence enfin qu'exerce l'attention sur les phénomènes observés, et aux changements qu'elle leur fait subir. Il y a plus encore, ne pouvant s'exercer dans le tout jeune âge, la réflexion ne saurait nous instruire sur l'origine de nos facultés : elle ne saurait davantage, tant qu'elle n'a pas subi de contrôle, nous autoriser à affirmer que ce qui se trouve en nous se trouve également chez les autres; or sans généralisation, il n'y a pas de science.

2. De la méthode objective. — L'observation de soi-même étant insuffisante, il est nécessaire de recourir à la méthode objective et d'étudier l'esprit dans ses manifestations extérieures.

Les plus instructives de ces manifestations nous sont révélées par *l'observation de nos semblables*, dont les paroles, les actes, les habitudes, les maladies mentales elles-mêmes, permettent de contrôler utilement les témoignages de la conscience. — L'étude des *langues*, des *œuvres littéraires* et de *l'histoire* agrandit encore le champ de notre observation. Le langage, en effet, n'est-il pas l'expression même de la pensée et les œuvres littéraires une sorte « de miroir » où se reflète l'âme humaine avec ses qualités, et ses défauts? — Ce sont les idées, disait Bacon, qui gouvernent le monde; ce sont les passions qui provoquent les révolutions des peuples; or, que nous offre l'histoire, sinon le tableau de ces passions vivantes, agissantes, dans toute leur force et toute leur énergie. Ce tableau nous aide donc à en bien apprécier la nature et la puissance. En outre, en nous fournissant un nombre considérable de faits, en nous apprenant dans quel ordre ils se sont succédé, l'histoire nous permet de mieux apercevoir les lois générales qui président à l'évolution de la vie mentale. Ses indications sont surtout précieuses aujourd'hui qu'elle a pour auxiliaires l'*ethnologie* et l'*anthropologie*, qui nous font de mieux en mieux connaître l'une, les caractères des différentes races, l'autre, les transformations de l'homme à travers les âges.

La méthode objective réclame également le secours de la *physiologie*. S'il est vrai, en effet, que tout état de conscience est uni à un phénomène organique soit à titre de cause, soit à titre d'effet, on conçoit aisément de quelle utilité peut être au psychologue une connaissance sérieuse des conditions physiologiques de la pensée.

Enfin, il est nécessaire que l'étude des animaux vienne compléter celle de l'homme. En eux se trouvent des facultés beaucoup plus développées qu'en nous; en nous, se trouvent des facultés qui semblent leur faire défaut : une comparaison attentive et minutieuse, sur ce point, doit nous apporter encore un important surcroit d'informations. C'est là ce que reconnaissait Buffon en disant que « la nature de l'homme serait moins intelligible, s'il n'y avait point d'animaux ».

C'est à l'ensemble de ces études qu'on a donné le nom de psychologie comparée.

3. De l'expérimentation[1]. — Les faits connus, il faut en

____

(1) Sur la nature de l'expérimentation et son rôle dans les sciences physiques et naturelles, voy. p. 70.

rechercher les causes. Souvent, ces causes nous sont révélées par l'observation elle-même ; mais lorsque ce procédé est impuissant à nous fournir ce résultat, on s'efforce d'y suppléer par l'expérimentation.

a. On peut d'abord *expérimenter sur soi-même*, soit en recourant à la mémoire et à l'imagination, qui font revivre les états disparus ; soit en se plaçant dans des conditions favorables à la reproduction de tel ou tel phénomène déterminé. Toutefois, les renseignements que nous tirons de telles expériences ne sont guère plus précis que ceux de l'observation elle-même, et il est rare qu'ils soient plus instructifs.

b. L'expérimentation *sur les autres* est d'ordinaire plus facile ; elle est aussi plus féconde. C'est à ce procédé que recourent tous les éducateurs, lorsqu'ils essaient tour à tour les méthodes les plus différentes pour obtenir de leurs élèves plus de docilité ou de travail ; tous les législateurs, quand pour assurer la paix d'un État ou accroître son bien-être, ils demandent l'application de lois nouvelles ; tous les orateurs, lorsqu'ils cherchent quel argument pourra convaincre le mieux leurs auditeurs ; nous tous, quand nous voulons juger une personne, apprécier son savoir ou son honnêteté. L'expérimentation revêt ainsi les formes les plus diverses et nous instruit presque toujours.

c. Les résultats obtenus par toutes ces expériences n'offrant jamais une rigueur vraiment scientifique, on a institué de nos jours des expériences d'un nouvel ordre, en s'appuyant sur l'étroite union qui existe entre le physique et le moral.

Comme il est incontestable qu'un certain nombre de nos états de conscience, sinon tous, ont une cause physique ; comme, en outre, cette cause physique est mesurable, on s'est demandé si l'on ne pourrait pas, en mesurant cette cause, mesurer ses effets ? De là les expériences qui ont permis de déterminer la durée de la sensation, le minimum sensible pour chaque sens, le rapport qui existe entre les variations de la sensation et celles de l'excitation. — Quelque ingénieuse que soit cette méthode des psycho-physiciens, il est douteux qu'elle conduise à des lois certaines, et cela pour deux raisons : la première, c'est que la cause extérieure mesurable ne produit son effet, qu'en agissant sur le système nerveux et, par lui, sur l'esprit ; la seconde, c'est que l'esprit et le système nerveux, se modifiant à chaque instant, il est impossible de prévoir si la même cause produira toujours les mêmes effets, les milieux sur lesquels elle agit ne restant pas les mêmes [1].

Se plaçant à un point de vue différent, les psycho-physiologistes se sont efforcés plus spécialement de découvrir les rapports qui relient telle ou telle partie de l'organisme, notamment du cerveau, avec telle ou telle de nos facultés mentales. Beaucoup plus précises que les précédentes, ces expériences nous ont fourni des indications utiles, non seulement sur le siège de nos facultés, mais encore sur leur vraie nature [2].

4. De la classification. — En psychologie, comme dans les sciences naturelles, la classification sert à disposer méthodiquement les données de l'expérience. En réunissant les faits d'après leurs ressemblances essentielles, tout en tenant compte de leur mode d'apparition et de leur dépendance réciproque, elle en rend plus facile l'explication. — C'est grâce à ce procédé qu'on a pu ramener à un petit nombre de groupes les manifestations de la vie mentale, et bien mettre en relief les caractères distinctifs de nos principales facultés.

5. De l'induction et de la déduction. — La psychologie qui s'en tient à la classification, reste surtout *descriptive :* telle est la psychologie des philosophes Écossais. Elle devient *explicative* et vraiment scientifique, grâce à l'*induction* et à la *léduction.*

Par l'*induction*, en effet, nous dégageons les lois des phénomènes que la classification a coordonnés ; les mieux établies sont celles de l'association des idées, de l'habitude, de l'acquisition et de la perte du souvenir, etc.

Par la *déduction*, nous tirons des lois établies les conséquences qu'elles contiennent, soit afin d'obtenir la vérification de ces lois, soit afin de découvrir des faits ou des lois nouvelles. Ces deux procédés ont naturellement pour auxiliaires l'*analogie* et l'*hypothèse*, sans lesquelles toutes science expérimentale serait

(1) On a reconnu que les expériences faites sur des personnes différentes donnaient rarement le même résultat. Les effets produits sur une même personne diffèrent également, suivant que cette personne est préoccupée, par exemple, ou ne l'est pas. Ce mode d'expérimentation a été surtout appliqué par Weber, Feschner et Wundt.

(2) Les expériences les plus célèbres faites dans ce sens sont celles de Flourens, de Broca et de Charcot. Ce dernier savant n'est pas moins connu par ses études sur l'hypnotisme, qui ont puissamment contribué au développement de la psychologie expérimentale à notre époque.

impossible. — Enfin, la *définition* résume tous les résultats obtenus.

B. MÉTHODE DE LA MORALE. — Le but de la morale est de rechercher, non plus comme la psychologie, ce que nous sommes, mais ce que nous devons être. Or, par quels procédés découvrir la fin idéale de notre activité ou le souverain bien de l'homme, et la règle universelle des mœurs?

1. Méthode inductive. — Il est évident qu'ici encore le point de départ de nos recherches se trouve dans l'observation de nous-mêmes, comme l'avait bien vu Socrate. Comment, en effet, déterminer à priori la loi de la volonté, si l'on ne connaît pas la volonté? La fin de l'homme, si l'on ignore et sa nature et ses tendances? — Le moraliste ne ressemble pas au géomètre qui crée l'objet de son étude : l'être dont il s'occupe, est un être réel; les règles qu'il cherche à dégager doivent lui être applicables; l'idéal qu'il lui propose, doit être possible. Or, cet idéal, ces règles, formules du devoir, c'est la science éclairée par la raison qui nous les révèle. Elle nous les révèle par les jugements qu'elle suggère et par les sentiments qu'elle fait naître lorsque, avant l'action, elle blâme ou approuve; lorsque, en présence de la conduite de nos semblables, elle force au respect ou au mépris. — Ces faits moraux une fois constatés, l'analyse les décompose et en dégage les caractères généraux du bien et du devoir, la fin et la loi de l'activité humaine. L'idéal que nous obtenons, en nous appuyant ainsi sur l'expérience et la raison, n'est point un idéal imaginaire et purement fictif : c'est l'homme lui-même idéalisé.

2. De la méthode déductive. — Quand les principes directeurs de notre conduite sont ainsi connus et la morale théorique constituée, la déduction nous aide à découvrir quelles en sont les applications particulières et à dresser la liste de nos devoirs. — Si, en effet, le devoir considéré en lui-même est fixe et universel; si la fin idéale de l'homme est invariable, les obligations qui lui sont imposées varient suivant les circonstances dans lesquelles il se trouve placé. Autres sont les devoirs que nous avons envers nous-mêmes, autres ceux que nous avons envers nos parents, envers nos semblables. — Cette partie de la morale qui traite précisément de nos devoirs est presque entièrement déductive.

3. De la méthode historique. — Les deux méthodes précédentes trouvent dans l'histoire un utile contrôle. L'histoire n'est-elle pas elle-même une expérience prolongée ? Seule, d'abord, elle nous permet de connaître, sinon d'expliquer, les changements survenus dans les idées morales de l'humanité et leur évolution à travers les âges. En outre, en nous montrant ce que les hommes pensent de nos principaux devoirs et les raisons qu'ils invoquent pour les justifier; en nous prouvant que ces devoirs ont reçu la consécration du dévoûment et du sacrifice, ne nous apprend-elle pas à mieux connaître quelle est notre fin véritable ?

III

A.) DES SCIENCES SOCIALES. — 1. De la sociologie.— 2. De la méthode inductive. — 3. De la méthode déductive. — Utilité de l'histoire.

B.) DES SCIENCES POLITIQUES. — 1. Méthode inductive. — 2. Méthode déductive. — 3. De la politique pratique.

A. DES SCIENCES SOCIALES. — On peut étudier la société comme on étudie l'homme, et chercher à connaître plus spécialement soit ce qu'elle est, soit ce qu'elle devrait être. D'où deux ordres de sciences distinctes, bien qu'étroitement unies, les sciences sociales et les sciences politiques.

1. De la sociologie. — Découvrir quelle est l'organisation de la société et comment elle se développe, tel est le but que poursuit la sociologie. Les lois qu'elle s'efforce de dégager sont de deux sortes : Les unes, sont des uniformités de coexistence, les autres, des uniformités de succession. Selon qu'elle s'occupe de la découverte et de la vérification de la première espèce d'uniformité ou de la seconde, Auguste Comte lui donne le nom de *statique sociale* ou de *dynamique sociale*, conformément à la distinction établie, en mécanique, entre les conditions d'équilibre et celles de mouvement, et, en biologie, entre les lois de l'organisation et celles de la vie.

2. De la méthode inductive. — La méthode inductive est évidemment la seule qui puisse, primitivement, convenir à ces sciences; mais il faut reconnaître que nulle part cette méthode n'est d'un emploi plus délicat; c'est que, suivant une remarque déjà faite, la complexité des faits sociaux est si grande qu'elle semble devoir défier toutes nos analyses. Dans une société, surtout dans nos sociétés modernes, tout se tient et s'enchaîne : l'instruction, la religion, les traditions, la richesse nationale, l'état de l'industrie et du commerce, la forme du gouvernement, le climat, autant de causes qui agissent concurremment et se pénètrent, et dont l'efficacité respective varie suivant les milieux où elles s'exercent. En outre, il en est de la société comme d'un organisme extrêmement sensible : les faits les plus simples, en apparence, peuvent avoir sur elle une influence incalculable : un acte de dévoûment, un paradoxe, la naissance d'un homme, une invention d'abord dédaignée, suffisent parfois à modifier profondément une société tout entière. On comprend dès lors, les faits sociaux ayant de tels caractères, qu'il soit fort difficile d'en découvrir les lois. Ces lois cependant existent, car rien ne se produit au hasard et sans cause; le meilleur moyen de les découvrir est de recourir encore aux méthodes décrites par St. Mill, et dont nous connaissons l'application en physique.

La méthode de concordance est celle qui peut nous fournir les résultats les plus précis. Elle consiste, en sociologie, un fait étant donné dont on cherche la cause, à recueillir le plus de cas possible où ce fait s'est produit, et à éliminer, des circonstances qui l'accompagnent, celles qui ne lui sont pas toujours unies. Les circonstances qui sont toujours présentes quand il est présent pourront en être considérées comme les causes.

La méthode de différence est d'un emploi plus difficile, car comment supprimer la cause supposée des phénomènes, si cette cause est, par exemple, l'instruction, la religion, la richesse?... On peut cependant considérer comme des applications de cette méthode, l'abolition de certaines lois et la promulgation de lois nouvelles, en un mot, toutes les innovations faites dans l'enseignement ou dans la politique.

Enfin la méthode des variations concomitantes permet parfois de suppléer, dans une certaine mesure, aux deux méthodes précédentes, surtout lorsque l'expérience nous fournit des points de comparaison nombreux. C'est en s'appuyant sur cette méthode que Bain croit avoir découvert un rapport constant entre le développement des institutions libres et le progrès matériel et moral des nations; J.-J. Rousseau, et avant lui Érasme, un rapport beaucoup plus contestable entre le progrès des sciences et des lettres et la décadence des peuples.

3. Méthode déductive. — Utilité de l'histoire. — La valeur de ces méthodes et celle des inductions qu'elles nous permettent de tirer, dépendent surtout du nombre des faits recueillis. Aussi l'histoire est-elle indispensable aux sciences sociales. Si tous les faits historiques étaient parfaitement établis, leurs progrès seraient beaucoup plus rapides. — Ajoutons que, dans les sciences sociales, comme dans toutes les autres sciences inductives, la déduction nous fournit un utile moyen de vérifier nos hypothèses; mais son rôle est nécessairement plus restreint que dans les sciences de la nature, les lois empiriques connues sur lesquelles nous pouvons nous appuyer étant moins nombreuses.

B. DES SCIENCES POLITIQUES. — Les sciences politiques n'étudient plus seulement la société telle qu'elle est; elles se posent un double problème, et se demandent ce que la société *doit être* et ce qu'elle *peut être*. D'une part, elles cherchent à fixer l'idéal à atteindre; d'autre part, elles cherchent à découvrir les meilleurs moyens de s'en approcher, en tenant compte de l'état actuel de la société. Aussi existe-t-il une *politique idéale* et une *politique pratique,* souvent très difficiles à concilier.

1. Méthode inductive. — Pour déterminer l'idéal de la Société, la politique procède, comme la morale pour déterminer l'idéal de l'homme. C'est par l'étude de nous-mêmes, et par l'étude des conditions qui rendent la société possible, que nous pourrons découvrir quelle est la fin d'une société, en général. Vouloir raisonner *a priori* et négliger l'expérience, c'est s'exposer à n'aboutir, comme Platon, qu'à des conceptions irréalisables et à des utopies. L'idéal de la société ne doit être que *la société elle-même idéalisée.* Par conséquent, l'étude de la psychologie, celle de la morale et celle de la sociologie sont les premières qui s'imposent à qui veut aborder la science politique.

2. Méthode déductive. — De l'idée que nous nous sommes faite de la société idéale, découlent naturellement des conséquences importantes qu'il appartient à la déduction de dégager. — Tout autre, par exemple, doit être notre système politique; tout autre notre conception des droits et des devoirs de l'État, suivant que nous assignons pour fin suprême à la société soit le règne de la vertu, soit le règne de la justice et le respect des droits de chacun.

3. De la politique pratique. — Quand nous avons ainsi formulé les principes généraux de la politique, il reste à les mettre en œuvre et à découvrir quels sont les meilleurs moyens d'en assurer le triomphe. C'est alors qu'il faut recourir de nouveau à l'expérience, consulter l'histoire, s'inspirer de la sociologie. Un système de politique peut être idéalement parfait et pratiquement irréalisable, actuellement du moins, étant donné l'état de la société. Or, c'est cet état de la société qu'il faut connaître, si l'on veut agir prudemment et d'une manière efficace. Il faut savoir quelles réformes sont immédiatement possibles ; quelles réformes doivent être ajournées, quelles mesures peuvent préparer les esprits à des transformations nouvelles, chacune acheminant peu à peu vers le but à atteindre. — Mais quelles que soient les lumières dont l'homme politique s'entoure, pour une tâche aussi délicate, il est rare qu'il obtienne une certitude complète et puisse déclarer infaillibles les moyens dont il dispose. Aussi, la politique est-elle bien moins une science qu'un art, et l'art le plus difficile de tous, peut-être.

IV

DES SCIENCES HISTORIQUES. — A. 1. Du témoignage. — 2. De l'importance du témoignage. — 3. Principe de la foi au témoignage. — 4. Critique du témoignage : *a*. Règles concernant les faits. — *b*. Règles concernant les témoins.

B. 1. De la méthode historique. — 2. Importance de la critique historique.— 3. Critique des témoignages contemporains. — 4. De la tradition. — 5. Des monuments. — 6. Des relations écrites. — 7. De l'interprétation des faits. De la méthode subjective et de la méthode objective. — 8. De la certitude et de la probabilité en histoire.

DES SCIENCES HISTORIQUES. — Les sciences historiques ont uniquement pour objet le passé. Or, le plus grand nombre des événements passés ne pouvant être connus par nos observations et nos expériences personnelles, la source à laquelle l'historien doit naturellement puiser est le témoignage de nos semblables.

A

1. Du témoignage. — Le *témoignage* est l'attestation

d'un fait par un *témoin*, c'est-à-dire par une personne qui en a connaissance. Le témoignage porte uniquement sur des questions de fait; c'est par là qu'il se distingue de l'*autorité* qu'on invoque surtout en matière de doctrine. S'agit-il, par exemple, d'événements qui se sont produits loin de nous et que nous n'avons point constatés, nous recourons au témoignage; s'agit-il, au contraire, d'une question de droit ou de métaphysique à résoudre, nous invoquons l'autorité d'un jurisconsulte ou d'un métaphysicien. Nous nous sommes occupés déjà de l'autorité et nous savons quels jugements portent sur elle Descartes et Pascal[1], étudions maintenant le témoignage.

2. De l'importance du témoignage. — Pour bien se rendre compte de l'importance du témoignage, il suffirait de faire un inventaire rapide des connaissances que nous possédons. Le moindre examen nous révélerait bien vite, que la plupart n'ont été admises que sur la foi d'autrui. — Nous ne vivons qu'un petit nombre d'années et ne pouvons explorer qu'un petit coin de l'espace : c'est grâce au témoignage que nous pouvons franchir ces étroites limites, bénéficier des travaux de nos semblables, mettre à profit leurs découvertes, faire sans cesse de nouveaux progrès; c'est grâce à lui que, suivant l'expression de Pascal, l'humanité peut être considérée comme un seul homme qui, en vieillissant, s'instruit toujours. — Dans les sciences expérimentales, nous partons du point où en sont arrivés nos devanciers; dans les sciences exactes, nous admettons le plus souvent leurs calculs, sans qu'il nous semble nécessaire de les vérifier[2]; dans les sciences morales, les observations de nos semblables servent de contrôle naturel à nos propres observations[3]. — Enfin notre éducation morale est tributaire du témoignage, non moins que notre instruction, car beaucoup de nos habitudes sont dues soit aux exemples qu'on nous a donnés, soit aux conseils que nous avons reçus.

3. Principe de la foi au témoignage. — Notre confiance dans le témoignage de nos semblables est si spontanée et si natu-

---

(1) Voy. chap. II, p. 16.

(2) On conçoit difficilement, par exemple, la tâche d'un mathématicien qui voudrait vérifier, par lui-même, tous les nombres qui lui sont fournis par sa table de logarithmes.

(3) Voy. chap. II, § II, p. 108.

relle que les philosophes Écossais la font dériver de deux instincts : l'instinct de véracité et l'instinct de crédulité, l'un, qui
nous porte à dire toujours la vérité, lorsque ni l'intérêt, ni la
passion ne nous en détournent ; l'autre, qui nous porte à croire
que les autres agissent comme nous. — Ce qui est vrai, c'est
que naturellement nous nous servons de la parole pour exprimer
nos pensées, et que naturellement aussi, par une induction
rapide, nous jugeons de nos semblables par nous-mêmes. Il est
donc inutile de recourir à un instinct spécial pour expliquer
notre croyance au témoignage ; elle s'explique par le principe
même qui sert de fondement à toute induction.

Seulement, nous ne tardons pas à nous apercevoir du désac-
cord qui parfois existe entre la parole et la pensée ; entre la
pensée et la vérité. Malgré la tendance qui le pousse à dire la
vérité, l'homme, par intérêt ou par passion, peut chercher à la
déguiser et à mentir. — Dès ce moment il apprend à douter. —
De plus, il peut se convaincre lui-même d'erreurs qu'il a com-
mises ; il est amené alors à se demander si les autres, comme
lui, ne sont pas jouets de l'erreur. L'erreur et le mensonge
étant possibles, il est donc indispensable de ne pas admettre
sans examen tout ce qui nous est affirmé par autrui. L'amour
même de la vérité nous conseille ici la prudence.

4. Critique du témoignage. — Pour apprécier exactement la valeur du témoignage, il importe de soumettre aux
règles de la critique, et les faits qui nous sont attestés, et l'attestation elle-même qu'on nous en donne.

a. Critique des faits. — Les faits sur lesquels porte le témoignage se divisent en deux classes : les faits d'ordre scientifique,
dont la reproduction et la vérification sont toujours possibles,
et les faits d'ordre purement historique qui, suivant l'expression de Volney, « sont des faits morts, » et dont l'observation
directe nous est à jamais interdite.

Lorsqu'il s'agit de faits scientifiques, le témoignage de nos
semblables pouvant toujours être contrôlé, notre confiance en
lui n'est évidemment et ne peut être que provisoire : en nous
appuyant sur son autorité, notre unique but est d'abréger nos
recherches et de hâter nos travaux.

Lorsqu'il s'agit de faits purement historiques, au contraire, le
témoignage est l'unique source d'information dont nous puissions disposer ; aussi, avant d'admettre les faits qu'il nous rap-

porte, devons-nous examiner avec soin quelle en est la nature et quels'en sont les caractères.

Et d'abord, nous devons nous demander si ces faits sont *possibles*, c'est-à-dire s'ils ne contredisent pas les principes de la raison et les lois bien établies de la science.

Si ces faits sont possibles. il faut se demander, en second lieu, s'ils sont *vraisemblables* et *probables*. Toutefois, notre examen est ici particulièrement délicat et difficile. En effet, combien de phénomènes ont été jugés invraisemblables, impossibles même, qui, plus tard, ont été reconnus réels? Au siècle dernier, la croyance aux pluies de sang dont parle Tite-Live, aux pierres tombées du ciel, à l'existence de coquillages sur les montagnes, était considérée comme puérile et sans valeur; ces faits sont aujourd'hui expliqués. Supposons un physicien qui eût affirmé, il y a cent ans, la possibilité du phonographe et du téléphone, il n'eût trouvé que des incrédules. « La locomotion à vapeur, la télégraphie électrique, l'éclairage au gaz et par l'électricité, les rayons solaires devenus des instruments de dessin, d'impression, de gravure, sont autant de miracles humains » qui nous prouvent combien le domaine du possible est plus étendu que souvent on ne le croit. — Il serait donc antiscientifique de rejeter d'une manière systématique tout ce qui est simplement vraisemblable, même à un faible degré; il faut se borner à suspendre son jugement, en attendant que des faits nouveaux et de nouveaux témoignages viennent nous éclairer.

b. Critique des témoins. — Les conditions relatives aux témoins sont plus essentielles encore.

Il faut tenir compte, en premier lieu, *du nombre* des personnes qui nous attestent un fait. Un axiome de droit bien connu dit qu'un témoin unique est considéré comme nul en justice : *Testis unus, testis nullus.* Cet axiome ne saurait avoir en histoire, non plus que dans la vie ordinaire, une valeur absolue ; néanmoins, quand un fait ne nous est attesté que par une personne, surtout si ce fait est extraordinaire, il y a souvent lieu de craindre ou qu'elle se soit trompée ou qu'elle veuille nous tromper. Son intelligence et sa moralité nous éclairent sur le degré de foi que mérite son témoignage.

Lorsqu'il y a *plusieurs témoins*, nos raisons de croire deviennent beaucoup plus fortes, surtout si ces témoins sont d'opinions et de partis différents et s'ils ont des intérêts opposés.

Ainsi, on met hors de doute les événements qui, à des époques agitées, sont racontés de la même manière par des écrivains appartenant soit à des nations, soit à des partis politiques en guerre les uns contre les autres. — Cependant, le nombre des témoins n'empêche pas que nous n'ayons à tenir compte des qualités personnelles de chacun d'eux ; or ces qualités peuvent se ramener aux deux suivantes : l'*intelligence* et l'*honnêteté*. Si le témoin est intelligent, il est probable qu'il n'aura pas été trompé ; s'il est honnête, il est probable qu'il ne sera pas trompeur. Ses ouvrages, la manière dont il expose les faits, sa réputation nous renseignent sur le premier point ; son caractère, sa conduite, l'estime dont il jouit, le ton général de son récit, nous renseignent sur le second.

A toutes ces règles, il en faut ajouter une dernière, plus générale, car elle concerne la critique des faits et celle des témoins : c'est, en interrogeant le témoignage, de faire taire à la fois son intérêt, ses préjugés et ses passions pour poursuivre uniquement la découverte de la vérité. Si l'expérience d'autrui nous est si peu profitable et nos erreurs si nombreuses, c'est que l'esprit de parti souvent nous aveugle, et nous rend incapables de discerner les faits et d'apprécier sainement les témoins.

Nous avons étudié jusqu'ici le témoignage en lui-même, il nous faut le considérer maintenant dans son application à l'histoire.

B

1. De la méthode historique. — La méthode historique peut être considérée comme une forme particulière de la méthode inductive. « En général, dit M. Janet, la méthode inductive part des faits pour s'élever aux lois, c'est-à-dire à ces mêmes faits généralisés. En histoire, au contraire, on part de certains faits pour conduire, non pas à des lois générales, mais à d'autres faits différents des premiers. Par exemple, d'un fait qui tombe sous nos yeux, une inscription ou la devise d'une médaille, on conclut que tel empereur régnait en telle année. Ainsi, les *témoignages* sont une première classe de faits que l'on traverse pour arriver à d'autres faits qui sont les événements. Néanmoins c'est toujours là une induction qui repose sur ce principe : que tout fait attesté par un témoin compétent et désintéressé est vrai. »

La méthode historique consiste donc essentiellement dans le *contrôle* et dans l'*interprétation* des témoignages, que ces témoignages soient directs, comme l'attestation d'un témoin ; qu'ils soient indirects, comme les indications fournies par des inscriptions ou des médailles.

2. Importance de la critique historique. — Le rôle considérable que remplit l'histoire dans les sciences morales explique l'importance de plus en plus grande que l'on attache aujourd'hui à la critique historique. D'Alembert ne voyait dans la connaissance des faits « qu'une ressource pour la conversation ; une de ces inutilités nécessaires qui servent à remplir les vides immenses et fréquents de la société » ; on y voit, à notre époque, et avec raison, la condition indispensable de la science sociale et des sciences politiques. Il est donc naturel d'examiner avec soin quelle est la valeur de cette connaissance, en faisant l'étude critique des sources où elle est puisée. Or, ces sources peuvent se ramener aux quatre suivantes : le témoignage des contemporains, la tradition, les monuments et les relations écrites.

3. Du témoignage des contemporains. — L'historien recourt nécessairement au témoignage de ses contemporains toutes les fois qu'il étudie des événements dont des personnes vivantes conservent encore le souvenir. C'est à cette source, par exemple, que M. Thiers a puisé beaucoup des documents qui lui ont permis d'écrire ses histoires de la Révolution et de l'Empire. Nous avons indiqué déjà quelles règles doivent ici diriger l'historien et dans son appréciation des faits et dans son appréciation des témoins.

4. La tradition. — La tradition est la transmission, d'abord purement orale, puis fixée par des monuments ou des manuscrits, des témoignages relatifs à certains faits. « Par traditions historiques, dit Fréret, j'entends ces opinions populaires, en conséquence desquelles toute une nation est persuadée de la vérité des faits, sans en avoir d'autres preuves que sa persuasion même et celle des générations précédentes, et sans que cette persuasion soit fondée sur aucun témoignage contemporain, subsistant séparément de la tradition même [1]. »

De toutes les sources historiques, la tradition est évidemment

____

(1) Cité par Daunou, *Cours d'études historiques*, I, p. 75.

celle dont il faut user avec le plus de circonspection. Il faut, en effet, tenir compte de l'imagination de ceux qui racontent et de l'altération profonde que subissent ordinairement les faits, en volant de bouche en bouche[1]. Ce que peut être cette altération, La Fontaine nous en donne une juste idée dans sa fable : *Les Femmes et le Secret.* Nous n'avons du reste, pour nous en bien rendre compte, qu'à examiner un événement raconté à la fois par la légende et par l'histoire : la défaite de Roland à Roncevaux, par exemple, n'est dans l'histoire qu'un épisode secondaire ; elle devient dans la légende un fait de la plus haute importance.

Faire la part de l'imagination et celle de la vérité, telle est donc ici la tâche difficile de l'historien. — Pour cela il doit chercher, avant tout, quel est le fait primitif d'où la tradition est sortie ; quelle en était l'importance, soit pour quelques personnes, soit pour une cité, soit pour un peuple tout entier ; par qui ce fait a d'abord été affirmé ; si le souvenir en a été consacré par des fêtes ou par des monuments ; si la tradition remonte bien à l'époque à laquelle on la fait remonter. Enfin si, à un moment donné, cette tradition a été recueillie dans quelque ouvrage, il reste à faire la critique de cet ouvrage lui-même et à se demander quel degré de foi il mérite. Ronsard, par exemple, s'appuyant sur quelques traditions, raconte que les Français sont descendus d'un fils d'Hector ; la légende bretonne nous représente également les habitants de Plougastel comme des Phrygiens. On ne saurait assurément, sur la foi des conteurs qui ont recueilli ces traditions, admettre, sans plus ample contrôle, ces généalogies fabuleuses. — La tradition demande donc une critique minutieuse, mais on ne saurait, à cause de son incertitude, la négliger entièrement. C'est que, si elle nous renseigne peu ou mal sur les événements passés, elle nous fournit, au contraire, sur le caractère, les mœurs, la civilisation des peuples les indications les plus précieuses.

5. Les monuments. — Dans un sens tout à fait général, on entend par monuments tous les objets matériels qui conser-

---

[1] « L'image des faits tant de fois déplacée, dit Volney, reçoit les teintes, les déviations, les ondulations de toutes les glaces qui l'ont réfléchie. Là se déploient tous les caprices, toutes les divagations de l'esprit humain. Les chances d'erreur vont croissant avec chaque génération. »

vent d'une manière quelconque l'empreinte des événements passés et qui peuvent nous aider à les reconstituer.

Au premier rang des monuments il faut placer les édifices publics ou privés, tels que les arcs de triomphe, les palais, les tombeaux, les œuvres d'art. Ces monuments, — les arcs de triomphe exceptés, — ne se rapportent pas toujours à des faits précis, et il est rare qu'on puisse les employer à vérifier un événement ou à éclaircir les circonstances qui l'ont amené, mais ils contribuent à mieux nous faire connaître la civilisation d'un peuple, parfois de toute une époque : les temples nous renseignent sur sa religion ; les palais, sur les mœurs et la manière de vivre des diverses classes sociales ; les tombeaux, sur certaines croyances morales de la plus haute importance ; les œuvres d'art, sur le développement intellectuel et esthétique de la nation qui nous occupe. Quant aux inscriptions qui, d'ordinaire, se trouvent sur ces monuments, elles rentrent dans la classe des documents écrits dont nous parlerons tout à l'heure.

Aux édifices il convient de rattacher les objets mobiliers et surtout les médailles et les monnaies. La numismatique qui traite de ces derniers monuments en a tiré déjà des indications précieuses sur la suite des événements et sur le caractère de personnages imparfaitement connus.

Avant d'ajouter foi aux monuments, nous devons nous assurer : 1° qu'ils ne sont point l'œuvre de l'orgueil ou de la flatterie ; 2° qu'ils sont bien authentiques, c'est-à-dire remontent à l'époque à laquelle on les attribue ; 3° qu'ils n'ont pas été détournés de leur destination primitive [1] ; 4° enfin que nous en comprenons bien la signification.

6. Les documents écrits. — Les documents écrits sont de tous les plus nombreux et les plus instructifs : Daunou les divise en huit classes, d'après le temps plus ou moins long qui les sépare des événements racontés. — Dans la première, il place les relations « qui sont rédigées en présence du fait même, pendant qu'il est, pour ainsi dire, flagrant : tels sont les procès-verbaux, les actes publics, les rapports, etc. ». — Dans la deuxième, « les registres historiques où quelques particuliers consignent,

---

(1) Il n'est pas rare qu'un monument soit détourné de sa destination primitive. On sait, par exemple, que Sésostris aimait à substituer son nom à ceux de ses prédécesseurs, sur les obélisques ou sur les statues qu'on leur avait élevées.

jour par jour, les faits qu'ils ont appris ». — Dans la troisième, les gazettes et les journaux. — Dans la quatrième, « les narrations où un auteur retrace le tableau de sa propre vie, raconte les événements auxquels il a pris part et les rapports qu'il a eus avec ses contemporains ». — Dans la cinquième, « les histoires qui ont pour matière non plus seulement la vie et les actions personnelles de l'auteur, mais en général des faits qui se sont passés de *son temps* ». — Dans la sixième, « les écrits où les auteurs parlent d'époques antérieures seulement d'un ou deux siècles au temps où ils ont vécu ». — Dans la septième, « les récits composés à de longues distances des événements et qui ne sont que traditionnels ». — Dans la huitième, les compilations, où, d'après des documents anciens, sont relatés les événements passés.

Cette énumération est loin d'être parfaite ; néanmoins, quel que soit l'écrit dont il s'occupe, le premier soin de l'historien doit être de s'enquérir de son *authenticité* et de son *intégrité*.

Un écrit est *authentique* quand il est bien de l'auteur auquel on l'attribue et de l'époque à laquelle on le fait remonter. Pour vérifier l'authenticité d'un écrit, il faut tenir compte d'un grand nombre d'indices. — 1° Il faut examiner, d'abord, si le style est bien celui de l'auteur supposé. Le style du savant se distingue, d'ordinaire, assez aisément de ceux de l'artiste, du prêtre, du littérateur. — Si l'auteur a écrit d'autres ouvrages, notre vérification est plus facile encore : dans tous les cas, si ces moyens de contrôle nous font défaut, nous devons nous assurer au moins que le style est bien celui de l'époque où vivait l'auteur. — 2° Il importe, en second lieu, de rechercher si le document dont on s'occupe se trouve signalé dans les documents contemporains ou un peu postérieurs, et comment il est apprécié. — 3° Enfin, il faut, par des comparaisons attentives, s'assurer qu'il n'est pas l'œuvre d'un faussaire. Fait-il allusion, par exemple, à des événements qui se sont produits plus tard; à des villes qui n'étaient pas encore fondées, à des écrivains dont les œuvres n'étaient pas publiées ? — Il est bien rare que des inadvertances ne nous découvrent pas la supercherie.

L'*intégrité* est le caractère d'un document historique qui nous est parvenu tel qu'il a été composé par son auteur. — Lorsque le manuscrit lui-même n'est pas entre nos mains, il est souvent bien difficile d'acquérir la certitude que le texte primitif n'a

pas été altéré. Pour découvrir soit les suppressions, soit les
interpolations, soit les additions qui ont été faites, il est nécessaire d'avoir à un très haut degré le goût et le sentiment littéraires et surtout cette faculté qui, d'après M. Thiers, est particulièrement la faculté de l'histoire : l'intelligence, c'est-à-dire,
le discernement et la pénétration.

Quand la critique de l'ouvrage est achevée, il reste à faire
celle de l'auteur et à voir s'il possédait bien toutes les conditions
requises des témoins ordinaires, et jusqu'à quel point nous pouvons croire qu'il n'a été ni trompé ni trompeur.

7. De l'interprétation des faits. — La seconde tâche
de l'historien est, comme nous l'avons montré, d'interpréter les
faits que les sources précédentes lui ont permis de recueillir.
Or, dans cette interprétation, il peut appliquer deux méthodes :
la *méthode subjective* ou la *méthode objective :*

« Mettre ses idées personnelles dans l'étude des textes, — ou
des documents quels qu'ils soient, — dit Fustel de Coulanges,
c'est la méthode subjective ; on croit regarder un objet et c'est
sa propre idée que l'on regarde ; on croit observer un fait, et ce
fait prend tout de suite la couleur et le sens que l'esprit veut
qu'il ait ; on croit lire un texte, et les phrases de ce texte pren-
nent une signification particulière suivant l'opinion antérieure
qu'on s'en était faite.

« Plusieurs pensent qu'il est utile et bon pour l'historien
d'avoir des préférences, des idées maîtresses, des conceptions
supérieures. Cela, dit-on, donne à son œuvre plus de vie et de
charme. C'est le sel qui corrige l'insipidité des faits. Penser
ainsi, c'est se tromper beaucoup sur la nature de l'histoire. Elle
n'est pas un art, elle est une science pure. Elle ne consiste pas
à raconter avec agrément ou à disserter avec profondeur ; elle
consiste, comme toute science, à constater des faits, à les analyser, à les rapprocher, à en marquer le lien.

« Il se peut, sans doute, qu'une certaine philosophie se dégage de cette histoire scientifique, mais il faut qu'elle s'en
dégage naturellement, d'elle-même, presque en dehors de la
volonté de l'historien. Il n'a, lui, d'autre ambition que de bien
voir les faits et de les comprendre avec exactitude. Ce n'est pas
dans son imagination ou dans sa logique qu'il les cherche. Il
les cherche et les obtient par l'observation minutieuse des
textes, comme le chimiste trouve les siens dans ses expériences

minutieusement conduites. Son unique habileté consiste à tirer des documents tout ce qu'ils contiennent et à n'y rien ajouter de ce qu'ils ne contiennent pas. Le meilleur des historiens est celui qui se tient le plus près des textes, qui les interprète avec le plus de justesse et ne pense que d'après eux... [1]. »

8. De la certitude et de la probabilité en histoire. — Lorsque l'histoire est entourée de toutes les garanties que peut fournir une critique judicieuse, mérite-t-elle une confiance entière ? Si l'on songe à toutes les difficultés que présentent le contrôle et l'interprétation des témoignages, on conçoit aisément la nécessité de n'affirmer qu'avec prudence. Quelques écrivains ont même soutenu que l'histoire était impuissante à nous donner la certitude. J.-J. Rousseau la définissait : « l'art de choisir, entre plusieurs choses fausses, celle qui ressemble le plus à la vérité ». « Un géomètre anglais, J. Craig, persuadé que, par la nature même des faits de l'ordre politique et moral, leur crédibilité s'affaiblit à mesure qu'ils se transmettent d'une génération à l'autre, a cru trouver que certains événements qui remontent au commencement de notre ère vulgaire, cesseront tout à fait d'être croyables l'an de cette même ère 3153 [2] » et Peterson, qui est moins confiant encore, en 1789. Laplace, tout en reconnaissant ce qu'il y a d'étrange dans l'hypothèse de Craig, accorde cependant que les chances d'erreurs vont augmentant de génération en génération, et qu'il est possible de soumettre l'autorité des témoignages au calcul des probabilités.

Ce scepticisme historique est aussi insoutenable qu'un dogmatisme exagéré. En effet, il est certains événements dont il est absolument impossible de douter, sans faire violence à la raison. « Que de grands empires aient fleuri en Orient ; que les arts et la civilisation de la Grèce aient été portés à un très haut degré de perfection ; qu'Alexandre ait fait de grandes conquêtes en Asie : que les Romains aient soumis, presque en entier, le monde connu de leur temps ; que Carthage ait été la rivale de Rome ; que la féodalité ait été la forme sociale du moyen âge, voilà des vérités que nul ne conteste et dont nous sommes aussi

---

(1) Fustel de Coulanges, *Institutions politiques de l'ancienne France, La monarchie franque.*

(2) Daunou, *Ouvrage cité,* I, p. 19.

certains que de l'existence de Paris ou de Londres [1]. » — Lorsqu'il s'agit de traditions purement orales, la vérité s'altère évidemment en passant de bouche en bouche, mais lorsque la tradition a été fixée soit par un monument, soit par un écrit, le temps ne saurait plus en altérer l'exactitude ou en augmenter la fausseté; bien plus, grâce aux documents nombreux qu'il met à la disposition de l'historien, il lui permet d'apprécier plus exactement les faits qu'on ne pouvait les apprécier autrefois. Nous connaissons mieux aujourd'hui l'histoire de l'Egypte, celles de la Grèce et de Rome qu'on ne les connaissait il y a deux siècles. — Ce qui ressort simplement des objections élevées contre l'histoire, c'est qu'il faut distinguer avec soin la connaissance des faits et la connaissance de leurs causes et de leur conséquences; l'une étant, dans bien des cas, absolument certaine, l'autre, n'étant d'ordinaire que probable; c'est, en outre, que la certitude historique ne ressemble ni à la certitude que nous donnent les sciences de la nature, ni à celle que nous donnent les sciences mathématiques, mais pour être d'autre sorte, elle n'en est pas moins légitime.

OUVRAGES A CONSULTER

Ribot, *La psychologie anglaise contemporaine. La psychologie allemande contemporaine.* — Paulhan, *Physiologie de l'esprit.* — Jouffroy, *Cours de droit naturel.* — St. Mill, *Système de logique.* II. — Caro, *Problèmes de moral sociale.* — H. Spencer, *Introduction à la science sociale.* — Aug. Comte, *Ouvrage cité,* XLVIII° leçon. — Ollé-Laprune, *La certitude morale.* — Bacon, *De augmentis sc.,* liv. II, chap. v. — Fénelon, *Lettre à l'Académie.* — De Prades, *De la certitude historique.* — Daunou, *Cours d'études historiques,* t. I°.

(1) Balmès, *Art d'arriver au vrai,* chap. xi.

CHAPITRE VI

DES HYPOTHÈSES SCIENTIFIQUES

Chaque science, comme nous l'avons remarqué déjà, ne nous révèle qu'un petit nombre de lois et ne nous fait connaître qu'un des aspects de l'Univers; or, une tendance irrésistible pousse l'esprit humain à rechercher une explication générale des choses. Il ne lui suffit pas de savoir quelles raisons prochaines rendent compte de la succession ou de la coexistence des phénomènes qu'il a observés, il veut savoir à quelle loi générale se rattachent toutes les lois particulières, comment s'harmonisent entre eux tous les faits qu'elles régissent. On a souvent comparé la nature à un grand livre dont les sciences chaque jour déchiffrent quelques feuillets, mais dont elles ne nous font connaître ni le plan d'ensemble, ni l'unité; c'est pour combler cette lacune qu'ont été proposées les grandes hypothèses scientifiques. De là les cosmogonies des premiers philosophes : Thalès, Anaximandre, Héraclite, Empédocle, Démocrite, qui s'efforcent d'expliquer l'Univers, soit à l'aide d'un seul élément, l'eau, l'air ou le feu; soit à l'aide de plusieurs éléments réunis; — de là les théories des savants contemporains sur la formation de la terre, l'unité des forces physiques, l'origine de la vie, la variabilité de l'espèce; — de là, enfin, la théorie plus générale de l'évolution, qui enveloppe toutes les autres et nous offre comme une vaste synthèse des résultats obtenus par les sciences particulières.

Entre les hypothèses des anciens et les hypothèses des modernes il existe cependant des différences profondes. Les premières, fruit de l'imagination, ne sont pour la plupart que des conceptions ingénieuses, dont ni le calcul ni l'expérience ne nous fournissent la vérification. Les secondes, au contraire, sont la mise en œuvre et, en quelque sorte, la coordination de tous les résultats certains auxquels ont été conduits les savants. D'une part, ce sont des poèmes, parfois admirables, dont la beauté fait la principale valeur; de l'autre, ce sont des généralisations motivées qui tirent toute leur force des preuves accumulées sur lesquelles elles s'appuient.

I

HYPOTHÈSE SUR L'ORIGINE DE NOTRE SYSTÈME SOLAIRE

1. Des premières hypothèses cosmologiques. — 2. Hypothèse de Kant et de Laplace. — 3. Objection théologique.

Au premier rang des hypothèses suggérées par les découvertes de la science, il faut citer celle de Kant et de Laplace sur l'origine de notre système solaire.

1. Des premières hypothèses cosmologiques. — Pour bien comprendre l'importance de cette hypothèse, il suffit de l'opposer à celles qu'elle a remplacées. On connaît les raisons longtemps invoquées pour expliquer, par exemple, la forme de la terre et sa place dans l'univers. La terre est ronde, disait-on, car la forme sphérique est la plus parfaite; elle occupe le centre du monde, car elle est habitée par l'homme et l'homme « est le roi de la création ». Quant aux marées, évidemment elles ont été données à la mer pour permettre aux vaisseaux d'entrer plus aisément dans les ports et pour empêcher que l'eau de l'Océan ne se corrompe ! Des considérations religieuses et téléologiques intervenaient à chaque instant pour résoudre les difficultés embarrassantes et masquer l'ignorance. — Bien avant Kant et Laplace, les savants avaient critiqué ce recours aux causes finales, et chacune de leurs découvertes tendait à en prouver l'inutilité. Aussi le but qu'ils poursuivent est-il d'expliquer par des causes purement mécaniques les mouvements des astres, la forme de la terre, tous les phénomènes cosmiques, en un mot. Ce but, Descartes l'indique avec une très grande netteté : « Toute ma physique, dit-il, n'est autre chose que géométrie et mécanique. — Je ne reçois point de principe en physique qui ne soit aussi reçu en géométrie. » « Quoiqu'en matière de morale, ajoute-il, où il est souvent permis d'user de conjectures, ce soit quelquefois une chose pieuse de considérer quelle fin nous pouvons conjecturer que Dieu s'est proposée au gouvernement de l'univers, certainement, en physique, où toutes choses doivent être appuyées de solides raisons, ce serait inepte. » Le mot célèbre de Newton : *Physique, préserve-toi de la métaphysique !* témoigne également du souci qu'il avait d'écarter le plus possible, dans ses recherches, — ce qu'il ne fit pas toujours, — toute considération relative à la cause première et aux causes finales.

La première théorie vraiment générale issue de cette méthode, est celle de la gravitation universelle, qui se résume en cette formule : *Tous les corps s'attirent en raison directe du produit des masses et en raison inverse du carré de la distance.* Newton, qui synthétise dans ce grand principe toutes les découvertes de ses devanciers [1], ne croyait pas cependant qu'on pût expliquer avec lui tous les mouvements des corps célestes, sans recourir à l'intervention divine. Et d'abord, sans cette intervention, la force primitive de projection lui paraissait inconcevable ; en second lieu, les actions multiples et enchevêtrées des planètes les unes sur les autres, d'où résultent des perturbations nombreuses, auraient dû détruire, à la longue, l'équilibre du système solaire. — En raisonnant ainsi, Newton en revenait

---

(1) Laplace montre nettement quels liens rattachent Newton aux savants qui l'ont précédé. « Descartes, dit-il, avait changé la face des sciences mathématiques par l'application féconde de l'algèbre à la théorie des courbes et des fonctions variables. Fermat avait posé les fondements de l'analyse infinitésimale par ses belles méthodes des maxima et des tangentes. Wallis, Wren et Huyghens venaient de trouver les lois de la communication du mouvement. Les découvertes de Galilée sur la chute des graves et celles de Huyghens sur les développées et sur la force centrifuge conduisaient à la théorie du mouvement dans les courbes. Képler avait déterminé celles que décrivent les planètes, et il avait entrevu la gravitation universelle. Hooke avait très bien vu que les mouvements planétaires sont le résultat d'une force primitive de projection, combinée avec la force attractive du soleil. Enfin, Picard avait mesuré exactement les dimensions de la terre. La mécanique céleste n'attendait ainsi, pour éclore, qu'un homme de génie qui, rapprochant et généralisant ces découvertes, sût en tirer la loi de la pesanteur. C'est ce que Newton exécuta dans son livre des *Principes mathématiques de la philosophie naturelle.* » Laplace, *Exposition du système du monde*, t. VI, p. 426. Voy. également F. Papillon, *Histoire de la philosophie moderne*, t. I⁰ʳ.

donc à la métaphysique et aux causes finales qu'il avait repoussées ; c'est pourquoi son hypothèse demandait à être reprise et complétée : ce fut l'œuvre de Kant et de Laplace.

2. Hypothèse de Kant et de Laplace. — Écartant toute intervention divine, Kant et Laplace se proposent d'expliquer, au moyen de lois purement mécaniques, comment se sont formés les corps célestes. Leur but est moins de nous faire connaître ce que le monde est actuellement que la manière dont il est devenu ce qu'il est. — Pour comprendre, dans leurs traits généraux, les explications qu'ils nous donnent, — explications qui, d'ailleurs, présentent des différences importantes, — représentons-nous, à l'origine, la matière cosmique à l'état gazeux, partant dans un état de dispersion aussi complet que possible et formant un véritable chaos. Quelles modifications cette matière cosmique subira-t-elle si, « animée d'un mouvement gyratoire, elle est soumise à la loi de l'attraction universelle démontrée par Newton ? En s'exerçant sur le chaos gazeux, la gravitation et le refroidissement concentrent progressivement la masse vers la région où convergent les résultantes des forces attractives agissant sur chaque molécule : sous l'influence de la force centrifuge, effet de la rotation, le système prend la forme d'une nébuleuse sphéroïdale renflée à l'équateur. La vitesse de rotation et par suite l'aplatissement augmentent nécessairement à mesure que le volume décroît ; en conséquence, une partie de la matière se détache à l'équateur sous la forme d'un anneau, qui continue à se mouvoir autour du globe central et dans le même sens que lui. Mais comme les éléments de cet anneau ne sont pas doués exactement d'une égale vitesse, celui-ci augmente peu à peu d'épaisseur en un de ses points, et finit par se ramasser en un globe qui continue sa révolution autour de la nébuleuse, en même temps qu'il tourne sur lui-même dans le sens de la rotation primitive : c'est une planète. Au bout d'un certain temps, un nouvel anneau se détache de la masse principale, et ainsi de suite. Le résidu central de la nébuleuse est le soleil. Quant aux satellites qui tournent autour des planètes, on les expliquerait de la même manière. — Le mérite de cette hypothèse est d'expliquer comment tous les mouvements du soleil, des planètes et des satellites, tant pour la révolution que pour la rotation, se font dans le même sens, et dans des plans peu inclinés les uns sur les autres, du moins si l'on excepte les satellites de Neptune et d'Uranus; elle rend compte également de la faible excentricité des orbites[1]. »

Le physicien belge, Plateau, a vérifié cette hypothèse par une expérience des plus ingénieuses. On met dans un verre de l'eau et de l'alcool dans des proportions telles que le mélange ait exactement la densité de l'huile ; puis on introduit une goutte d'huile au centre de ce mélange. Cette gouttelette étant ensuite traversée par une aiguille, on lui imprime un mouvement régulier de rotation ; on la voit alors peu à peu s'aplatir aux pôles, se renfler à l'équateur et bientôt, si l'expérience est habilement conduite, il se détache une sorte d'anneau qui se brise en petites sphères dont chacune commence à tourner autour de la masse centrale, décrivant des courbes pareilles à celles que décrivent les planètes autour du soleil.

3. Objection théologique. — L'hypothèse de Kant et de Laplace devait nécessairement soulever des objections. Chercher à expliquer la formation du monde par des causes purement naturelles et sans recourir aux causes finales, n'est-ce pas bannir Dieu de l'Univers? — A cette objection, Kant et Laplace ont fait même réponse. Supposer comme Newton, dit Kant, que Dieu intervient sans cesse pour rectifier en quelque sorte les mouvements des astres, n'est-ce pas se faire une étrange idée de sa puissance? Il est plus digne de lui de supposer qu'il a créé une œuvre capable de durer par elle-même. Suivant Newton, l'arrangement des astres ne peut être que l'ouvrage d'un être intelligent et tout-puissant. « Sans doute, répond Laplace, mais cet arrangement ne peut-il pas être lui-même un effet des lois du mouvement, et la suprême Intelligence que Newton fait intervenir ne peut-elle pas l'avoir fait dépendre d'un phénomène plus général? » — Kant et Laplace, par leurs hypothèses, ne suppriment donc pas Dieu, comme parfois on les en accuse. Seulement, suivant l'expression d'un naturaliste contemporain, « ils le voient plus loin et surtout plus haut[2] ».

(1) Voy. Porchon, *Cours de cosmographie.* — Sur les différences qui existent entre l'hypothèse de Kant et celle de Laplace, voy. Renouvier, *Les Principes de la nature*, t. I, p. 251 et suiv.

(2) Quelle que soit la valeur des explications proposées par Kant et par Laplace, n'oublions pas qu'elles ne sont encore que des hypothèses probables et des hypothèses données comme telles par leurs auteurs eux-mêmes.

II

HYPOTHÈSE DE L'UNITÉ DES FORCES PHYSIQUES

1. Des qualités occultes. — 2. Les qualités des corps se réduisent au mouvement. — 3. De la corrélation des forces naturelles. — 4. De l'unité de substance.

L'étude des corps qui nous entourent et de leurs propriétés multiples a conduit à l'hypothèse de l'unité des forces physiques, non moins importante, au point de vue philosophique, que l'hypothèse de la nébuleuse primitive.

1. Des qualités occultes. — Dans l'ancienne physique, outre les qualités *sensibles* et *manifestes*, telles que la chaleur, le son, la lumière, dont les sens nous révèlent l'existence, on admettait dans les corps une foule de qualités ou de forces *occultes* pour en expliquer les effets : telles étaient l'horreur qu'a la nature pour le vide, la puissance attractive de l'ambre et de l'aimant, l'influence bienfaisante ou néfaste des astres, la vertu dormitive de l'opium. A tout effet nouveau, on imaginait une qualité ou une propriété nouvelle, créant ainsi, à côté du monde des phénomènes, tout un monde de forces métaphysiques, inaccessibles, distinctes et irréductibles. — C'est contre ce mode d'explication et cette conception antiscientifique que se sont élevés tous les savants depuis Descartes. On se rappelle la déclaration précise de ce philosophe : « Toute ma physique n'est que mécanique et géométrie. » Il n'hésite même pas à affirmer que toutes les propriétés des corps, la chaleur, la lumière, etc., se ramènent, en définitive, à l'étendue et au mouvement. — Newton continue l'œuvre commencée par Descartes. « Les qualités occultes, dit-il, arrêtent le progrès de la philosophie naturelle, et c'est pour cela qu'elles ont été rejetées dans ces derniers temps. Nous dire que chaque espèce de choses est douée d'une qualité occulte spécifique par laquelle elle agit et produit des effets sensibles, c'est ne nous rien dire du tout. » — Les découvertes de la science contemporaine semblent donner de plus en plus raison à Descartes et à Newton.

2. Les qualités des corps se réduisent au mouvement. — Et d'abord, on a constaté qu'une même cause extérieure peut faire naître en nous des sensations tout à fait différentes. C'est ainsi qu'un courant électrique, suivant qu'il agit sur les nerfs de tel ou tel de nos sens, provoque des sensations de lumière, de son, de choc, de saveur. — Inversement, des causes différentes peuvent produire la même sensation. C'est ainsi qu'un coup violent sur l'œil, la section du nerf optique, la flamme du foyer, occasionnent une même sensation de lumière. Il semble donc que nous soyons autorisés à conclure que la chaleur, le son, la lumière ne sont que des apparences, non des propriétés réelles des corps. « C'est nous, disait Newton, qui parons la nature de ses plus belles couleurs [1]. » Ce jugement ne doit pas être pris simplement au sens figuré : pour des êtres autrement constitués que nous, la nature paraîtrait évidemment douée de qualités toutes différentes.

En second lieu, les travaux célèbres de Huyghens, de Fresnel, d'Arago et de Foucault, sur la lumière ; ceux de Melloni, sur la chaleur, ont prouvé que ces qualités ne sauraient provenir d'une matière subtile transmise par les corps jusqu'à nos organes, mais qu'elles sont dues à un mouvement ondulatoire qui se propage à travers un milieu doué d'élasticité. Les recherches analogues qui ont été faites sur le son, sur l'électricité, sur le magnétisme permettent encore de supposer que les qualités des corps ne sont que « des manifestations variables de l'énergie mécanique répandue dans le monde ».

3. De la corrélation des forces naturelles. — Ajoutons que cette hypothèse paraît confirmée par la *corrélation des forces naturelles* et leurs métamorphoses incessantes. On a démontré, en effet, que dans la nature rien ne se perd ni ne se crée. Le mouvement qui disparaît se transforme en chaleur ; la chaleur qui disparaît se transforme en mouvement. Bien

(1) « On parle, dit Tyndall, en décrivant ce qu'était le monde, avant l'apparition des animaux, d'une terre couverte de forêts verdoyantes, baignée de lumière, puis brusquement secouée par des éruptions volcaniques, par des explosions d'un effet grandiose; on nous représente l'atmosphère chargée d'épaisses vapeurs, théâtre d'orages sans pareils. S'il n'y avait vraiment alors ni un œil pour voir, ni une oreille pour entendre, toute cette description est vaine et imaginaire; il n'y avait ni lumière, ni couleur, le monde n'était que ténèbres et ce fracas d'orages que silence. Quand nous en parlons, c'est que nous nous y transportons avec notre imagination et nos sens. Apparemment quelque chose avait lieu au dehors, nous ne le nions pas; et la science nous apprend qu'en effet, quelque chose d'extérieur fait impression sur nos sens et donne lieu aux perceptions. Mais ce qui est certain, c'est que ce quelque chose ne ressemble pas à la perception intérieure que nous en avons. »

plus, le rapport qui existe entre le travail dépensé et la chaleur produite, ou, inversement, entre le travail produit et la chaleur dépensée, reste toujours constant. C'est ce rapport, exprimé numériquement, qui représente l'équivalent mécanique de la chaleur. La même loi, bien que la démonstration n'en ait pas été faite aussi rigoureusement, doit s'appliquer aux métamorphoses de la lumière, en chaleur et en électricité, ou, inversement, de l'électricité en chaleur et en lumière.

Enfin, des analyses et des pesées minutieuses, faites en chimie, ont prouvé que, dans la décomposition d'un corps, pas un atome ne se perd, et que le poids des éléments séparés reste toujours égal au poids total du composé dont ils faisaient partie.

4. De l'unité de substance. — De ces expériences il semble donc résulter que, malgré les changements qui se produisent autour de nous, la quantité de force vive est constante dans l'univers; quelques savants en concluent en outre *l'unité de la substance*. Si les corps diffèrent entre eux et ont des propriétés diverses, ces différences tiendraient, non à la nature de leurs éléments constitutifs, mais uniquement à la manière dont ils sont agrégés [1].

III

HYPOTHÈSES SUR L'ORIGINE DES ESPÈCES

1. Hypothèses géologiques de Cuvier : conséquences qu'il en tire. — 2. Objections que soulèvent ces hypothèses. — 3. Arguments invoqués par les transformistes. — 4. Des causes qui produisent la sélection naturelle : *a*. L'influence des milieux. — *b*. La concurrence vitale. — *c*. La corrélation de croissance. — *d*. L'hérédité. — 5. Conclusion de Darwin.

L'origine des différentes espèces d'animaux n'a pas moins préoccupé les savants que l'origine du système solaire. Or, ici encore nous trouvons en présence deux théories opposées : l'une, qui nous représente les espèces comme des créations spéciales d'une puissance surnaturelle; l'autre, qui nous représente tous les organismes actuels comme dérivés, par une série de lentes transformations, de quelques formes ancestrales com-

(1) La valeur scientifique d'une telle conclusion est assurément fort contestable ; il est à remarquer d'ailleurs que plus l'objet dont on s'occupe est complexe, plus les hypothèses qui en expliquent les lois sont incertaines.

munes, excessivement simples. D'un côté, le plan de l'organisation est considéré comme immuable dans l'espèce; de l'autre, il est considéré comme variable et assez souple pour se plier et s'accommoder aux influences des milieux dans lesquels il se trouve. La première de ces théories compte parmi ses défenseurs les plus illustres, Cuvier; la seconde, Lamarck, Darwin, Haeckel et un grand nombre de savants contemporains.

1. Hypothèses géologiques de Cuvier : conséquences qu'il en tire. — L'hypothèse de Cuvier sur l'origine des espèces est intimement unie à ses hypothèses géologiques. Pour expliquer la configuration irrégulière du globe terrestre, les déchirures profondes que présentent les montagnes, les failles et les discordances que l'on remarque dans les terrains stratifiés, il ne semblait pas à Cuvier que les forces actuelles fussent suffisantes, aussi admet-il que d'effroyables cataclysmes ont dû bouleverser, dans le passé, la surface de notre planète, en lui donnant la forme qu'elle conserve encore de nos jours. Bien plus, cherchant à déterminer la durée des périodes géologiques, il en arrive à penser que la période actuelle ne saurait avoir plus de six mille ans. — Or, voici les conclusions que Cuvier tire de ces hypothèses. Si la période actuelle n'a que six mille ans, comme les découvertes faites dans les nécropoles d'Égypte permettent d'établir que des animaux morts depuis plusieurs milliers d'années ne diffèrent en rien des animaux qui vivent encore aujourd'hui, il est logique de supposer que l'espèce est restée immuable depuis sa création. « On n'a aucune preuve, dit Cuvier, que toutes les différences qui distinguent aujourd'hui les êtres organisés soient de nature à avoir pu être ainsi produites par les circonstances. Tout ce qu'on a avancé sur ce sujet est hypothétique. L'expérience paraît montrer, au contraire, que, dans *l'état actuel du globe*, les variétés sont renfermées dans des limites assez étroites, et, aussi loin que nous pouvons remonter dans l'antiquité, nous voyons que ces limites étaient les mêmes qu'aujourd'hui... *On est donc obligé* d'admettre certaines formes qui se sont perpétuées depuis l'*origine des choses*, sans excéder ces limites, et tous les êtres appartenant à l'une de ces formes constituent une *espèce*. Les variétés sont des divisions accidentelles de l'espèce. » — En second lieu, comme les cataclysmes ont amené la destruction de certaines espèces d'animaux, dont les fossiles se retrouvent dans les différentes couches de terrains; comme, en outre, à ces espèces, d'autres espèces ont succédé qui n'en sauraient provenir, il faut admettre, pour rendre compte de leur apparition, que chaque groupe zoologique a été l'objet d'une création spéciale.

2. Objections que soulèvent ces hypothèses. — Cette théorie est combattue par les défenseurs du transformisme qui rejettent, d'abord, comme inadmissibles, les conceptions géologiques de Cuvier. Inutile, disent-ils, de recourir à l'intervention de cataclysmes subits pour expliquer la configuration du sol; les forces naturelles et le temps suffisent à cette tâche; mais, en admettant que ces cataclysmes aient existé, il est tout à fait arbitraire de fixer à six mille ans l'âge de la période actuelle. Si lente est la transformation des choses, si imparfaits sont nos moyens d'en mesurer la durée que toute affirmation précise sur ce point est impossible. Ce qui semble probable, cependant, c'est qu'en parlant des différentes périodes établies par les géologues, ce n'est point par milliers, mais par millions d'années qu'il faut compter. Or, s'il en est ainsi, l'argument principal invoqué par Cuvier en faveur de l'immutabilité de l'espèce, perd assurément beaucoup de sa valeur.

De plus, on a cru pendant longtemps qu'à des périodes différentes correspondaient toujours des espèces différentes; nous savons aujourd'hui que certaines espèces se rencontrent dans plusieurs terrains successifs; que certaines autres, au contraire, se sont éteintes bien avant la fin de la période à laquelle elles appartiennent.

Si les différences qui séparent les espèces frappaient surtout les esprits autrefois, il en est autrement depuis que la paléontologie nous a fait connaître des fossiles en nombre incalculable : des intermédiaires ont été trouvés qu'on ne soupçonnait pas; des lacunes ont été comblées et la continuité des espèces est apparue plus frappante qu'on ne le supposait [1].

Enfin, on s'appuie encore pour défendre la thèse de Cuvier, sur l'infécondité des hybrides dus au croisement de deux espèces voisines, mais pouvons-nous accorder à cet argument une va-

---

(1) Parmi les animaux retrouvés citons entre autres, l'*archéoptérix* qui possède encore, comme les reptiles, une longue queue, formée de vingt vertèbres; l'*hipparion*, ancêtre probable du cheval, et dont les doigts ne sont pas réunis en un sabot unique.

leur absolue quand nous voyons les descendants d'une même espèce rester inféconds, tandis que les descendants d'espèces différentes sont parfois capables de se reproduire [1] ? Nos groupements des êtres en genres et en espèces n'ont donc qu'une fixité relative ; les modifications qui se produisent brisent à chaque instant les mailles de nos classifications et montrent l'impuissance de l'homme à enfermer dans des limites immuables les manifestations de la vie.

3. Arguments invoqués par les transformistes : De la sélection artificielle et de la sélection naturelle. — D'ailleurs, pour bien comprendre quelles transformations peuvent subir les espèces, il suffit de constater les résultats obtenus par la *sélection artificielle*, telle qu'on la pratique depuis des siècles dans l'élevage des animaux et la culture des plantes. Grâce aux soins que l'homme leur prodigue et aux croisements qu'il sait provoquer, des variétés innombrables ont été créées, dont les caractères diffèrent de plus en plus de ceux qui étaient propres à la race primitive : de là nos lourds chevaux de trait et nos rapides chevaux de courses ; de là, toutes ces variétés de pensées, de rosiers, d'arbres à fruits qui se trouvent aujourd'hui dans nos jardins et nos serres ; de là, les expériences bien connues et si instructives de Daubenton sur des brebis et des moutons de races différentes, et de Darwin sur les pigeons. — La marche à suivre pour atteindre ces résultats est des plus simples. Lorsqu'on a constaté chez plusieurs individus de la même espèce, la présence d'une qualité importante, on choisit, parmi ces individus, les reproducteurs avec soin, et comme ceux-ci transmettent à leurs descendants les caractères que l'on désirait conserver, il se crée peu à peu une nouvelle variété de la race primitive, voire même une race nouvelle.

Or, ce que l'homme fait consciemment, la nature le fait d'une manière inconsciente. Il s'effectue sans cesse, parmi les êtres vivants, ce que Darwin appelle justement une *sélection naturelle*. Quant aux causes qui produisent cette sélection et expliquent la mutabilité des espèces, elles peuvent se ramener aux suivantes : l'influence des milieux, la concurrence vitale, la corrélation de croissance et l'hérédité.

---

(1) Tels sont les léporides, issus du lièvre et du lapin ; quelques descendants du lion et du tigre, etc...

4. Des causes qui produisent la sélection naturelle. — *a). L'influence des milieux* est la cause la plus apparente. Plantes et animaux se modifient en changeant de pays et de climats : nous savons, par exemple, combien les palmiers des pays chauds diffèrent, au moins par la grandeur, de tous ceux qu'à grands frais, nous conservons dans nos serres ; combien le tempérament de l'homme lui-même se transforme, suivant les contrées qu'il habite. De tous les êtres vivants, ceux-là seuls peuvent survivre dont l'organisation est assez souple pour se plier et *s'adapter aux milieux* qu'ils traversent.

b). La concurrence vitale. Mais les êtres vivants n'ont pas seulement à lutter contre le sol et le climat, ils ont aussi à lutter entre eux pour l'existence. Cette *concurrence vitale,* visible déjà chez les plantes qui semblent se disputer et les sucs de la terre et les rayons du soleil, est plus manifeste encore chez les animaux. Chacun d'eux met en œuvre tout ce qu'il possède d'intelligence, de ruse et d'énergie pour se procurer ce qu'il convoite. Les oiseaux de proie ne subsistent qu'en mettant à mort les oiseaux plus faibles, incapables de se défendre ; ceux-ci, en se nourrissant des insectes, moins bien armés pour la lutte ; les insectes, en dépouillant les branches des arbres. De telle sorte que, depuis la plante jusqu'à l'animal le plus parfait, tous les êtres vivants se font une guerre violente, acharnée, de tous les instants. — Et quels sont les vainqueurs dans ces batailles ? Les plus adroits, les plus forts ou les plus féconds [1] ; les autres fatalement succombent.

Ainsi s'explique pourquoi tant d'espèces ont déjà disparu, pourquoi plusieurs sont sur le point de disparaître [2]. Ne pouvant plus s'adapter aux milieux où elles vivent, ni résister aux ennemis qui les entourent, la lutte pour l'existence leur devient impossible.

c). La corrélation de croissance. Quant aux caractères qui assurent le triomphe des individus et des espèces, ils ne se développent jamais sans entraîner dans l'organisme entier des modifications plus ou moins profondes, qui contribuent en quelque sorte à les consolider et à les fixer. — En effet, toutes les par-

______

(1) Certaines races d'animaux n'ont échappé à la destruction que grâce à leur très grande fécondité.

(2) Tels sont l'éléphant, le lion et surtout l'aurochs qui n'existe plus aujourd'hui que dans deux provinces de Russie.

ties de l'être vivant sont unies entre elles par les liens d'une solidarité si étroite, que les changements importants survenus dans l'une influent nécessairement sur les autres : telle est la loi de *corrélation de croissance* bien mise en relief par Darwin.

d). L'hérédité. Enfin, l'*hérédité* fixe dans l'espèce les caractères que la corrélation de croissance a fixés dans l'individu, les caractères des reproducteurs étant par elle transmis à leurs descendants.

5. Du transformisme de Darwin. — La sélection naturelle, par des modifications continues, amène donc une *transformation* progressive des êtres, assurant la survivance des mieux organisés et des plus parfaits : ainsi s'expliqueraient les différences profondes que nous constatons aujourd'hui entre des espèces qui probablement ont la même origine [1]. C'est en s'appuyant sur ces considérations, que Darwin en arrive à penser « que tous les animaux descendent de quatre ou cinq formes primitives tout au plus, et toutes les plantes d'un nombre égal ou même moindre ». — Il va même plus loin, car il ajoute : « L'analogie me conduirait à faire un pas de plus, et je serais disposé à croire que tous les animaux et toutes les plantes descendent d'un prototype unique [2]. »

Ajoutons, pour bien faire comprendre la pensée de Darwin, que son hypothèse transformiste ne lui paraissait inconciable ni avec la dignité humaine, ni avec la perfection divine. « N'y a-t-il pas, disait-il, une véritable grandeur dans cette manière d'envisager la vie avec ses puissances diverses attribuées primitivement par le Créateur à un petit nombre de formes, ou même à une seule ? » — Il reconnaissait donc que le dernier mot du problème que nous venons d'étudier, ne saurait être prononcé par la science proprement dite : l'homme doit de nouveau faire appel à la métaphysique.

(1) L'hérédité que l'on considère parfois comme un obstacle au transformisme en est, au contraire, la condition indispensable. En effet, en transmettant les défauts, elle hâte la disparition des individus mal conformés pour la lutte, tandis qu'elle conserve les autres en transmettant leurs qualités et en les fixant jusqu'au jour où des qualités nouvelles, devenues prédominantes à leur tour, viendront les remplacer.

(2) Les transformistes ont cru trouver une confirmation de leur hypothèse dans les découvertes importantes de l'embryogénie qui nous montre l'embryon humain, par exemple, d'abord simple cellule, puis végétal, puis animal inférieur... traversant toutes les formes de la série organique avant d'atteindre, par évolution, son développement complet.

IV

HYPOTHÈSES SUR LA NATURE DE LA VIE

1. Problème à résoudre. — 2. Le matérialisme physiologique. Objections.
— 3. Le vitalisme. Objections. — 4. L'animisme. Objections. — 5. L'a-
nimisme polyzoïste.

1. Problème à résoudre. — Le transformisme, en faisant
descendre tous les êtres vivants de quelques formes primitives,
voire même d'un prototype unique, ne nous renseigne pas sur
l'origine et la nature de la vie. — Quelle est la distance qui sépare l'être animé de la matière brute ? N'y a-t-il entre eux
d'autre différence que celle qui existe entre un mouvement fort
simple et un système de mouvements très compliqués ? L'être
qui a vie, c'est-à-dire qui est doué de spontanéité, qui possède le
principe de son mouvement, qui grandit, se développe suivant
un type déterminé; qui peut, de lui-même, réparer les brèches
faites par la maladie et donner naissance à d'autres êtres de
même nature, cet être est-il produit par l'association spontanée
des éléments qui constituent l'organisme, ou bien cet organisme et la vie qui l'anime proviennent-ils d'un principe distinct
du corps, d'une raison et en même temps d'une action supérieures qui en expliquent la puissance, l'ordre et l'harmonie ?
Ce problème, l'un des plus ardus peut-être, ne pouvait être
laissé à l'écart par les savants, aussi a-t-il suscité de nombreuses
hypothèses dont les principales sont le matérialisme physiologique, le vitalisme et l'animisme.

2. Le matérialisme physiologique. — Suivant les
défenseurs de la première de ces hypothèses, la vie s'expliquerait par les propriétés générales de toute espèce de matière,
c'est-à-dire, en dernière analyse, par des mouvements. « La
formation d'un cristal, d'une plante, d'un animal, dit Tyndall,
est un simple problème de mécanique, qui diffère simplement
des problèmes de mécanique ordinaires par la petitesse des
masses et la complexité des mouvements. » — Et d'abord, s'il
est vrai que les propriétés des corps, la chaleur, la lumière, etc.,
se ramènent au mouvement, pourquoi n'en serait-il pas de
même de la vie ? — En second lieu, il est démontré que dans le
germe d'où sortent les êtres vivants, il n'existe aucun élément

qu'on ne retrouve dans la matière brute : pour que ce germe se développe, il suffit de le placer dans un milieu convenable où pourront s'accomplir les actions et les réactions chimiques indispensables à son évolution. Il n'y a donc pas plus de force vitale dans l'être vivant, qu'il n'y a de force minérale dans les corps bruts; c'est dans l'action réciproque des éléments les uns sur les autres qu'il faut uniquement chercher la cause des phénomènes vitaux, phénomènes organogéniques et organotrophiques.

Objections. — Dans cette hypothèse on admet que la matière, en s'organisant, peut d'elle-même donner naissance à la vie; or, rien n'est moins prouvé. Les expériences de M. Pasteur sur la génération spontanée tendent plutôt à justifier cet adage que « l'être vivant naît toujours d'un être vivant ». En outre, suivant la remarque de Cl. Bernard, « ce qui caractérise naturellement la force vitale, ce n'est point la formation du corps animal en tant que groupements d'éléments chimiques, mais ce qui est essentiellement du domaine de la vie et n'appartient ni à la physique ni à la chimie, c'est *l'idée directrice* de cette évolution vitale ». En effet, la vie et l'organisme présentent de l'unité : d'où vient alors l'harmonie des phénomènes vitaux, leur *consensus* final? Quoi qu'on fasse, l'idée d'un principe coordonnateur s'empare de l'esprit; c'est pourquoi nous sommes amenés à voir dans tous ces faits « des exertions d'une puissance quelconque de sentir, de percevoir, puis de viser à un but, de tendre à une fin, et dans les profondeurs de la plus obscure vitalité, comme une lueur émanée de quelque chose qui connait et qui veut [1] ».

3. Le vitalisme. — Ce principe coordonnateur, d'où résulte la vie, Barthez, Lordat et les vitalistes le considèrent comme étant à la fois distinct de l'âme et du corps. — A des effets différents, disent-ils, il faut des causes différentes; or, il se produit en nous des phénomènes physico-chimiques, des phénomènes vitaux, des phénomènes psychologiques; donc il faut, outre la matière et l'esprit, un principe intermédiaire pour que tous les faits soient expliqués. — En second lieu, les expériences de Flourens ont prouvé qu'on pouvait opérer, dans certains animaux, la séparation de l'intelligence et de la vie; le principe de la vie est donc distinct du principe de la pensée.

(1) Ravaisson, *La philosophie en France au XIXe siècle.*

Objections. — Il est à peine utile d'insister sur l'étrangeté de cette hypothèse. On se demande, en effet, ce que peut être cet intermédiaire qui n'est ni âme, ni corps; qui est inconscient, qui agit à côté de l'âme et que l'âme ne connait point? — De plus, comment se fait-il que nous ayons conscience d'agir directement sur notre organisme? Le principe vital doit donc être rangé au nombre des entités creuses dont la scolastique abusait mais que la science doit impitoyablement repousser.

4. L'animisme. — Suivant les animistes, l'âme serait le principe de la vie en même temps qu'elle est le principe de la pensée. Ils invoquent surtout, pour défendre leur hypothèse, la solidarité qui existe entre toutes les parties de l'être vivant et les rapports étroits qui unissent le physique et le moral, la vie organique et la vie mentale. Un tel accord peut-il s'expliquer sans un même principe ordonnateur?

Objections. — Cette hypothèse soulève encore de bien sérieuses objections. Et d'abord, si l'âme est véritablement le principe de la vie, il faut avouer qu'elle l'ignore, car nous n'avons aucunement conscience du travail qui assure et la formation et la conservation de nos organes. — En second lieu, si l'âme a le pouvoir qu'on lui accorde, comment se fait-il qu'elle laisse le corps se déformer, qu'elle ne le guérisse pas lorsqu'il est malade, qu'elle ne l'empêche point de mourir, elle qui a horreur de la mort? Comment expliquer certains phénomènes qui se produisent après la mort, comme la croissance des ongles et des cheveux? Comment rendre compte, enfin, de la segmentation des organismes et de la greffe animale? Les segments d'un polype d'eau douce, coupé transversalement, se développent isolément et forment chacun un polype complet : dira-t-on que l'âme s'est divisée ou qu'il s'est créé une âme nouvelle? — On sait qu'il est possible de greffer, sur un corps vivant, certains organes empruntés à un corps étranger : sur la crête d'un coq, par exemple, l'aile d'un canari; mais alors, comment l'âme peut-elle se méprendre au point de conserver la vie à un organe qui est contraire au type qu'elle doit réaliser? — L'hypothèse des animistes est donc peu scientifique.

5. L'animisme polyzoïste. — Quelques philosophes ont cru pouvoir échapper aux objections précédentes, en attribuant la vie à l'action commune de l'âme et du corps. Le corps est alors considéré par eux, non plus comme une matière inerte,

mais comme une colonie de forces simples, de monades, ayant
chacune leur énergie et leur vie propre; l'âme, comme un principe directeur, une monade plus élevée, qui ramène à l'unité
ces énergies diverses et les fait converger au même but. Ainsi
s'expliquerait l'accord qui existe entre la vie morale et la vie
physique; ainsi s'expliqueraient également tous les faits anor-
maux que nous avons signalés. C'est à cette hypothèse que nous
nous bornons à mentionner ici, qu'on a donné le nom fort
précis : d'*animisme polyzoïste*.

V

HYPOTHÈSE DE L'ÉVOLUTION

La théorie de l'évolution résume toutes les hypothèses précédentes et les dépasse en les complétant. Elle embrasse, en effet,
tous les phénomènes de l'ordre physique et biologique et tous
les phénomènes de la vie mentale qu'elle s'efforce de rattacher
à une même loi.

A la conception d'un monde immédiatement créé de toutes
pièces, l'évolutionnisme substitue celle d'un monde changeant
et mobile qui, par une suite ininterrompue de modifications, se
transforme sans cesse, devenant à la fois plus *complexe*, plus
multiple, plus *un* et aussi plus *parfait*. Ce monde obéit donc à
la loi du progrès, et c'est cette loi, bien des fois formulée par les
philosophes, depuis Aristote jusqu'à Leibniz et à Hegel, que
Spencer cherche à justifier, en s'appuyant sur les données de la
science.

Il en trouve une première vérification dans la théorie de
Laplace qui nous montre comment, à l'origine des choses, une
substance diffuse et relativement homogène, a pu donner naissance à notre système solaire, composé d'astres distincts dont
tous les mouvements sont solidaires. Mais ce n'est là qu'une
hypothèse; l'étude de notre globe lui fournit des arguments
plus probants.

« L'histoire de la terre, nous dit-il, telle que la révèle la
structure de sa croûte solide, nous ramène à cet état de fusion
qu'implique l'hypothèse nébulaire. » Or, de cet état primitif,
par suite d'une consolidation progressive, sont sortis les différentes couches de terrains, les mers et les continents, les climats

et tous les phénomènes dont la variété est inépuisable. Ici encore, il y a donc bien passage du simple au composé.

Un nouveau progrès est accompli dans cette voie, lorsque la vie apparait. Le protoplasma, ou matière commune à tous les êtres vivants, ne contient aucun élément qui primitivement ne se soit trouvé dans la matière brute, mais, en lui, la complexité est plus grande que dans les minéraux ; plus frappante aussi est l'unité. A mesure que le protoplasma se développe et que l'être vivant se dessine, on voit s'accroître en même temps l'hétérogénéité. Les expériences de l'embryogénie laissent peu de doute sur ce point. De plus, « la connaissance que nous avons du passé, bien que très imparfaite, nous autorise à penser que les animaux ont dû se succéder dans l'ordre suivant : poissons, reptiles, oiseaux, mammifères, partant que les derniers parus sont ceux dont la structure est le plus hétérogène ».

Quant aux causes qui ont amené la transformation des êtres animés, et assuré la survivance et le triomphe de certaines espèces, nous les avons indiquées déjà : ces causes sont l'influence des milieux, la concurrence vitale, la corrélation de croissance et l'hérédité, toutes causes qui ont produit la *sélection naturelle des meilleurs*.

« Si nous passons, ensuite, à l'humanité incarnée dans la société, nous trouvons des exemples plus nombreux encore de la loi d'évolution. Le changement de l'homogène à l'hétérogène se manifeste aussi bien dans le progrès de la civilisation considérée comme tout, que dans les progrès de chaque tribu ou nation. » A l'origine, la société est un ensemble à peu près homogène d'individus, en ce sens qu'ils ont mêmes pouvoirs, mêmes fonctions; mais, peu à peu, les fonctions deviennent distinctes, et les individus se hiérarchisent en établissant une organisation sociale. Cette organisation va se compliquant sans cesse, et nous savons jusqu'à quel point est poussée de nos jours la division du travail.

Les mêmes remarques s'appliquent aux produits directs de la pensée humaine, tels que le langage, la littérature et les arts. La multiplicité des idiomes, leur enrichissement progressif, le triomphe des uns et la défaite des autres, la complexité et en même temps l'unité de leur syntaxe, nous montrent quels changements a subis le langage. La littérature a donné naissance à une foule de genres différents, après s'être établie elle-même comme art indépendant : la prose s'est séparée de la poésie ; la poésie lyrique, de la poésie dramatique et ainsi de suite. Enfin, « la musique, à travers une complexité croissante résultant de l'introduction de notes de durées différentes, de la multiplication des clefs, des variétés de mesure, des modulations, etc., la musique d'aujourd'hui, comparée à celle d'autrefois, prouve combien est immense le progrès de l'hétérogénéité ».

Mais en même temps que ce progrès, il s'en accomplit un autre de l'indéfini au défini, qui lui est parallèle ; c'est-à-dire, comme nous le remarquions au début, que l'unité et l'harmonie s'accusent de plus en plus, à mesure que les choses deviennent plus hétérogènes.

Toute cette théorie, dont nous avons indiqué simplement les traits principaux se rattache au grand principe qui domine toute la philosophie de Spencer : le principe *de la persistance de la force* dont nous avons déjà montré le rôle dans la science[1].

Ce principe a pour corollaires les trois lois suivantes :

1° L'*instabilité de l'homogène*. « La condition de l'homogénéité est une condition d'équilibre instable. »

2° *La multiplication des effets*. Une force incidente, en tombant sur un composé hétérogène, produit des effets différents dans les parties qui le composent. « Ainsi, quand un corps en frappe un autre, outre le résultat mécanique, il peut se produire un son, des courants d'air, une fracture, une incandescence et des combinaisons chimiques. »

3° *La ségrégation*. Les forces incidentes, en produisant des effets et des mouvements différents, amènent le rapprochement des unités mues dans le même sens, la séparation de celles qui se meuvent différemment.

D'où cette définition de Spencer : « L'évolution est une intégration de matière accompagnée d'une dissipation de mouvement pendant laquelle la matière passe d'une homogénéité indéfinie, incohérente, à une hétérogénéité définie, cohérente et pendant laquelle le mouvement retenu subit une transformation parallèle[2]. »

---

(1) Voy. plus haut, *Hypothèse sur l'unité des forces physiques*.
(2) Voy. *Résumé de la philosophie de Herbert Spencer*, par H. Collins, trad. Varigny.

Nous verrons [1] comment, à l'aide de son hypothèse, Spencer cherche à expliquer toutes les idées morales et à justifier cette conclusion [2] : « l'évolution ne peut se terminer que par l'établissement de la plus grande perfection et du plus grand bonheur. »

OUVRAGES A CONSULTER

Kant, *Histoire naturelle du ciel.* — Laplace, *Exposition du système du monde.* — Cuvier, *Discours sur les révolutions du globe. Le règne animal,* Ier vol. — Lamarck, *Philosophie zoologique.* — Darwin, *L'origine des espèces.* — Haeckel, *Les preuves du transformisme.* — Hartmann, *Le darwinisme.* — H. Spencer, *Résumé de sa philosophie,* par F. Collins. — Dumas, *La philosophie chimique.* — Saigey, *La physique moderne.* — Tyndall, *La chaleur.* — A. Laugel, *Les problèmes de la nature* et *les problèmes de la vie.* — Cl. Bernard, *La vie.* — Renouvier, *Premier essai,* t. III, p. 162 et suiv. *Les bornes des sciences naturelles : Troisième essai,* étude sur St. Mill et H. Spencer. — Perrier, *La philosophie zoologique.* — Janet, *Le Darwinisme.* Revue des Deux-Mondes, 1er octobre 1863. — Papillon, *Histoire de la philosophie.*

(1) Voy. MORALE, *De la morale évolutionniste.*

(2) Nous ne saurions songer à faire ici un examen critique de la théorie de Spencer ; bornons-nous à indiquer quelques-unes des objections qu'on lui adresse ordinairement. — 1° Il n'explique pas le passage de l'homogène à l'hétérogène ; dire que notre système solaire dérive d'une nébuleuse primitive, c'est simplement reculer la difficulté. Quelle cause a imprimé le mouvement à cette nébuleuse ? Ne faut-il pas remonter à un premier moteur ? — 2° Est-il rationnel d'admettre avec Spencer qu'aucune idée directrice ne préside à l'évolution des choses ? — 3° Nous avons vu la difficulté d'expliquer l'apparition de la vie, dans l'hypothèse évolutionniste. Plus grande serait encore la difficulté, s'il fallait rendre compte de l'apparition de la pensée. — 4° Enfin, en étendant au monde moral le déterminisme du monde physique, Spencer supprime la liberté. — 5° Quant aux objections que soulève sa conception de la moralité, nous les examinerons plus longuement en étudiant le devoir.

DEUXIÈME PARTIE

ÉLÉMENTS DE PHILOSOPHIE MORALE

DE LA MORALE

1. Influence des idées morales. — 2. Définition de la morale. — 3. Ses divisions : morale théorique et morale pratique. — 4. Utilité de la morale.

1. Influence des idées morales. — S'il nous importe de connaître le vrai, il nous importe plus encore de pratiquer le bien; aussi, toutes les questions relatives à la conduite des hommes, au devoir et à l'honnête ne trouvent-elles pas d'indifférents : chacun s'y intéresse, chacun même les résoud spontanément et avec assurance. De là, les éloges et les blâmes que nous adressons chaque jour à nos semblables; de là, beaucoup de nos sympathies et de nos aversions. Ne voit-on pas souvent la foule, comme poussée par un instinct irrésistible, prendre la défense du faible contre le fort, venger la justice et le droit méconnus[1]? — Ces sentiments et ces jugements, qui jouent un rôle si considérable dans la vie ordinaire, interviennent d'une manière non moins évidente lorsque nous nous occupons d'art et de littérature, de politique intérieure ou extérieure, de législation, d'éducation. Combien d'œuvres d'art, malgré le talent qu'elles révèlent, sont par nous repoussées, parce qu'elles nous semblent contraires à la moralité? — « Lorsqu'il s'agit

---

(1) Dans les théâtres populaires, quand un personnage est sur le point de commettre quelque crime bien noir, on voit souvent les spectateurs prendre tout haut parti pour la victime et injurier le coupable. L'instinct moral ici l'emporte sur tout autre.

des relations des peuples, des questions de guerre et de paix, nous voulons y voir autre chose que de pures questions d'intérêt, nous faisons non seulement appel aux idées de droit et de justice, mais encore nous parlons volontiers de reconnaissance, de générosité, de protection des faibles et des opprimés. » — En politique, « les parties comprennent si bien de quel côté se dirigent les vives préoccupations des esprits, qu'ils se renvoient sans cesse le reproche d'immoralité, comme le seul qui puisse toucher les hommes de bon sens et de bonne foi[1]. » — Enfin, qui oserait soutenir que les questions de la peine de mort, du divorce, de la protection de l'enfance, ne sont pas des questions morales avant d'être des questions de législation pure? Or, ces questions, chacun les tranche à sa manière, serait-il, du reste, dans l'ignorance la plus profonde de notre code et des véritables intérêts de la société.

2. Définition de la morale. — Quelle est l'origine de ces sentiments et que valent les jugements qui les accompagnent? Tel est précisément le problème qu'agite la morale. Elle se demande si les idées de bien et de mal qui les inspirent, si les notions de droit et de justice, de vice et de vertu sont de simples préjugés ou l'expression d'une loi supérieure qui nous dirige; en un mot, si l'homme a une fin vers laquelle il doit tendre et quelle est cette fin. — Aussi la définit-on ordinairement la *Science du Bien et du Mal*, la *Science de la volonté*, la *Science des mœurs;* toutes définitions au fond identiques : la science du bien et de l'honnête n'étant que la connaissance même de la loi morale; la loi morale n'étant que la loi de la volonté; les mœurs n'étant que l'exercice habituel de la volonté conformément à cette loi.

3. Division de la morale. — Bien que la morale ait toujours même objet, on peut distinguer en elle deux parties différentes : l'une, qui analyse les conditions de la moralité, cherche à déterminer la fin de notre activité libre et à bien mettre en relief la loi qui nous oblige; l'autre, qui s'occupe surtout de nos devoirs particuliers, dans les circonstances où la vie nous a placés. Celle-là est purement *théorique* et *spéculative;* celle-ci est, en même temps, *pratique.* La première est essentiellement une science; la seconde est plutôt un art, l'art

(1) Beaussire, *Les principes de la morale,* 6 et 7.

de se bien conduire en agissant conformément au devoir. —
Il importe cependant de ne pas exagérer ces différences. La
morale pratique, comme nous venons de l'indiquer, reste toujours théorique à certains égards. Son but, en effet, ne saurait
être d'inventorier tous les cas de conscience qui peuvent s'offrir
à nous ; de nous en offrir, casuistique nouvelle, la solution
immédiate et de nous dispenser ainsi de réfléchir ; non, les
règles qu'elle formule restent encore des règles générales dont
les applications dans la vie sont innombrables.

4. Utilité de la morale. — L'importance de cette étude
ressort de toutes les remarques précédentes.

a). N'est-il pas évident, d'abord, que penser à son devoir,
c'est être déjà mieux disposé à l'accomplir. L'idée de toute
action est une force qui tend à se réaliser, et même un commencement de réalisation ; penser fortement au jeu, c'est jouer
déjà ; penser fortement à l'honnête, c'est commencer à le pratiquer.

b). Bien des causes telles que la passion, une éducation mauvaise peuvent obscurcir en nous la notion du devoir ; de plus,
même pour un esprit cultivé, il est souvent difficile de prendre
un parti, de discerner clairement le Bien du Mal, ce qu'il faut
faire de ce qu'il faut éviter ; il nous est donc indispensable, pour
éviter l'erreur et l'hésitation, d'avoir une connaissance aussi
exacte que possible de nos obligations, et une règle sûre capable
de nous guider.

c). En outre, en nous montrant l'idéal que nous devons réaliser
et en fixant un but précis à nos efforts, la morale donne à notre
conduite plus de suite et plus d'unité.

d). Enfin, l'histoire est là pour nous apprendre combien de
préjugés les moralistes ont détruits, combien il en reste encore à
détruire. Nous savons, par exemple, que chez les Romains l'autorité du père sur ses enfants était si grande qu'il pouvait refuser de les élever et même les vendre comme esclaves : ce droit,
grâce aux progrès des idées morales, lui a été enlevé ; les institutions barbares de l'esclavage et du servage ont également disparu. Mais que de préjugés encore touchant le duel, la peine
de mort, les droits des femmes, etc...? Sur tous ces points,
n'est-il pas utile d'avoir une opinion réfléchie ?

e). Ajoutons que les époques les plus tristes de l'histoire correspondent, comme on l'a souvent constaté, à celles où la

morale est ébranlée et son autorité méconnue. Un peuple ne saurait longtemps prospérer lorsqu'il oublie les principes de l'honnête et ne demande ses inspirations qu'à la passion ou à l'intérêt.

On objecte, il est vrai, que la science morale est loin d'avoir
l'importance que nous lui attribuons ici, car elle est impuissante à constituer la vertu. On connaît le mot célèbre de Pascal : « La vraie morale se moque de la morale. » L'homme de
bien n'est pas celui qui est le mieux instruit de ses devoirs,
car combien, même parmi les moralistes, font le mal ! mais
celui qui, avec simplicité, agit toujours conformément aux inspirations de sa conscience droite. — Nous répondrons que
l'ignorant sans doute est capable de vertu, ce qui est heureux,
comme le savant est capable de violer la loi des mœurs qu'il
connaît, puisqu'il est libre ; mais il n'en est pas moins incontestable que la science du bien est une garantie contre les passions,
qu'elle contribue à élever notre idéal moral, et qu'elle est,
comme l'atteste l'histoire, indispensable au progrès.

CHAPITRE PREMIER

CONDITIONS DE LA MORALITÉ

De tous les êtres qui nous entourent, l'homme seul paraît soumis au devoir. La pierre qui nous blesse, l'animal qui nous attaque ou nous défend, peuvent être jugés utiles ou nuisibles, ils ne sont jamais jugés honnêtes ou déshonnêtes, moralement bons ou mauvais. De même, nos jugements diffèrent suivant que nous apprécions la conduite d'un tout jeune enfant, celle d'un fou ou celle d'un homme raisonnable : deux conditions indispensables sont en effet requises pour qu'un être soit un agent moral. Il faut, d'abord, qu'il soit soumis à une loi et que cette loi il puisse la connaître et l'aimer ; il faut, en second lieu, qu'il puisse lui obéir ou lui désobéir à son gré. L'agent moral ne peut être qu'une personne intelligente, libre et responsable de ses actes. — Voyons si ces conditions se trouvent réunies dans l'homme, et si elles s'y trouvent toujours au même degré.

I

DE LA CONSCIENCE MORALE

1. Les faits de l'ordre moral. — 2. Analyse de la conscience morale : jugements qu'elle porte avant et après l'action, lorsque nous sommes directement en cause. Distinction du bien moral et du bien en soi. — 3. Des sentiments moraux. — 4. Jugements et sentiments inspirés par la conduite de nos semblables. — 5. De la conscience psychologique et de la conscience morale. — 6. Nature de la conscience morale. — 7. Son autorité.

1. Les faits de l'ordre moral. — Qu'il existe pour l'homme un idéal de conduite auquel il doit se conformer, c'est là ce que prouvent les faits nombreux dont la conscience morale nous révèle l'existence.

2. Analyse de la conscience morale. — *a).* Si nous examinons ce qui se passe en nous, lorsque nous sommes sur le point de prendre une importante détermination, nous remarquons que deux partis nous sont toujours offerts, entre lesquels il faut choisir, et que des motifs différents militent en faveur de chacun d'eux. Or, parmi ces motifs, il en est que la conscience morale, d'une manière absolue, déclare *bons* et honnêtes, d'autres qu'elle déclare déshonnêtes et *mauvais*. En outre, telle est l'autorité de ce jugement, que ni les subtilités de la passion, ni les ressources de la dialectique, ni les sophismes de l'amour-propre ne sauraient l'infirmer. J'ai promis de rendre un dépôt qu'un ami m'a confié ; cet ami n'est plus et personne ne connaît ma promesse. Garder l'objet confié, c'est m'enrichir, tout en conservant ma réputation d'honnête homme. Dois-je le faire? Mille raisons peuvent m'y pousser, mais ma conscience morale rejettera toujours ces raisons comme mauvaises.

Ce n'est pas tout, la conscience après nous avoir montré ce qu'il est bien et ce qu'il est mal de faire, nous représente l'acte *bon*, comme *devant* être accompli; l'acte *mauvais*, comme *devant* être évité. Elle nous dicte en un mot notre *devoir*.

Enfin, elle fait plus encore, elle nous donne l'intime conviction que dans l'accomplissemnt du devoir, nous sommes respectables et sacrés; que nul ne peut légitimement nous détourner du bien, que nous avons le *droit* de faire tout ce qui est conçu comme *obligatoire*.

Trois idées dominent donc ici notre intelligence et éclairent nos jugements : celle d'un *idéal* à atteindre ou du *bien en soi ;* celle du *devoir* ou d'une *obligation morale* s'imposant à nous, et celle du *droit*.

b). Le rôle de la conscience morale, *après l'action*, n'est pas moins important. Si nous avons suivi ses conseils, elle juge que nous avons grandi en excellence et en dignité, que nous sommes devenus *meilleurs* et plus *parfaits;* si, au contraire, nous lui avons désobéi, elle juge que nous avons *mal* fait; que nous avons perdu de notre propre dignité, que nous nous sommes avilis. Plus loin encore s'étend son jugement, car elle nous dit, dans le premier cas, que nous avons acquis un certain *mérite* qui appelle une *récompense;* dans le second, que nous avons *démérité* et que nous devons être *punis*. Enfin elle nous juge *vertueux* si nous conformons *habituellement* notre conduite au devoir; elle nous juge *vicieux*, dans le cas contraire.

Il est aisé de voir que, dans ces jugements nouveaux, deux idées nouvelles sont impliquées : celle du *bien moral* et celle d'un *rapport nécessaire entre le bonheur et la vertu*.

c). Entre le *bien en soi* et le *bien moral* dont les notions nous sont également fournies par la conscience morale, il existe plusieurs différences qu'il importe de signaler. Le bien en soi est, comme nous l'avons vu, l'idéal à poursuivre, le but vers lequel nous tendons, l'acte à réaliser; le bien moral est l'acte réalisé pour atteindre le but ou l'idéal poursuivi. L'un est le fondement du devoir, l'autre est le résultat de notre obéissance au devoir; le premier nous est en quelque sorte supérieur, le second est une qualité qui nous appartient en propre. Celui-là désigne une perfection qui nous manque et qu'il est obligatoire d'acquérir : celui-ci est une perfection librement acquise et qui nous confère le mérite.

3. Des sentiments moraux. — Tous les jugements qui précèdent sont accompagnés de sentiments plus ou moins vifs qu'on appelle *sentiments moraux*.

Le premier de ces sentiments est un sentiment de *respect* pour le bien, qui s'impose à nous. Dans ce sentiment, l'un des plus complexes du cœur humain, entrent à la fois de l'admiration, de la crainte et de l'amour. — Nous admirons le bien, car il est l'idéal que la conscience propose comme fin à notre activité et dont elle nous fait comprendre la grandeur; — nous éprouvons une certaine contrainte en sa présence, car il nous fait sentir, par sa perfection même, notre infériorité ; — nous l'aimons, cependant, parce qu'il nous est accessible et parce qu'il nous ennoblit. Sans l'amour qu'il implique, le respect ne serait qu'un sentiment froid et stérile; grâce à l'amour, il devient vivant et fécond.

Après l'action, si notre conduite a été conforme au devoir, nous éprouvons non seulement un sentiment de *joie*, une *satisfaction* intime des plus douces, mais encore une certaine *fierté* noble et légitime. — Si, au contraire, nous avons mal agi, nous éprouvons un sentiment de *honte*, de *remords* ou de repentir. Avoir de la honte, c'est avoir conscience de sa propre déchéance, se sentir avili à ses propres yeux et aux yeux des autres;

— avoir du remords, c'est souffrir de la faute qu'on a commise, par cela seul que cette faute est une violation de la loi morale; — si maintenant la douleur que nous éprouvons est acceptée comme une expiation de notre conduite, si de plus nous éprouvons le regret d'avoir mal agi, le remords devient du *repentir*.

4. Jugements et sentiments inspirés par la conduite de nos semblables. — Lorsque nous apprécions la conduite de nos semblables, la conscience morale nous dicte encore nos jugements, approuvant ce qu'elle juge bon, condamnant ce qu'elle juge mauvais. Bien plus, elle provoque en nous, suivant les cas, la *sympathie* et le *respect*[1] pour autrui, ou, au contraire, la *pitié*, l'*antipathie* et le *mépris*.

Tels sont les principaux faits de l'ordre moral que nous révèle la conscience; or, ce qui ressort clairement de cette simple énumération, c'est que l'homme a une fin et qu'il est soumis à une loi. Supposons, en effet, que notre activité ne tende vers aucun but précis, qu'elle n'ait aucun idéal à réaliser, et notre croyance à la moralité des actions humaines devient inintelligible.

5. De la conscience psychologique et de la conscience morale. — L'analyse qui précède nous permet de comprendre quel est exactement le rôle de la conscience morale, et en quoi cette faculté diffère de la conscience psychologique. Celle-ci est la simple intuition de ce qui se passe en nous, la connaissance directe que nous avons de nos émotions, de nos idées, de nos déterminations diverses; celle-là est à la fois un témoin, un guide et un justicier : c'est un témoin et un témoin vigilant, car il est rare que nos motifs d'action échappent à son regard; — c'est un guide, car elle nous trace la voie à suivre en nous obligeant même à lui obéir; — c'est un justicier, car elle nous récompense ou nous punit par la joie ou le remords, suivant que nous avons exécuté ou non ses ordres. Aussi Kant voit-

---

(1) « Fontenelle dit : *Devant un grand seigneur je m'incline, mais mon esprit ne s'incline pas*. Je puis ajouter : Devant un homme de condition inférieure, roturière et commune, en qui je perçois une droiture de caractère que je ne me reconnais pas à moi-même, *mon esprit s'incline*, que je le veuille ou non, et si haut que j'élève la tête pour ne pas lui laisser oublier ma supériorité. Pourquoi cela? C'est que son exemple me présente une loi qui rabaisse ma présomption, quand je la compare avec ma conduite, c'est qu'il m'est prouvé par le fait que l'on peut obéir à cette loi, et par conséquent *la pratiquer*. » Kant, *Critique de la raison pratique*, trad. Picavet, p. 137.

il, avec raison, en elle : « une sorte de puissance protectrice qui nous accompagne comme notre ombre [1] ».

6. Nature de la conscience morale. — Si tel est le rôle de la conscience morale, il est évident que nous devons voir en elle non une faculté simple, mais bien plutôt, avec un philosophe contemporain, « l'âme tout entière, raison, conscience, volonté, sentiment, participant à la vie morale et s'y intéressant [2] ». — Toutefois, les deux facultés dont elle relève plus spécialement sont la sensibilité et la raison. — Elle relève de la raison, car seule elle rend intelligibles la vie humaine et la moralité, nous montrant au-dessus de ce qui est ce qui doit être, dirigeant nos actes et ordonnant notre conduite; elle relève de la sensibilité, car les sentiments moraux qu'elle nous fait éprouver seraient inexplicables si le cœur n'était pas intéressé à l'accomplissement du devoir.

7. Autorité de la conscience morale. — Examinons maintenant quelle est la valeur de la conscience. Et d'abord, est-elle toujours et partout infaillible, comme semblaient l'admettre les philosophes écossais ? Evidemment non. Que de fois, en effet, nous reconnaissons que nous nous sommes trompés, et qu'il eût été mieux d'agir autrement que nous ne l'avons fait. Comment expliquer encore, si la conscience est infaillible, que les hommes, autrefois, aient approuvé l'esclavage et qu'ils le condamnent aujourd'hui ; qu'ici, les enfants croient bien faire en mettant à mort leurs vieux parents, pendant que là, ils se croient obligés de les entourer de soins ? C'est pour caractériser ces différents états de conscience que les moralistes distinguent d'ordinaire la conscience erronée, la conscience ignorante, la conscience douteuse et la conscience droite. — La *conscience erronée* est celle qui, sous l'empire des passions, nous représente comme bien ce qui est mal et comme mal ce qui est bien.

---

(1) Kant, *Princ. métaph. de la morale.* — On connaît l'apostrophe célèbre de Rousseau : « Conscience! conscience! instinct divin, immortelle et céleste voix; guide assuré d'un être ignorant et borné, mais intelligent et libre; juge infaillible du bien et du mal, qui rends l'homme semblable à Dieu! c'est toi qui fais l'excellence de sa nature et la moralité de ses actions; sans toi, je ne sens rien en moi qui m'élève au-dessus des bêtes, que le triste privilège de m'égarer d'erreur en erreur à l'aide d'un entendement sans règles et d'une raison sans principes. » J.-J. Rousseau. *Emile.*

(2) Charles, *Leçons de philos.*, t. II, p. 244.

C'est ainsi que Poltrot, Ravaillac, Charlotte Corday croyáient, en donnant la mort, accomplir un devoir. — La *conscience ignorante* est celle qui reste muette en face de certains faits, parce qu'elle est incapable de les apprécier, faute d'une instruction suffisante. C'est ainsi que beaucoup d'enfants torturent les animaux, sans se rendre compte du mal qu'ils font. — La *conscience douteuse* est celle qui reste hésitante entre plusieurs alternatives, ne sachant laquelle moralement est préférable. — Enfin, la *conscience droite* est celle qui nous indique sûrement et promptement ce qu'il faut faire et ce qu'il faut éviter. Au reste, si ces distinctions n'étaient pas légitimes et si la conscience n'errait jamais, toute éducation morale deviendrait inutile; il suffirait de s'en remettre au sentiment intime de chacun.

Ce qui est vrai, c'est que la conscience morale est faillible, étant humaine. Nous avons montré d'ailleurs qu'elle n'est pas une faculté simple, mais bien une faculté complexe qui relève à la fois de la sensibilité et de la raison; or, en tant qu'elle relève de la raison, elle est évidemment le meilleur et même le seul guide auquel, en dernier ressort, nous devions nous confier; mais, en tant qu'elle relève de la sensibilité, elle est sujette à mille défaillances. C'est parce qu'elle relève de la raison, qu'elle nous montre toujours un idéal à atteindre; c'est parce qu'elle relève de la sensibilité, qu'elle peut nous tromper sur cet idéal, nous faisant prendre l'ombre pour la réalité, nos désirs pour nos devoirs. Entre ces deux éléments de la conscience, il y a lutte de tous les instants. Contre la raison, luttent tous les sophismes de la passion, toutes les séductions du plaisir et de l'intérêt, tout le cortège des habitudes et des préjugés, toutes les idées fausses dues à l'éducation que nous avons reçue et aux milieux dans lesquels nous avons grandi. C'est là ce qui explique pourquoi son triomphe est si tardif; c'est contre ces causes innombrables d'erreurs qu'il faut s'armer si l'on veut lui rendre son autorité. Aussi, notre premier soin doit-il être, non d'obéir, sans réflexion, à la voix de la conscience, mais de chercher à nous éclairer le plus possible. Quand nous croirons fermement que ses prescriptions échappent à toute critique; que les devoirs qu'elle nous impose sont bien dictés par la raison elle-même, alors seulement nous devrons lui obéir sans hésitation comme sans faiblesse; nous aurons fait ce qu'il était en notre pouvoir de faire, on ne saurait nous demander davantage.

II

DE LA LIBERTÉ

A. — 1. Différents sens du mot *liberté*. — 2. Analyse de l'acte volontaire. — 3. Définition de la liberté morale. — Division du sujet. — B. Objections des déterministes. — 1. La liberté est inconciliable avec les principes de la raison. — Réponse. — 2. La liberté est inconciliable avec les lois de la science. — Réponse. — 3. La liberté est inconciliable avec les attributs de Dieu. — Réponse. — C. Preuves de la liberté. — 1. Preuve de conscience. — Objections et réponses. — 2. Preuve morale. — D. Vraie nature de la liberté morale.

A

1. Différents sens du mot liberté. — La deuxième condition requise pour qu'un être soit un agent moral est la liberté. — Par ce terme de liberté, on désigne souvent le pouvoir d'agir sans contrainte : Nous disons, en ce sens, que la main se meut librement, que nous respirons librement. On désigne encore le pouvoir d'agir à son gré, en tant qu'on ne nuit pas à autrui ; ou le droit de participer, dans une certaine mesure, à la confection des lois de son pays : d'où les distinctions qu'on établit d'ordinaire entre la *liberté physique*, la *liberté civile* et la *liberté politique*. Tout autre est la liberté morale dont nous devons nous occuper ici. L'analyse d'un acte volontaire et libre nous permettra d'en bien comprendre la nature.

2. Analyse de l'acte volontaire et libre. — L'acte volontaire suppose : 1° la conception de deux alternatives entre lesquelles il faut choisir ; 2° la conscience de pouvoir préférer l'une à l'autre ; 3° la délibération, c'est-à-dire l'examen des motifs et mobiles qui militent en faveur de chacune des alternatives proposées ; 4° le jugement par lequel nous en reconnaissons la valeur ; 5° la détermination et la résolution ferme d'agir de telle ou telle manière ; 6° enfin, l'exécution de cette détermination. — Il serait facile de justifier cette analyse par des exemples : En apprenant la trahison de Cinna, Auguste se demande s'il doit pardonner ou s'il doit punir ; il sent qu'entre ces deux partis il est maître de choisir ; il passe alors en revue toutes les raisons qui plaident pour le pardon et celles qui plaident pour la vengeance ; ces différentes raisons, il les juge, et c'est malgré lui qu'il en reconnaît la force ou la faiblesse ; quel que soit ce jugement, il a conscience, en prenant une détermination, de pouvoir, malgré tout, prendre la détermination contraire : en pardonnant, de pouvoir punir. L'acte ou le pardon qu'il accorde n'est que la conséquence de la décision qu'il a prise.

3. Définition de la liberté morale. — Quelle est la part de la volonté libre dans tout ce travail accompli par l'esprit ? — Elle consiste à la fois dans l'effort que nous déployons pour maintenir, en quelque sorte, sous le regard de la conscience, les motifs qui nous sollicitent, et dans le choix auquel nous nous arrêtons. — La liberté morale, et c'est en cela qu'elle diffère des autres libertés, est donc tout intérieure : *c'est le pouvoir d'être attentif et de ne relever que de soi dans ses résolutions.*

Un tel pouvoir, qui implique, en définitive, la possibilité des contraires n'est-il pas en contradiction avec les principes les mieux établis de la raison et avec les lois les plus certaines de la science ; — si la contradiction n'est qu'apparente, existe-t-il des preuves sérieuses qui en démontrent l'existence ? Tels sont les deux problèmes qu'il nous faut examiner.

B

1. Du déterminisme psychologique. — Suivant les déterministes, la liberté telle que nous l'avons définie serait d'abord inconciliable avec les principes de la raison.

En effet, la raison nous force de reconnaître *a priori :* 1° que nous ne pouvons nous déterminer sans motif ; 2° que le motif le plus fort doit toujours l'emporter, sinon il y aurait des effets sans cause, des actes sans raison suffisante. Toutes nos résolutions sont donc déterminées par les motifs mêmes qui les provoquent ; l'âme ressemble à une balance qui penche nécessairement du côté où se trouvent les poids les plus lourds.

L'expérience vient confirmer ce jugement de la raison. — Si l'homme était libre, nous ne pourrions prévoir la conduite de nos semblables dans telle ou telle circonstance donnée ; or, cette prévision est non seulement possible, mais elle est le plus souvent vérifiée par les événements. — Si l'homme était libre, la statistique portant sur les actes qu'il accomplit devrait nous donner les résultats les plus contradictoires ; elle nous prouve, au contraire, que, pour une même population, par exemple, le nombre des crimes, des suicides, etc., etc., reste sensiblement le même chaque année. Donc nos actes sont, comme tous les faits qui se produisent dans la nature, soumis à des lois inviolables.

Réponse. — *a*). Considérons, d'abord, ces dernières objections tirées de l'expérience. — Il est bien vrai que, dans certains cas, nous pouvons prévoir quelle conduite tiendra l'un de nos semblables dont le caractère nous est connu ; mais, d'une part, l'accomplissement d'un acte prévu ne prouve pas du tout que cet acte n'ait pas été libre ; d'autre part, nous savons que nos prévisions peuvent toujours être trompées et qu'elles n'ont rien d'infaillible. Les déterministes attribuent ces erreurs à l'ignorance où nous sommes des motifs et des mobiles qui agissent sur la volonté ; mais il est tout aussi légitime de les attribuer au pouvoir qu'à la volonté elle-même de choisir librement entre des partis contraires. — Quant aux données de la statistique, elles sont loin de concorder toujours parfaitement entre elles ; en même temps qu'une certaine régularité dans les événements humains, elles nous révèlent des variations importantes. Ces variations ne pourraient-elles pas provenir de la liberté ? — Au reste, pourquoi les actes libres n'offriraient-ils pas entre eux un certain ordre et une certaine fixité ? On confond trop volontiers, comme nous l'avons constaté déjà, la volonté avec le désir et le caprice ; la liberté est, au contraire, inséparable de la raison ; plus elle devient parfaite, puis il est facile d'en prévoir les décisions.

b). Les arguments *a priori* sont-ils plus concluants ? Quelques philosophes ont cru les combattre en soutenant que l'homme peut se déterminer sans motif. Par exemple, n'est-ce pas indifféremment que je prends, pour payer une dette, telle pièce de monnaie ou telle autre ; que je pars, pour aller à la promenade, du pied gauche ou du pied droit, etc. C'est à ce prétendu pouvoir qu'on a donné le nom de *liberté d'indifférence*. — Il serait facile de prouver qu'une telle liberté est une pure chimère ; que l'état d'équilibre parfait ne se rencontre jamais dans la vie ; que les actes, même les plus indéterminés, en apparence, ont une raison. En supposant, d'ailleurs, que l'homme fût capable de choisir sans motif et de choisir alors librement, serions-nous en droit de conclure qu'il possède la même liberté quand il prend une résolution après mûr examen? Évidemment non; or, ce qu'il nous importe précisément de savoir, c'est si ces résolutions prises en connaissance de cause dépendent ou ne dépendent pas de nous, car seules elles engagent véritablement notre responsabilité.

c). Nous admettrons donc, avec les déterministes, qu'il n'y a pas plus de choix sans motif, qu'il n'y a de fait sans cause ; devons-nous admettre également que, dans la détermination, le motif le plus fort est toujours celui qui l'emporte?

Si nous considérons les motifs au moment même de la détermination, il est évident que le plus fort paraît être celui que nous suivons. Mais pourquoi ce motif est-il le plus fort? On oublie trop souvent de se le demander. Est-il toujours le plus fort parce qu'il est jugé meilleur, soit au point de vue moral, soit au point de vue utilitaire? Non, sans doute, car il nous arrive fréquemment de connaître le bien et l'utile et de leur préférer le plaisir. — Est-il toujours le plus fort parce qu'il flatte notre sensibilité et favorise le mieux nos passions? Non encore, car nous pouvons agir à contre-cœur, en faisant violence à nos inclinations les plus vives. Dès lors, quelle contradiction à admettre qu'il est le plus fort parce que la volonté l'a choisi; parce qu'elle a ajouté d'elle-même à sa puissance naturelle, ou encore, parce qu'en retardant la détermination, elle a permis à d'autres motifs de surgir et de venir le fortifier, en s'unissant à lui. Cette action de la volonté pouvant s'exercer jusqu'au dernier moment sur les motifs qui nous sollicitent, on expliquerait ainsi tout naturellement l'impuissance où nous sommes de dire *à l'avance* quel motif sera le plus fort pour nous ou pour nos semblables.

2. Du déterminisme scientifique. — A. Objection tirée de l'influence du caractère. — On objecte qu'interpréter ainsi les faits, c'est méconnaître l'étroite union qui existe entre le physique et le moral, l'action continue, bien qu'insensible souvent, des milieux sur l'organisme, de l'organisme sur la volonté; quand nous croyons agir librement, nous ne faisons que céder aux impulsions conscientes ou inconscientes de notre caractère, lequel n'est qu'un effet, — un effet de notre tempérament. C'est la thèse qu'expose et défend le physiologiste Moleschott avec une parfaite netteté. « Sans une modification matérielle dans le système nerveux, dit-il, il ne se fait pas de mouvements volontaires... La volonté est l'expression d'un état du cerveau produit par des influences extérieures... L'homme est la résultante de ses aïeux, de sa nourrice, du lieu, du moment, de l'air et du temps, du son, de la lumière, de son régime et de ses vêtements. Sa volonté est la conséquence de toutes ces causes : elle est liée à une loi de la nature que nous reconnaissons dans sa manifestation, comme la planète à sa marche et la plante au sol sur lequel elle croît. »

Réponse. — L'influence des causes physiques sur la volonté est trop évidente pour que les défenseurs de la liberté aient jamais songé à la nier; que cette influence, en outre, restreigne le champ de la liberté, ils ne le nient pas davantage; mais de quel droit affirmer qu'elle ne peut être combattue par la volonté elle-même? La plupart de nos déterminations s'expliquent par notre caractère, mais ce caractère n'est-il pas, en partie, ce que nous l'avons fait? Ne pouvons-nous pas le modifier et le modifier parfois d'une manière profonde, alors que notre tempérament et les milieux dans lesquels nous vivons restent sensiblement les mêmes? Ce sont là des faits que l'expérience chaque jour nous révèle, et dont il n'est pas permis de ne pas tenir compte.

B. Objection tirée de la persistance de la force. — Suivant les déterministes, nous ne devrions voir dans ces faits qu'une sorte de choc en retour. Les modifications organiques produiraient en nous des sentiments, des idées, puis des volitions, lesquels provoqueraient des changements dans nos organes, sans qu'il n'y ait jamais ni gain, ni perte de mouvement. S'il en était autrement, si la volonté pouvait librement, et d'elle-même engendrer un mouvement, le principe de la *persistance de la force* serait, en effet, violé. Or, la vérité de ce principe nous est garantie et par la mécanique rationnelle, et par les sciences expérimentales, qui démontrent que la quantité de force vive est constante dans l'Univers [1]. Cet argument, l'un des plus spécieux qu'on ait invoqués contre la liberté, est aussi l'un de ceux qu'on reproduit le plus souvent aujourd'hui. — Quelle en est la valeur?

Nous remarquerons, en premier lieu, que la mécanique ration-

(1) Voy. *Éléments de philosophie scientifique*, ch. vi, II, p. 133.

nelle s'occupe uniquement de corps abstraits et inertes, par hypothèse. Elle démontre simplement que dans un système formé de tels corps, absolument clos et à l'abri de toute influence extérieure, le mouvement se conserve en quantité immuable; mais le monde est-il un tel système? Est-il fermé à toute action venant du dehors? La mécanique rationnelle ne se le demande même pas.

On ajoute que ce principe est vérifié par l'expérience. Voyons ce que vaut cette vérification, en distinguant dans le mouvement, d'un côté, sa *vitesse;* de l'autre, sa *direction.* — Dans un grand nombre de cas, la *vitesse* nous apparaît bien comme la manifestation d'une énergie qui, préalablement, existait sous une autre forme; mais l'expérience nous autorise-t-elle à affirmer que jamais une quantité de mouvement n'est introduite dans le monde par une cause qui ne serait pas un mouvement? Pour pouvoir porter une telle affirmation, il faudrait être certain que toute excitation transmise des organes au cerveau se transforme, comme le prétendent les déterministes, en image, en jugement, en détermination; puis, que ces états de conscience se transforment, à leur tour, en courant centrifuge de même intensité, sans gain, ni perte de force vive; mais, qui démontrera qu'il en est bien ainsi? — Quant à la *direction* des mouvements, s'explique-t-elle par la seule impression physique qui les a provoqués? Le calcul détermine, il est vrai, cette direction avec certitude, lorsqu'il s'agit des corps bruts, mais il est tout à fait impuissant lorsqu'il s'agit des corps animés. Quelles formes revêtiront exactement les plantes, les animaux, en grandissant? Les lois mécaniques ne peuvent nous l'apprendre [1].

Donc le déterminisme scientifique ne démontre pas et ne peut pas démontrer que la volonté n'est pas réellement la cause efficiente de certains mouvements.

(C. **De la contingence des lois de la nature.** — Jusqu'ici nous avons examiné surtout les objections que le déter-

---

(1) Plusieurs savants se sont efforcés de montrer que le déterminisme mécaniste se conciliait fort bien avec la liberté morale. Quelle contradiction, en effet, disent-ils, à admettre que la volonté, force elle-même, emprunte les forces de l'univers et puisse les diriger? Il n'y aurait pas à proprement parler création d'énergie, comme on le soutient, mais simplement direction de force (Boussinesq, *Revue philos.*, janvier 1889). Le rôle de la volonté ressemblerait à celui de l'aiguilleur qui fait passer le train sur une voie, mais ne peut l'arrêter, une fois passé.

minisme élève contre la liberté, examinons maintenant le principe même sur lequel il s'appuie. Ce principe peut se formuler
ainsi : « La nature n'est pas libre, donc l'homme ne l'est pas ;
la nécessité et la liberté sont inconciliables, donc il faut sacrifier
la liberté ? » — Il est contestable que la liberté de l'homme ne
puisse se concilier avec le déterminisme de la nature, mais, en
admettant que cette conciliation soit impossible, ne serait-il pas
aussi logique de nier non la liberté, mais la nécessité ?

Nous constatons d'abord que la liberté s'impose à nous comme
un fait. Chacun se croit libre, naturellement, nous dirions presque
instinctivement, et si quelque doute s'élève à ce sujet, ce n'est
que plus tard, lorsque le raisonnement est intervenu. — Mais
la nécessité n'est-elle pas aussi un fait et un fait que nous véri-
fions chaque jour ? La chose est moins évidente. Il est à remarquer, en effet, que notre croyance au déterminisme n'est pas
primitive. Les enfants et les peuples non civilisés ne croient
guère aux lois fixes et immuables ; aussi font-ils intervenir à
chaque instant, pour expliquer les phénomènes qu'ils observent,
des forces douées d'intelligence et de volonté.

La science démontre bien que les lois de la nature sont constantes, mais *constantes ne veut pas dire nécessaires* au sens
rigoureux du mot. Pourquoi ces lois constantes n'auraient-elles
pas leur cause dans les mouvements spontanés des éléments qui
constituent les choses ? Si nous admettons, ce qui n'est en rien
contraire aux données de la science, que la matière brute est
composée de forces simples, nous pouvons admettre également
que ces forces, en agissant dans le même sens, par l'uniformité
même des changements qu'elles produisent et la régularité de
leur succession, donnent seules l'illusion de la nécessité. — Il
est à remarquer, d'ailleurs, que cette illusion est moins forte
lorsque nous observons les êtres vivants, car nous ne trouvons
en eux ni la même uniformité, ni la même régularité. Il devient
impossible d'expliquer par les seules lois du mécanisme leurs
modifications et leurs actes ; n'est-ce pas qu'il existe en eux
une indétermination et une spontanéité plus grandes, en un
mot, un certain pouvoir de choisir, analogue à celui que l'homme
possède ?

Il n'y a donc aucune contradiction à admettre que l'univers
entier est composé de forces, disons même de volontés, créant,
par la constance de leur action, les lois qui nous paraissent

fixes et nécessaires. Ces volontés doivent être alors conçues comme d'autant plus libres qu'elles sont plus conscientes d'elles-mêmes, la plus parfaite, dans la nature, la seule qui possède véritablement la liberté morale, étant celle de l'homme.

Cette explication qui consiste à substituer partout la contingence et la liberté à la nécessité, n'est sans doute qu'une hypothèse ; mais cette hypothèse a un double mérite : le premier est d'échapper aux difficultés que soulève la théorie des philosophes qui admettent dans le monde deux sortes de forces, les unes douées, les autres privées de liberté ; le second, c'est de rendre compte de tous les faits sans chercher, comme le déterminisme universel, à les dénaturer.)

3. Du fatalisme théologique. — Une dernière difficulté nous reste à examiner. La liberté, telle que nous l'avons définie, est-elle compatible avec les attributs de Dieu ? Suivant les défenseurs du fatalisme théologique, tout accord serait impossible. En effet, Dieu ne peut être que parfait ; or, s'il est parfait, il prévoit l'avenir ; s'il prévoit l'avenir, il sait d'avance ce que je ferai ; je ne suis donc pas libre d'agir contrairement à ses prévisions. En outre, si l'homme était vraiment libre ; s'il avait le pouvoir de se déterminer sans l'aide de Dieu, ne serait-il pas, en quelque sorte, créateur comme Dieu lui-même ? Un tel pouvoir ne saurait nous appartenir.

Bien des tentatives ont été faites pour réfuter cette objection ; nous nous en tiendrons à la réponse de Descartes qui est aussi celle de Bossuet. « Il est illogique, disent ces philosophes, d'invoquer contre la liberté que nous expérimentons en nous, et dont nous avons une connaissance précise, des attributs de Dieu que nous savons incompréhensibles de leur nature. »

Nous sommes donc autorisés à conclure, aucune objection n'étant décisive, que la liberté est *possible*. Pouvons-nous maintenant prouver qu'elle est réelle ?

C

1. Preuve de la conscience. — L'existence de la liberté nous est attestée, d'abord, par le témoignage de la conscience. « Que chacun de nous s'écoute et s'interroge soi-même, dit Bossuet, il sentira qu'il est libre, comme il sentira qu'il est raisonnable. » Ce sentiment nous l'avons, avant l'action, lorsqu'il nous faut choisir entre des alternatives différentes ; nous l'avons pendant la délibération, lorsque, pour en mieux apprécier la valeur, nous maintenons sous le regard de la conscience, les motifs qui nous sollicitent [1] ; — nous l'avons, et plus vif encore, peut-être, au moment où nous nous déterminons pour un parti, à l'exclusion des autres ; — nous l'avons même après l'action, comme le prouvent et les éloges et les blâmes que nous nous adressons. Devons-nous ajouter foi à ce témoignage de la conscience ?

Objections. — *a*). Suivant les déterministes, ce témoignage serait sans valeur et notre croyance à la liberté une simple illusion. La conscience, en effet, n'est pas, comme on l'affirme, un témoin infaillible : n'est-ce pas elle qui, pendant le sommeil, la folie ou l'état hypnotique, persuade à l'homme qu'il est libre, alors que, de l'aveu de tous, sa liberté n'existe pas? Nous sommes donc autorisés à la tenir pour suspecte. — Les faits qu'on invoque ici sont exacts, mais ce qu'on n'explique pas, c'est l'illusion même de la liberté. Le rêveur, l'hypnotisé se croiraient-ils libres, s'ils ne l'avaient pas été à d'autres moments ? Il semble aussi difficile de concevoir l'illusion de la liberté chez un être dont tous les actes sont enchaînés par un déterminisme inflexible, que l'illusion de la lumière, chez un aveugle de naissance.

b). Suivant Bayle, comme suivant Hobbes, cette illusion s'expliquerait simplement par la satisfaction de certains désirs. Supposons une girouette qui désire se tourner vers le nord ; qu'un vent favorable s'élève et la place dans cette direction, elle s'attribuera aussitôt à elle-même le mouvement qu'elle accomplit grâce à un concours étranger. — Cette critique repose

---

(1) Suivant Gassendi, dont la doctrine a été reproduite par plusieurs philosophes contemporains, la liberté consisterait essentiellement dans ce pouvoir de retenir en quelque sorte les idées sous le regard de la raison, pour que la lumière se fasse plus complète, et de retarder l'action. L'entendement, dit-il, va naturellement au vrai et naturellement il est porté à l'aimer; il sait, de plus, par l'expérience, que l'erreur prend souvent l'apparence de la vérité, le bien, l'apparence du mal; on conçoit donc qu'il cherche à dissiper toute illusion et à éviter d'être dupe. Comment y parviendra-t-il? En observant avec soin, en pesant le pour et le contre, en cherchant, en un mot, une évidence qui ne soit pas trompeuse; mais, pour atteindre ce résultat, il est nécessaire qu'il soit maître de lui-même, maître de se porter sur tel ou tel point particulier à l'exclusion de tout autre, de retenir l'appétit qui naît spontanément de nos connaissances et par suite l'action qu'il entraîne. Or, c'est dans ce pouvoir, pouvoir tout intérieur, que consiste notre libre arbitre. *Ouvrage cité*, p. 200.

évidemment sur une analyse psychologique incomplète. Bayle a confondu, d'une part, le désir et la volonté ; de l'autre, la liberté physique et la liberté morale ; or, nous avons montré que l'acte libre implique réflexion et qu'il réside surtout dans la détermination. Si la girouette était capable de réfléchir, elle pourrait être libre en voulant se tourner vers le nord ; le mouvement seul qu'elle exécuterait ensuite, sous l'influence du vent, serait déterminé. — L'explication fournie par Spinoza n'est guère plus satisfaisante : « Notre croyance à la liberté, dit-il, n'est que l'ignorance où nous sommes des motifs qui nous font agir. » S'il en était ainsi, quels actes devraient nous paraître les plus libres ? Nos actes instinctifs ; nous savons que la conscience de notre liberté est, au contraire, d'autant plus vive que nous connaissons mieux les motifs qui nous sollicitent.

Ce n'est donc pas la conscience de la liberté qui est une illusion, mais bien la croyance au déterminisme universel. Il est, d'ailleurs, facile de concevoir comment l'esprit en arrive à se duper ainsi lui-même. Nous avons vu que l'homme, lorsqu'il ignore encore les lois de la nature, a fréquemment recours, pour expliquer les événements qui l'étonnent, à des forces intelligentes et libres, analogues à celle qu'il découvre en lui. Plus tard, lorsqu'il a constaté que les lois des phénomènes sensibles sont constantes et régulières, que les mêmes antécédents amènent toujours à leur suite, dans des circonstances identiques, les mêmes conséquents, il se demande s'il en est autrement pour nos états intimes, si toutes nos déterminations et tous nos actes ne sont pas soumis aussi à des lois inflexibles. De sorte que, après avoir fait le monde sensible à l'image du monde moral, il cherche à se représenter le monde moral à l'image du monde sensible. Il s'adresse alors à l'expérience et, passant en revue ses actes antérieurs, il s'efforce d'en rendre compte en rattachant chacun d'eux aux faits antécédents qui ont pu les provoquer et les nécessiter. « Il nous arrive même de peser des motifs, de délibérer, comme on l'a fait observer judicieusement, alors que notre résolution est déjà prise. Une voix intérieure, à peine perceptible, murmure : « Pourquoi cette délibération ? tu en connais l'issue, et tu sais bien ce que tu vas faire. Mais n'importe ! il semble que nous tenions à sauvegarder le principe du mécanisme et à nous mettre en règle avec les lois de l'association des idées. L'intervention brusque de la volonté est comme un coup d'Etat dont notre intelligence aurait le pressentiment, et qu'elle légitime à l'avance par une délibération régulière[1] ». Ainsi l'effort que nous avons fait *librement* pour nous expliquer à nous-même notre conduite, nous a donné l'illusion de la *nécessité*[2].

2. Preuve morale. — Une autre preuve non moins importante en faveur de la liberté, est celle qui se tire de la notion même du devoir. Le devoir, comme nous l'a montré l'analyse de la conscience morale, est conçu par tous comme *obligatoire*. Il s'impose avec une autorité absolue, commande sans condition, et, tels sont ses ordres, que nous les acceptons comme légitimes et nous sentons tenus de leur obéir. C'est ce que Kant exprime en disant que le devoir est un *impératif catégorique*. — Comment expliquer ce caractère du devoir si nous ne sommes pas libres ? L'ordre qu'il nous donne est inutile, si c'est fatalement que nous l'exécutons ; il est ridicule, si nous ne pouvons pas l'accomplir. *Devoir* et *pouvoir* sont donc deux termes insépa-rables et qui s'impliquent l'un l'autre.

Les notions de mérite et de démérite, de peine et de récompense, de respect et de mépris, étroitement liées à celle du devoir, sont également inconcevables sans la liberté. A celui qui nous rend service malgré lui, nous ne reconnaissons aucun mérite : à celui qui nous porte préjudice sans le savoir et sans le vouloir, nous ne pouvons raisonnablement adresser aucun blâme. Les lois civiles, en accordant des récompenses ou en infligeant des châtiments, nous paraîtraient iniques, si nous étions de simples automates. Voir uniquement en elles des moyens de défense, d'amendement ou d'intimidation, c'est en méconnaître le vrai caractère. Sans doute elles cherchent à sau-

(1) Bergson, *Les données immédiates de la conscience*, p. 121 et suiv.

(2) Stuart Mill considère la preuve qui précède comme étant contradictoire en elle-même. « Avoir conscience de son libre arbitre, dit-il, signifie avoir conscience, avant d'avoir choisi, d'avoir pu choisir autrement. Or, la conscience me dit simplement ce que je fais ou ce que je sens, non ce que je suis capable de faire : elle n'est pas prophétique. Nous avons conscience de ce qui est, non de ce qui sera ou de ce qui peut être. » — Il est évident que nous n'avons pas conscience de ce qui n'est pas encore, mais nous avons conscience de pouvoir choisir entre plusieurs motifs, de pouvoir en préférer un à tous les autres. L'objection de St. Mill n'a de valeur que dans un système qui réduit le moi à une simple collection d'états de conscience et nie la réalité du pouvoir. (Voy., pour la réfutation de cette objection, Fouillée, *La liberté et le déterminisme*.)

vegarder l'intérêt de la société, mais la raison qui les justifie pleinement est d'un ordre plus élevé : elles paraissent surtout respectables, parce qu'elles sont les auxiliaires de la loi morale. C'est pourquoi nous ne disons pas qu'on *récompense* un animal en lui accordant, par exemple, une abondante nourriture; qu'on *punit* un insecte, en lui donnant la mort, quel que soit d'ailleurs le mal qu'il nous ait fait. Pour l'animal nous n'éprouvons ni *respect*, ni *mépris;* c'est que toutes ces idées impliquent celle de justice, et la justice ne se conçoit pas sans intelligence et sans liberté.

D

Nous voyons maintenant quels sont les conditions et les vrais caractères de la liberté morale.

Elle implique d'abord en nous la *spontanéité*, c'est-à-dire une énergie propre, une certaine force qui permette de « commencer un mouvement ». Un être qui serait uniquement capable d'actions réflexes, qui exécuterait mécaniquement, automatiquement une action après une autre, ne serait pas un être libre.

Elle implique, en second lieu, deux alternatives entre lesquelles nous puissions choisir à notre gré. Supposons qu'un seul but nous soit proposé et que nous n'ayons même pas l'idée de nous en écarter : notre acte suit fatalement ; nulle place pour la liberté. Il en est absolument de même si, en présence de deux partis, nous sommes portés vers l'un avec tant de force qu'il nous est impossible de choisir l'autre. Dans le paroxysme de la colère, notre libre arbitre n'existe plus; il n'existe pas davantage lorsque l'habitude du vice a complètement étouffé la voix de la conscience. — Ajoutons que la sagesse parfaite semble également le détruire : un être qui tendrait toujours au bien, sans que la notion du mal vînt même effleurer sa pensée, posséderait la liberté absolue, il ne posséderait pas, à proprement parler, la liberté morale puisqu'il n'aurait plus à faire un choix [1].

Elle implique, en outre, que les alternatives proposées nous paraissent possibles et qu'elles le soient réellement. — Il faut

____

(1) Sur la distinction de *la liberté en soi* et de *la liberté morale*, voy. Janet : *La Morale*, ch. vi.

qu'elles nous paraissent possibles, car nous ne sommes pas libres de vouloir ce qui est manifestement contraire aux principes de la raison ou aux lois de la nature; de vouloir, par exemple, que 2 et 2 fassent 5; que le bien et le mal soient identiques; qu'une même chose soit et ne soit pas en même temps et sous le même rapport. — Il faut, de plus, qu'elles soient possibles réellement, sinon, comme nous l'avons montré, notre croyance à la liberté ne serait plus qu'une illusion.

Si nous remarquons maintenant que les motifs qui nous portent à agir dépendent à la fois de notre intelligence, de notre éducation et de notre caractère, nous comprendrons que les manifestations de la liberté doivent varier suivant les hommes, et que le champ où elle s'exerce soit plus ou moins étendu, suivant que les alternatives offertes et les raisons de se déterminer sont plus ou moins nombreuses.

On conçoit encore, et pour les mêmes raisons, que la liberté morale, considérée au moment où elle doit se prononcer, ne soit pas rigoureusement égale en chacun de nous et dans toute circonstance. En effet, s'il est toujours en notre pouvoir de rendre prépondérant un motif, il faut reconnaitre aussi qu'un pareil résultat, aisément obtenu à certaines heures, exige parfois, au contraire, les plus pénibles efforts. La liberté a donc ses limites; mais ces limites, il dépend de nous de les étendre, en fortifiant notre raison et en habituant notre volonté à lui obéir.

III

DE LA PERSONNALITÉ MORALE

1. Caractères de la personnalité. — 2. Comparaison entre la chose, l'individu et la personne. — 3. Degrés et maladies de la personnalité.

Grâce à la conscience et à la liberté qui, l'une et l'autre, impliquent la raison, l'homme devient une personne et s'élève au-dessus de tous les autres êtres de la nature.

1. De la personnalité morale. — La personnalité peut être considérée, en effet, comme la forme la plus achevée de l'être. — Se sentir une personne, c'est attribuer à un même *moi* ses modifications et ses actes, soit présents, soit passés;

c'est se distinguer des forces extérieures avec lesquelles on est en lutte et s'opposer à elles ; c'est encore, c'est surtout concevoir un idéal à atteindre, en comprendre la beauté et pouvoir travailler librement à sa réalisation. La personnalité en nous n'est donc pas constituée par les seules qualités que nous avons reçues de la nature, elle est constituée principalement par celles que nous avons acquises, sans y être contraints, en nous conformant aux ordres de la raison.

2. Comparaison entre la chose, l'individu et la personne. — On voit, dès lors, quelle distance établit, entre nous et les choses, la personnalité. — Les choses inanimées, d'abord, sont de simples agrégats dont les parties juxtaposées peuvent être impunément disjointes, sans que rien d'essentiel périsse. Leur unité n'est qu'apparente, la sensibilité même leur fait défaut. — Les choses animées, auxquelles on donne le nom d'*individus*, leur sont supérieures, car les parties qui les constituent sont solidaires. Les animaux ont, de plus, comme nous, la sensibilité et la mémoire ; la plupart des sentiments que nous possédons, ils les possèdent, mais combien moins élevés, moins délicats et moins parfaits ! Toutefois, leur infériorité vient plus encore de ce qu'il leur manque la *réflexion*, qui nous permet, à nous, d'analyser nos sentiments et nos pensées et de prendre possession de nous-mêmes ; la *raison*, qui nous permet de concevoir le vrai et le bien et de créer la science et la morale ; la liberté, telle que nous l'avons définie, qui nous permet d'intervenir efficacement dans l'œuvre de notre destinée, de nous affranchir de la nature et de nous attribuer, comme à leur cause véritable, nos déterminations.

Ce sont toutes ces différences que l'on a caractérisées avec précision en disant que l'être inanimé n'existe qu'*en soi ;* que l'être vivant, qui a une certaine conscience de lui-même, existe *en soi* et *pour soi ;* que la personne, qui est raisonnable et libre, existe seule *en soi, pour soi* et *par soi.*

3. Degrés et maladies de la personnalité. — La personnalité n'est cependant pas également parfaite en chacun de nous.

L'enfant qui n'a encore ni réflexion, ni liberté, qui cède à toutes les impulsions du dehors, obéit à tous ses désirs, n'a pas à proprement parler de personnalité. Il n'est une personne que *virtuellement,* mais sa personnalité se forme et s'affermit de plus en plus, à mesure que sa raison se développe et qu'il devient plus maître de ses passions.

Il peut arriver maintenant, qu'une fois formée, la personnalité s'altère, et s'altère d'une manière profonde : elle s'altère dans la colère et dans l'ivresse qui obscurcissent la conscience et enchaînent la volonté ; elle s'altère davantage encore dans la folie, qui est une éclipse de la raison ; enfin, des expériences nombreuses ont prouvé qu'elle peut, sous l'influence de certaines maladies, se sectionner de telle sorte qu'il semble y avoir en nous des personnes parfaitement distinctes qui tantôt coexistent et tantôt se succèdent, remplissant chacune des rôles différents. Ces dernières modifications de la personne humaine dont la science elle-même ne peut toujours découvrir les vraies causes, sont heureusement assez rares ; elles n'en sont pas moins utiles à étudier, car elles nous éclairent sur la nature du sujet moral et nous permettent, dans certains cas importants, de mieux voir jusqu'à quel point il peut être rendu responsable de ses actes.

OUVRAGES A CONSULTER

Beaussire, *Les principes de la morale*. Introduction et liv. II, ch. 1. — Caro, *Problème de morale sociale.* — Janet, *La morale.* — Bouillier, *La vraie conscience.* — Kant, *Fondements de la métaphysique des mœurs; Critique de la raison pratique.* — Fouillée, *La liberté et le déterminisme.* — Fonsegrive, *Essai sur le libre arbitre.* — Joyau, *Essai sur la liberté morale.* — Bergson, *Les données immédiates de la conscience.* — Pérès, *Le libre arbitre.* — Marion, *La solidarité morale.* Introduction. — J. Simon, *Le devoir.*

Ribot, *Les maladies de la personnalité.* — Bourru et Burot, *Les variations de la personnalité.* — Pierre Janet, *L'automatisme psychologique.* — A. Binet, *Les altérations de la personnalité.*

CHAPITRE II

LES FINS DE LA VIE HUMAINE

L'étude de la conscience morale et de la liberté nous a prouvé que l'homme a une fin et qu'il peut, à son gré, s'en écarter ou la poursuivre. Recherchons maintenant quelle est cette fin et pourquoi nous devons tendre vers elle.

I

LES DIVERS MOTIFS DE NOS ACTIONS

1. L'inclination. — 2. Le plaisir. — 3. L'intérêt. — 4. L'honnête.
5. Existe-t-il d'autres motifs d'action ?

Une première remarque qui nous guidera dans cette recherche, c'est que le bien propre de l'homme est nécessairement l'un de nos motifs d'action, c'est-à-dire l'une des raisons qui, dans les circonstances différentes où nous sommes placés, nous porte à préférer telle ligne de conduite à telle autre. Or, tous nos motifs ou raisons d'agir, quelque nombreux qu'ils soient, en apparence, se ramènent aux quatre suivants : l'*inclination*, le *plaisir*, l'*intérêt* et l'*honnête*.

1. L'inclination. — Lorsque nous ne sommes pas livrés à la seule impulsion des instincts, c'est-à-dire, lorsque nous sommes des agents conscients et raisonnables, tous nos actes libres, comme nous l'avons constaté déjà, sont précédés d'une délibération plus ou moins longue : des motifs différents s'offrent à nous entre lesquels il faut choisir; or, nous pouvons, en premier lieu, nous décider à agir pour *satisfaire une inclination*. — D'abord, c'est fatalement que l'inclination nous pousse à l'acte; elle n'est encore qu'un *mobile*; mais, dès que la réflexion est intervenue, s'interposant entre l'impulsion reçue et la détermination, elle devient un *motif*. C'est ainsi qu'on se dévoue par patriotisme; qu'on rend service par sympathie; qu'on calomnie par vengeance.

2. Le plaisir. — L'inclination satisfaite procure le *plaisir*. L'idée de ce plaisir peut devenir à son tour un nouveau motif d'action. Le plaisir est alors le but que nous nous proposons, la fin de notre effort. Tout le reste n'est plus qu'un moyen et ne vaut que par lui. — On voit en quoi ce motif diffère du précédent; celui qui agit par inclination s'oublie le plus souvent lui-même, pour ne songer qu'à l'objet vers lequel il est attiré : la mère qui prodigue ses soins à son enfant, l'homme qui se dévoue pour ses amis, ne songent évidemment pas au plaisir qu'ils retireront de leur action. Celui qui recherche le plaisir, au contraire, ne voit que ce plaisir et ramène tout à lui.

3. L'intérêt. — Un troisième motif est l'*intérêt*. Rechercher son intérêt, c'est encore rechercher le plaisir, mais non plus le plaisir actuel, passager, fugitif, le plaisir quel qu'il soit ; c'est rechercher un plaisir fixe et durable. Instruit par l'expérience de chaque jour, l'homme ne tarde pas à s'apercevoir que tous les plaisirs sont loin de mériter même accueil. Ils diffèrent entre eux et par la quantité et par la qualité. Les plus vifs, au lieu d'être les plus désirables, sont souvent les plus dangereux. Aussi, en arrive-t-on très vite à rechercher les uns et à fuir les autres. Rechercher son intérêt, c'est donc ordonner sa vie de manière à se procurer *la plus grande somme de plaisir possible, pendant le plus de temps possible*. — L'égoïste ressemble à l'homme de plaisir, en ce sens que le but qu'il poursuit est le même, mais il le poursuit avec plus d'habileté, plus de prudence, plus de sagesse pratique. Il y a dans sa conduite plus de mesure, plus d'ordre, plus de réflexion. C'est par là également qu'il diffère de l'homme passionné. Ajoutons que celui-ci inspire souvent de la sympathie, tandis que l'égoïste n'inspire ordinairement que du mépris.

4. L'honnête. — Enfin, au-dessus de ces motifs, il en est un autre : c'est le *juste*, le *saint*, l'*honnête* ou plus simplement le *bien*. De même que l'intérêt nous engage parfois à résister à nos inclinations, à repousser le plaisir présent; de même l'honnête nous engage souvent à sacrifier notre intérêt : bien plus, il nous l'ordonne. Agir suivant ce motif, c'est agir non en vue d'un but étranger, mais en *vue de la perfection même de notre acte, quelles que soient d'ailleurs les conséquences qui en découlent.*

5. Existe-t-il d'autres motifs d'action? — Tels sont nos quatre motifs d'action; on ne saurait en augmenter le nombre. Le *caprice* et le *mal* qu'on ajoute quelquefois à la liste précédente ne sont pas, en effet, des motifs réellement distincts. Agir par caprice, c'est simplement faire une action machinale ou céder à des raisons futiles. De même, quand nous disons qu'un homme fait le mal pour le mal, nous entendons par là que, méprisant la voix de sa conscience, il cède soit à l'intérêt, soit à la passion.

C'est donc entre les quatre motifs que nous avons énumérés que se trouve notre bien propre. Le choix que font les philosophes de l'un de ces motifs, à l'exclusion des autres, dépend de l'idéal même qu'ils se sont formé de la nature humaine.

II

MORALE DU PLAISIR

1. Défenseurs de cette morale. — 2. Morale d'Aristippe de Cyrène. 3. Réfutation.

1. Principaux défenseurs de cette morale. — Ceux qui se font de la vie humaine l'idéal le moins élevé, lui assignent pour fin le plaisir. Parmi les philosophes qui la conçoivent ainsi, on ne peut guère citer que Gorgias et Calliclès, deux sophistes, et Aristippe de Cyrène, disciple infidèle de Socrate. Mais, en revanche, le nombre de ceux qui la pratiquent doit être grand, car il est composé de tous les voluptueux.

2. Morale d'Aristippe de Cyrène. — La doctrine d'Aristippe de Cyrène est d'une remarquable simplicité. — Il y a, pour l'homme, trois états possibles : le plaisir, la douleur et l'indifférence, c'est-à-dire l'absence de plaisir et de douleur. Ce dernier état ne saurait être l'objet d'aucun désir, puisqu'il est identique sinon à la mort, du moins à un profond sommeil. La douleur est pour tous un état fâcheux, partant un état qu'il faut fuir : reste donc le plaisir seul, et c'est vers lui que doivent tendre tous nos efforts; en outre, comme nul n'est certain de l'avenir, il faut saisir au passage toutes les jouissances qui s'offrent à nous, car les laisser échapper serait folie. C'est cette morale qu'expose Racine dans ces vers bien connus :

> Rions, chantons, dit cette troupe impie;
> De fleurs en fleurs, de plaisirs en plaisirs,
>   Promenons nos désirs;
> Sur l'avenir insensé qui se fie.
> De nos ans passagers le nombre est incertain :
> Hâtons-nous aujourd'hui de jouir de la vie;
>   Qui sait si nous serons demain?

3. Réfutation. — Une telle doctrine est la négation même de toute sagesse et de tout art de la vie. Aussi les hommes qui la pratiquent atteignent-ils un but diamétralement opposé à celui qu'ils poursuivent, car la recherche inconsidérée des plaisirs et des jouissances du moment n'a d'autre résultat certain que d'exposer à la douleur.

Cette doctrine repose, en outre, sur un principe inexact. Le plaisir sans doute est un bien, mais il n'est pas le bien suprême, la fin dernière de notre activité raisonnable. Ne le jugeons-nous pas souvent mauvais et condamnable, ce qui n'aurait jamais lieu s'il était notre souverain bien? — Ce que notre activité primitivement recherche, c'est une liberté, un épanouissement de plus en plus complets; le plaisir n'est qu'un moyen dont semble s'être servi la nature pour nous faire aimer, désirer et poursuivre notre bien véritable.

Enfin, si le plaisir était la fin de la vie, sa possession devrait nous procurer toutes les satisfactions de la conscience, et nous devrions estimer et respecter d'autant plus les hommes, qu'ils sont plus habiles à se procurer des jouissances. L'expérience nous prouve, au contraire, que la volupté n'engendre que le remords, le doute et le mépris, et que notre admiration pour les autres est loin de se mesurer à leur bien-être; il suffit même qu'une action, en apparence généreuse et louable, nous semble inspirée par le plaisir, pour qu'elle perde aussitôt toute valeur morale à nos yeux.

III

MORALE DE L'INTÉRÊT PERSONNEL

1. La morale du plaisir et la morale de l'intérêt. — 2. Les deux formes principales de la morale de l'intérêt. — 3. Morale de l'intérêt personnel. Doctrine d'Épicure. — 4. Classification des plaisirs. — 5. Règles de conduite. — 6. Des principales vertus.

1. La morale du plaisir et la morale de l'intérêt. — Si la morale du plaisir ne compte qu'un petit nombre de défenseurs, il en est autrement de la morale de l'intérêt, qui lui est infiniment supérieure. En effet, tandis que la morale du plaisir ne sait qu'abandonner l'homme à l'instinct, au caprice de la passion et au hasard des circonstances, la morale de l'intérêt introduit l'ordre dans la vie en faisant intervenir l'intelligence, et en la prenant pour guide de notre conduite. L'une ne peut conduire qu'à l'abaissement des caractères et à la ruine des sociétés, l'autre aboutit, comme nous le montrerons plus tard, à des préceptes peu différents de ceux que prescrivent les morales les plus élevées. — Sans doute, dans ces deux morales, la fin proposée est le plaisir, mais tandis qu'Aristippe et ceux qui pratiquent sa doctrine ne songent qu'au plaisir du moment, les utilitaires songent au plaisir de la vie entière, c'est-à-dire au *bonheur;* leur conception de la vie humaine est donc plus logique et plus sage.

2. Formes principales de la morale de l'intérêt. — Tous les systèmes proposés par les défenseurs de la morale utilitaire peuvent se diviser en deux classes : dans la première, se trouvent ceux qui conseillent la recherche de l'intérêt personnel; dans la seconde, ceux qui conseillent la recherche de l'intérêt général.

3. Morale de l'intérêt personnel. — Épicure est le premier philosophe qui ait présenté la morale de l'intérêt personnel sous la forme d'un système dont les parties, méthodiquement enchaînées, s'expliquent et se complètent. — Sa doctrine entière repose sur ce principe que le plaisir est la fin de tout être vivant. Si nous observons les animaux, les enfants, les hommes mêmes, dit-il, lorsqu'ils cèdent, non aux préjugés de l'éducation, mais à la nature, nous voyons qu'ils tendent spontanément au plaisir, comme à leur souverain bien, qu'ils fuient spontanément la douleur, comme le souverain mal. Dans la vie, c'est par le plaisir que nous apprécions toutes choses, déclarant bonnes, celles qui le procurent; mauvaises, celles qui nous en privent ou qui occasionnent la douleur.

4. Classification des plaisirs. — Tous les plaisirs sont donc désirables par eux-mêmes, mais tous n'ont pas même valeur, n'ayant pas mêmes conséquences.

Le plus important, car il est « le principe et la racine » de tous les autres, c'est le plaisir dû à la nourriture qui rend possible la vie. Mais il ne saurait être considéré comme le plus parfait, ni comme le bien suprême de notre activité. Au-dessus des jouissances du corps, Épicure place, en effet, les jouissances de l'esprit qui ont, sur les autres, le précieux avantage de pouvoir être prolongées à la fois par l'imagination et par le souvenir.

Enfin, au-dessus des plaisirs mêmes de l'esprit est l'*ataraxie*, et, par là, Épicure entend, non point un état d'indifférence analogue à celui du sommeil, non « une sorte de volupté oisive », mais ce bien-être qui résulte de l'harmonieuse disposition de toutes nos parties constitutives, de l'accord qui s'établit entre le corps et l'âme lorsque toutes nos passions sont calmées, nos désirs apaisés, nos inquiétudes bannies; lorsque nous jouissons d'une sérénité et d'une sécurité parfaites. C'est vers cet idéal de bonheur, idéal que seuls réalisent pleinement les dieux, que doit tendre le sage.

5. Règles de conduite. — Pour s'en approcher le plus possible, il importe d'apprécier justement la valeur de nos plaisirs. D'où les préceptes de sagesse que nous donne Épicure et qu'il est possible de ramener aux suivants : « Accepter tout plaisir lorsqu'il n'entraîne pas de douleur, et s'en écarter lorsqu'il doit nous priver d'un autre plaisir plus grand, ou nous occasionner quelque douleur plus vive ; — inversement, fuir toute douleur qui n'amène aucun plaisir, et accepter celle qui peut éloigner une douleur plus grande, ou procurer une plus grande volupté. »

C'est pour rendre l'application de ces règles plus facile qu'Épicure distingue avec soin les plaisirs en trois classes : ceux qui sont *naturels et nécessaires*, ceux qui sont *naturels et non nécessaires*; ceux, enfin, qui ne sont *ni nécessaires ni naturels*. Les premiers qui se réduisent à la satisfaction des besoins du corps, tels que la faim et la soif, sont légitimes; il est d'ailleurs facile de se les procurer : « Du pain et de l'eau, dit Épicure, cela suffit pour rivaliser de bonheur avec Jupiter. » — Moins utiles sont les plaisirs de la seconde classe, et l'on doit surtout veiller à ce qu'ils ne donnent pas naissance à des désirs violents et tyranniques; — quant aux plaisirs qui ne sont ni naturels ni nécessaires, il faut absolument les repousser.

6. Des principales vertus. — On se conforme à toutes ces règles en pratiquant la vertu.

Par la *Sagesse*, nous apprenons à nous diriger dans la recherche du vrai plaisir; à faire un choix entre nos désirs, à apprécier les choses à leur juste valeur, par rapport à nous.

Par la *Tempérance*, nous restons maîtres de nous-mêmes, nous domptons nos passions; nous devenons capables d'écarter les jouissances passagères pour nous en procurer de durables.

Par la *Force ou le Courage*, nous supportons les revers, bravons l'infortune, écartons la crainte de la mort et celle de la fatalité.

Par la *Justice* [1], nous nous mettons à l'abri des lois et vivons exempts des soucis qui assaillent ceux qui ne pratiquent pas cette vertu.

Par l'*Amitié*, enfin, nous nous assurons des secours et des conseils d'autant plus précieux qu'ils ne nous feront jamais défaut ni dans la bonne, ni dans la mauvaise fortune.

Toute cette morale pourrait donc se résumer dans cette formule : « Rechercher pour soi la plus grande somme de plaisir possible, et pour le plus de temps possible. » — Les principaux philosophes qui l'ont défendue, dans les temps modernes, sont Hobbes, Lamettrie, Helvétius, d'Holbach et Volney [2].

---

(1) Suivant Épicure, la justice aurait son fondement dans un pacte, un contrat que les hommes ont fait entre eux, s'engageant à accepter les charges communes, en vue de la jouissance commune des profits. — Il est ici le précurseur de Hobbes et de J.-J. Rousseau.

(2) Sénèque qui combat les principes de cette morale, n'hésite pas cependant à l'apprécier ainsi : « Pour moi, je pense, et j'ose le dire, contre l'opinion générale, que la morale d'Épicure est droite et même austère, pour qui l'approfondit. Je ne dis donc pas, comme la plupart des stoïciens, que la secte d'Épicure est l'école de la débauche; je dis qu'elle est décriée sans l'avoir mérité. »

IV

MORALE DE L'INTÉRÊT GÉNÉRAL

1. Théorie de Bentham. Arithmétique des plaisirs. — 2. Théorie de St. Mill. De la qualité du plaisir. — 3. Théorie de Herbert Spencer. L'évolutionnisme. — 4. Appréciation : A. Part de vérité contenue dans la morale utilitaire. B. Objections qu'elle soulève.

Avec Bentham, St. Mill et H. Spencer la morale utilitaire se transforme, en s'élevant de plus en plus au-dessus de l'égoïsme étroit des systèmes qui précèdent.

1. Théorie de Bentham. — *Arithmétique des plaisirs.* — Comme Épicure, Bentham admet que le souverain bien de l'homme ne peut être que le *bonheur*. Sont *bons*, les seuls actes *utiles*, c'est-à-dire qui nous procurent plus de jouissances que de douleurs; sont mauvais, tous les autres. L'utilité est l'unique critérium qui nous permette d'apprécier la tempérance, le courage, la justice, en un mot toutes les vertus. — Bentham accepte donc pleinement jusqu'ici les principes de la morale épicurienne.

Seulement, et c'est là le premier mérite de sa doctrine, il met mieux en lumière qu'on ne l'avait fait avant lui les liens qui unissent l'intérêt personnel et l'intérêt général, le bonheur de chacun et le bonheur de tous. L'homme ne peut se suffire à lui-même ; la plus grande partie de son bien-être lui vient de ses semblables ; s'il veut être heureux, il doit donc travailler à ce que les autres le soient. — En outre, ne savons-nous pas quel rôle important jouent dans la vie l'affection, la bienveillance et la sympathie ? Soyons donc affectueux et bienveillants afin d'obtenir, en échange, la bienveillance et l'affection. Aussi résume-t-il toute sa doctrine dans cette formule empruntée à Priestley: « Le plus grand bonheur pour le plus grand nombre ! »

Admettant de telles prémisses, Bentham ne pouvait voir dans la morale qu'une régularisation de l'égoïsme. L'homme vertueux, dit-il, est un bon calculateur « qui amasse pour l'avenir un trésor de bonheur; l'homme vicieux est un prodigue qui dépense sans compter son revenu. La vertu est comme un homme prudent qui rentre dans ses avances et cumule ses intérêts ». — Tous nos efforts doivent donc tendre à bien apprécier nos actes au point de vue de l'utilité, et c'est pour nous aider dans cette tâche que Bentham a inventé son *arithmétique des plaisirs*.

Pour bien apprécier un plaisir, nous dit-il, il faut l'étudier avec soin en tenant compte de son *intensité*, de sa *durée*, de sa *certitude*, de sa *proximité*, de sa *fécondité* et de sa *pureté*, et, par ce dernier mot, Bentham désigne uniquement l'absence de douleur. — Or, nous jugerons bien de tous ces caractères si nous considérons, non seulement le plaisir en lui-même, mais encore la personne qui l'éprouve, son âge, ses habitudes, son éducation ; si nous considérons surtout les conséquences qu'il peut avoir pour la famille et pour la société. — En conformant notre conduite à ces règles, nous nous procurerons à nous-mêmes et nous procurerons à nos semblables le plus long bien-être possible ; si, en outre, nous avons à rendre la justice, et ce point préoccupe particulièrement Bentham, qui est jurisconsulte plus encore que moraliste, nous saurons déterminer la culpabilité des accusés et proportionner équitablement le châtiment à la faute.

2. Théorie de St. Mill. De la qualité du plaisir. — St. Mill est un disciple de Bentham, mais un disciple indépendant qui, sur plusieurs points essentiels, a heureusement modifié la doctrine de son maître.

Comme Bentham et tous les utilitaires, St. Mill voit dans le bonheur l'objet de tous nos désirs, mais il veut que, dans l'appréciation de ce bonheur, on ne confonde point deux éléments fort distincts : la *quantité* et la *qualité* des plaisirs qui le composent. Ne tenir compte, avec Bentham, que du premier de ces éléments, c'est méconnaître une vérité évidente d'elle-même, à savoir : que les plaisirs ne sont pas homogènes ; que nous ne saurions mettre sur le même rang les plaisirs que nous éprouvons et ceux qu'éprouve l'animal ; les plaisirs de l'homme bien élevé et ceux de l'homme grossier. « Il vaut encore mieux, dit St. Mill, être un homme malheureux qu'un pourceau bien repu ; un Socrate mécontent, qu'un imbécile satisfait. Si l'imbécile et le pourceau pensent différemment, c'est qu'ils connaissent simplement le côté de la question qui les regarde. » — Mais comment connaître les côtés multiples de la question, c'est-à-dire affirmer que tel plaisir est supérieur à tel autre? A quelle marque apercevrons-nous la qualité du bonheur ? — Il ne semble pas que pour St. Mill il existe de marque bien précise, car à cette demande il répond par le conseil suivant : « Lorsqu'il s'agit, dit-il, de savoir lequel de deux plaisirs est le meilleur à obtenir, ou lequel de deux modes d'existence offre le plus de charme, mis à part ses attributs moraux et ses conséquences, le jugement de ceux qui ont la connaissance des deux, et, *s'il y a dissidence, celui de la majorité d'entre eux*, doit être regardé comme définitif. »

St. Mill admet encore, avec Bentham, que le bonheur à poursuivre est le bonheur de l'humanité. Seulement, ce qu'avait négligé Bentham, il s'efforce d'expliquer comment l'homme qui, à l'origine, recherchait uniquement son intérêt, en arrive à rechercher l'intérêt de son semblable: comment, en un mot, s'effectue le passage de l'égoïsme à l'altruisme ou au désintéressement. — Or, suivant St. Mill, il n'y aurait là qu'un simple effet de l'habitude et de l'association des idées. Il s'est produit, dans l'esprit des hommes, une transformation semblable à celle qui se produit dans l'esprit de l'avare : avant d'être victime de sa passion, Harpagon désire la fortune pour les avantages qu'elle procure ; elle est un moyen d'obtenir plaisirs, honneurs, réputation... Mais, peu à peu, il en arrive à désirer l'or pour lui-même et à le préférer à tout : s'il veut être riche, c'est pour l'unique plaisir de la richesse. Il a donc perdu de vue le but premier qu'il poursuivait; il a fait une *fin* de ce qui d'abord n'était pour lui qu'un *moyen*. — Il en est de même pour nous. Primitivement, nous n'avons en vue que notre propre bonheur ; mais ayant remarqué les liens étroits qui unissent notre intérêt à celui des autres, la nécessité où nous sommes d'être utiles à nos semblables pour qu'ils nous soient utiles, nous avons pris l'habitude de penser continuellement à eux ; ainsi s'explique que nous paraissions oublier notre propre bien-être pour agir quelquefois par pur désintéressement.

On peut expliquer de la même manière tous nos sentiments moraux. Si certains actes, par exemple, nous paraissent obligatoires, c'est que nous ne pouvons séparer l'idée d'une action à accomplir de l'idée de sanction. Les actes réputés bons ayant presque toujours été suivis de plaisir, les actes réputés mauvais, de douleur, nous nous sentons comme instinctivement poussés vers les uns et détournés des autres. Or, c'est à ce sentiment, à cette contrainte morale qu'on a donné le nom de devoir. Quant au remords, il ne serait, en dernière analyse, que l'attente ou la crainte des souffrances qui ordinairement accompagnent les actes nuisibles. — On a objecté qu'expliquer ainsi la vertu, le devoir et le bien, c'est leur enlever toute autorité sur la conscience? St. Mill ne croit pas l'objection fondée : « Quand la notion du Juste, dit-il, serait acquise, en serait-elle moins naturelle ? » — Si les plaisirs dus à la pratique du dévoûment n'ont été goûtés que fort tard, ils n'en restent pas moins de qualité supérieure et, par suite, préférables à ceux du pur égoïsme.

3. Théorie de Spencer. L'évolutionnisme. — A ces analyses subtiles, qu'il croit d'ailleurs insuffisantes pour justifier l'utilitarisme, H. Spencer substitue une vaste synthèse qui rattache la morale entière à la doctrine de l'évolution. Nous avons montré déjà comment, greffée sur le principe de la *permanence de la force*, la loi du progrès s'affirme dans le monde physique par un passage incessant de l'*homogène* à l'*hétérogène*, par la production d'organismes à la fois plus *multiples* et plus *uns*, c'est-à-dire plus *parfaits*[1]. Dans le monde moral, cette même loi se traduit par une tendance de plus en plus évidente vers « l'individuation », c'est-à-dire la production d'êtres de plus en plus libres, ayant de plus en plus conscience de leurs droits, « une prétention toujours plus forte à faire respecter les conditions externes indispensables au développement de l'individualité ». Pour prouver l'exactitude de cette loi, il suffit de consulter l'histoire. Elle nous montre, en effet, les peuples primitifs uniquement dirigés par des sentiments *égoïstes ;* or, la vie de l'égoïste ne peut être qu'une vie étroite et bornée ; pour lui, nulle liberté véritable. Mais à ces sentiments durent succéder assez vite les sentiments *altruistes ;* au souci de son propre intérêt, le souci de l'intérêt d'autrui. Pour rendre compte de cette modification de nos instincts et de nos motifs d'action, H. Spencer admet toutes les explications de St. Mill : comme lui, il invoque et l'association des idées et l'habitude, mais il fait intervenir un nouveau facteur dont, avant lui, l'importance n'était peut-être pas suffisamment reconnue : l'*hérédité*. L'évolution des sentiments ne se produit pas seulement dans chaque individu, elle se produit dans l'espèce ; elle ne commence pas, mais elle se continue en chacun de nous. En outre,

---

(1) Voy. *Éléments de philosophie scientifique*, p. 144 et suiv.

— et c'est là un point essentiel dans la doctrine de Spencer, — cette évolution est *nécessaire*, car elle est une conséquence de la loi même qui dirige l'ensemble de l'univers.

C'est en vertu de cette loi que l'homme en est arrivé à substituer, comme règle de conduite, l'intérêt général à l'intérêt personnel. Toutefois, le sentiment qui nous porte à agir ainsi, à nous dévouer même pour nos semblables, et qui revêt actuellement pour nous la forme de l'*obligation*, est-il définitif? H. Spencer ne le croit pas. Il pense qu'un jour viendra où le devoir sera si agréable, le désintéressement si naturel, les sentiments moraux si spontanés, que chacun recherchera, de lui-même et sans s'y croire obligé, le bien-être de tous. Il y aura alors entre les hommes « une sorte de concurrence pour le dévouement », la moralité sera devenue, pour ainsi dire, organique et nécessaire.

4. Appréciation des morales utilitaires. — On conçoit aisément qu'une telle morale dont les conclusions comportent une condamnation de l'égoïsme et une apologie de la vertu, ait pu trouver de nos jours des partisans nombreux. Elle offre, en effet, des avantages sérieux qu'on ne saurait contester.

A. *Part de vérité contenue dans la morale utilitaire.* — Le premier avantage de cette morale est d'établir nettement que nos sentiments moraux et notre conception du devoir sont, comme tout ici-bas, soumis à la grande loi de l'évolution. S'il en était autrement, on ne pourrait s'expliquer les opinions si différentes que parfois ont les hommes sur le bien et le mal[1], les améliorations successives qui sont apportées dans la législation des peuples.

En second lieu, les utilitaires ont mieux mis en lumière qu'on ne l'avait fait avant eux, les liens d'étroite solidarité qui nous

(1) « S'il existe des philosophes, nous dit Spencer, qui voient encore dans la conscience morale un pouvoir infaillible qui a toujours dirigé les hommes comme il les dirige aujourd'hui, c'est qu'assurément ils ignorent les immenses progrès de l'anthropologie et de l'histoire. » Pour montrer, d'ailleurs, combien sont différents les jugements des hommes sur le bien et le mal, il lui suffit de citer des exemples : « Répandre le sang, être meurtrier, est l'objet d'une ambition sans bornes pour les insulaires de Fiji. — Au Zoulouland, si les mères essaient de frapper leurs fils, même tout jeunes, ceux-ci peuvent, sur l'instant, et de par la loi, les mettre à mort. — Les Démaras tuent les personnes inutiles ou affaiblies par l'âge; on voit même des fils étouffer leurs pères malades. Chez d'autres peuples, au contraire, on rencontre la pratique des plus belles vertus. » H. Spencer, *La morale de Kant*, *Revue philosophique*, t. XXVI, p. 1 et suiv.

unissent les uns aux autres, et, en insistant sur le rôle considérable de l'hérédité, ils ont pu rendre compte d'un grand nombre de faits encore mal expliqués et nous donner des leçons morales de la plus haute portée.

Enfin, lorsque nous comparons entre eux les différents systèmes qui ont choisi l'intérêt comme règle de conduite, n'est-il pas instructif de voir comment peu à peu ils se modifient les uns les autres, se corrigent et se complètent. En passant d'Epicure et de Hobbes à Bentham, de Bentham à St. Mill et à H. Spencer, le principe de la morale ne devient-il pas de plus en plus élevé, l'intérêt général étant substitué à l'intérêt particulier, le dévoûment à l'égoïsme ? L'étude attentive de l'homme a donc conduit ces philosophes à se faire de la vie morale un idéal de plus en plus parfait, et nous verrons que cet idéal diffère fort peu de celui que nous proposent les moralistes du devoir.

B. *Objections que soulève la morale utilitaire.* — Mais, ces réserves faites, examinons de plus près les systèmes que nous venons de passer en revue.

1° *Bentham* fait consister la morale dans une régularisation de l'égoïsme et une sorte d'arithmétique des plaisirs, mais que peut valoir cette arithmétique d'un nouveau genre ? Comment évaluer mathématiquement l'importance de nos joies et de nos souffrances ; comment soumettre aux lois du calcul la sensibilité qui est, par nature, essentiellement mobile et variable ? Tous les conseils que nous donne Bentham pour effectuer ces calculs, ne sont que des conseils de prudence, utiles à suivre, dans bien des cas, mais sans valeur scientifique. En outre, est-il suffisant, pour apprécier équitablement un acte, de ne considérer que ses conséquences ? Evidemment non, car, même en justice, le magistrat doit tenir compte des intentions de l'accusé. L'homme qui a nui sciemment et volontairement à ses semblables, sera toujours jugé plus coupable que celui qui a agi sans discernement.

2° *St. Mill* corrige heureusement la doctrine de Bentham lorsqu'il établit une hiérarchie entre nos plaisirs, hiérarchie fondée, non plus sur des différences de quantité et d'intensité, mais sur des différences de qualité et de noblesse ; seulement, nous nous demandons sur quoi il s'appuie pour apprécier ces différences, et d'où vient l'excellence de certains plaisirs ? Si, par hypothèse, elle ne vient pas de leur intensité, ne faut-il pas, pour en juger, faire appel à un principe distinct du plaisir lui-même et sans lequel il n'aurait aucune valeur morale ? St. Mill, il est vrai, nous dit qu'il convient de s'en remettre, à ce sujet, au jugement du plus grand nombre des hommes compétents; mais n'est-il pas dangereux de confier ainsi au suffrage seul, même restreint, la mission de régler les questions de moralité ?

3° Il ne nous semble pas davantage que St. Mill ait fourni des jugements et des sentiments moraux une explication définitive. En effet, quelque grande que soit leur vertu, l'association des idées, l'habitude et l'hérédité ne sauraient faire sortir de l'idée d'utilité, celle du désintéressement avec le caractère d'*obligation* qu'elle présente. L'avare accumule des richesses, sans songer au profit qu'il en retirera : l'association des idées et l'habitude lui ont fait oublier la fin première qu'il poursuivait, mais elles n'ont pu lui faire concevoir la recherche de l'or comme un devoir. Pour obtenir cet or, il s'impose toutes les privations ; pour le conserver, il donnera même sa vie ; mais la conduite qu'il tient, en agissant ainsi, lui paraît-elle louable ? Se juge-t-il meilleur et plus parfait, à mesure que ses trésors augmentent ? Il est permis d'en douter ; au reste, ne savons-nous pas que l'avare ordinairement cherche à cacher son avarice ; il n'y voit point un titre de gloire, et rarement il songe à s'en montrer fier et jaloux. Il est tout aussi difficile de dériver l'obligation morale de l'attente ou de la crainte d'une douleur. Le sentiment de l'obligation est inséparable d'un certain sentiment de respect pour le bien ; or, si l'attente et la crainte peuvent exercer sur nous de l'influence, nous pousser même avec force à l'action, on ne conçoit pas qu'elles provoquent le respect ou le mépris.

4° Si nous examinons maintenant le principe sur lequel reposent la morale de Bentham et celle de St. Mill : « le plus grand bonheur pour le plus grand nombre, » nous remarquons bien vite qu'il n'est clair et précis qu'en apparence. Il faudrait, en effet, nous dire à quel signe on reconnaît les actes vraiment conformes à l'intérêt général. Découvrir ce qui nous est utile à nous-même est souvent difficile, découvrir ce qui est utile à tous doit l'être plus encore, puisque nos assemblées délibérantes, malgré les renseignements qu'elles possèdent et qui nous font défaut, n'y réussissent pas toujours.

Le principe qu'on nous propose peut être, en outre, interprété de deux manières différentes. — Faut-il se préoccuper de l'inté-

rêt général uniquement afin de sauvegarder son propre intérêt?
Dans ce cas, nous en revenons à la morale d'Épicure et nous
n'obéissons plus qu'à un égoïsme déguisé; bien plus, nous nous
montrons spéculateurs fort téméraires, car on ne saurait affirmer qu'entre l'intérêt privé et l'intérêt social il n'y ait jamais
antagonisme. — Admet-on, au contraire, qu'il faut rechercher
l'intérêt de tous, sans songer au sien; mais alors quelle raison
justifie cette préférence? En se sacrifiant ainsi soi-même, ne
s'en réfère-t-on pas une fois encore, peut-être inconsciemment,
à un principe supérieur à l'intérêt lui-même?

5° La morale de *Spencer* tirant toute sa force du vaste système
auquel elle se rattache, il faudrait, au préalable, pour l'apprécier
justement, discuter les principes de ce système lui-même. Nous
nous bornerons à signaler quelques-unes des objections qu'il
soulève. — Et d'abord, qu'est la loi de l'évolution, telle que la
conçoit Spencer, sinon une hypothèse invérifiable et qu'il est
souvent difficile de concilier avec les faits? — Ainsi, elle nous
contraint d'admettre, non seulement qu'il y a progrès dans le
monde, au point de vue de la moralité, mais encore que des
hommes ont existé, dénués absolument de tout sentiment moral,
et même qu'il en peut exister de nos jours. Or, plusieurs raisons sérieuses peuvent être invoquées contre de telles conclusions. La première, c'est que nous ignorons dans quel état
vivaient nos ancêtres, les documents nous faisant défaut; la
seconde, c'est que la conduite des tribus sauvages dont on cite
l'exemple, peut s'expliquer tout autrement que ne le fait Spencer.
Tout en reconnaissant qu'ils pensent différemment de nous sur
le bien et le devoir, et qu'on peut légitimement conclure de leurs
actes à leurs croyances, ne sommes-nous pas autorisés à nous
demander si une telle opposition, au lieu d'être primitive, ne
serait pas dérivée? Ne se pourrait-il pas qu'elle eût sa cause
dans la passion, l'habitude, la contagion du vice, les coutumes,
l'ignorance? Est-ce que nous ne voyons pas autour de nous des
hommes chez lesquels le sens moral s'oblitère chaque jour?
Pourquoi la même évolution à rebours ne se serait-elle pas produite chez certains peuples? — Quant aux inductions de
H. Spencer touchant l'avenir de la moralité, elles ont le défaut
grave de ne pouvoir être actuellement vérifiées.

En résumé, ce que l'on reproche à Spencer, c'est d'abuser de
l'hypothèse et d'interpréter la loi de l'évolution dans un sens

beaucoup trop large, — L'évolution, en effet, peut être considérée de deux manières fort différentes. Pour Spencer, elle est
cette loi en vertu de laquelle une substance homogène se transforme, donnant successivement naissance à toutes les propriétés
des corps et à toutes les facultés de l'esprit. De mouvement elle
deviendrait chaleur, lumière, vie, pensée ; d'elle, naîtraient
l'art, la science, la morale, tout se produisant dans l'univers par
des causes purement mécaniques. Chaque degré de l'évolution
des choses serait marqué par un progrès du moins au plus,
disons même par une création véritable, car entre le mouvement,
par exemple, et la pensée qui en dérive, il paraît exister une
différence radicale. — Pour beaucoup d'autres philosophes, évolution est simplement synonyme de développement, d'enrichissement, de progrès. C'est par évolution, par exemple, que le
gland devient chêne, que l'enfant devient homme ; l'évolution
consisterait donc uniquement dans la manifestation extérieure,
dans l'épanouissement de qualités qui existaient virtuellement
déjà. Dans cette dernière hypothèse, l'apparition de la vie, de la
pensée et de la moralité dans le monde ne serait plus l'effet de
causes purement mécaniques ; elle ne constituerait pas davantage une création proprement dite, bien qu'il y ait en réalité
passage du moins au plus ; c'est qu'alors le progrès aurait lieu
non pas de l'homogène à l'hétérogène, mais bien de l'homogène
à l'homogène ; non du mouvement à la pensée, mais bien de la
pensée obscure à la pensée consciente et réfléchie ; non de
l'égoïsme à l'altruisme, mais d'un altruisme qui s'ignore à un
altruisme réfléchi. En concevant ainsi l'évolution, on rend plus
aisément compte de tous les faits qu'invoque Spencer contre la
morale de Kant, et l'on écarte les principales difficultés que
l'utilitarisme soulève.

V

MORALE DE L'INCLINATION ET DU SENTIMENT

1. Morale de Fourier. Nature et rôle des passions. — 2. Critique de ce
système. — 3. Morale mystique. — 4. Morale de la sympathie. — 5. Conclusion.

Les moralistes du sentiment ne se font pas de la vie humaine
un idéal plus élevé que St. Mill et H. Spencer ; toutefois, plus
confiants dans l'excellence de notre nature que dans les prin-

cipes abstraits des systèmes, ils substituent, comme règle de conduite, à la raison, le cœur; à la réflexion, l'instinct, estimant plus sage de s'en remettre à l'inclination ou au sentiment du soin de nous guider vers notre fin véritable.

1. Morale de Fourier. Nature et rôle des passions. — Fourier est de tous les philosophes qui conçoivent ainsi la morale, celui qui la défend avec le plus de logique et d'originalité. — Newton, nous dit-il, a découvert la grande loi qui régit les corps, mais, ce qu'il n'a point vu, c'est que la même loi, loi d'ordre et d'harmonie, régit aussi les âmes. Là, elle se manifeste par l'attraction et la répulsion; ici, par l'amour et la haine, c'est-à-dire par les passions. Or, il est trois fins vers lesquelles tendent toutes nos passions : 1° la possession de tout ce qui peut accroître notre bien-être, la richesse, la santé, par exemple; 2° la formation de groupes ou de petites corporations entre les personnes que rapproche l'affection ou l'intérêt; 3° l'organisation de ces petits groupes entre eux, et leur distribution en *séries* plus fortes et plus vivantes. D'où trois sortes de passions : les passions *sensitives*, les passions *affectives* et les passions *distributives* ou *mécanisantes*.

Comme elles ne sont que des manifestations de la loi qui régit le monde, toutes ces passions, suivant Fourier, sont bonnes. Toutes, en effet, viennent de Dieu : « Elles nous guident comme la boussole le marin, et nous indiquent vers quel but nous devons diriger nos efforts. » Céder à l'attraction passionnelle, telle doit être, par conséquent, notre unique règle de conduite. D'elles-mêmes les passions tendent à l'harmonie et à l'unité; loin de chercher à les combattre, et à les diriger, cherchons plutôt à écarter ce qui les fausse et les entrave.

2. Critique de ce système. — Le principal défaut de ce système est d'admettre a priori l'excellence de la nature humaine, telle qu'elle est actuellement, et la légitimité de tous nos instincts. Il est possible qu'à l'origine, toutes les tendances de l'homme l'aient porté vers le bien, mais nous ne saurions affirmer que l'hérédité n'a pas créé en nous une seconde nature et déposé dans le cœur le germe d'instincts mauvais. Laisser à nos passions le soin de s'organiser elles-mêmes, n'est-ce pas s'exposer à voir triompher celles qui précisément sont viciées? — En outre, l'instinct n'est pas la nature proprement dite, comme l'assure Fourier, il n'en est que l'ébauche; il est, de plus, aveugle et fatal, c'est donc arbitrairement qu'on lui subordonne la raison et la volonté.

3. Morale mystique. — D'autres philosophes, au lieu de glorifier toutes les passions, comme Fourier, donnent la préférence à l'une d'entre elles, tantôt à l'amour de Dieu, tantôt à la sympathie, tantôt à la bienveillance.

Suivant les mystiques, l'unique mobile de toutes nos actions devrait être *l'amour de Dieu* : « Aime Dieu, et fais ce que tu veux, » telle est la formule de leur doctrine.

Il est bien évident que l'amour de Dieu est capable de susciter les plus belles actions; mais il ne faut pas oublier que cet amour est, comme tout sentiment en général, changeant et variable; qu'il peut s'affaiblir et s'exalter; qu'il peut même nous porter à méconnaître nos devoirs les plus impérieux. Il est, d'ailleurs, deux écueils auxquels il a souvent conduit : *l'ascétisme* et le *fanatisme*. — Saint François de Sales, un mystique, condamne lui-même cette doctrine qui asservit la raison à la sensibilité : « Grande folie, dit-il, que d'aspirer ainsi à une chose impossible. »

4. Morale de la sympathie. — A l'amour de Dieu, Adam Smith substitue la *sympathie*, c'est-à-dire ce sentiment qui nous pousse à nous substituer en quelque sorte à nos semblables, à jouir de leurs joies et à souffrir de leurs souffrances. Seraient bons, tous les actes qui provoquent ce sentiment; seraient mauvais, tous ceux qui provoquent le sentiment contraire : les jugements que nous portons sur nos semblables auraient ainsi pour cause les sentiments qu'ils nous inspirent. — Tout autre nous paraît être la marche suivie par l'esprit. Lorsque nous jugeons qu'un homme est honnête, ce n'est point uniquement par ce que nous sympathisons avec lui; si nous sympathisons avec lui, c'est plutôt parce que nous le jugeons honnête. En second lieu, nous ne sympathisons qu'avec autrui; comment alors expliquer que nous puissions nous approuver et nous blâmer nous-mêmes? — Pour éluder cette difficulté, Adam Smith suppose que chacun de nous ne s'apprécie qu'après avoir apprécié les autres. Il s'opérerait ensuite une sorte de dédoublement dans la conscience, qui nous permettrait d'être à la fois acteurs et spectateurs de nos actes, juges et parties dans notre propre cause. — Cette dualité existe bien en nous, seulement, cette supposition que l'homme ne se juge qu'après avoir jugé ses semblables, est tout à fait arbitraire; en outre, n'est-il pas dangereux de régler ses jugements et sa conduite sur les seules inspirations de la sympathie? — Adam Smith répond, il est vrai, qu'il faut songer à la sympathie non du premier venu, mais d'un *spectateur impartial*. Le danger, dans ce cas, sera moins grand, sans doute, mais comment un spectateur, quel qu'il soit, pourrait-il être véritablement impartial, s'il n'écoute que ses sympathies, essentiellement mobiles et changeantes, comme tous les sentiments, au lieu d'écouter la raison?

5. Conclusion. — En résumé, ces systèmes ont sur les systèmes utilitaires une supériorité incontestable, car ils reconnaissent que nous sommes capables d'obéir à des mobiles désintéressés; capables, sans arrière-pensée égoïste, de nous dévouer et de nous sacrifier pour nos semblables, mais ils n'ont pas compris la vraie nature du devoir dont le sentiment ne doit être que l'auxiliaire.

OUVRAGES A CONSULTER

Cousin, *Du vrai, du beau et du bien*. — Jouffroy, *Cours de droit naturel.* — J. Simon, *Le devoir*. — L. Carrau, *La morale utilitaire*. — Guyau, *La morale d'Épicure* et *La morale anglaise contemporaine*. — St. Mill, *L'utilitarisme*. — Fouillée, *Critique des systèmes de morale contemporains*. — H. Spencer, *La justice*.

CHAPITRE III

MORALE DU DEVOIR

I

DU BIEN

1. Défaut commun à toutes les théories précédentes. — 2. Hiérarchie de nos facultés. Supériorité de la raison sur la sensibilité. — 3. La vie telle que la conçoit la raison. — 4. Caractères du bien. Du bien idéal et du bien moral. — 5. Le bien et les principes moraux. — 6. Le bien est conçu comme obligatoire.

1. Défaut commun à toutes les théories précédentes. — Le défaut commun à toutes les théories qui précèdent est d'accorder à la sensibilité une importance excessive, les unes, en nous proposant pour fin sa seule satisfaction, les autres, en nous la donnant pour guide. Nous avons, en effet, prouvé que toutes font violence à la conscience qui se refuse à voir dans l'intérêt ou le plaisir le véritable bien de l'homme, comme elle se refuse à justifier toutes les suggestions du sentiment. Ses jugements ne prêtent d'ailleurs à aucune équivoque, car elle ne reconnaît aucun mérite aux actions que le plaisir ou l'intérêt seuls inspirent, tandis qu'elle attache souvent le plus haut prix à certains actes, lors même qu'ils nous occasionneraient de la douleur, nuiraient à nos intérêts et devraient nous aliéner l'affection de nos semblables.

2. Hiérarchie de nos facultés : Supériorité de la raison sur la sensibilité. — S'il en est ainsi, si la conscience nous affirme qu'il y a un bien supérieur au plaisir, c'est qu'au-dessus de la sensibilité, il y a en nous l'intelligence et la raison; au-dessus de l'inclination, la volonté. Or, ce sont précisément ces deux facultés, la raison et la volonté qui constituent l'essence de l'homme et, comme nous l'avons montré, font de lui une *personne*. Par la sensibilité, qui est mobile et changeante, tous les hommes diffèrent plus ou moins les uns des autres; par la raison, dont les principes sont fixes et universels, tous les hommes se ressemblent. Par la sensibilité, nous nous rapprochons de l'animal, car il éprouve des sensations comme nous; par la raison et par la liberté, nous lui devenons infiniment supérieurs. Ce sont ces facultés qui nous confèrent une dignité propre et nous rendent respectables et sacrés. La vie libre et raisonnable l'emporte donc sur la vie purement physique et sensible; aussi convient-il de tout subordonner à son développement, car ce développement est notre bien même, et il ne semble pas que nous ayons besoin d'en prouver l'excellence, tellement elle est évidente. « Je crois, remarque M. Janet, qu'il faut admettre sans preuve que certaines choses sont bonnes, même indépendamment des plaisirs qu'elles nous procurent, en soi et par elles-mêmes, en vertu de leur valeur intrinsèque. A qui me demandera de lui prouver que la pensée vaut mieux que la digestion, je ne pourrai pas plus répondre qu'à celui qui me demandera de lui prouver que le tout est plus grand que l'une de ses parties. » — On conçoit, en effet, qu'il ne s'agirait de rien moins ici que de justifier un arrêt de la raison, ce qui est impossible, puisqu'on ne pourrait le faire qu'en s'appuyant encore sur la raison elle-même.

3. La vie telle que la conçoit la raison. — Examinons maintenant quels sont les caractères de cette vie que la raison nous présente comme supérieure à la vie purement sensible. — Il est évident, d'abord, qu'elle ne saurait être ni celle du voluptueux, ni celle de l'égoïste : l'une n'est que folie; l'autre n'est qu'une vie sans expansion, comme sans grandeur. La vie véritable est, au contraire, essentiellement *féconde* et *sociable;* elle est d'autant plus intense qu'elle rayonne davantage autour d'elle; c'est pourquoi, suivant une juste remarque, « il y a une certaine générosité inséparable de l'existence, et sans laquelle on meurt, on se dessèche intérieurement. Il faut fleurir. La moralité, le désintéressement, c'est la fleur de la vie humaine. — On a toujours représenté la charité, écrit le même philosophe, sous les traits d'une mère qui tend à des enfants son sein gonflé de lait; c'est, qu'en effet, la charité ne fait qu'un avec la fécondité débordante; elle est comme une maternité trop large pour s'arrêter à la famille. Le sein de la mère a besoin de bouches avides qui l'épuisent; le cœur de l'être vraiment humain a aussi besoin de se faire doux et secourable pour tous : il y a chez le bienfaiteur même un appel intérieur vers ceux qui souffrent [1]. » Céder à cet appel, obéir à cette tendance naturelle qui nous porte à vivre avec tous et pour tous, travailler librement et sciemment à son amélioration personnelle et à celle de ses semblables, telle est précisément la première condition requise, suivant la raison, pour vivre de cette vie qu'elle juge supérieure à toute autre. — La seconde serait, non seulement de s'associer à la destinée de ses semblables et de concourir à sa réalisation, mais encore de comprendre quelles lois président à l'évolution des êtres et de contribuer, dans la mesure de ses forces, à l'ordre et à l'harmonie universelles. « L'essentiel, c'est de réfléchir en soi une portion de plus en plus grande de ce qui est et d'approcher de notre fin, qui serait d'être en parfaite harmonie avec l'universalité des choses [2]. » — En résumé, l'idéal que nous propose la raison, c'est de vivre de la vie la plus intense, la plus complète, la plus libre et, suivant la loi de tous les êtres, de s'efforcer d'accroître la part d'activité qui nous a été léguée.

4. Caractères du bien. Le bien idéal et le bien moral. — Il nous est dès lors possible de dégager les caractères du bien propre de l'homme et d'entrevoir quelle fin il doit poursuivre. — Le bien, c'est d'abord l'être et la vie : ni le néant, ni la mort ne sauraient être des biens véritables aux yeux de la raison. — Le bien, c'est, en outre, l'accord des différents pouvoirs qui nous constituent, chacun remplissant son rôle, sans nuire au développement des autres, la sensibilité, comme le demandait déjà Platon, se subordonnant à la volonté; la volonté et l'appétit à la raison. — C'est, de plus, l'accord de nos aspirations et de nos pensées avec le milieu social dans lequel nous vivons, lorsque tous ont un égal respect pour les ordres de la raison et sont « en parfaite harmonie avec les lois universelles des choses ». — Nous ajouterons, enfin, que le bien est la conformité de nos désirs, de nos pensées et de nos volontés

---

(1) Guyau, *Esquisse d'une morale sans obligation ni sanction.*

(2) Renan. — Les lois supérieures de la morale nous apparaissent ainsi comme identiques aux lois les plus profondes de la vie même.

avec les desseins de la sagesse divine. Les lois des choses ne sont-elles pas, en effet, en dernière analyse, l'expression même de ces desseins? La fin vers laquelle elles tendent ne leur a-t-elle pas été assignée par un acte de sa puissance et de sa bonté? — Tous ces caractères qui, d'ailleurs, se complètent les uns les autres peuvent se réduire à un seul : la perfection; la perfection étant la plénitude de l'être et, dans un sens plus restreint, pour chacun de nous, la réalisation la plus complète possible du savoir, de la bonté et de la liberté.

Le bien tel que nous venons de le définir n'est assurément qu'un *idéal;* cet idéal est celui de la personne « pure, universelle et parfaite », affranchie des entraves de la passion et dégagée de tout égoïsme, souverainement intelligente et souverainement libre et bonne; or, c'est vers cet idéal qu'il nous faut tendre; c'est à son image que nous devons modeler la personne imparfaite que nous sommes, si nous voulons nous approcher de plus en plus de notre fin. Tous les efforts que nous faisons en ce sens et tous les progrès que nous réalisons, constituent précisément le *bien moral,* et c'est ce bien volontairement réalisé qui explique, comme nous le verrons plus tard, et le mérite et la vertu.

5. Le bien et les autres principes moraux. — Dans cette conception du bien idéal se trouvent conciliés tous les principes moraux dont nous avons discuté les titres. — Si ce bien, en effet, consiste « dans la vie la plus intense et la plus extensive sous tous ses rapports », il est évident que le plaisir ne saurait en être absent, puisque le plaisir est l'accompagnement nécessaire de toute activité qui se développe librement. Le plaisir, toutefois, n'est plus ici considéré comme une fin, mais comme un moyen; il est la conséquence naturelle de notre conduite : nous le cueillons au passage sur notre route qu'il embellit, mais ce n'est point là le but même de notre voyage. — En second lieu, si ce bien résulte du libre épanouissement de toutes nos facultés et de tout notre être, comment pourrait-il être contraire à notre véritable intérêt? N'est-il pas de notre intérêt de fortifier en nous la raison et de combattre autour de nous la misère, le vice et l'ignorance? — Enfin, ce bien ne peut être que conforme à nos sentiments les plus intimes et à nos instincts les plus profonds, car il n'est pas possible à l'homme de ne pas aimer, lorsqu'il est capable de réflexion, ce qui le rend meilleur et l'ennoblit à ses propres yeux.

6. Le bien est conçu comme obligatoire. — Il nous reste à montrer que le bien de la raison n'est pas simplement un idéal qui nous attire, mais encore un idéal qui nous *oblige*, et que tendre à sa réalisation est pour l'homme un *devoir*.

II

DU DEVOIR

A

1. La loi morale et le devoir. — 2. Caractères du devoir : il est conçu comme obligatoire, absolu, universel et possible. — 3. Distinction entre la loi morale et les lois civiles et naturelles. — 4. Fondement du devoir. Théories à écarter. — 5. Conclusion.

1. La loi morale et le devoir. — Si le bien conçu par la raison était simplement pour l'homme un objet de contemplation, nous ne pourrions rendre compte ni des jugements que porte la conscience, ni des sentiments qu'elle nous inspire. Ces jugements et ces sentiments impliquent, en effet, que nous soyons soumis à une loi ; or, c'est précisément cette loi de notre activité libre qui prend le nom de *devoir*, lorsqu'au lieu de la considérer en elle-même et d'une manière tout à fait générale, on la considère dans ses applications particulières aux différents actes de la vie. Ce sont les caractères propres de cette loi et le fondement sur lequel elle repose qu'il nous faut maintenant étudier.

2. Caractères propres de la loi morale et du devoir. — Le premier et le plus essentiel de ces caractères est l'*obligation*. La loi morale ou le devoir est obligatoire, c'est-à-dire qu'il s'impose à nous avec une autorité souveraine, sans cependant détruire notre liberté. L'obligation diffère donc à la fois de la *contrainte* et du *simple conseil ;* de la contrainte, puisqu'elle ne nous fait pas violence et nous laisse le pouvoir d'agir à notre guise ; du simple conseil, puisqu'elle est conçue comme un ordre auquel nous sommes tenus de nous soumettre. Bien plus, cet ordre est tel, qu'il ne nous est point permis d'en discuter l'excellence : « Fais ce que dois, » telle est la formule du devoir ; nous ne pouvons qu'ajouter : « advienne que pourra ! » —

Ce sont ces caractères que Kant a bien mis en relief, lorsqu'il a défini le devoir : un *impératif catégorique;* un *impératif,* c'est-à-dire un commandement; un *impératif catégorique,* c'est-à-dire un commandement formulé sans condition et dont la justification se trouve dans la bonté même de l'acte qu'il impose. Tout autre est le langage que nous tiennent le plaisir et l'intérêt. Ils disent simplement : fais ceci, *si* tu veux obtenir tel résultat, la richesse ou les honneurs, par exemple; aussi Kant les désigne-t-il justement sous le nom d'*impératifs hypothétiques.* Le devoir nous dit au contraire : fais ceci, uniquement parce que c'est bien; ne mens pas, non pour éviter que l'on te méprise, mais parce que mentir est mal. Il est possible qu'en nous conformant à cet ordre, nous nuisions à nos intérêts, peut-être à ceux de nos semblables ; qu'importe, le devoir veut être pratiqué pour lui-même.

Ce qu'il convient de bien remarquer ici, c'est que si la loi morale s'impose à la volonté, ce n'est point en l'asservissant. Ce qu'elle demande avant tout, c'est d'être acceptée librement, obéie sans contrainte, suivie parce qu'elle est bonne et non pour quelque motif étranger. De telle sorte que c'est bien la volonté qui, en définitive, s'oblige elle-même et se lie de son plein gré : elle est, suivant l'expression de Kant, véritablement *autonome;* elle est sa propre *législatrice.* Toute autre loi qui procéderait, non de nous, mais du dehors, et dont l'action sur nos actes serait prépondérante, détruirait par là même toute moralité, car elle détruirait la liberté.

Le devoir est, en outre, conçu comme *universel,* c'est-à-dire comme s'imposant à tous les êtres libres et raisonnables, abstraction faite de toute considération de temps et de lieu. C'est même à ce caractère, suivant Kant, que nous pourrions le plus sûrement reconnaître si un acte est bon ou mauvais. Aussi nous donne-t-il cette règle pratique excellente : « Agis toujours de telle sorte que la maxime de ton action puisse être érigée en loi universelle, » ou, en d'autres termes, demande-toi, avant d'agir, si tu voudrais qu'à ta place, tes semblables accomplissent l'acte que tu médites. « Remarquons, ajoute Kant, ce qui nous arrive quand nous transgressons la loi. Prétendons-nous, en le faisant, ériger en loi universelle, la maxime de nos actions ? Loin de là, nous prétendons, au contraire, rester une exception. Quand on fait le mal, on n'est pas pour cela d'avis que les autres doivent le faire. Quand on vole, on n'admet pas que les autres puissent également voler ; seulement on prend la liberté de faire une exception en faveur de ses penchants, et pour cette fois seulement. »

Ajoutons que le devoir est toujours *praticable*, car il cesse de nous commander, dès que nous ne sommes plus libres. C'est là le sens de cette maxime populaire : « A l'impossible nul n'est tenu. »

3. Distinction entre la loi morale, les lois naturelles et les lois civiles. — Par les caractères que nous lui avons reconnus, la loi morale se distingue nettement des lois naturelles et des lois civiles.

Les lois naturelles, logiques, mathématiques ou physiques sont conçues comme nécessaires et ne sauraient être violées : c'est nécessairement que deux quantités égales à une troisième sont égales entre elles ; c'est nécessairement que la pierre tombe et que nous mourrons tous un jour ; la loi morale, est simplement obligatoire, aussi pouvons-nous lui désobéir. — Les lois naturelles nous montrent uniquement ce qui est ou ce qui se fait ; en outre, elles n'impliquent dans les êtres qu'elles dirigent, ni intelligence, ni sentiment, ni volonté ; la loi morale est essentiellement la loi des êtres libres auxquels elle indique ce qui doit être et ce qu'il faut faire. — Aussi ne reconnaissons-nous aucun caractère vraiment moral aux actes qui ont leur cause dans les seules lois naturelles, il en est tout autrement de ceux qu'accomplit la volonté instruite de son devoir.

Si nous considérons les lois civiles, nous remarquons bien vite qu'elles ne sont ni universelles, ni fixes, ni même toujours praticables. Bien plus, il est évident qu'elles ne sont pas obligatoires au même titre que la loi morale. Sans doute nous ne saurions impunément les violer ; mais nous sentons qu'elles ne valent point par elles-mêmes ; que leur autorité leur vient d'une autorité supérieure ; qu'elles sont toujours plus ou moins imparfaites. C'est pourquoi nous nous reconnaissons le droit d'en discuter la valeur et cherchons sans cesse à les améliorer.

4. Fondement du devoir. — Théories à écarter. — Recherchons maintenant sur quel principe repose la loi morale et d'où lui vient son autorité.

a). Principe de la volonté divine. — Suivant Hobbes, le bien et le devoir auraient leur source dans un décret arbitraire de la volonté divine; Dieu, en effet, étant souverainement libre, aurait pu faire, s'il l'avait voulu, que le devoir fût tout autre et que le bien fût le mal. C'est la même théorie que défendait Gerson : « Dieu, disait-il, ne veut pas certaines actions parce qu'elles sont bonnes, mais elles sont bonnes parce qu'il les veut. » — Une telle doctrine est difficilement intelligible ; l'idée que nous nous faisons de Dieu est celle d'un être éminemment parfait, or, ne cesserait-il pas de l'être et n'agirait-il pas contrairement à sa nature, s'il imposait des actes que la raison juge mauvais? Pour comprendre une telle hypothèse, il faudrait concevoir la possibilité d'une raison différente de la nôtre, appréciant autrement les choses que notre raison ne les apprécie; mais une telle conception nous est interdite par les lois mêmes de notre esprit[1] ?

Plus spécieuse est la théorie qui fait dépendre non le *bien*, mais le *devoir*, de la volonté de Dieu. Sans doute, disent ses défenseurs[2], le bien existe par lui-même ; sans doute il n'appartient à aucun pouvoir de modifier les notions morales au gré de ses caprices, mais si le bien devient *obligatoire*, c'est que Dieu l'a ainsi voulu. Considéré seul et en lui-même, abstraction faite de tout commandement divin, il peut encore s'offrir à nous comme un idéal dont l'excellence nous attire, mais il n'a plus l'autorité suffisante pour s'imposer à nous et nous obliger.

M. Janet a bien mis en relief le défaut principal de cette explication du devoir. « De cette théorie de l'obligation, dit-il, il semble résulter que c'est Dieu qui a voulu, non pas que telle action fût bonne, mais que telle action bonne fût obligatoire : d'où il suit, réciproprement, que s'il n'eût pas voulu qu'elle fût obligatoire, elle ne l'aurait pas été. Dieu aurait donc pu faire une créature humaine douée de raison, connaissant parfaitement que le mensonge est mauvais, que la sincérité est bonne, et qui, cependant, n'eût pas été assujettie à l'obligation de la sincérité, à qui il eût pu être permis de mentir. Dieu aurait pu créer un bienfaiteur et un obligé tels que l'obligé eût été dispensé de toute reconnaissance envers son bienfaiteur, un fils qui aurait pu ne

---

(1) Liard, *Descartes*, liv. III, 3.

(2) Puffendorf. Voy. Beaussire, *Fondement de l'obligation morale*. Janet, *La morale*.

pas respecter son père, une mère qui aurait pu ne pas aimer ses enfants, des amis à qui il eût été permis de se calomnier. » Toutes suppositions inadmissibles pour la raison. Cette contradiction n'est pas d'ailleurs la seule que contienne cette théorie. On nous dit que le bien est obligatoire parce que Dieu l'a voulu. Mais pourquoi devons-nous obéir à la volonté de Dieu? La raison ne reconnaitrait pas son autorité, si ses ordres ne lui paraissaient pas justes et bons; de telle sorte que le fondement du devoir se trouve, en dernière analyse, non dans le commandement divin, mais dans le bien lui-même.

b). Théorie de Kant. — Autrement profonde est la théorie de Kant dont nous avons déjà indiqué les points essentiels. Contrairement à la plupart des autres moralistes, il cherche le principe de la loi morale non plus hors de nous, mais en nous ; non plus dans une puissance extérieure qui nous imposerait ses ordres, mais dans le rapport qui existe entre la volonté et la raison ; entre la personne pure, souverainement raisonnable et libre, qui est plutôt un idéal qu'une réalité temporelle, et la personne empirique toujours plus ou moins asservie à la sensibilité. Lorsque ces deux termes sont mis en présence dans la conscience, la volonté imparfaite que nous possédons, subit une sorte de contrainte morale qui la pousse à se rapprocher de plus en plus de la volonté parfaite, qui seule est bonne absolument. Or, c'est à cette contrainte elle-même, qui résulte d'un ordre de la raison pratique, d'une action de la personne idéale sur notre personne réelle, que Kant donne le nom de devoir.

Nous avons montré que nul peut-être n'avait aussi bien que ce philosophe, analysé les caractères de cette action morale. Et d'abord, il est évident, nous dit-il, que le devoir ne saurait exister que pour une volonté relativement imparfaite; un être parfait, dont l'activité s'exercerait toujours et nécessairement conformément à la raison, ignorerait la lutte que le devoir implique. — En outre, le caractère propre du devoir est de nous apparaître, non comme un *impératif hypothétique,* mais bien comme un *impératif catégorique :* il nous commande d'une manière *absolue et sans condition.* — Bien plus, la raison nous le représente obligatoire pour les autres, comme il l'est pour nous-même, c'est-à-dire comme *universel :* d'où la première règle que nous avons citée : « Agis uniquement d'après une maxime dont tu puisses vouloir faire une loi universelle. » — Or, pour qu'un acte ait véritablement ce caractère d'universalité et, par suite, soit véritablement moral, il doit être accompli, suivant Kant, non en vue d'une fin étrangère à l'acte lui-même, mais simplement *par respect pour le devoir*. Kant va même si loin en ce sens, qu'il considère le plaisir que nous éprouvons à accomplir le devoir, comme nuisible à la moralité et nous enlevant de notre propre mérite. Aussi est-il logique avec lui-même lorsqu'il nous dit qu'il souhaiterait avoir une moins vive inclination au bien, afin que la moralité de ses actes fût plus grande, toute intervention de la sensibilité ne pouvant que troubler la volonté, en la nécessitant. Donc notre seule préoccupation devrait être, en agissant, de respecter le devoir, toute considération relative aux conséquences de notre conduite étant écartée.

L'importance attribuée ici à l'*intention morale* et à la *forme* même du devoir, explique les objections qu'on a élevées contre le *formalisme* de Kant ; mais il est nécessaire, croyons-nous, si l'on veut apprécier justement la maxime précédente de ne point la séparer des deux autres qui la complètent. — Kant nous dit qu'il faut agir par respect pour le devoir, et que le devoir se reconnait à ce signe que la maxime de notre action peut être universalisée ; mais il reste à se demander quelles fins sont universalisables ; en d'autres termes, quelle est la *matière* même du devoir. Or, Kant ne répond-il pas à cette question lorsqu'il nous donne cette deuxième règle de conduite : « Agis toujours de telle sorte que tu traites, en toi et dans les autres, l'humanité comme une fin, jamais comme un moyen. » N'est-ce pas reconnaître que la personne, ou mieux les caractères essentiels qui constituent l'humanité, ont seuls une valeur absolue et une dignité propre. — Quels sont maintenant ces caractères ? Ceux-là même que nous avons signalés au début et qui forment la personne idéale, c'est-à-dire la bonne volonté ou la volonté raisonnable ; d'où la troisième formule de Kant : « Prends la volonté de tout être raisonnable comme législatrice universelle. » La personne est ainsi législatrice et sujet de la loi morale ; c'est la volonté libre qui s'oblige elle-même : elle est *autonome*, suivant l'expression même de Kant.

De cette conception du devoir, Kant déduit plusieurs conséquences importantes que nous nous bornerons à signaler : 1° Si je suis *obligé* d'obéir au devoir, il faut que je *puisse* exécuter ses ordres ; donc *je suis libre* ; 2° Il nous est impossible d'atteindre ici-bas l'idéal que nous propose et même nous impose la raison, donc la vie actuelle doit être suivie d'une vie future, donc l'*âme est immortelle* ; 3° Enfin, la raison nous affirme que le bonheur ne doit pas être séparé de la vertu ; or, comme les lois physiques semblent indifférentes à leur union, il faut admettre l'existence d'un être juste et bon qui rétablira un jour l'ordre moral si souvent troublé ; *donc Dieu existe.* — Ce sont ces vérités que Kant appelle les *postulats de la raison pratique.*

5. Conclusion. Principe de la dignité personnelle. — En résumé, le véritable principe du devoir est *la valeur absolue et la dignité de la personne.* Seulement, la personne, il faut la concevoir non seulement comme raisonnable et libre, mais aussi comme aimante. L'homme idéal que la raison nous offre pour modèle est, en effet, comme nous l'avons établi, celui qui vit de la vie la plus intense et la plus complète, qui a conscience du rôle qu'il remplit dans l'univers dont il cherche, dans la mesure de ses forces, à assurer l'ordre et l'harmonie. — En second lieu, cet idéal nous devons nous efforcer de le réaliser non seulement par respect pour le devoir, mais encore par amour pour ce qu'il ordonne, c'est-à-dire pour la perfection. Le cœur doit donc seconder la raison tout en se laissant guider par elle ; étroitement unis ils sont de sûrs gardiens et de notre valeur et de notre dignité personnelles. — C'est là ce que Kant ne paraît pas avoir suffisamment compris. Fondée surtout sur le respect, sa morale est froide et austère à l'excès ; elle n'est pas vraiment humaine. Par le respect, nous évitons de nuire à nos semblables ; mais le devoir exige plus, il exige que nous leur fassions du bien et c'est la charité et la sympathie qui nous y poussent.

B

1. Morale de Platon. — 2. Morale d'Aristote. — 3. Morale des Stoïciens.

Pour montrer l'influence qu'ont toujours exercée sur l'homme

(1) La conception de la législation universelle par la volonté conduit Kant à son admirable conception de la *République des fins* (Reich der Enden). Il entend par là une sorte d'état idéal où chaque liberté se traiterait elle-même et traiterait les autres comme des *fins en soi.* De leur mutuel respect résulterait une éternelle harmonie. La loi morale serait alors complètement réalisée, ou plutôt il n'y aurait plus de loi, car la suprême action se confondrait avec la suprême obligation.

les idées de bien et de devoir et combien, même dans l'antiquité, ces idées étaient déjà nettes et précises, il nous suffira de
passer rapidement en revue les théories morales qu'elles ont
inspirées aux plus illustres philosophes de la Grèce : Platon,
Aristote et les Stoïciens.

1. Morale de Platon. — On peut distinguer dans la morale de Platon deux parties bien distinctes, l'une critique, l'autre
dogmatique. — Dans la première, il combat, comme nous l'avons
fait, tous les préjugés qu'il croit dangereux, toutes les doctrines
morales qu'il croit fausses. Aussi, comme son maître Socrate,
s'applique-t-il à réfuter les théories des sophistes qui enseignaient
que l'homme doit rechercher avant tout son plaisir, et prendre
pour seuls guides ses passions ; que le droit est fondé sur la
force ; qu'il n'y a pas de lois naturelles, mais de simples conventions sociales dont il serait puéril de se rendre esclave.

Platon soutient, au contraire, qu'au-dessus des conventions
passagères et des lois édictées par les hommes, il existe « une
loi non écrite et immuable [1] » que la raison seule nous révèle.
Cette loi émane de Dieu, qui est le bien suprême, la source de
toute réalité et de toute intelligibilité, et c'est à elle que nous
devons avant tout obéir : Ce qu'elle nous ordonne, c'est de ressembler à Dieu ; or, comment lui ressemblons-nous ? — En
réalisant le plus possible en nous l'ordre et l'harmonie, comme
ils sont réalisés dans la pensée divine ; en subordonnant notre
sensibilité à notre volonté ; notre sensibilité et notre volonté à
la raison ; en un mot, en pratiquant ces trois vertus essentielles :
la tempérance, le courage et la sagesse.

Seulement Platon pense que pour pratiquer la vertu, il suffit
de connaître le bien. Comme Socrate, il soutenait que « nul
n'est méchant volontairement, » et que le vice a toujours sa
cause dans l'ignorance. Il n'accorde donc pas à la liberté la
part qui lui est due, et c'est là précisément le défaut le plus
grave de la morale platonicienne.

Après avoir ainsi identifié la vertu à la science, il l'identifie

---

(1) Sophocle établit nettement cette distinction lorsqu'il fait répondre
par Antigone à Créon : « Je ne pensais pas que les ordres d'un mortel eussent assez de force pour l'emporter sur les lois non écrites et immuables
des Dieux. Ces lois, elles ne sont ni d'aujourd'hui ni d'hier ; toujours
existantes, nul ne sait quand elles ont paru. Je ne devais pas, en les vio-
lant, par crainte de tes menaces, encourir la vengeance des Dieux. » —
Antigone.

au bonheur. « La vertu et le bonheur, nous dit-il, sont enchaînés l'un à l'autre par des liens de fer et de diamant. » Dans la *République*, il nous présente l'image du juste idéal, de l'homme parfait, souffrant toutes les tortures et ayant préféré subir ces supplices que de commettre une mauvaise action. A ce moment, dit Platon, le juste est encore heureux, car son intelligence contemple la beauté de son action, et il y trouve un plaisir suprême qui triomphe de la douleur. Quant au vice, qui implique désordre, il entraîne toujours la souffrance à sa suite ; aussi a-t-il, pour conséquence, l'expiation qui est un retour à l'ordre. « L'expiation, dit Platon, est le plus grand des biens après l'innocence. » Cette conception si élevée a pour corollaire la croyance à la vie future et à l'immortalité de l'âme.

La politique de Platon est inséparable de sa morale ; l'une et l'autre ont, d'ailleurs, même but : faire régner la vertu. Or, comment cet idéal peut-il être atteint dans l'État ? En subordonnant les unes aux autres, les différentes parties qui le constituent, comme se subordonnent en nous nos différentes facultés. Pour Platon, en effet, l'État est une unité vivante, un être réel dans lequel nous retrouvons trois parties bien distinctes qui correspondent à chacun des pouvoirs de notre âme : la première est composée de la foule des ouvriers ; la seconde, des guerriers ; la troisième, des magistrats. A chacune de ces classes correspond encore une vertu spéciale, et, quand toutes remplissent exactement leur rôle, l'ordre et la paix règnent dans l'État.

L'État ainsi conçu n'existe pas, suivant Platon, pour l'individu ; c'est l'individu qui existe pour l'État, c'est à l'État qu'on doit tout sacrifier, aussi importe-t-il de combattre l'égoïsme partout où il se rencontre. C'est pour atteindre ce but, que Platon demande la suppression de la propriété individuelle et de la famille. Quant aux enfants, il convient de les élever en commun et, ceux-là seuls qui seront les plus intelligents et les meilleurs, recevront une instruction supérieure, afin de pouvoir occuper un jour les plus hautes fonctions dans l'État.

2. Morale d'Aristote. — Aristote modifie sur plusieurs points importants la morale de Platon, dont cependant il s'inspire. Il conteste d'abord que nul ne soit méchant volontairement : il nous arrive fréquemment de faire le mal en pleine connaissance de cause et cela parce que nous sommes libres, comme le prouvent et le sentiment de notre responsabilité et la croyance universelle des hommes à la liberté morale. Quant à la fin de cette liberté et au souverain bien que l'homme doit poursuivre, Aristote s'efforce de les déterminer, sans remonter jusqu'à l'idée de Dieu ou de Bien en soi, par l'analyse même de notre propre activité. Pour lui, comme pour tous les philosophes anciens, le souverain bien ne saurait se distinguer du bonheur dont le plaisir est l'élément nécessaire ; or, d'où vient le plaisir ? Du développement normal et libre de l'activité qui a conscience d'elle-même. Toutefois, notre activité pouvant se développer dans des directions différentes et d'une manière plus ou moins parfaite, il en résulte qu'elle entraine des plaisirs de valeur inégale ; le plaisir le plus parfait sera précisément le plaisir produit par l'acte le plus conforme à notre nature. Mais ce plaisir ne saurait résulter de la vie purement animale, qui n'est pas propre à l'homme seul ; il ne peut être que le plaisir dû à l'activité raisonnable. *Vivre conformément à la nature humaine*, c'est-à-dire *à la raison*, telle doit donc être notre règle de conduite.

Aristote nous explique lui-même le véritable sens de cette formule, un peu vague dans sa généralité, par sa théorie de la vertu, l'une des plus fortes et des plus complètes que nous trouvions chez les philosophes anciens. La vertu, telle qu'il la conçoit, implique trois éléments distincts : la *liberté*, sans laquelle toute moralité est impossible ; l'*intelligence*, car la valeur d'un acte dépend non seulement de sa fin, mais encore des motifs qui l'inspirent ; enfin, une *habitude*. Celui-là seul est vraiment vertueux pour qui la pratique du bien est devenue « comme une seconde nature. » Or, pratiquer le bien, c'est non point étouffer en soi toute passion ; c'est encore moins prendre ses passions pour guides, mais simplement les discipliner, en les empêchant de tomber dans aucun excès, d'où cette définition de la vertu : « C'est un juste milieu entre deux excès contraires[1]. » Bien que cette définition ait été souvent critiquée, elle n'en est pas moins fort précise, grâce au commentaire dont Aristote la fait suivre : il faut distinguer avec soin, nous dit-il, le *milieu géométrique* qui se détermine avec le compas, et le *milieu de raison* que la sagesse seule nous fait connaitre ; or, le milieu dont on parle ici ne peut être évidemment qu'un milieu de ce

---

(1) Ainsi, la prudence sera un juste milieu entre la témérité et la lâcheté ; la libéralité, un juste milieu entre la prodigalité et l'avarice ; la tempérance, un juste milieu entre l'intempérance et l'insensibilité, etc.

genre, çe qui revient à dire que la vertu ne peut se rencontrer que dans un être raisonnable.

Au-dessus de la vertu dont nous venons de parler et qui est essentiellement *pratique*, Aristote place la *vertu contemplative* qui consisterait uniquement dans l'acte propre de la pensée se pensant elle-même et s'identifiant en quelque sorte avec la pensée divine. Mais si c'est là un idéal vers lequel nous devons tendre, c'est assurément un idéal que nous ne pouvons réaliser ici-bas.

Comme l'homme est un être essentiellement sociable et qui ne pourrait atteindre son bien en vivant seul, en dehors de la société, il en résulte qu'aux vertus précédentes doivent s'ajouter des vertus sociales et que, outre nos devoirs envers nous-mêmes, nous avons des devoirs envers nos semblables : de ces devoirs, les uns concernent la *justice*, les autres l'*amitié*. La justice consiste à rendre à chacun ce qui lui est dû, en tenant compte à la fois du travail et du mérite des personnes ; quant à l'amitié, c'est cette disposition bienveillante et constante qui nous porte à vouloir et à faire du bien à nos semblables, mais qui ne peut être féconde et durable que si elle est inspirée par la vertu[1].

Comme on le voit, Aristote a un sentiment très vif de la dignité humaine et ses règles de morale ont surtout pour but d'assurer en nous le triomphe de la liberté et de la raison, aussi conçoit-on qu'il se représente l'État tout autrement que Platon. Pour Platon, l'État est un organisme ; les individus ne valent que par lui et pour lui ; pour Aristote, il est une réunion d'hommes égaux ; sa mission est d'assurer le bonheur des citoyens, par la vertu. Platon en arrive à condamner la famille et la propriété comme dangereuses pour l'État ; Aristote les défend, comme nécessaires aux individus ; seulement, comme Platon, il justifie l'esclavage dans lequel il voit encore l'une des conditions indispensables de la vie sociale. Enfin, s'inspirant toujours des mêmes principes, Aristote pense que la meilleure forme du gouvernement est une république tempérée, où les lois faites par la majorité des citoyens sont considérées comme souveraines.

3. Morale des stoïciens. — La morale des stoïciens est de toutes la plus populaire. Défendue par Zénon, Chrysippe et

______
[1]. Voy. sur la *Justice et l'amitié*, le chap. consacré à *la morale sociale*.

Panétius; profondément modifiée par Épictète et Marc-Aurèle, chantée par Horace, louée par Cicéron et Sénèque; tour à tour exaltée et critiquée par Pascal, Bossuet, Port-Royal, La Bruyère, elle a exercé une influence considérable sur les esprits, influence dont il serait facile de retrouver des traces, même dans les ouvrages des moralistes contemporains.

Pour les stoïciens, comme pour Aristote, le principe de la morale est de *vivre conformément à la nature,* seulement, la nature, ils la conçoivent autrement qu'on ne l'avait fait avant eux. Suivant ces philosophes, le monde doit être conçu comme un seul et même être composé de deux principes inséparables : la matière et la force, le corps et l'esprit, l'un qui est essentiellement passif, l'autre qui est essentiellement actif; or, c'est de l'action du principe actif sur la matière que résulteraient dans l'univers tout ordre et toute harmonie, car ce principe est à la fois sagesse, puissance et raison. Dans l'homme, qui nous offre l'image de l'univers, nous retrouvons également ces deux principes distincts et l'âme, qui en est le principe actif, n'est elle-même qu'une parcelle de la grande âme du monde et de la raison universelle : elle est donc la partie divine de notre être et c'est elle que nous devons prendre pour guide, aussi cette maxime *vivre conformément à la nature* est-elle synonyme de cette autre : *vivre conformément à la raison.*

Vivre conformément à la raison, c'est d'abord s'efforcer de réaliser en soi l'ordre et l'unité dont la nature nous donne le modèle, et cela uniquement parce qu'il est beau et bon que cet ordre et cette unité soient réalisés. Notre souverain bien ne consiste donc pas dans le plaisir, comme le soutenait Épicure; il n'implique même pas nécessairement, comme l'enseignait Aristote, le bonheur qui accompagne l'action, il réside uniquement dans la bonne volonté et l'intention. « Notre bien et notre mal, dit expressément Épictète, ne sont que dans notre volonté; où donc est le bien? dans le choix volontaire. Où est le mal? dans le choix volontaire. Où est ce qui n'est ni bien ni mal? Dans ce qui n'est point objet de choix. » La moralité de nos actes dépend ainsi non de leur matière, mais de leur forme; la vertu n'est plus louable simplement par les avantages qu'elle procure, elle est louable par ce qu'elle vaut par elle-même, parce qu'elle a un prix infini, abstraction faite d'ailleurs des conséquences qu'elle peut avoir. C'est là ce que Sénèque nous

expliqué clairement par une comparaison : « Ce n'est pas, dit-il,
pour le plaisir que la vertu travaille ; dans un champ qu'on a
labouré pour y faire du blé, quelques fleurs naissent parmi les
grains, et cependant ce n'est pas pour cette petite plante, bien
qu'elle charme les yeux, que l'on s'est donné tant de peine:
c'était une autre chose que le semeur voulait ; l'autre est venue
par surcroit. De même aussi le plaisir n'est pas la récompense,
n'est pas le motif de la vertu, il en est l'accessoire ; et ce n'est
pas à cause de ses charmes qu'il est agréé de la vertu, c'est
parce qu'elle l'agrée qu'il a des charmes. Le souverain bien est
dans le jugement même et dans la disposition d'un esprit excel-
lent. » — En raisonnant ainsi, les stoïciens ont eu le mérite
d'établir, les premiers, les principes de cette morale du devoir
dont Kant sera plus tard le plus illustre défenseur.

Mais réaliser en soi l'accord et l'unité ne saurait suffire pour
se conformer aux ordres de la raison, il faut encore *vivre en
harmonie avec ses semblables*. — C'est que nos semblables ont
même origine que nous, sont animés par la même âme et ne
forment, pour ainsi dire, qu'une même famille dont les intérêts
nous doivent être aussi chers que les nôtres. Tous, en effet,
nous sommes égaux en tant qu'hommes; tous nous avons des
droits que nul ne saurait violer, car nous les tenons de notre
nature même et de notre titre d'êtres raisonnables; c'est pourquoi toute tyrannie est condamnable, comme est condamnable
l'esclavage, la plus inique de toutes : « Celui que tu appelles
esclave, dit Épictète, est né de la même semence que toi. Il n'y
a d'esclave naturel que celui qui ne participe pas à la raison;
or, cela n'est vrai que des bêtes et non des hommes. » C'est en
s'inspirant de ces principes que les jurisconsultes romains ne
craignirent pas de déclarer que « la servitude est un état
contre nature ». — Nous voyons ainsi apparaître le dogme de la
fraternité humaine que nulle école philosophique n'avait encore
aussi nettement formulé.

Enfin, comme la raison n'est pas seulement humaine, mais
universelle, il faut, pour lui obéir, tout en pratiquant la justice
et la bienveillance envers ses semblables, *vivre en harmonie
avec tous les êtres et même avec la nature entière*. « O monde,
disait Marc-Aurèle, j'aime tout ce que tu aimes. Donne-moi ce
que tu veux; reprends-moi ce que tu récuses. Tout ce qui t'accommode, m'accommode moi-même. »

En identifiant ainsi la nature et la raison, les stoïciens devaient nécessairement aboutir à considérer comme choses sans valeur, tout ce qui est en dehors de la raison. Aussi le plaisir, la douleur, la santé, la maladie, les honneurs, la richesse, la mort elle-même, ne peuvent-ils être qu'indifférents au véritable sage. Sa principale préoccupation est de combattre les passions dont l'existence troublerait le calme que la raison a établi dans son âme : de là cette nouvelle maxime : *supporte* et *abstiens-toi. Abstiens-toi* de rechercher les prétendus biens dont tu ne saurais jamais devenir le maître; *supporte*, sans te plaindre, les malheurs qui fondent sur toi, et n'oublie jamais que les hommes sont troublés, non par les choses elles-mêmes, mais par les opinions qu'ils se font d'elles ; or, il dépend toujours de toi que ces opinions soient conformes à la raison. — Cette indifférence et cette insensibilité sont même poussées si loin par Épictète, qu'elles ne conservent plus rien d'humain. « Sur chacune des choses qui te divertissent, qui servent à tes usages ou que tu aimes, nous dit-il, demande-toi à toi-même ce qu'elles sont véritablement. Si tu aimes ton fils ou ta femme, dis-toi que tu aimes des personnes mortelles, et, si elles viennent à mourir, tu n'en seras pas troublé... Si tu veux que tes enfants, que ta femme et que tes amis vivent toujours, tu es fou... Ne dis jamais sur quoi que ce puisse être : j'ai perdu cela, mais je l'ai rendu. Ton fils est mort? Dis : je l'ai rendu. Ta femme est morte? Dis : je l'ai rendue. — Mais celui qui me l'a ôtée est un méchant! — Que t'importe par qui, celui qui te l'a donnée, te l'a redemandée? Tant qu'il te la laisse, uses-en comme d'une chose étrangère, comme usent d'une hôtellerie ceux qui passent. » — Le principal défaut des philosophes stoïciens est donc d'avoir méconnu le rôle du sentiment dans la vie; en réduisant la nature humaine à la seule raison, ils l'ont mutilée [1]?

(1) Malgré les maximes que nous avons citées, et que d'ailleurs il condamne, Pascal ne craint pas d'affirmer qu'Épictète « est un des philosophes du monde qui ait le mieux connu les devoirs de l'homme », et il ajoute : « J'ose dire qu'il mériterait d'être adoré, s'il avait aussi bien connu son impuissance. » — *Entretien avec M. de Sacy.*

III

DU DROIT

1. Définition du droit. — 2. Ses caractères : Il est universel, inviolable, inaliénable et peut être défendu par la force. — 3. Fausses théories sur le fondement du droit. — 4. Rapports du droit et du devoir.

1. Définition du droit. — La loi morale s'imposant à nous avec une autorité absolue, nous ne comprendrions pas ses ordres, si nous n'avions le pouvoir de les exécuter librement. Si j'ai le devoir de travailler à ma conservation et à mon perfectionnement; si je dois, non seulement respecter mes semblables, mais leur venir en aide; pratiquer à la fois envers eux la justice et la charité, il faut, de toute nécessité, que nul ne puisse légitimement s'opposer à l'accomplissement des actes qui me sont ordonnés. Toute atteinte portée à ma liberté serait en même temps une atteinte portée à la loi morale, car, en m'empêchant d'agir, on empêcherait, par là même, le bien de se réaliser. Or, c'est précisément à ce *pouvoir moral* que donne à l'activité raisonnable la loi qui la dirige; et, à *ce caractère sacré et inviolable de la volonté soumise au devoir* que l'on donne le nom de *droit*. Si le devoir est une charge, le droit est donc un privilège : l'un implique soumission, partant nécessité, l'autre implique liberté.

Notre droit vient ainsi du devoir qui nous commande; nous sommes inviolables, parce que la loi nous sacre en nous obligeant, de telle sorte qu'en respectant l'homme, c'est à proprement parler la loi morale que nous respectons en lui. Nous comprenons dès lors pourquoi la plupart des philosophes refusent tout droit aux êtres inanimés et même aux animaux : C'est que ceux-ci ne nous paraissent ni raisonnables, ni libres; nous ne les jugeons pas, au sens rigoureux du mot, sujets de la loi morale. — Nous reconnaissons, il est vrai, des droits à l'enfant, bien que son intelligence ne se soit point encore élevée à la conception du devoir. Mais que respectons-nous en lui? Moins ce qu'il est, que ce qu'il peut être; en un mot, ce sont ses devoirs virtuels qui expliquent ses droits actuels. — Dans l'enfant, nous respectons l'humanité et, pour ainsi dire, la moralité[1].

(1) « Ce qu'on respecte, dit M. Fouillée, dans l'être doué de volonté et de

2. Caractères du droit. — Le droit étant ainsi défini, il est évident que ses caractères doivent correspondre à ceux du devoir.

Comme tous les hommes se sentent obligés par la conscience de faire le bien et de fuir le mal, il est logique que tous aient le pouvoir d'obéir à cet ordre. Le droit est donc *universel.* En outre, comme le devoir est antérieur et supérieur aux lois écrites et à toutes les conventions humaines, le droit naturel doit être antérieur et supérieur à tous les droits particuliers que, dans chaque société, les législations confèrent et protègent.

En second lieu, le devoir étant absolument obligatoire, et nous commandant sans condition, il faut que le droit soit lui-même *absolument inviolable.* L'expérience et l'histoire nous prouvent, il est vrai, qu'il est souvent méconnu et violé, mais notre raison proteste contre cette violation du droit et nous invite à le défendre. De là, tous les efforts des peuples et des hommes honnêtes pour assurer son triomphe, en dépit des attaques dont il est l'objet de la part des passions et de l'intérêt.

Du caractère obligatoire de la loi morale il résulte encore que le droit est *inaliénable.* Aliéner son droit, ce serait, en effet, sacrifier son devoir, puisqu'il ne nous serait plus permis de l'accomplir; ce serait, par là même, renoncer à son titre d'être raisonnable et libre. Celui qui, par exemple, en pleine liberté, s'engage au service d'un maître, promettant d'exécuter ponctuellement ses ordres, que ces ordres, d'ailleurs, lui semblent honnêtes ou non, celui-là n'est plus un homme libre, mais un esclave, et son esclavage est d'autant plus humiliant qu'il a été plus volontaire.

Enfin, pour que le droit ne soit point une prérogative illusoire, il faut que nous puissions, au besoin, *recourir à la force* pour le faire respecter, soit en nous protégeant nous-mêmes,

raison, c'est moins ce qu'il est actuellement que ce qu'il peut être; c'est le possible débordant l'actuel, l'idéal dominant la réalité. Le présent est gros de l'avenir, disait Leibniz. C'est, pour ainsi dire, la réserve de volonté et d'intelligence enfermée dans une tête humaine, c'est la progressivité de l'individu, c'est celle de l'espèce même (qui repose en partie sur cette tête) que nous respectons et appelons droit. Dans l'enfant on respecte l'homme, dans l'homme, on respecte le Dieu. » *De l'idée de droit,* p. 248. « Le droit a les yeux tournés vers l'avenir; ce qu'il sauvegarde, c'est précisément la virtualité, la puissance de progrès... Le droit a pour but d'assurer le développement libre de toutes les intelligences et de toutes les volontés. » P. 311.

comme dans le cas de légitime défense; soit en invoquant l'appui des lois et l'aide de la justice.

3. Fausses théories sur le fondement du droit. — Pour justifier la théorie précédente qui rattache le droit au devoir, et qui n'est qu'une conséquence de nos analyses antérieures, il suffirait de faire l'examen critique des doctrines opposées.

a). Suivant Gorgias, comme suivant Hobbes et plusieurs philosophes allemands contemporains, le droit aurait son fondement dans *la force.* — Une telle doctrine est trop manifestement contraire aux sentiments d'honnêteté et de justice de chacun de nous, pour qu'il soit utile ici de la réfuter longuement. L'admettre, ce serait justifier tous les triomphes, blâmer toutes les défaites, condamner tous les vaincus; ce serait faire violence à la raison qui nous affirme, au contraire, qu'il y a des défaites qui honorent, comme il y a des triomphes qui avilissent; que la force, enfin, n'a, en elle, rien de respectable ni de sacré, puisqu'elle peut indifféremment se mettre au service du devoir ou combattre contre lui.

b). D'autres philosophes, notamment les socialistes de nos jours, font dériver le droit, non de la force, mais du *besoin.* Il existe des besoins naturels, permanents, communs à tous, dont la satisfaction est indispensable à la vie : le besoin de nourriture, par exemple, le besoin de vêtements, d'habitation, etc., donc à chacun de ces besoins doivent correspondre des droits. — Cette explication n'est guère plus admissible que la précédente, car le besoin n'a rien de fixe et peut devenir de plus en plus exigeant. Dira-t-on que le droit grandit avec lui? — En outre, il peut y avoir conflit entre les besoins des hommes ; de quel côté alors se trouvera le droit? On ne peut résoudre la difficulté qu'en recourant soit à la force, ce qui nous ramène à la théorie de Hobbes, soit à la raison qui est, elle-même, supérieure au besoin et le juge, ce qui nous ramène à la théorie du devoir.

c). De cette théorie il faut rapprocher celle des utilitaires qui font reposer le droit sur *l'intérêt.* Nous l'avons déjà appréciée ailleurs, en montrant, d'une part, que l'intérêt particulier n'a aucun des caractères de la loi morale et que le devoir souvent nous oblige de le sacrifier; d'autre part, qu'au-dessus de l'intérêt, même général, il y a la justice, et qu'il n'est jamais permis, même pour sauver un État, de *sacrifier* un innocent.

d). Un seul principe donc explique le droit, c'est le devoir, ou, plutôt, ils s'expliquent l'un et l'autre par le bien qui est leur source commune.

4. Rapports du droit et du devoir. — Il nous est facile maintenant de résoudre le problème si souvent agité des rapports qui existent entre le droit et le devoir.

Il est évident, d'abord, que nous n'avons plus à nous demander quel est celui de ces deux termes qui précède l'autre, puisqu'il nous est impossible de les concevoir isolément. Le devoir sans le droit serait inintelligible, le droit sans le devoir se confondrait avec la force et ne serait plus respectable et sacré. Il convient donc de voir en eux comme deux tiges simultanément issues d'une même racine. C'est parce qu'il existe un bien idéal conçu par la raison et qui n'est autre que la perfection même de la personne humaine, que nous sommes tous sujets de la loi morale et, à ce titre, inviolables.

De cette théorie il résulte en outre, contrairement à une opinion souvent défendue, que le droit et le devoir, considérés dans une seule personne, ont même étendue. Pour l'établir, d'ailleurs, nous n'avons qu'à passer en revue les différents actes que l'homme peut accomplir. Tous ces actes peuvent se diviser en deux classes : ceux qui sont jugés bons par la conscience, et ceux qui sont jugés mauvais ; nous ne parlons pas de ceux que l'on qualifie ordinairement d'indifférents, car il est douteux qu'il en existe réellement de tels aux yeux de la conscience réfléchie. — Si les actes sont bons, partant obligatoires, nul doute que notre droit de les accomplir ne corresponde à notre devoir. Si, au contraire, ils sont mauvais, deux cas encore peuvent se présenter : où ils portent atteinte à la liberté et à la moralité de nos semblables, ou ils ne portent atteinte qu'à notre propre dignité. Tous les philosophes s'accordent à reconnaître que, dans le premier cas, nous ne saurions avoir le droit de faire le mal. Mais ne l'avons-nous pas dans le second ? — Pas davantage. — Les lois civiles, sans doute, ne peuvent sévir contre celui qui ne nuit pas à ses semblables ; leur rôle n'est pas d'imposer la moralité, mais bien de maintenir l'ordre et la paix dans l'État ; relèvent d'elles, les actes seuls qui deviennent un danger public ; toute incursion dans le domaine de la conscience leur est interdit ; toutefois, les droits que la législation et nos semblables nous reconnaissent, qu'ils doivent même tolérer, la conscience nous les refuse : elle nous dit que nous n'avons pas le droit de désobéir au devoir, bien que souvent nous ayons le pouvoir de le faire. Ici apparaît nettement la différence profonde qui existe entre le droit naturel et le droit civil et politique que, dans les discussions, l'on confond trop souvent.

OUVRAGES A CONSULTER

Kant, *Principes métaphysiques du droit.* — Jules Simon, *Le devoir.* — Caro, *Problèmes de morale sociale.* — Renouvier, *La science de la morale.* — Janet, *La morale.* — Fouillée, *L'idée moderne du droit. Systèmes de morale contemporains.* — Guyau, *Esquisse d'une morale sans obligation ni sanction.* — Beaussire, *Fondement de l'obligation morale.*

CHAPITRE IV

LA RESPONSABILITÉ ET LA SANCTION

I

1. Définition de la responsabilité. Responsabilité morale et responsabilité
légale. — 2. Conditions de la responsabilité. — 3. Causes qui limitent
notre responsabilité. — 4. Effets de la responsabilité. A. Le mérite et
le démérite. B. La vertu et le vice.

1. Définition de la responsabilité. — Admettre que
l'homme est soumis à la loi morale, qu'il connait cette loi et
peut librement lui obéir ou la transgresser, c'est admettre, en
même temps, qu'il est responsable de sa conduite. L'être responsable est donc celui qui, après avoir sciemment et volontairement accompli des actes dont il juge la valeur morale, reconnait qu'il doit en rendre compte et en *répondre* devant une autorité supérieure. Lorsqu'il doit en répondre devant l'autorité
civile, sa responsabilité est dite *légale;* elle est dite *morale,*
lorsqu'il doit en répondre devant sa conscience. Entre ces deux
sortes de responsabilités, la distinction doit être rigoureusement
maintenue; il se peut, en effet, que l'autorité civile nous condamne quand la conscience nous absout, ou, inversement,
qu'elle nous absolve, quand la conscience nous condamne.

2. Conditions de la responsabilité. — La responsabilité morale qui seule doit nous occuper ici, implique, comme
il ressort de sa définition même, trois conditions essentielles :

Elle implique, d'abord, l'existence d'une loi qui s'impose à
notre activité et que nous soyons obligés de respecter. En l'absence de cette loi, nous pourrions être encore responsables
devant la société, pour avoir violé les conventions qui en assurent le fonctionnement régulier, mais comment pourrions-nous
l'être devant la raison? Dès que le devoir est supprimé, tous les

actes sont également permis, et nous n'avons plus d'autre règle
que le caprice ou l'intérêt. — La responsabilité morale implique,
en second lieu, que nous connaissions la loi qui nous oblige. Nous
n'accusons pas le tout jeune enfant de briser les jouets qu'on lui
donne, ou de martyriser les animaux qui sont à sa portée, pas plus
que nous n'accusons le malheureux fou, du mal qu'il commet; c'est
que ni l'un ni l'autre n'ont la conscience nette du devoir, de ce qu'il
faut faire et de ce qu'il faut éviter.—La responsabilité implique
enfin la liberté. Il ne suffit pas qu'un acte ait été jugé bon ou
mauvais par la conscience pour nous être imputable, il faut
que nous l'ayons choisi et accompli de plein gré, car, dans ce
cas seulement, il peut être considéré comme ayant sa cause en
nous, et dépendant véritablement de nous. Si l'on me contraint
à violer mon devoir sans que je puisse me soustraire à cette
contrainte, la responsabilité de mon acte retombe sur celui-là
même qui a enchaîné ma liberté, puisque je n'ai été qu'un
instrument entre ses mains. Il serait aussi injuste de m'accuser, qu'il serait injuste d'accuser l'arme qui donne la mort :
seule est coupable la main ou mieux la volonté qui la dirige.

3. Causes qui limitent notre responsabilité. — Ces
conditions ne se trouvant jamais réunies au même degré en
chacun de nous, on conçoit que la responsabilité morale n'ait
rien de fixe, ni d'absolu, et qu'elle varie suivant les individus
et, chez le même individu, suivant les circonstances. Toutes
les causes qui obscurcissent la notion du bien et du mal et qui
entravent notre liberté, atténuent, en effet, notre propre responsabilité. Parmi ces causes, nous nous bornerons à signaler
la folie, l'ignorance, la passion, l'ivresse et la nécessité physique. — La *folie* entraîne l'irresponsabilité, car elle détruit la
raison et fait de nous les jouets de toutes les idées et de toutes
les émotions qui traversent notre esprit, sans que nous puissions
discerner clairement où se trouve le devoir. Les savants se
sont appliqués de nos jours à montrer combien d'actes lui doivent être attribués; quelques-uns même ne sont pas éloignés de
penser que tous les criminels ne sont, en définitive, que des
malades; mais n'est-ce pas faire beaucoup trop grande la part
de la fatalité? Sans doute, il faut veiller à n'exagérer point la
culpabilité des hommes, mais il faut aussi se mettre en garde
contre les théories excessives qui, en amnistiant le vice, peuvent
l'encourager. — N'est pas responsable davantage, celui qui fait

le mal, *sans savoir qu'il est mal*, ou même en croyant faire le bien. Les anciens philosophes, en défendant l'esclavage, croyaient assurément défendre une cause juste; les sauvages qui mettent à mort leurs vieux parents malades, considèrent leur conduite comme légitime et leur conscience ne leur reproche rien. Dans ces cas, l'ignorance est involontaire; il n'en est plus de même lorsqu'elle vient d'insouciance ou de paresse. Le fonctionnaire qui remplit mal ses devoirs professionnels, parce qu'il a négligé de s'instruire, ou parce qu'il n'est pas apte à l'emploi qu'il occupe, est sans doute responsable des fautes qu'il commet : nul ne doit accepter les charges pour lesquelles il n'est point suffisamment préparé. — Nous avons indiqué déjà quelle action les *passions* peuvent avoir sur la liberté et comment, peu à peu, elles font de nous leurs esclaves. Remarquons, toutefois, qu'il dépend de nous de les empêcher de grandir, de sorte que nous sommes toujours responsables, à un certain degré, des actes mauvais qu'elles inspirent, même lorsqu'elles sont devenues en nous maîtresses absolues. — On peut en dire autant de l'*ivresse*. L'homme qui, en état d'ivresse, se conduit mal, n'est pas à proprement parler coupable de sa conduite au moment où il agit, puisqu'il ne s'appartient plus; mais il est coupable de s'être mis en pareil état; il est surtout coupable, s'il n'a eu recours à l'ivresse que pour se donner le triste courage de faire plus sûrement le mal qu'il avait projeté. — Enfin, il est évident que la *contrainte physique*, non moins que la contrainte morale, restreint notre responsabilité : Je ne puis répondre de mes actes que dans la mesure où j'ai été libre de les accomplir, et, dans les cas où la contrainte est absolue, ma responsabilité est nulle.

4. Effets de la responsabilité. A. **Le mérite et le démérite.** — La responsabilité a pour première conséquence le mérite et le démérite, la vertu et le vice.

Considéré en lui-même, le mérite est la valeur propre de l'agent moral qui s'est conformé aux ordres du devoir, c'est l'accroissement volontaire de sa perfection et la dignité plus grande qui en résulte; le démérite, c'est, au contraire, la déchéance qu'entraîne la pratique du mal, la diminution voulue de notre perfection et de notre dignité. L'un accroît notre droit au respect, l'autre légitime le mépris qu'inspire notre conduite.

L'étendue du mérite ne doit point se mesurer sur l'importance seule du devoir accompli, sinon il nous faudrait mettre au même rang le fils qui vient en aide à sa famille, et celui qui secourt des étrangers dans le besoin ; elle ne doit pas se mesurer davantage sur les seules difficultés affrontées ou vaincues, car on en arriverait à égaler Tartarin et ses émules à nos explorateurs les plus célèbres ; il faut tenir compte à la fois de ces deux conditions pour l'apprécier justement. Un acte est d'autant plus méritoire, qu'il est plus obligatoire et plus difficile ; que nos efforts ont été plus pénibles et notre intention plus honnête.

B. La vertu et le vice. — L'habitude de pratiquer des actes méritoires constitue la vertu, comme l'habitude contraire constitue le vice. La vertu et le vice ne sont donc, en définitive, qu'*un mérite ou un démérite durables*. Quant aux conditions de la vertu, nous les avons énumérées déjà, notamment en parlant d'Aristote[1], et nous avons montré qu'elles se ramènent aux trois suivantes : 1° la claire notion du devoir ; 2° le pouvoir de lui obéir librement ; 3° l'habitude de pratiquer ce qu'il ordonne et de repousser ce qu'il défend.

Le mérite et la vertu représentent le bien moral que nous avons réalisé, voyons maintenant quels rapports existent entre ce bien et le bonheur, et quelles sont, ou quelles doivent être, les sanctions de la loi morale.

II

1. Définition de la sanction. — 2. Nécessité d'une sanction. — 3. L'existence d'une sanction ne détruit pas le caractère désintéressé du devoir. — 4. Principales sanctions qui nous atteignent ici-bas. — 5. Leur insuffisance. — 6. Nécessité d'une sanction supérieure.

1. Définition. — On définit ordinairement la sanction : *un ensemble de peines et de récompenses attachées à l'exécution ou à la violation d'une loi.*

2. Nécessité d'une sanction. — Une loi privée de sanction serait nulle et sans effet. Supposons que, dans la société, le législateur nous dise : « Voilà ce qu'il faut faire, » et n'engage pas en même temps notre responsabilité ; sa loi n'est plus qu'un simple conseil subordonné au caprice de tous, conseil d'autant moins efficace que nous pouvons le dédaigner ou le suivre, sans craindre les résultats de notre action. Pour que l'ordre règne

---

(1) Voy. plus haut, *Morale d'Aristote*, p. 205 et suivantes.

dans un État, il est indispensable, au contraire, que les sanctions de la loi soient nettes et précises. « Le plus grand nombre,
nous dit Aristote, se soumet plutôt à la nécessité qu'à la raison,
et à la punition qu'à l'honneur. Il faut donc exhorter les hommes
à la vertu, mais aussi imposer des peines et des châtiments à
ceux qui sont rebelles à la loi. »

S'il faut aux lois civiles une sanction, il en faut, à plus forte
raison, une à la loi morale qui est, par excellence, la loi de la
liberté. La conscience nous dit que toutes les fois que nous
avons fait notre devoir, nous avons droit à une récompense; que
toutes les fois que nous avons fait le mal, nous devons être punis.
Le bien de la raison et le bien de la sensibilité, c'est-à-dire la
vertu et le bonheur sont conçus par nous comme inséparables.
Nous ne pouvons admettre que l'homme qui, pendant toute sa
vie, a pratiqué l'honnêteté, ne soit pas plus heureux que celui
dont l'unique souci a été de servir ses intérêts et de satisfaire
ses passions.

3. La sanction et le devoir. — Cette idée que nous nous
faisons de la sanction, n'infirme en rien ce que nous avons dit
des caractères du devoir. — Sans doute, ce qui fait la moralité
d'une action, c'est l'intention, et l'intention, comme nous l'avons
vu, doit être désintéressée : la loi morale demande à être accom-
plie pour elle-même, et non en vue d'autre chose; l'acte qu'elle
commande est une fin et non un moyen. Il n'en est pas moins
vrai que la récompense à laquelle nous ne pensons pas, en agissant, à laquelle nous ne devons même pas penser, doit nous être
accordée par surcroît. Ce n'est point la sanction qui donne à la
loi morale son caractère impératif et sacré, mais c'est la loi qui,
étant, avant tout, une loi de justice et de bonté, amène à sa suite
la punition ou la récompense, c'est-à-dire sa sanction, comme
une conséquence naturelle de notre révolte ou de notre soumission. C'est ainsi qu'en restant fidèles à l'honnête, nous restons, en définitive, fidèles à notre intérêt, et trouvons le bonheur
en pratiquant la vertu.

4. Principales sanctions. — *a*). La première sanction
de la morale est *celle de la conscience*. La satisfaction intérieure
n'est-elle pas une récompense, le remords un châtiment? « Il y
a, nous dit Montaigne, je ne sais quelle congratulation de bien
faire qui nous réjouit en nous-même, et une fierté généreuse
qui accompagne la bonne contenance. Ces témoignages de la

conscience plaisent; et nous est un grand bénéfice que cette jouissance naturelle, et le seul payement qui jamais ne nous manque. » Au contraire, « le vice laisse comme une ulcère en la chair, une repentance en l'âme qui s'égratigne et s'ensanglante elle-même; car la raison efface les autres tristesses et douleurs, mais elle engendre celle de la repentance qui est plus griefve d'autant qu'elle naît du dedans, comme le froid et le chaud des fièvres est plus poignant que celui qui vient du dehors ». On peut donc dire, d'une manière générale, que l'homme honnête n'est jamais complètement malheureux, car il jouit du contentement intérieur que rien ne lui peut ravir; et que l'homme malhonnête n'est jamais complètement heureux, même au milieu des plus grands biens extérieurs, à cause des reproches de sa conscience. L'un s'estime lui-même; l'autre au fond se méprise.

b). Cette sanction de la conscience semble trouver *dans l'organisme* une confirmation nouvelle. « Sois sage, dit un axiome populaire, et tu vivras longtemps; » la science ne tient pas un autre langage : le vice ruine la santé, la vertu la soutient. Combien d'hommes, par leurs excès, abrègent chaque jour leur vie et perdent leur intelligence et leurs forces, qui resteraient sains de corps et d'esprit, s'ils avaient obéi à la loi morale !

c). Nos actions trouvent encore leur récompense ou leur châtiment dans *l'opinion de nos semblables.*

« Nous avons, dit Pascal, une si grande idée de l'âme de l'homme, que nous ne pouvons souffrir d'en être méprisés et de ne pas être dans l'estime d'une âme : et toute la félicité des hommes consiste dans cette estime. » Or, la vertu, comme nous l'avons remarqué déjà, provoque invinciblement la sympathie ; le vice, l'aversion. L'opinion publique, sans doute, peut s'égarer, mais il est rare qu'elle ne parvienne pas à démasquer les faux-honnêtes gens et à les flétrir. Ce qui est vrai, c'est qu'à l'homme juste vont naturellement le respect et la confiance; à l'homme injuste, la défiance et le mépris. Si nous manquons à nos promesses, nos amis nous abandonnent; si nous remplissons mal le mandat qu'on nous a confié, on nous le retire; si nous cherchons à tromper les autres, on nous soupçonne et l'on nous fuit. Faire son devoir, telle est encore la plus grande des habiletés et le plus sûr moyen de réussir.

d). Enfin, les *lois civiles* nous offrent une dernière sanction. L'amende, la prison, la peine de mort sont autant de punitions infligées au coupable ; les distinctions honorifiques, les emplois et l'avancement qu'on peut obtenir dans chaque carrière sont, en principe, autant de récompenses destinées au mérite.

5. Insuffisance de ces sanctions. — Quelle que soit cependant l'importance de toutes ces sanctions, il est facile de voir combien elles sont insuffisantes à réaliser l'idéal de justice que chacun de nous conçoit.

La conscience morale reste toujours, sans doute, dans le cœur de tout homme, mais combien parfois elle s'y trouve obscurcie par l'ignorance et la passion ! Tandis qu'elle s'affaiblit dans l'âme du criminel, à mesure que croît le nombre de ses méfaits, elle semble, au contraire, devenir de plus en plus exigeante et timorée dans l'âme du juste qui s'efforce de pratiquer le bien. Elle est donc loin d'offrir à la vertu une récompense suffisante, et au vice le châtiment qu'il doit recevoir. On en peut dire autant de toutes les autres sanctions.

Il se trouve des tempéraments qui résistent à toutes les débauches, il en est d'autres qui succombent à la moindre imprudence.

L'opinion publique est faillible et changeante. Ce qui brille la séduit trop souvent, et la vertu modeste lui reste inconnue. Elle est, en outre, par nature, portée à l'enthousiasme et à l'exagération : rarement elle sait proportionner son blâme ou son éloge à la faute ou au mérite ; c'est ainsi qu'en voulant parfois récompenser le bien, elle ne fait que consacrer une nouvelle injustice.

Quant à la justice humaine, il faut remarquer d'abord qu'elle est plutôt répressive que rémunératrice. En second lieu, malgré les précautions dont elle s'entoure, elle est sujette à errer, et ses erreurs sont d'autant plus regrettables que, souvent, elles sont irréparables. De plus, le juge n'est jamais assuré de proportionner exactement le châtiment à la faute. Enfin, la justice humaine n'atteint que les actes qui intéressent l'ordre social ; toutes nos autres violations de la loi morale lui échappent.

Ainsi, quand on les considère isolément, toutes ces sanctions nous paraissent insuffisantes ; elles nous paraissent insuffisantes encore, quand on les considère dans leur ensemble. Supposons, par exemple, un homme qui, pendant toute sa vie, subit la peine d'un crime dont il est innocent : dira-t-on que la satisfaction de sa conscience est un dédommagement suffisant à l'injustice des hommes ?

6. Nécessité d'une sanction supérieure. — Il faut donc reconnaître que, outre les sanctions précédentes qui nous atteignent ici-bas, la justice et la raison en réclament une autre, plus sûre et plus équitable : *celle de la vie future.*

OUVRAGES A CONSULTER

Janet, *La morale.* — Caro, *Problèmes de morale sociale. L'idée de Dieu.* — Marion, *La solidarité morale.* — Lévy-Bruhl, *L'idée de responsabilité.* — Vallier, *De l'intention morale.* — F. Bouillier, *Morale et progrès.*

TROISIÈME PARTIE
MORALE PRATIQUE

DIVISION DES DEVOIRS

La morale théorique nous a montré quels sont les caractères du devoir et en quoi consiste le souverain bien de l'homme ; la morale pratique recherche *quels sont nos devoirs*, c'est-à-dire quelles obligations nous incombent dans les différentes circonstances de la vie. — Entre ces deux études existe évidemment la plus étroite dépendance ; seule, en effet, la morale théorique ne saurait être qu'un code stérile et sans profit ; seule, la morale pratique, aux yeux de la raison, manquerait d'autorité. Or, comme notre activité doit agir d'abord sur elle-même, pour réaliser le plus possible son idéal ; comme, en outre, elle soutient des rapports constants avec nos semblables, avec la nature et avec Dieu, tous nos devoirs se peuvent diviser en quatre grandes classes : nos devoirs personnels, nos devoirs sociaux, nos devoirs envers les êtres inférieurs et nos devoirs religieux.

Ce sont ces devoirs particuliers qu'il nous reste maintenant à passer en revue, et dont l'étude préalable de la solidarité morale nous permettra de mieux comprendre et la légitimité et l'étendue.

CHAPITRE PREMIER

DE LA SOLIDARITÉ MORALE

De la solidarité. — 1. Solidarité individuelle. Influence de l'hérédité et de l'habitude. — 2. Solidarité sociale. *a.* Influence exercée sur nous par la famille; *b.* Par nos maîtres; *c.* Par la société dans laquelle nous vivons; *d.* Par les pays qui nous entourent. — 3. Raisons de cette solidarité : l'intérêt, la sympathie, les progrès de la science. — 4. Solidarité et moralité. *a.* En quel sens la solidarité diminue notre responsabilité; *b.* En quel sens elle l'accroît; *c.* Conclusion.

De la solidarité morale. — En étudiant le problème de la liberté, nous avons constaté combien sont nombreuses les causes qui agissent sur nos déterminations et peuvent diminuer, parfois même détruire notre responsabilité. La liberté subit, en effet, l'influence des milieux où nous vivons; si étroits même sont les liens qui rattachent l'homme à son passé et aux forces qui l'entourent, que chacun de ses actes peut être considéré comme une résultante des énergies les plus diverses. C'est précisément cette dépendance qui existe entre nos actes successifs, entre ces actes et les milieux où ils se produisent, qu'on désigne sous le nom de *solidarité morale;* c'est sa vraie nature qu'il importe de connaître, si nous voulons apprécier sainement notre responsabilité et nos devoirs.

1. De la solidarité individuelle. — Que l'état actuel de l'homme soit solidaire de ses états passés, l'expérience et la science l'ont surabondamment prouvé. L'une et l'autre, en effet, nous apprennent que chacun de nous apporte, en naissant, des tendances qui le poussent, d'une manière plus ou moins vive, soit au bien, soit au mal. L'hérédité intellectuelle et morale n'est pas plus contestable que l'hérédité physique. La vivacité de notre intelligence, la puissance de notre imagination, la délicatesse parfois excessive de notre sensibilité, ce sont là autant de qualités ou de défauts dont l'action sur la volonté est, parfois, d'autant plus efficace qu'elle est moins soupçonnée.

Nous savons tous également quelle est l'influence de l'habitude. Les actions qui, autrefois, nous coûtaient beaucoup d'efforts, deviennent, grâce à son concours, faciles et naturelles ; notre nature première se modifie peu à peu et se transforme; des forces se développent en nous dont il est de plus en plus difficile de s'affranchir. La vie de l'homme, comme on le voit, n'est donc pas faite de pièces et de morceaux, d'événements ajoutés à des événements, sans rapports et sans liens : elle forme un tout continu dont les divers moments s'enchaînent et s'expliquent les uns les autres.

De ces simples remarques découle une leçon de la plus haute importance : puisque tout état de conscience laisse des traces de son passage, tout acte le germe d'une habitude; puisque, en d'autres termes, c'est avec le passé et aussi avec le présent que se fait l'avenir, l'homme ne saurait apporter trop d'attention à sa conduite de chaque jour, de chaque heure, de chaque instant, surveiller de trop près ses tendances et les déterminations de sa volonté libre. Toute victoire remportée sur la passion, tout acte de soumission au devoir, est une garantie de bonne conduite pour plus tard ; toute défaillance, toute capitulation devant les sommations du plaisir et de l'intérêt, peut être considérée comme une source de fautes nouvelles. L'homme vraiment fort contre le mal est celui qui, de bonne heure, a pris l'habitude d'obéir au devoir et de résister aux influences qui l'en détournent.

2. De la solidarité sociale. — Mais l'homme ne dépend pas seulement de son passé, il dépend aussi des milieux où il vit, de la société dont il est membre, des idées dominantes à son époque. De là ce qu'on peut appeler la *solidarité sociale* et *internationale*.

a). Influence de la famille. — Pour bien comprendre cette solidarité, considérons d'abord l'influence qu'exerce sur nous la famille. Cette influence est, de toutes, la plus importante. Ne sont-ce pas nos parents qui nous apprennent nos premières notions sur toutes choses, qui éveillent peu à peu notre intelligence avide de connaître, qui la dirigent, la gouvernent et la façonnent, pour ainsi dire, à leur gré ? L'enfant est croyant par nature, aussi admet-il comme certain ce qu'on lui enseigne dans la famille : si sincères et si profondes sont ces croyances du jeune âge, qu'il est rare qu'on puisse s'en défaire tout à fait, même quand la réflexion en a plus tard montré la fausseté. — L'enfant est, en outre, instinctivement porté à imiter ce qu'il voit faire. « Rien, nous dit La Rochefoucauld, n'est si contagieux que l'exemple, et nous ne faisons jamais de grands biens ni de grands maux qui n'en produisent de semblables. » C'est surtout dans la famille, que cette maxime trouve sa justification la plus complète. Toutes les actions qu'il remarque, toutes les paroles qu'il entend prononcer, l'enfant veut les reproduire. Si ses parents sont probes, honnêtes, laborieux, il est probable qu'il deviendra lui-même un honnête homme ; la plupart d'entre nous ne devons-nous pas à la famille les plus précieuses des qualités morales que nous pouvons posséder ?

b). Influence des maîtres. — A l'influence des parents il faut ajouter, et pour les mêmes raisons, celle des maîtres qui nous sont donnés. Les maîtres, en effet, ne sont-ils pas les remplaçants du père et de la mère ? Leur tâche est la même : faire l'instruction et l'éducation des enfants qui leur sont confiés. Or, suivant que le maître est plus ou moins habile ; suivant qu'il sait agir plus ou moins puissamment sur l'esprit et le cœur de son élève, il peut contribuer d'une manière heureuse ou malheureuse à son avenir. L'enseignement qu'on a reçu dans la jeunesse, laisse dans l'esprit des traces qui ne s'effacent jamais complètement.

c). Influence de la société. — Bien que l'influence de la société soit moins apparente que celles de la famille et de l'école, elle n'en est pas moins réelle. De même que chaque famille a ses traditions et même ses préjugés, de même chaque société a les siens que nous subissons toujours un peu, à notre insu et malgré nous. Notre manière de penser, de sentir et d'agir est naturellement influencée par la manière de penser, de sentir et d'agir de ceux qui nous entourent : l'accord tend de plus en plus à s'établir entre elles ; de là ce qu'on a justement appelé le *caractère national.* L'Allemand ne ressemble pas au Français ; ils ne ressemblent ni l'un ni l'autre à l'Italien. — Bien plus, si l'on compare le Français d'aujourd'hui au Français d'autrefois, on verra bien vite que leurs différences sont nombreuses. L'enfant qui grandissait, sous l'ancien régime, alors qu'il existait, entre les différentes classes de la société, des barrières infranchissables, que toutes les carrières n'étaient pas accessibles à tous, ne pouvait sentir naître en lui les ambitions qui animent et soutienennt la jeunesse à notre époque. L'histoire ne nous apprend-elle pas encore qu'il se rencontre, dans la vie des peuples, des périodes plus spécialement favorables à l'éclosion de certains sentiments, des sentiments guerriers, par exemple, ou des sentiments poétiques et littéraires? Combien d'hommes sont devenus des écrivains de talent qui, s'ils avaient vécu sous le premier Empire, n'auraient été probablement que de brillants soldats! Enfin, il est incontestable que le vice est contagieux comme la vertu : celui qui vit au milieu d'un peuple corrompu, devra lutter beaucoup pour échapper à la maladie morale qui sévit à ses côtés. Le rigide Caton ne se laissa-t-il pas, lui-même, séduire par les mœurs grecques, après les avoir énergiquement combattues pendant de longues années[1]?

d). Solidarité internationale. — Signalons, en dernier lieu, l'influence que peuvent exercer sur un peuple, les peuples qui l'avoisinent. S'il est vrai que nos sentiments réflètent ceux de notre pays, il est non moins vrai que les sentiments de notre pays se transforment suivant les influences qu'il subit du dehors, suivant que ses frontières sont protégées ou menacées, suivant qu'autour de lui règne le trouble ou la discorde. Il est même des révolutions politiques et sociales qui ne sauraient se produire dans une nation, sans avoir leur contre-coup plus ou moins immédiat dans l'univers entier.

3. Raisons de cette solidarité. — Parmi les causes extrêmement nombreuses qui rendent plus étroite chaque jour la solidarité qui nous unit aux autres hommes, il faut indiquer surtout la *sympathie*, l'*intérêt* et la *science*.

La *sympathie*, car c'est elle qui établit, entre tous, le lien le plus durable et le plus solide, peut-être, de ceux qui nous rapprochent. Nous sommes portés naturellement à nous associer aux joies et aux souffrances de nos semblables, comme nous sommes portés à leur communiquer et nos sentiments

---

(1) « Il y a dans une famille nationale, dit un écrivain contemporain, une mise en commun de sentiments, d'idées, de chaleur; plus le foyer est puissant, plus l'individu est fort par rayonnement, par suggestion; il y a là une sorte de réverbération intellectuelle et morale. Faire partie d'un grand peuple, c'est profiter d'une collaboration multipliée. Ne peut-on pas dire vraiment que les âmes s'allument les unes les autres? » J. Revel, *Chez nos ancêtres.*

et nos pensées[1]. Nous ne nous suffisons pas à nous-mêmes; c'est là ce qu'avait bien compris Aristote lorsqu'il définissait l'homme : un animal sociable ou politique. Soutenir le contraire avec Hobbes, et prétendre que « l'homme est un loup pour l'homme », c'est avancer un paradoxe que rien ne justifie et que nos instincts les plus profonds condamnent.

Les hommes sont également forcés, et par l'*intérêt* et par la *science*, de se solidariser de plus en plus. — Réduit à ses seules ressources, l'homme serait incapable de lutter contre les ennemis de toutes sortes qui l'entourent; uni à ses semblables, il a pu dompter et asservir la nature, il a pu en faire l'esclave de ses besoins, quelquefois même de ses caprices. Plus notre union est forte, plus notre indépendance à l'égard de la nature est grande. D'où vient que les hommes peuvent accomplir, aujourd'hui surtout, les travaux les plus gigantesques, sinon de ce qu'ils se sont groupés et ont mis en commun leurs espérances et leurs efforts. Jamais la science n'avait obtenu des résultats aussi surprenants que de nos jours, jamais les ouvriers, par suite de la division du travail devenue nécessaire, n'ont été, au même degré, incapables de se passer les uns des autres[2].

4. Solidarité et moralité. — Les constatations qui précèdent suffisent à montrer combien il importe au moraliste d'étudier l'homme, dans son milieu, s'il veut l'apprécier justement. Le considérer, en quelque sorte, *in abstracto*, et comme s'il ne devait rien à lui-même, ce serait s'exposer d'avance soit à exagérer les limites de sa liberté, soit à méconnaître ses devoirs.

(1) Voy. Fr. Bouiller, *Etudes familières de psychologie et de morale*, *Des effets de la distance sur la sympathie.*

(2) C'est cette vérité que met en relief Sully Prudhomme dans ces beaux vers :

> Le laboureur m'a dit en songe : « Fais ton pain.
> Je ne te nourris plus, gratte la terre et sème. »
> Le tisserand m'a dit : « Fais tes habits toi-même. »
> Et le maçon m'a dit : « Prends la truelle en main. »
>
> Et, seul, abandonné de tout le genre humain
> Dont je traînais partout l'implacable anathème,
> Quand j'implorais du ciel une pitié suprème,
> Je trouvais des lions debout sur mon chemin.
>
> J'ouvris les yeux, doutant si l'aube était réelle :
> De hardis compagnons sifflaient sur leur échelle,
> Les métiers bourdonnaient, les champs étaient semés,
>
> Je connus mon bonheur et qu'au siècle où nous sommes,
> Nul ne peut se vanter de se passer des hommes;
> Et, depuis ce jour-là, je les ai tous aimés.

(SULLY-PRUDHOMME.)

a). En quel sens la solidarité diminue la responsabilité. —
Il est évident que plus les influences subies sont fortes et nombreuses, plus notre liberté est amoindrie. Ce sont ces influences
que, dans les nations civilisées, tous ceux qui doivent rendre la
justice, s'efforcent de découvrir. Avant de se prononcer sur le
sort d'un accusé, ils s'enquièrent de ses ancêtres, de son passé,
de l'instruction et de l'éducation qu'il a reçues et, souvent, cet
examen consciencieux lui vaut les circonstances atténuantes.
C'est qu'alors l'accusé n'est plus considéré comme étant le seul
coupable. Sans doute il aurait pu résister aux entraînements de
la passion et aux suggestions de l'exemple, mais il n'en est pas
moins certain que le second coupable, c'est la société même qui
l'accuse et, souvent, l'a poussé au mal. Au point de vue de la
stricte justice, pour déterminer exactement le degré de culpabilité d'un homme, il faudrait connaître avec précision quelle
a été la force des motifs et des mobiles qui ont pesé sur sa
volonté.

b). En quel sens la solidarité augmente notre responsabilité.
— Mais si la solidarité atténue en un sens notre responsabilité,
sans cependant l'anéantir, excepté dans les cas exceptionnels,
en un autre sens, elle l'aggrave et c'est là ce que nous oublions trop, quand nous nous jugeons nous-mêmes. C'est
que, si nos semblables agissent sur nous, nous agissons
également sur nos semblables, et nos actes ont parfois les conséquences les plus graves. Il en est d'eux comme des pierres
qu'on jette dans la mer : elles font aussitôt naître dans l'onde
des cercles dont le diamètre va en s'élargissant toujours. Tel
fait particulier n'a peut-être, pour nous, qu'une mince importance, mais voici qu'il a provoqué des idées fausses, des émotions malsaines, des passions condamnables : n'en sommes-nous
pas responsables à quelque degré? C'est pourquoi, retournant
le jugement que nous portions tout à l'heure, nous pouvons dire,
non plus seulement que nous sommes ce que les autres nous ont
faits, mais que nous avons contribué à faire les autres ce qu'ils
sont. On voit ainsi combien s'accroît notre responsabilité. L'o-
pinion publique qui est souvent l'expression du bon sens et
l'écho de la conscience morale, est sur ce point d'accord avec la
philosophie et la science. « Il est bien coupable! » entendons-
nous dire fréquemment d'un homme qui fait le mal, alors qu'on
attend de lui de bons exemples ; c'est que, en réalité, nos fautes

sont d'autant plus graves que, par suite de notre position sociale, elles en peuvent provóquer un plus grand nombre chez nos semblables.

c). Conclusion. — Solidarité et moralité sont donc deux termes inséparables : aussi convient-il de ne point oublier les relations intimes qui les unissent, si nous voulons bien comprendre quels sont nos devoirs envers nous-mêmes, et quels sont nos devoirs envers nos semblables.

CHAPITRE II

DEVOIRS ENVERS NOUS-MÊMES

I. L'homme a-t-il des devoirs envers lui-même? Classification de nos devoirs personnels. — II. Devoirs relatifs au corps. De la tempérance, de l'ascétisme, du suicide. — III. Devoirs relatifs à l'âme. Leur classification. — A. Devoirs relatifs à la sensibilité. Théorie stoïcienne. Réfutation. — B. Devoirs relatifs à l'intelligence. Importance de cette faculté au point de vue moral. Examen critique du paradoxe de J.-J. Rousseau. De la sincérité, de la franchise, du mensonge. — C. Devoirs relatifs à la volonté. Du courage en général. Courage militaire, courage civil, courage à supporter les épreuves de la vie. — Moyens de développer en nous cette vertu ou hygiène morale.

I

1. L'homme a-t-il des devoirs envers lui-même ? — On a souvent contesté que l'homme eût des devoirs envers lui-même. Envers nos semblables qui ont des droits comme nous en avons, qui sont des personnes morales au même titre que nous, qui nous sont unis par les liens d'une étroite solidarité, on conçoit, dit-on, que nous ayons des devoirs, mais quels peuvent être nos devoirs lorsque nous sommes seuls directement en cause? Si nous nous nuisons à nous-même, c'est de notre plein gré ; le mal que nous nous faisons, est un mal consenti, librement accepté : dès lors, est-il légitime de nous le reprocher comme une faute ? Evidemment non, puisque, d'ailleurs, ni l'opinion publique, ni la législation ne nous condamnent. La maxime : « Il ne fait tort qu'à lui-même, » n'est-elle pas invoquée à chaque instant pour justifier les actes que l'on ne juge contraires ni aux droits de la famille, ni à ceux de la société? Quant aux lois, elles laissent impunis tous les actes qui ne sont nuisibles qu'à leur auteur. Il est certain, par exemple, que l'intempérance, l'abus du tabac ou de l'alcool, détruisent la santé, affaiblissent l'intelligence, énervent la volonté, et, cependant, on n'a point encore songé à édicter des peines pour punir ces excès. Si le législateur punit l'ivresse, c'est uniquement lorsqu'elle est publique, et peut alors devenir un danger pour la société.

2. Critique de cette opinion. — Nous n'hésitons pas à déclarer que ce sont là purs sophismes.

Et d'abord, il est douteux qu'un acte réellement mauvais, au point de vue moral, puisse être nuisible à son auteur, sans l'être également à ses semblables. Qu'arrive-t-il, en effet, lorsque nous violons la loi des mœurs, même à l'insu de tous? Nous habituons nos facultés à se détourner du bien; nous vicions peu à peu en nous et l'esprit et le cœur, nous nous rendons, enfin, de plus en plus incapables de remplir dignement tous nos devoirs sociaux. Si maintenant nos infractions au devoir sont publiques, la faute est plus grave encore, car, aux conséquences précédentes, il est nécessaire d'ajouter toutes celles qui résultent de l'influence de l'exemple.

L'argument que l'on tire des lois civiles et de leur tolérance n'est pas plus concluant. Il est vrai que leur action est limitée et qu'elle doit l'être, car leur rôle n'est pas de commander la vertu, mais de sauvegarder les intérêts de la société; seulement, où finit leur domaine, s'étend encore celui de la loi morale, et cette loi nous impose partout et toujours des devoirs à remplir. La conscience qui en est l'interprète, nous affirme d'ailleurs, avec une autorité souveraine, que nous ne pouvons l'enfreindre sans nous avilir.

Par conséquent, en supposant même que l'homme vécût seul, il aurait encore sa dignité propre à défendre, un idéal à atteindre, une personne morale de plus en plus parfaite et de plus en plus libre à créer en lui.

3. Classification des devoirs personnels. — Les devoirs que nous avons envers nous-mêmes diffèrent suivant que l'on considère plus spécialement l'âme ou le corps. Les devoirs relatifs aux corps se réduisent à celui de conservation; quant aux devoirs relatifs à l'âme, ils se subdivisent, comme nos facultés elles-mêmes, et se rapportent à la sensibilité, à l'intelligence et à la volonté.

II

DEVOIRS RELATIFS AU CORPS. — Nos devoirs
envers le corps résultent de son union même avec l'âme, de
l'action qu'il a sur elle et des services qu'il peut lui rendre. Nous
les résumerons dans cette formule : « Il ne faut lui accorder ni
trop, ni trop peu. »

**1. Il ne faut pas accorder trop au corps. Tempé-
rance.** — En lui accordant trop, on le rendrait exigeant ; on en
ferait un maître ou une idole, quand il ne doit être qu'un esclave
et un instrument. Un attachement excessif pour le corps, une solli-
citude inquiète pour tout ce qui peut l'orner et l'embellir, dénote
à la fois un manque de dignité et un manque d'esprit. Les
anciens l'avaient bien compris, eux qui considéraient la *tempérance* comme « l'auxiliaire de toutes les vertus », l'intempérance,
comme la cause de la plupart des vices. « L'intempérant, nous
dit Socrate, qui se laisse dominer par les plaisirs du corps et qui
est mis, par là, dans l'impuissance de bien faire, n'est plus un
homme libre , il subit la pire des servitudes, car il est soumis au
pire des maîtres. »

L'homme qui se respecte véritablement lui-même, n'oublie
jamais que sa grandeur morale lui vient de l'âme et non du
corps ; il se nourrit parce qu'il le doit, mais sans attacher à la
délicatesse des mets une importance excessive ; il sait combattre
l'indolence et la paresse, n'accorder au sommeil que le strict
nécessaire, s'imposer même des privations pénibles, lorsqu'elles
doivent être utiles à l'esprit. Ajoutons que la tempérance nous
est commandée par notre intérêt, non moins que par le devoir. En effet, en assouplissant le corps, elle le rend de plus
en plus docile aux ordres de la volonté ; en empêchant la satiété
et le dégoût, elle nous rend plus aptes à goûter le plaisir ; en
écartant de nous la maladie, elle nous assure non seulement
une existence plus longue et plus heureuse, mais encore, ce
qui est plus précieux, l'intégrité de nos facultés intellectuelles et
morales.

**2. Il ne faut pas lui accorder trop peu. L'ascé-
tisme.** — Il est à remarquer que la tempérance cesserait d'être
une vertu si, pour réagir outre mesure contre le sensualisme qui

dégrade, elle nous conduisait à mépriser le corps et à le traiter toujours en ennemi. Ses résultats, dans ce cas, ne seraient guère moins dangereux que ceux de l'intempérance elle-même, car elle épuiserait promptement nos forces et nous savons, par expérience, que rien n'est tyrannique comme un corps malade. « Une âme saine dans un corps sain, » telle était la maxime favorite des anciens, telle doit être aussi la nôtre.

Tout autre est l'opinion de quelques moralistes mystiques qui voudraient faire de l'*ascétisme* notre règle de conduite. Par eux sont condamnés tous les plaisirs physiques, comme indignes de l'homme ; le corps n'est à leurs yeux qu'une source de maux et d'impuretés. Le maitriser le plus possible, lui imposer les privations les plus dures, le flageller et le faire souffrir sans cesse, tel est le plus sûr moyen d'atteindre à la perfection. L'ascétisme a trouvé de nombreux adeptes, aux premiers temps du Christianisme, mais c'est surtout dans l'Inde qu'il s'est développé Les prescriptions suivantes du code de Manou suffiront à le bien faire connaître : « Que l'anachorète, y est-il dit, se roule sur la terre ou qu'il se tienne sur la pointe des pieds durant toute la journée ; que, dans les chaleurs de l'été, il s'entoure de cinq feux ; que, dans la saison des pluies, il s'expose sans abri aux nuages ; que, dans la saison froide, il porte des vêtements humides et s'inflige des pénitences de plus en plus terribles, etc... [1]. »

Le but que se proposent les ascètes est assurément louable, et leur lutte contre la passion ne manque ni de courage ni de grandeur ; mais peut-on ne pas trouver étranges les actes qu'ils accomplissent ? Est-il donc impossible de combattre la tentation et de devenir meilleur, sans torturer le corps, surtout par des supplices qui ne rendent aucun service à la société ? Un travail pénible et de longue haleine, mais productif, ne conduirait-il pas au même résultat ? Enfin, penser, comme la plupart des ascètes, que Dieu se complait dans les souffrances de ses créatures, n'est-ce pas s'en faire une idée fausse et oublier qu'il est avant tout Bonté ? Hâtons-nous pourtant d'ajouter qu'une telle doctrine ne sera jamais redoutable, car elle trouvera toujours, d'une part dans l'égoïsme, de l'autre, dans le bon sens, des adversaires qui ne lui permettront pas de vaincre.

3. Du suicide. — S'il est défendu de négliger absolument

---

(1) Voy. L. Carrau, *de l'Education*, p. 279 et suiv.

le corps, à plus forte raison est-il défendu de se donner la mort. Le suicide est donc condamnable. Il a cependant trouvé des apologistes.

L'homme, disent-ils, qui n'a point demandé à naître, ne peut-il pas, quand il est las de la vie, en sortir, si bon lui semble, « comme on sort d'une chambre enfumée » ? — Le droit au suicide que l'on revendique ainsi, n'est pas autre chose, en définitive, que le droit de n'avoir plus de devoir, ce qui est absurde. « L'homme, nous dit Kant, si on considère le devoir pur, ne peut se défaire de sa personnalité, et il y a contradiction à supposer qu'il puisse s'affranchir de toute obligation en se donnant la mort. Détruire dans sa propre personne le sujet de la moralité, l'être moral, c'est, autant qu'il est en soi, faire disparaître du monde la moralité même. » Kant ajoute encore, avec raison, que le suicide n'est pas seulement une transgression de nos devoirs envers nous-mêmes, mais encore une transgression de nos devoirs envers nos semblables, car l'homme, comme nous l'avons établi déjà, n'est jamais complètement affranchi de devoirs sociaux.

On cherche encore à excuser le suicide en l'attribuant au *dégoût de la vie*, à la *passion* ou à la *crainte du déshonneur*. — Excuses sans valeur suffisante. On se dégoûte de la vie, parce qu'on en a dénaturé le sens. Nous ne sommes pas nécessairement créés pour éprouver tous les plaisirs, mais bien pour obéir au devoir et assurer, dans la mesure de nos forces, le triomphe de la moralité [1]. La *passion* ne saurait davantage nous justifier pleinement, car le premier devoir de l'homme est précisément de la discipliner en la soumettant à la raison. Quant à la *crainte du déshonneur*, de deux choses l'une : ou le déshonneur est mérité, ou il ne l'est pas. Dans un cas, il faut l'accepter comme une expiation de la faute qu'on a commise, dans l'autre, il faut avoir le courage de mettre sa conscience au-dessus de l'opinion.

(1) J.-J. Rousseau donne ce conseil à celui qui est las de la vie : « Écoute-moi, jeune insensé, tu m'es cher, j'ai pitié de tes erreurs. S'il te reste au fond du cœur le moindre sentiment de vertu, viens, que je t'apprenne à aimer la vie. Chaque fois que tu seras tenté d'en sortir, distoi à toi-même : que je fasse encore une bonne action avant de mourir. Puis, va chercher quelque indigent à secourir, quelque infortune à soulager, quelque opprimé à défendre. Si cette considération te retient aujourd'hui, elle te retiendra encore demain, toute ta vie. Si elle ne te retient pas, meurs, tu n'es qu'un méchant. »

Enfin, on croit justifier le suicide en le représentant comme un acte de courage. Mais ici encore n'est-on pas dupe d'une illusion ? — Que fait l'homme qui se donne la mort? Il met en balance deux maux : d'un côté, le mal de vivre ; de l'autre côté, celui de mourir. S'il choisit ce dernier, n'est-ce pas parce qu'il lui paraît moindre [1] ?

En appréciant ainsi le suicide, nous nous sommes uniquement placés à un point de vue théorique. Est-ce à dire, maintenant, que nous devions être sans pitié pour tous ceux qui sont conduits à cet acte de suprême désespoir? Loin de là ; le plus souvent même nous devons les plaindre, car savoir à quels motifs ils ont obéi? Nous ne saurions affirmer qu'au moment où ils se sont donné la mort ils possédaient bien la plénitude de leur intelligence et leur entière liberté.

III

DEVOIRS RELATIFS A L'AME. — Nos devoirs envers l'âme se classent naturellement d'après ses facultés et sont relatifs à la sensibilité, à l'intelligence et à la volonté.

A. Devoirs relatifs à la sensibilité. — Sous le nom de sensibilité, on désigne à la fois les *appétits* et les *penchants* qui nous font rechercher tout ce qui est agréable et utile à la vie physique ; les *inclinations* qui nous font aimer ou haïr nos semblables, poursuivre la vérité, admirer et désirer tout ce qui est beau et honnête ; enfin, les *passions* elles-mêmes qui ne sont que nos inclinations et nos penchants devenus violents, jaloux, excessifs, par conséquent viciés et dangereux. On peut donc définir la sensibilité d'une manière générale : le pouvoir de jouir et de souffrir, d'aimer et de haïr.

1. *Doctrine des stoïciens.* — Suivant les stoïciens et suivant Kant, notre premier et même notre unique devoir envers la sensibilité serait de travailler à la détruire. Le vrai sage, disent-

(1) Parmi les philosophes qui, dans l'antiquité, ont excusé le suicide, il faut citer les stoïciens, les épicuriens et surtout Hégésias. — Socrate, Platon, Cicéron, au contraire, le condamnaient. « Nous sommes ici-bas dans un poste, dit Socrate, nul ne doit s'enfuir. » « Nous ne devons pas, dit dans le même sens Cicéron, quitter la vie sans en avoir reçu l'ordre de qui nous l'a donnée, autrement nous déserterions le poste que Dieu nous a confié. »

ils, est celui qui n'écoute que la raison et étouffe le plus possible
en lui le sentiment. Il sera d'autant plus près de la perfection
que, en face des événements, il restera plus insensible. Le bien
et la vertu ne sont vraiment méritoires que s'ils ont été prati-
qués froidement, pour eux-mêmes, uniquement pour eux-
mêmes ; si nous éprouvons pour eux de l'amour, cet amour ne
peut que nuire à la valeur morale de nos actes.

2. *Critique.* — Nous ne nous attarderons pas à réfuter cette
doctrine qui va à l'encontre de nos instincts les plus profonds
et les plus naturels. On connaît, contre elle, l'éloquente protestation de La Fontaine. Il dit, parlant du stoïcien :

> Celui-ci retranche de l'âme
> Désirs et passions, le bon et le mauvais,
> Jusqu'aux plus innocents souhaits.
> Contre de telles gens, quant à moi, je réclame.
> Ils ôtent à nos cœurs le principal ressort ;
> Ils font cesser de vivre avant que l'on soit mort.
>
> (*Le Philosophe Scythe.*)

Cette protestation est aussi celle du bon sens. Sans inclination, en effet, l'âme resterait inerte et impuissante. Les grandes
pensées, a-t-on dit, viennent du cœur, c'est du cœur également
que viennent les grandes actions. — S'interdire tout plaisir, condamner toute affection, c'est méconnaître les droits de la nature. « L'homme vertueux, dit justement Aristote, c'est celui
qui prend plaisir à faire des actes de vertu. »

3. *Nécessité de diriger la sensibilité.* — Ce qu'ont bien compris, cependant, Kant et les stoïciens, c'est que la sensibilité ne
saurait être acceptée comme guide sûr et infaillible. Si nous
n'avons pris soin de la discipliner en la soumettant à la raison,
elle nous pousse souvent à la violation du devoir. — Ainsi, rien
de plus naturel que de céder aux instincts physiques dont la
satisfaction procure la santé et le bien-être, mais rien n'est dangereux comme de les laisser grandir sans mesure, car ils conduisent au sensualisme. — L'amour de la propriété est louable,
mais il peut engendrer l'avarice, et tous les Harpagons sont
méprisés. — Nous admirons ceux qui dédaignent la richesse,
mais nous blâmons les prodigues, car ils s'exposent sottement
à des regrets de toutes sortes. — Nous sommes tous portés à
rechercher le repos après la fatigue, le plaisir après la souf-

france ; or, cette recherche immodérée peut engendrer la paresse et l'amour du jeu, passions dont les effets sont pour tous des plus funestes. — Rien de plus légitime, enfin, que l'amour de la famille, de la patrie, de la religion, et pourtant nous savons que cet amour lui-même peut produire le fanatisme. — Nous aboutissons donc à cette conclusion, c'est que la sensibilité ne doit être pour nous qu'un auxiliaire. Avant de céder à ses impulsions, le sage doit toujours s'assurer que son langage est conforme à celui de la raison. C'est le seul moyen de nous épargner et les fautes irréparables, et les regrets inutiles.

B. Devoirs envers l'intelligence. — L'intelligence est, d'une manière générale, le pouvoir de connaître. Ses fonctions essentielles consistent à *acquérir* des idées, à l'aide des sens et de la conscience ; à les *conserver*, à l'aide de la mémoire ; à les *combiner* entre elles, à l'aide de l'association des idées et de l'imagination ; à les *élaborer*, à l'aide de l'attention, de l'abstraction, du jugement, de la généralisation et du raisonnement : toutes fonctions dont le jeu est éclairé par la lumière de la raison.

1. *Importance de l'intelligence au point de vue moral.* — L'importance de cette faculté, au point de vue moral, ressort de sa définition même. Il est évident que, sans elle, nous ne saurions avoir de véritable liberté ; nous ignorerions à la fois nos droits et nos devoirs ; quant aux lois de la nature, elles nous resteraient cachées, et nous ne songerions même plus à les faire servir à notre usage. — Travailler au développement de nos facultés intellectuelles, c'est donc travailler à notre affranchissement et à notre moralité, en même temps qu'à l'affranchissement et à la moralité de tous. En s'instruisant, l'homme agit dans son intérêt et remplit un devoir.

2. *Paradoxe de J.-J. Rousseau.* — Par conséquent, prétendre, comme l'a fait J.-J. Rousseau, que le développement des sciences, des lettres et des arts ne peut, en aucune manière, contribuer au bien des peuples ; que l'instruction n'engendre que le goût des disputes, l'amour-propre, la vanité, le vice et la corruption, c'est se mettre en contradiction avec les faits et avec la raison.

Ce qui est vrai, et nous l'avons constaté déjà, c'est que la science ne donne pas nécessairement la vertu ; mais un esprit éclairé est toujours, mieux qu'un autre, prémuni contre les entraînements de la passion. — L'instruction, nul ne le conteste, peut être, dans certains cas, une arme dangereuse aux mains d'un malhonnête homme, mais avec le fer on peut aussi donner la mort; devrons-nous donc en défendre l'usage? — Enfin, n'est-ce pas à l'instruction que sont dus tous les progrès de nos législations? Elle a toujours été la meilleure sauvegarde et de notre indépendance et de nos droits. — Chaque homme est donc tenu de s'éclairer et de s'instruire. « Il est indigne de l'homme, dit Aristote, de ne pas acquérir toute la science à laquelle il peut atteindre. » Le culte de l'intelligence est non seulement un hommage rendu par nous à la vérité et à la perfection, mais encore une preuve non douteuse du sentiment que nous avons de notre propre dignité.

Il convient d'ajouter, pourtant, que notre intelligence ne saurait indistinctement s'adonner à toute étude, bien que toute connaissance soit bonne en elle-même. Il est, en effet, certaines recherches qui s'imposent plus particulièrement à chacun de nous, suivant nos aptitudes et notre profession. Entre toutes les sciences qui pourraient nous séduire, nous devons cultiver, de préférence, celles qui permettent de mieux remplir les fonctions dont nous sommes chargés.

3. *De la sincérité et de la franchise.* — A ces devoirs généraux envers l'intelligence, s'en rattachent plusieurs autres dont les plus importants sont la *sincérité* et la *franchise.*

La *sincérité* est la vertu de tout homme qui, respectueux de la vérité, ne cherche jamais à se tromper ni à tromper personne. Il manque, par exemple, de sincérité envers lui-même celui qui, pour justifier une faute, étouffer ses remords ou pallier ses défauts, discute avec sa conscience, plaide avec le bons sens, invoquant pour excuses ou les tentations trop fortes, ou la conduite d'autrui. — Dire, sans rien dire de précis ; insinuer plutôt qu'affirmer ; dissimuler toujours habilement sa pensée et veiller avec soin à ne se compromettre jamais, c'est manquer de sincérité envers les autres. — Le manque de sincérité implique donc à la fois bassesse et lâcheté, de là le mépris qu'il inspire. Preuve de dignité et de courage, la franchise, au contraire, impose la sympathie et le respect.

Ce devoir d'être sincère, quelque impérieux qu'il soit, a cependant des limites. Croire qu'on est tenu, en toute circonstance, d'exprimer hautement ses opinions personnelles, ou même de répondre à toutes les questions indiscrètes des importuns qui nous interrogent, ce serait en exagérer singulièrement la portée. Notre profession, notre intérêt le plus légitime, nous obligent souvent à taire nos impressions et nos projets. Il n'est pas davantage nécessaire, pour être un parfait honnête homme, de dire à tout venant ce que l'on pense de lui. Tout autre était l'avis d'Alceste. On connaît sa querelle célèbre avec Philinte :

> — Quoi! vous iriez dire à la vieille Emilie
> Qu'à son âge il sied mal de faire la jolie,
> Et que le blanc qu'elle a scandalise chacun?
> — Sans doute.
>   — A Dorilas, qu'il est trop importun;
> Et qu'il n'est, à la cour, oreille qu'il ne lasse
> A conter sa bravoure et l'éclat de sa race?
> — Fort bien.
>   — Vous vous moquez. —
>   — Je ne me moque point;
> Et je vais n'épargner personne sur ce point.

Alceste n'a qu'à demi raison. D'abord, en s'érigeant ainsi en Don Quichotte de la vérité et de la vertu, il s'expose bien plus à leur nuire qu'à leur être utile. En outre, dans cette humeur atrabilaire de tous les pourfendeurs de vices, dans ces critiques sans mesure contre tout et contre tous, on craint toujours qu'il n'entre plus d'orgueil fanfaron et d'intolérance jalouse que de véritable vertu. — La sagesse consiste plutôt à n'être Alceste que dans les grandes choses, dans celles qui touchent réellement à l'honnêteté et à l'honneur. Sur ce point, une certaine âpreté de caractère est compréhensible et louable; mais, pour les choses futiles de tous les jours, ne condamnons pas trop l'humeur égale et facile de l'indulgent Philinte.

4. *Du mensonge.* — Faire l'éloge de la sincérité, c'est en même temps condamner le *mensonge*. Mentir, ce n'est pas simplement dissimuler la vérité, c'est la fausser en disant le contraire de ce que l'on pense.

Nous pouvons être poussés au mensonge par les motifs les plus divers. — Parfois, le mensonge n'est qu'un *jeu*, dont le but est de nous divertir et de divertir les autres; comme alors il ne trompe sérieusement personne, il est à peine un défaut.

— Nous pouvons mentir encore par *bienveillance* pour nos semblables, afin d'écarter d'eux un châtiment qui les menace : pour ce mensonge, on est, d'ordinaire, indulgent, mais il n'en est pas moins une faute, d'autant plus qu'il expose à violer la justice, ce qui n'est jamais permis, même au bénéfice de la charité. — Lorsque le mensonge est, au contraire, inspiré par la *vanité*, par l'*orgueil* ou par l'*intérêt*, il devient plus nuisible et surtout plus coupable. Il peut, d'abord, nous être nuisible à nous-même, car, s'il est découvert, il nous expose au ridicule et au mépris ; il peut être, en outre, nuisible aux autres, car il les expose à l'erreur ; dans tous les cas, il est coupable, car il est une atteinte portée à la dignité de la personne morale que nous ne respectons alors ni en nous, ni en nos semblables. C'est donc avec raison que Montaigne le flétrit : « En vérité, dit-il, le mensonge est un maudit vice ; si nous en connaissions l'horreur et le poids, nous le poursuivrions à feu plus justement que d'autres vices. Nous ne sommes hommes et nous ne tenons les uns aux autres que par la parole. » Ajoutons que le mensonge est plus odieux encore lorsqu'il est inspiré par la *méchanceté* et la *vengeance* et lorsqu'il devient *calomnie*.

Une seule cause peut excuser le mensonge, parfois même l'imposer, c'est l'obligation où nous sommes de choisir entre deux devoirs d'inégale portée. Tels sont les cas, souvent cités, du médecin qui refuse de faire connaître au malade une vérité trop brutale ; de celui qui, en temps de trouble, pour sauver un honnête homme injustement poursuivi, ment à ceux qui l'interrogent. Il y a bien ici, en effet, deux devoirs en présence : d'une part, celui de dire la vérité ; de l'autre, celui d'éviter à une personne qui souffre, tout désespoir inutile, ou d'arracher à la mort un innocent. Le plus impérieux de ces devoirs est assurément le dernier, et, si nous consentons à mentir, c'est encore par respect pour la personne humaine.

C. Devoirs envers la volonté. — La volonté est le pouvoir que nous avons de nous déterminer à notre gré et en pleine connaissance de cause, sans y être contraint par aucune force étrangère. La vertu propre de la volonté est le *courage*.

1. *Du courage, en général.* — Le courage, pris dans un sens tout à fait général, peut être défini : « une fermeté d'âme invincible et réfléchie qui ne se propose d'autre but que l'honnêteté et l'équité [1]. »

En le définissant « *une fermeté d'âme invincible* », nous le

_____

(1) Voy. *Philosophie de Gassendi*, p. 269 et suivantes.

distinguons à la fois de la force purement physique qui peut être très grande et très lâche, et de la vanité fanfaronne qui, au premier abord, semble devoir tout braver, mais s'apaise aussitôt qu'approche le danger. — Il est, en outre, une « *fermeté réfléchie* », et c'est par là qu'il s'oppose à la témérité. Le téméraire est celui qui s'élance aveuglément au devant des obstacles, comme s'il ne craignait rien tant que de paraître craindre quelque chose ; l'homme vraiment courageux est, au contraire, celui qui, sans aimer et rechercher le danger pour le danger, l'affronte résolument dès qu'il en a connaissance et que le devoir commande. — Nous ajoutons, enfin, que le courage *doit avoir pour but l'honnêteté et l'équité*. En effet, il ne saurait être vertu le courage qui est au service du mal, ou simplement de l'aveugle nécessité. « On ne doit pas, dit Platon dans le *Protagoras*, mesurer le courage à l'énergie du corps, mais à la fermeté de l'esprit, lorsque la fin poursuivie est louable et conforme à la justice. »

On distingue ordinairement, d'après les circonstances où il s'affirme, trois espèces de courage : le courage militaire, le courage civil et le courage à supporter les épreuves de la vie.

2. *Du courage militaire.* — Le courage le plus généralement admiré et fêté, est le *courage militaire*. C'est celui du soldat que n'effraie aucune fatigue et qui fait bravement, quand les circonstances l'exigent, le sacrifice de sa vie à son pays. Pour en comprendre toute l'importance, il suffit de songer aux intérêts qu'il défend et aux conditions dans lesquelles il s'exerce : c'est l'honneur et la sécurité de tous que le soldat a pour mission de protéger ; c'est auprès de compatriotes courant les mêmes dangers que lui, qu'il combat. Son courage est donc soutenu par les plus puissantes raisons, aussi l'opinion publique flétrit-elle à jamais le lâche qui trahit son drapeau.

3. *Du courage civil.* — Si le *courage civil* est une vertu moins commune que la bravoure militaire, peut-être en faut-il chercher la cause dans sa difficulté même, plus encore que dans le nombre moins grand des occasions où il peut s'affirmer. Il consiste surtout à défendre le droit et la justice, voire même à pratiquer la charité, partout et toujours, quels que soient les dangers, les menaces et les violences. Or, celui qui, sans redouter les conséquences de sa conduite, confesse hautement les opinions qu'il croit bonnes, lorsque sa conscience le lui

ordonne; celui qui, devant rendre la justice, ne cède jamais ni à l'amitié, ni à la peur; celui qui, en temps de guerre, au péril de sa vie, refuse à l'envahisseur soit les ressources, soit les renseignements qu'il réclame; celui qui, pendant une épidémie, se dévoue pour ses semblables : tous ceux enfin, qui, sans y être préparés par la discipline et l'esprit militaires, comme le soldat, mettent, sans faiblir, au-dessus de leur intérêt, leur devoir, ne font-ils pas preuve d'autant de courage que les hommes qui affrontent la mort sur le champ de bataille ? — Nous croyons, au contraire, que leur héroïsme est souvent plus méritoire.

4. *Du courage à supporter les épreuves de la vie.* — Il est une troisième forme de courage qui trouve à s'exercer à chaque instant de la vie, c'est celle qui nous fait supporter les épreuves sans nombre que chaque jour apporte avec lui : revers de fortune, espoirs déçus, infirmités, maladies, pertes des êtres qui nous sont chers... — L'homme qui manque de courage se laisse abattre par ces épreuves, reste sans énergie; l'homme courageux, au contraire, puise en elles une force nouvelle pour s'amender et devenir meilleur. — Nous ne saurions, cependant, exiger qu'elles nous laissent insensibles. Tout ce qui ne dépend pas de nous, disaient les stoïciens, doit nous trouver indifférents. Suivant Épictète, dont nous avons exposé la doctrine, il ne faudrait jamais dire à propos de quoi que ce soit : « Je l'ai perdu », mais : « Je l'ai rendu. » — Nous connaissons déjà la protestation de La Fontaine contre une telle doctrine; celle de Molière n'est ni moins juste, ni moins éloquente :

On se propose à tort, écrit-il à Lamothe le Vayer qui venait de perdre son fils :

> On se propose à tort cent préceptes divers
> Pour vouloir, d'un œil sec, voir mourir ce qu'on aime ;
> L'effort en est barbare aux yeux de l'univers,
> Et c'est brutalité plus que vertu suprême.

C'est qu'en effet, suivant la juste remarque d'un philosophe contemporain, « il y a plus de dignité et plus de grandeur dans la souffrance virilement acceptée, que dans cette indifférence passive que nous conseille le stoïcien [1] ».

(1) L. Carrau, *De l'éducation*.
« Les stoïques, dit La Bruyère, ont feint qu'on pouvait rire dans la

5. *Conclusion.* — Remarquons, en dernier lieu, que le courage n'est pas une vertu qu'on apporte en naissant. Il ne s'acquiert que par l'habitude, c'est-à-dire par de longs et souvent pénibles efforts. C'est donc dès l'enfance qu'il en faut faire l'apprentissage en résistant, avec force, aux sollicitations du désir, lorsqu'elles sont contraires au devoir; en acceptant, sans faiblesse, les déceptions qui nous surprennent; en ne capitulant jamais devant les sommations du plaisir ou de l'intérêt; en nous imposant même, comme le voulait Sénèque, mais avec mesure, des privations et des fatigues pour développer en nous notre énergie contre le mal. C'est en s'exerçant ainsi dans les petites choses, que la volonté deviendra capable d'en accomplir de grandes, car elle sera vraiment maîtresse d'elle-même.

OUVRAGES A CONSULTER

Cousin, *Du bien, du beau et du vrai.* — Kant, *Doctrine du droit. Doctrine de la vertu. Principes métaphysiques de la morale.* — Beaussire, *Les principes du droit.* — J. Simon, *Le devoir.* — L. Carrau, *De l'éducation.* — Renouvier, *La Science de la morale.* — H. Spencer, *De l'éducation physique, intellectuelle et morale.*

pauvreté, être insensible aux injures, à l'ingratitude, aux pertes de biens, comme à celle des parents et des amis; regarder froidement la mort; n'être vaincu ni par le plaisir, ni par la douleur; sentir le fer et le feu, sans pousser le moindre soupir; et, ce fantôme de vertu ainsi imaginé, il leur a plu de l'appeler un sage. Ils ont laissé à l'homme tous les défauts qu'ils lui ont trouvés et n'ont presque relevé aucun de ses faibles; au lieu de faire de ses vices des peintures affreuses ou ridicules qui servissent à l'en corriger, ils lui ont tracé l'idée d'une perfection et d'un héroïsme dont il n'est point capable, et l'ont exhorté à l'impossible. Ainsi le sage se trouve naturellement et par lui-même au-dessus de tous les événements et de tous les maux; ni la goutte la plus douloureuse, ni la colique la plus aiguë, ne sauraient lui arracher une plainte; le ciel et la terre peuvent être renversés sans l'entraîner dans leur chute, et il demeurerait ferme sur les ruines de l'univers. » La Bruyère, *De l'homme.* Consultez également : Pascal, *Entretien avec M. de Sacy.* — Descartes, *Discours de la méthode,* 1re partie.

CHAPITRE III

DEVOIRS ENVERS NOS SEMBLABLES

I

DE LA JUSTICE ET DE LA CHARITÉ

De la justice et de la charité.
A. De la justice. Définition. — 1. Fondement sur lequel elle repose. —
2. Ses caractères.
B. De la charité. — 1. Définition. — 2. En quoi elle diffère de la justice. — 3. Ses progrès.
C. Rapports qui existent entre la justice et la charité. — 1. Le domaine
de la justice est beaucoup plus étendu qu'on ne le croit d'ordinaire. —
2. Point de charité sans justice. — 3. Point de justice sans charité.
Justice et équité.
D. Ni la justice, ni la charité seules ne peuvent servir de fondement à la
morale.

Tous nos devoirs envers nos semblables sont compris dans ces
deux formules : « Ne faites pas à autrui ce que vous ne voudriez
pas qu'on vous fît à vous-même. — Faites à autrui ce que
vous voudriez qu'on vous fît. » La première de ces formules désigne nos devoirs de justice ; la seconde, nos devoirs
de charité.

A

De la justice. — La justice est une vertu qui consiste
essentiellement à ne nuire à personne et à accorder à tous ce
qui leur est dû, à quelque titre que ce soit; aussi les jurisconsultes la définissent-ils avec précision : « une constante et per-
pétuelle volonté de donner ou de restituer à chacun son droit ;
constans et perpetua voluntas jus suum cuique tribuendi[1]. »

(1) Parlant de la justice, Aristote nous dit : « C'est la plus excellente
des vertus, ni l'étoile du matin, ni celle du soir ne sont aussi admirables. » Cicéron la considère comme « le lien des sociétés », et il remarque, en outre, qu'elle inspire à l'homme un sentiment si profond qu'on
le retrouve même dans les associations de malfaiteurs. Le voleur qui
commet une injustice envers ses pairs est banni de leur association.

1. Fondement de la justice. — Le devoir d'être juste, non plus que tout autre devoir, ne saurait tirer sa force de l'intérêt ou du sentiment; ni l'un ni l'autre, en effet, ne peuvent commander à la volonté avec une autorité souveraine, ni imposer leurs ordres à la raison [1]. — Son véritable fondement est dans l'*égalité morale des personnes*. En tant que sujet de la loi morale, tout être raisonnable et libre est inviolable et sacré, nous devons donc nous interdire tout ce qui pourrait porter atteinte à ses droits. Or, nous portons atteinte à ses droits toutes les fois que nous l'attaquons soit dans sa personne, soit dans ses biens. Considérées en elles-mêmes, ni la fortune ni la richesse ne sont, il est vrai, respectables, mais elles le deviennent en tant qu'instruments au service de nos semblables; elles participent alors à l'inviolabilité de celui qui légitimement les possède. De là, pour nous, l'obligation rigoureuse si, au mépris du droit d'autrui, nous avons violé la justice, de réparer, aussi complément que possible, le mal que nous avons commis [2].

2. Caractères de la justice. — La justice s'offre dès lors à nous avec des caractères fort précis.

Elle nous apparait d'abord comme un devoir *strict*, en ce sens qu'elle correspond toujours à un droit de nos semblables, droit qu'il ne nous est permis, sous aucun prétexte, de violer. De là le caractère d'austérité froide et inflexible que tous les philosophes

(1) Voy. plus haut l'examen critique de la morale utilitaire et de la morale du sentiment. M. Littré conçoit autrement la justice : « La justice, dit-il, est de l'ordre intellectuel, de la nature du vrai et elle est aussi distincte de l'utile que le vrai l'est lui-même... Au fond, la justice a le même principe que la science, seulement celle-ci est restée dans le domaine objectif, tandis que l'autre est entrée dans le domaine des actes moraux. Quand nous obéissons à la justice, nous obéissons à des convictions très semblables à celles que nous impose la vue d'une vérité. Des deux côtés l'assentiment est commandé; ici, il s'appelle démonstration, là, il s'appelle devoir. » En faisant ainsi de la justice une notion toute intellectuelle, M. Littré en supprime l'élément essentiel, l'élément moral. La justice, dès qu'elle est conçue, s'impose comme obligatoire à la volonté; il n'en est pas de même de la science.

(2) Dans la pratique de la justice, s'il s'agit d'un vol, par exemple, nous devons considérer deux choses ; l'objet dérobé et la personne lésée. Si nous considérons simplement l'objet, nous n'obtenons qu'une ombre de justice, celle qu'Aristote appelait la *Justice d'échange* ou *Justice commutative;* quand, au contraire, nous tenons compte et des personnes et des choses, nous pratiquons la *Justice distributive*, celle qui consiste à réparer exactement les torts dont nous nous sommes rendus coupables.

reconnaissent à cette vertu : « Que le ciel s'écroule, disaient les anciens, mais que la justice triomphe ! »

La justice peut, en second lieu, *s'appuyer sur la force*. Si quelqu'un m'a nui dans mon honneur, dans ma réputation ou dans mes biens, j'ai droit à une réparation, et cette réparation, je la puis exiger. Ainsi, d'ailleurs, l'ont toujours compris les hommes car, même dès les temps les plus anciens, nous les voyons confier à quelques-uns d'entre eux le soin de rendre la justice, lorsqu'ils sont incapables eux-mêmes de se défendre.

Remarquons cependant que si la justice est la plus impérieuse des vertus, elle ne paraît pas être la plus méritoire. Celui qui la pratique se met à l'abri du reproche, il n'acquiert pas précisément de droits à notre admiration et à notre reconnaissance. C'est que, s'il est bien d'accorder à chacun ce qui lui est dû, nous sentons qu'il est mieux encore d'accorder parfois plus qu'on ne doit, et de venir en aide à ceux qui n'ont rien à exiger de nous. A la justice, en un mot, le cœur non moins que la raison nous disent qu'il faut ajouter la *charité*.

B

1. Définition de la charité. — La *charité* est l'amour de la personne humaine, amour profond et désintéressé qui nous porte à lui venir en aide et à la secourir dans le besoin. On connaît la belle description qu'en donne saint Paul. « La charité, dit-il, est patiente, elle est bienfaisante : elle n'est point jalouse, elle n'est point téméraire, elle n'est point orgueilleuse. Elle souffre tout, elle croit tout, elle espère tout, elle supporte tout. » —Le riche qui, chaque année, consacre une part de ses revenus aux pauvres, mais reste insensible à leurs souffrances ; l'ambitieux qui secourt les malheureux, afin qu'on lui décerne des éloges ; l'insouciant qui fait l'aumône, pour se débarrasser des importuns, ne sont pas véritablement charitables, car leur *intention* n'est pas pure. Il n'est pas non plus réellement charitable celui qu'affectent les souffrances des autres et qui prend part à leurs chagrins, mais manque d'énergie pour les secourir. La vraie charité ne reste pas ainsi inerte et dolente, elle a le courage d'agir. — Ajoutons qu'elle n'est pas simplement l'amour d'autrui, elle en est l'amour *intelligent* et *éclairé*; si elle

manque de ce caractère, elle peut être téméraire et devenir même
dangereuse; au lieu de soulager la misère, souvent elle l'accroît; en voulant calmer, elle irrite ; en cherchant à ramener
au bien, elle pousse au mal[1]. — Enfin la vraie charité plane au-
dessus des rivalités de partis, des antipathies et des haines :
elle ne connait qu'une ennemie, la souffrance; qu'une diplo-
matie, le dévouement; qu'une politique, le bien[2].

2. Différences entre la justice et la charité. — On
voit maintenant en quoi la charité diffère de la justice.— La justice, comme nous l'avons montré, repose sur l'égalité morale
des personnes, la charité repose sur la *fraternité*. L'une consiste
surtout dans le *respect*, l'autre dans l'*amour* d'autrui. Ce qui
nous frappe principalement, lorsque nous pratiquons la justice,
c'est l'inviolabilité de nos semblables ; ce qui nous frappe plutôt
en eux, lorsque nous pratiquons la charité, c'est qu'ils sont d'autres nous-mêmes. Dans un cas, la personne humaine s'offre à
nous comme une limite à notre liberté, dans l'autre, comme un
moyen de l'éprouver et de la développer. Par la charité, nous
sortons pour ainsi dire de nous-mêmes, en brisant tout à fait les
liens de l'égoïsme; nous sentons qu'en travaillant au bien-être et à
la moralité de ceux qui souffrent, nous travaillons à devenir nous-
mêmes meilleurs et plus heureux. — C'est précisément ce don
libre et gratuit de soi, qui constitue la beauté de la charité : de là
les sentiments d'admiration et de reconnaissance qu'elle inspire.

Si telle est la charité, on conçoit qu'elle ne puisse, comme la
justice, être imposée par la force. La charité contrainte, cesserait d'être la charité. Nous ne dirons donc pas d'elle, qu'elle est
un devoir strict, mais bien un devoir *large*, en ce sens qu'elle
ne correspond pas à un droit positif chez nos semblables. Toutefois elle n'en est pas moins obligatoire. Pour être un homme
vraiment honnête, il ne suffit pas, en effet, de n'avoir nui à personne, il faut pouvoir se dire : J'ai fait du bien[3].

(1) Les principaux reproches qu'on adresse à la charité sont d'encourager la paresse et le vice et, surtout, d'éterniser parmi nous la souffrance.
En permettant aux faibles, non seulement de vivre, mais de transmettre
à des descendants leur faiblesse, ne va-t-elle pas directement à l'encontre
de la nature qui semble uniquement préparer le triomphe des forts ?

(2) Voy. Labiche, *Les petits oiseaux*. — V. Hugo, *Pour les pauvres*.

(3) Dante, en visitant les enfers, aperçoit des malheureux qui semblent
aussi cruellement souffrir que les plus grands criminels et, comme il
s'informe de leurs crimes, on lui répond : « Ils n'ont jamais fait le bien. »

3. Progrès de la charité. — Ces caractères de la charité expliquent suffisamment les éloges qu'en ont faits quelques philosophes. « Quand je parlerais, dit saint Paul, toutes les langues des hommes et des anges, si je n'ai point la charité, je ne suis qu'un airain sonore, une cymbale retentissante... et, quand je distribuerais tout mon bien pour nourrir les pauvres, et que je livrerais mon corps pour être brûlé, si je n'ai point la charité, tout cela ne sert de rien. »

Ils expliquent également le rôle de plus en plus bienfaisant qu'elle remplit dans le monde où elle multiplie les institutions utiles, se montrant d'autant plus ingénieuse et féconde, que la misère elle-même revêt plus de formes diverses.

C

Si la justice et la charité, par leurs traits généraux, s'opposent nettement, il n'en est pas moins fort difficile de bien délimiter le champ de leur action.

1. Étendue des devoirs de justice. — Remarquons, en premier lieu, que celui de la justice est beaucoup plus étendu qu'on ne le croit d'ordinaire. De nombreux devoirs, considérés comme de charité pure, sont en réalité des devoirs de stricte justice. Il ne faut pas oublier, en effet, à quel point tous les hommes sont solidaires les uns des autres; s'il est vrai que, souvent, nous sommes les causes indirectes des maux dont souffrent nos semblables, il est vrai, également, qu'en bonne justice, nous devons contribuer à les guérir. On comprend que la loi ne puisse déterminer qu'elle est exactement la responsabilité de chacun, et lui imposer toujours une réparation proportionnelle à ses torts, mais cette réparation, notre conscience, si elle est droite et sincère, nous l'ordonnera, non pas au nom de la charité, mais au nom de la justice. Ce n'est donc pas sans raison que certains économistes ont défendu *le droit des pauvres*.

2. Point de charité sans justice. — En second lieu, la rigueur des devoirs de justice est telle que la charité, elle-même, doit toujours les respecter. Ni le souci de faire le bien, ni le désir de soulager l'infortune, ne sauraient nous permettre de violer les droits d'autrui. Avant d'être charitable, l'honnête homme doit être juste.

3. Point de véritable justice sans charité. — S'il n'y a point de charité sans justice, il est tout aussi vrai de dire qu'il n'y a point de véritable justice sans charité. « *Summum jus*, disaient les anciens, *summa injuria* : à être juste, en toute rigueur, on risque d'être injuste. » En effet, celui qui croit devoir, au nom de principes rigides et immuables, apprécier toujours les hommes et les choses, revendiquer impérieusement ses droits, condamner sans pitié tout acte qui s'écarte du bien, celui-là n'est pas le juste tel que la conscience et la raison le conçoivent. — C'est là ce qu'avait bien compris Aristote, aussi distingue-t-il, de la justice proprement dite, la justice que tempère la charité et à laquelle on a donné le nom d'équité. « La justice stricte, disait-il, est semblable à une règle de fer qui ne donne qu'une mesure inflexible ; l'équité est semblable à la règle de plomb dont se servaient les Lesbiens et qui, se pliant aux accidents de la pierre, en suivait les formes et les contours. » L'équité seule est vraiment humaine, car seule elle nous porte à donner quelque chose de notre cœur pour soulager les grandes souffrances, de notre intelligence, pour éclairer les esprits faibles, de notre activité et de notre fortune, pour secourir ceux qui sont dans le besoin. Ainsi envisagée, l'équité n'est donc qu'une justice plus large, plus féconde, vivifiée et ennoblie par l'affection et la sympathie.

D

Ni la justice, ni la charité seules ne peuvent servir de fondement à la morale. — Ces quelques remarques nous permettent d'apprécier les théories des philosophes qui voudraient fonder uniquement la morale sur l'une ou sur l'autre de ces deux vertus : la justice ou la charité.

Nous savons déjà quels titres la charité peut invoquer pour justifier le choix de ceux qui la préfèrent, mais il est douteux que ces titres soient tout à fait suffisants. Comme la sensibilité dont elle est surtout tributaire, elle peut, en effet, s'affaiblir ou s'exalter. Elle a besoin d'un guide qui la soutienne et l'éclaire. Or, quel sera ce guide ? — La raison ? Dans ce cas, la charité n'est plus l'unique règle de nos actions. — L'État ? Mais alors ou l'État se borne à conseiller, et sa voix peut rester sans écho ; ou il ordonne, et de la charité il ne reste plus qu'un nom. La charité imposée, comme nous l'avons remarqué déjà, n'est plus la charité.

Une morale purement juridique serait tout aussi dangereuse. Déterminer simplement les actes que les hommes se doivent interdire, et croire que les autres leur seront inspirés par les nécessités de la vie, non moins que par le cœur, c'est compter outre mesure sur la bonté humaine ; c'est aussi oublier que la charité ne doit pas être considérée comme un luxe, — la justice seule étant strictement obligatoire, — mais comme un devoir.

Examinons maintenant quels sont, envers nos semblables, nos principaux devoirs de justice et de charité.

II

DEVOIRS DE JUSTICE

A. — *Devoirs envers la vie de nos semblables.*

1. De l'homicide et du droit de légitime défense. — 2. De l'assassinat politique. — 3. Du duel. — 4. Des coups et des blessures volontaires.

1. De l'homicide et du droit de légitime défense. — Le plus impérieux de tous les devoirs de justice, la personne humaine étant inviolable, c'est de *respecter la vie d'autrui*. « Tu ne tueras point » : tel est le premier précepte de la morale sociale. L'*homicide* est un double crime : un crime envers la personne que nous mettons dans l'impossibilité d'atteindre à sa fin ; un crime envers la société que nous privons volontairement d'un de ses membres.

Le droit de mettre à mort l'un de nos semblables, ne nous appartient que dans un cas, c'est celui de *légitime défense*. Or, nous sommes dans le cas de légitime défense, lorsque nous ne pouvons protéger notre vie contre un injuste agresseur, qu'en le frappant mortellement. Quelques moralistes, il est vrai, prétendent qu'il serait beaucoup plus charitable de nous sacrifier nous-même, afin de laisser à notre ennemi, dont l'esprit est égaré, le temps du repentir ; mais, contre cette théorie par trop mystique, protestent à la fois l'instinct et la raison. Spontanément, en effet, et, en dépit de tout système, l'homme menacé dans sa vie, se défend par tous les moyens dont il dispose. Quand la réflexion intervient, la raison reconnaît cette défense comme légitime. Elle nous dit que l'homme qui se met hors la loi morale, cesse d'être couvert et protégé par elle; qu'il n'est plus, par le fait même de son agression, ni respectable, ni sacré; qu'en repoussant, enfin, ses attaques par la force, nous usons d'un droit et remplissons, en même temps, un devoir, car, en nous protégeant nous-même, nous protégeons la société.

On doit considérer encore comme étant dans le cas de légitime défense, le soldat qui, en temps de guerre, tue l'ennemi sur le champ de bataille. Agir ainsi est, en effet, le seul moyen qu'il possède de se défendre lui-même et de servir son pays. Mais, dès que l'ennemi est vaincu ou blessé, le droit de donner la mort ne nous appartient plus; frapper, dans ce cas, ce serait commettre un acte aussi lâche qu'odieux.

Comme on le voit, le droit de légitime défense a des limites bien déterminées; il cesse d'exister dès que notre vie n'est plus directement menacée [1]. — Contre ces conclusions, cependant, s'élèvent et les défenseurs de l'assassinat politique et les apologistes du duel.

2. De l'assassinat politique. — On connaît les arguments qu'invoquent les premiers à l'appui de leur thèse. — L'intérêt de tous, disent-ils, doit passer avant les intérêts d'un seul, ou de quelques-uns. Or, quand il se rencontre un homme qui personnifie en lui un principe dangereux pour la sécurité, le bien-être et la dignité du plus grand nombre; qui exerce un pouvoir despotique, méconnaissant tous les droits, enchaînant toutes les libertés; qui peut braver impunément la justice et n'a à redouter ni les lois, ni le mécontentement général, grâce à la force dont il dispose, il n'y a qu'une chose à faire, c'est de le supprimer. De là les assassinats commis par Ravaillac, Poltrot de Méré, Charlotte Corday et, plus récemment encore, par les Nihilistes russes. De ces assassinats on doit rapprocher tous ceux qui ont pour but d'amener la disparition, non d'un homme, mais d'une classe ou d'un parti par lequel on se croit injustement opprimé.

L'opinion publique, il faut le reconnaître, se montre parfois

(1) Dans la *vendetta* le moraliste ne peut donc voir qu'un reste de sauvagerie barbare que ni l'injure reçue, ni le courage déployé n'excusent suffisamment.

indulgente pour ceux qui accomplissent de tels actes. A Athènes, on avait élevé des statues à Harmodius et à Aristogiton pour avoir mis à mort le tyran Hipparque; nombreux ont été les admirateurs de Charlotte Corday, et, de nos jours encore, il est rare qu'on ne voie dans l'assassinat politique qu'un crime de droit commun. — Le courage que souvent un pareil acte exige, le dévouement supposé à une cause estimée juste et le mépris de la mort, dont il semble être la preuve, sont, en effet, des raisons qui agissent toujours puissamment sur l'esprit; mais si elles expliquent, en partie, les jugements de la foule sur le meurtrier, elles ne sauraient suffire à le faire absoudre.

Et d'abord, de quel droit un homme peut-il se substituer à la société tout entière, et, sans mandat, s'instituer son justicier? C'est à la nation, au pays lui-même qu'il appartient de se défaire des ennemis qui l'oppriment, non à un simple particulier. — On objecte, il est vrai, que la foule ne peut agir, car ses oppresseurs la paralysent. Vient-elle à se soulever? Les représailles sont terribles. Dès lors, n'est-il pas préférable qu'un seul se dévoue pour tous? — L'excuse n'est que spécieuse, car qui nous assure que ce sauveur improvisé est bien l'interprète de la majorité; que son action ne sera pas nuisible, surtout qu'elle sera bien conforme à la justice? Où sont les garanties suffisantes de sa moralité? — Enfin, s'arroger le droit de mettre à mort l'homme que l'on considère comme un danger public, c'est implicitement reconnaître que le même droit appartient à tous; c'est ouvrir la voie à toutes les révolutions et à tous les crimes.

3. Du duel. — Moins grave par ses conséquences que l'assassinat politique, le duel devait naturellement trouver des défenseurs plus nombreux. Il est même probable que son usage remonte à l'antiquité la plus haute. Dans les temps primitifs, lorsqu'une querelle s'élevait entre deux hommes, c'est souvent sur le terrain que, sans doute, on la réglait. Nous savons qu'au moyen âge les gentilshommes avaient l'épée prompte, et que les progrès de la civilisation sont loin d'avoir étouffé tous les préjugés du moyen âge. On connaît les ordonnances sévères de Richelieu contre les duellistes nombreux de son époque; or, il ne semble pas que leur nombre ait diminué de nos jours, ni que la législation et l'opinion publique soient moins clémentes à leur égard.

C'est que, dans le duel, nous voyons volontiers une preuve de courage et une sauvegarde de l'honneur. Il apparaît même, parfois, comme le seul moyen dont puisse user un homme pour défendre ses droits outrageusement violés. Il est, en effet, des cas où ni les tribunaux d'honneur, ni la justice ne sauraient nous procurer la réparation qui nous est due : les tribunaux d'honneur, car en admettant qu'ils soient impartiaux, leurs sentences sont par trop platoniques ; la justice, car les débats qu'elle soulève peuvent nuire à notre honneur et à celui des nôtres, au lieu de les protéger. Il n'est donc pas surprenant que, même auprès de moralistes austères, le duel ait obtenu, souvent, les circonstances atténuantes.

Si cependant nous nous plaçons, non au point de vue du sentiment, mais au point de vue de la droite raison et d'une saine morale, comment pourrions-nous le défendre ? — Et d'abord, si les motifs du duel sont puérils, nul doute, évidemment, ne saurait être possible. La vie humaine a trop de prix pour qu'on la sacrifie à des vétilles[1]. — Si les motifs, au contraire, sont sérieux ; si l'un des deux adversaires est attaqué dans son honneur, ce qui est aussi grave que d'être attaqué dans sa vie, voyons quels avantages présentera le duel. A l'offensé qui doit une réparation, il offre l'occasion d'ajouter une faute nouvelle, à une faute première ; en revanche, il expose l'accusé à une seconde injustice, celle-là irréparable, puisque sur le terrain il peut trouver la mort. Que prouvera, en effet, l'issue d'un tel combat ? Notre force, notre sang-froid ou notre adresse, non l'excellence de notre cause, à moins d'admettre, comme on le faisait au moyen âge, que la Providence, elle-même, dirige sûrement les coups des adversaires. Etant ainsi manifestement contraire à la raison, le duel ne saurait donc être conforme au devoir.

Est-il au moins toujours l'indice du courage, et l'abus qu'on en fait peut-il développer en nous cette vertu ? — Beaucoup l'ont contesté. « Le plus terrible spadassin que j'ai rencontré, dit Napoléon, qui devait se connaître en bravoure, était le plus

---

(1) Nous ne saurions évidemment nous occuper ici de tous les duels de parade, annoncés à grand bruit, dans un but de réclame à peine dissimulé. Ce sont là simples jeux de compères en détresse, qu'on aurait tort, peut-être, de trop prendre au sérieux, quand il convient surtout d'en rire.

mauvais soldat de mon armée. Il se serait battu chaque matin, avant de déjeuner, mais, plus volontiers encore, il se serait caché dans un fourgon pendant une bataille rangée. » — L'habitude des armes, la conscience de leur habileté et la certitude de vaincre, soutiennent beaucoup, sans doute, la valeur de certains duellistes, aussi est-il difficile de bien apprécier leur courage. — Enfin, Frédéric II nie que l'usage du duel, même dans l'armée, puisse avoir d'heureux résultats. « Cette démence, dit-il, ne produit pas un seul bon effet, pas même celui de rendre le soldat brave dans la bataille. Il l'est uniquement quand il attire sur lui les yeux de tous les autres. »

4. Des coups et des blessures volontaires. — Les raisons qui nous font condamner l'homicide volontaire, l'assassinat politique et le duel, nous font condamner également tous ceux qui, par cruauté ou par vengeance, frappent ou mutilent un de leurs semblables. La brutalité est inconciliable avec la dignité humaine, aussi la voyons-nous de plus en plus s'atténuer, à mesure que la civilisation progresse. — Les rixes, sans aucun doute, sont, dans la foule même, moins nombreuses qu'autrefois ; les maitres qui frappent leurs ouvriers ne le font plus aujourd'hui sans danger ; quant aux parents qui usent des châtiments corporels, dans l'éducation de leurs enfants, ils deviennent de plus en plus rares. La loi civile, d'ailleurs, est venue, sur ce point, sanctionner la loi morale, car elle condamne à des peines parfois sévères ceux qui, volontairement, et, en dehors du cas de légitime défense, ont été les auteurs de blessures ou de coups qui ont entraîné ou non la maladie ou la mort [1].

B. — Devoirs envers la liberté de nos semblables.

Le deuxième devoir que nous impose la justice, devoir non moins strict que le précédent, est celui de respecter nos sem-

---

(1) « Tout individu ayant fait des blessures ou porté des coups volontairement, sans intention de donner la mort, mais l'ayant occasionnée, est puni des travaux forcés à temps. » Code pénal, art. 309. — Les coups et blessures, n'ayant pas entraîné la mort, sont punis de la prison.

blables dans leur *liberté*. On peut porter atteinte à la liberté de ses semblables de mille manières différentes, mais la plus brutale est l'*esclavage*.

1. De l'esclavage en Grèce. — L'esclavage est l'état de tout homme que l'on a privé, non de sa liberté morale, ce qui est impossible, mais de sa liberté civile; que l'on traite, suivant l'expression de Kant, non comme une *fin*, mais comme un *moyen;* non comme une *personne*, mais comme une *chose* dont on peut disposer à son gré.

Quelque contraire qu'elle paraisse à la raison, l'institution de l'esclavage remonte à la plus haute antiquité, et l'on est surpris de trouver, parmi ses défenseurs, les plus illustres philosophes de la Grèce. Platon ne l'admet pas, il est vrai, dans sa *République*, mais il n'ose le condamner dans la cité, et il n'hésite pas à souscrire à ce jugement d'Homère : « que dans l'esprit des esclaves il n'y a rien de sain ni d'entier, et qu'un homme prudent ne saurait se fier à cette classe d'hommes. » — Aristote considère l'esclavage comme légitime et nécessaire. Il est légitime, car, dit-il, « la nature a créé les corps des hommes libres différents des corps des esclaves, car elle a fait les uns pour commander, les autres pour obéir. » Il est nécessaire, car en affranchissant les hommes libres du travail manuel, il leur permet de s'occuper plus efficacement des travaux de l'esprit et des affaires de l'État. — Aristote recommande cependant aux maîtres d'être bons pour cet *outil vivant*, de ne pas lui imposer de travaux supérieurs à ses forces, de ne pas lui infliger, surtout, de châtiments inutiles. Ce furent les sophistes, pourtant si décriés, et les stoïciens, dont l'influence morale a été si considérable, qui dénoncèrent, les premiers, cette institution de l'esclavage comme inhumaine et funeste.

2. De l'esclavage à Rome. — A Rome, l'esclavage est, pendant longtemps, grâce à la tolérance excessive des lois, plus barbare encore qu'il ne le fut jamais en Grèce. Le maître a droit de vie et de mort sur son esclave, et il use souvent de ce droit de la manière la plus inique. C'est ainsi que le sénateur Q. Flaminius, pour être agréable à un enfant qui regrettait de n'avoir jamais vu tuer, fit venir un esclave et lui trancha la tête. Vedius Pollion fait jeter aux murènes un de ces infortunés pour avoir, par mégarde, brisé une coupe de cristal. Ovide et Juvénal nous représentent des dames romaines prenant plaisir à enfoncer des épingles dans le corps de leurs esclaves, et leur déchirant le visage avec les ongles. — Chaque fois qu'un maître était assassiné, on mettait à mort tous ses esclaves [1]. — Ces malheureux étaient employés à toutes sortes de travaux, et on les comptait par troupeaux. Il y avait, entre autres, celui des *gladiateurs* qui prêtaient l'effroyable serment de se laisser *brûler*, *enchaîner*, *frapper* et *égorger*, *uri, vinciri, verberari, ferroque necari*. A son retour de Dacie, Trajan fit mourir dix mille gladiateurs. — Pour qu'ils n'aient pas la tentation de fuir, on enchaînait les esclaves chargés de garder la demeure de leur maître ou de labourer la terre; quant à ceux qui étaient employés à la meule, ils avaient au cou une large roue qui les empêchait de porter la main à leur bouche, et de ramasser un peu de cette farine qu'ils devaient moudre tout le jour. — En échange de ces services, le maître était tenu de nourrir ses esclaves, mais Caton nous donne une recette qui prouve bien comment on comprenait alors ce devoir : Voici de quelle manière il faut préparer le vin destiné aux serviteurs de la maison : « Mettez dans une futaille dix amphores de vin doux, deux amphores de vinaigre bien mordant et autant de vin cuit, jusqu'à diminution des deux tiers, avec cinquante amphores d'eau douce. Remuez le tout ensemble, avec un bâton, pendant cinq jours consécutifs, après quoi vous y ajouterez soixante-quatre setiers d'eau de mer [2]. » — Les logements réservés aux esclaves ne paraissent pas avoir été plus confor-

---

(1) Tacite nous raconte que le préfet de la ville, Pédanius Secundus, ayant été assassiné, on décida que ses quatre cents esclaves seraient conduits au supplice. Émue de compassion, la foule alors s'ameuta. Le Sénat, fort inquiet, s'étant réuni pour en délibérer, allait accorder la grâce des condamnés, lorsque Cassius soutint avec énergie, au nom de la tradition et au nom de la sécurité publique, qu'il fallait consommer l'exécution. « Nos ancêtres, dit-il, se défièrent toujours du caractère des esclaves, même de ceux qui, nés dans leurs possessions et leurs maisons, pouvaient avoir conçu, dès le berceau, de l'affection pour leurs maîtres. Mais, depuis que nous avons des esclaves de nations étrangères, de mœurs différentes et de religion diverse, nul autre moyen, pour contenir cette canaille, que la terreur. » Le conseil de Cassius prévalut; l'émeute fut réprimée et les quatre cents esclaves mis à mort. (Tacite, *Annales*, liv. I, XIV, 43.)

(2) Dans son traité des *Devoirs*, Cicéron nous rapporte quelques cas de conscience proposés par Hécaton : « Un maître, en temps de famine, est-il obligé de nourrir ses esclaves? L'humanité dit oui; Hécaton dit non. » — « On est en mer, sur une petite barque, avec un mauvais esclave et un bon cheval; une tempête s'élève: lequel faut-il jeter à la mer? L'humanité donne un conseil, l'économie en donne un autre. Hécaton ne se prononce pas. » Cicéron ne se prononce pas davantage.

tables. En effet, Columelle conseille de les reléguer, afin de rendre la fuite plus difficile, dans des réduits souterrains (*ergastula subterranea*), où seront ménagées des ouvertures, *plus haut que la main.* — De telles atrocités durent, sans doute, de tout temps, provoquer des protestations. Plus d'une fois, la foule prit le parti des esclaves contre leurs maîtres; sous l'influence de la doctrine stoïcienne, la loi elle-même devint plus clémente aux opprimés; nous la voyons s'adoucir peu à peu sous les règnes de Tibère, de Néron et de Domitien; enfin, le christianisme, en proclamant le dogme de l'égalité morale de tous les hommes, hâta encore leur affranchissement. Par une loi mémorable qui date de 319, Constantin abolit le supplice de la croix, interdit les combats de gladiateurs et applique la peine de mort à ceux qui ont fait périr leur propre esclave. « Que les maîtres, y est-il dit, usent de leur droit avec modération, et que celui-là soit considéré comme homicide, qui aura tué son esclave, volontairement, à coups de bâton ou à coups de pierres. Qu'il en soit de même, s'il lui a fait, avec un dard, une blessure mortelle, s'il le suspend à un lacet, si, par un ordre barbare, il l'a fait précipiter dans un gouffre, s'il lui a fait boire du poison, s'il lui a fait déchirer le corps par des bêtes féroces, ou sillonner la chair par des charbons ardents, ou si, dans des tourments affreux, il a forcé la vie d'abandonner des membres tout couverts de sang et d'écume, avec une férocité digne des barbares. » — Cette loi qui annonce l'avènement de la justice pour les esclaves, nous fait également connaître, dans toute son étendue, l'horreur de l'institution dont ils étaient victimes.

3. De l'esclavage dans les temps modernes. — On s'explique mal qu'après ces progrès de la civilisation, l'esclavage ait pu revivre au XVIe siècle, dans les nations chrétiennes. On sait, cependant, avec quelle cruauté il fut établi dans les colonies espagnoles. Plus malheureux encore que les esclaves romains, les Indiens sont traqués de toutes parts [1], et employés aux plus durs travaux. Le nombre de ceux qui périrent sous les coups est incalculable. Pour mettre fin à un pareil trafic, il a fallu, malgré les éloquentes protestations de Las Casas, de Montes-

---

(1) « Les Espagnols faisaient la chasse aux Indiens avec des chiens nourris de chair humaine, de chair d'esclaves naturellement, afin que leur odorat les guidât plus sûrement. » *Recueil de la destruction des Indiens,* Las Casas.

quieu, de Condorcet, de Wilberforce, attendre jusqu'au milieu du XIXe siècle. — L'abolition de l'esclavage dans les colonies anglaises ne date que de 1838 ; dans les colonies françaises, de 1848 ; dans la République américaine, de 1865, époque où se termina la guerre de Sécession ; dans l'empire du Brésil, de 1888. — Il existe malheureusement encore dans de nombreuses contrées, et notamment dans l'intérieur de l'Afrique, d'où tous les efforts des peuples civilisés n'ont pu chasser les négriers [1].

4. Critique de l'esclavage. — Faire connaître l'esclavage, c'est, en même temps, le condamner. Aussi bien, les raisons qu'on a invoquées en sa faveur, ne sont et ne pouvaient être que des sophismes.

Il est possible qu'à une époque où le vainqueur à la guerre se croyait le droit de vie et de mort sur le vaincu, l'esclavage ait été considéré comme un bien, même par ceux qui le subissaient ; mais ce prétendu droit que s'arrogeait le vainqueur, la raison le lui refuse. Il n'est permis à personne de tuer son ennemi désarmé, ni même de l'asservir. — Aristote, il est vrai, soutient que la nature a refusé à l'esclave les qualités de l'homme libre, et qu'il n'est propre qu'à obéir ; nous avons montré, au contraire, que tout être humain est une personne morale, et, qu'à ce titre, il a des droits égaux aux nôtres. Combien d'esclaves ont prouvé qu'ils étaient supérieurs à leurs maîtres, et par les qualités du cœur et par celles de l'esprit : les défauts qu'on leur reproche viennent moins de l'infériorité de leur nature, que de la servitude même qui peut « avilir les hommes jusqu'au point de s'en faire aimer ». — Nous ne saurions davantage justifier l'esclavage par des raisons utilitaires : alléguer, en effet, qu'il est indispensable au progrès, c'est prouver qu'on ignore

(1) Voici comment le capitaine Binger, qui a visité ces contrées, nous décrit le sort des esclaves. « Une fois capturés, les esclaves sont ordinairement emmenés loin de leurs pays d'origine. Pendant le voyage, ils sont nus et soumis à toutes les intempéries ; ils marchent, en général, en file indienne, retenus par une même corde qui leur passe autour du cou. On leur fait franchir, à pied, des étapes de 30 à 40 kilomètres, sous un ciel de feu. Une poignée de sorgho ou de maïs constitue leur nourriture, juste de quoi ne pas mourir. Pendant la nuit, ces malheureux sont entravés avec la barre de fer. Quand un esclave, trahi par ses forces, est obligé de rester en route, plutôt que de l'abandonner, le maître le tue, afin de terrifier les autres, et de prouver à la caravane que la fatigue ou la mauvaise volonté ne peuvent aboutir qu'à la mort. » Capitaine Binger, *L'esclavage en Afrique.*

combien est peu productif le travail esclave. La grandeur et la
richesse d'une nation dépendent, avant tout, du nombre des
hommes libres qui la composent.

5. Du servage. — Le servage n'est qu'une forme adoucie
de l'esclavage. Comme l'esclave, le serf est soumis à la domina-
tion d'un maître, « est taillable et corvéable à merci, » mais il
en diffère en ce qu'il est attaché à la glèbe et ne peut être vendu
qu'avec le sol qu'il a cultivé. Aussi sa condition est-elle moins
misérable. L'institution du servage a subsisté, en France, jusqu'à la veille de la Révolution[1]; elle n'a été abolie, en Russie,
qu'en 1861, par Alexandre II.—Contre cette institution peuvent
être invoquées toutes les objections déjà faites à l'esclavage. On
ne saurait admettre, en effet, qu'un homme puisse être possédé
ou vendu par un autre homme; en le traitant ainsi comme une
chose, on viole ses droits les plus sacrés.

**6. Abus de pouvoir envers les mineurs, les sala-
riés, les ignorants.** — Des actes d'injustice auxquels le servage a donné lieu, il nous faut rapprocher tous les abus de pouvoir dont on se rend coupable envers les inférieurs : l'abus de
pouvoir étant toujours une violation des droits et de la liberté
d'autrui.

L'un des plus condamnables est celui que commettent les
parents et les maîtres, lorsqu'ils ne craignent pas, pour accroître
leurs gains, d'imposer aux enfants des tâches trop pénibles, ou
d'une moralité douteuse. — C'est pour remédier à ces abus que
nos législateurs ont rendu l'instruction obligatoire ; qu'ils ont
réglementé le travail des jeunes ouvriers, et limité le pouvoir
de ceux qui leur commandent. On les accuse, il est vrai,
d'avoir, en agissant ainsi, porté une atteinte grave à l'autorité
des maîtres et à la liberté du travail; mais, alors, on oublie
qu'ils avaient à sauvegarder, non seulement les droits de l'enfance, incapable de se protéger elle-même, mais encore ceux du
pays auxquels nous devons préparer des défenseurs instruits et
robustes, non des défenseurs ignorants et épuisés, avant l'âge,
par un labeur excessif.

Il attente également à la liberté de ses semblables celui qui
s'autorise de sa fortune ou des ses titres, pour exiger d'un infé-

---

(1) Voltaire est un des philosophes qui ont le plus contribué à l'éman-
cipation des serfs.

rieur des services qui ne lui sont point dus; d'un ouvrier dans le besoin, du travail à bas prix, de l'un ou de l'autre, le sacrifice de ses préférences politiques ou de ses croyances religieuses. — On objecte que l'homme est toujours libre de refuser à qui l'exige, ou sa peine ou son vote! Sans doute, mais sa liberté existe-t-elle vraiment tout entière, quand il se sent menacé de perdre son gagne-pain, ou quand ses enfants crient famine. Ce sont, au contraire, les droits du maître qui sont violés, quand l'ouvrier ne tient pas les engagements qu'il a librement contractés. — Ceux-ci commettent un véritable abus de pouvoir qui, le jour où leur présence à l'atelier devient indispensable, mettent à profit les circonstances, pour réclamer un salaire plus élevé ou pour faire grève. Tant qu'il n'existe aucun contrat, la grève est évidemment légitime; elle est plus légitime encore, lorsque le contrat a été violé par l'un des deux partis; dans tous les autres cas, elle ne peut être qu'injuste et dangereuse.

Enfin, exploiter, dans son intérêt ou dans celui de son parti, l'ignorance et la crédulité publiques; duper la foule par des mensonges ou des promesses vaines; faire accomplir par d'autres, à l'heure du danger, ce que l'on craindrait d'accomplir soi-même, n'est-ce pas encore traiter ses semblables comme de simples *moyens* et les asservir? Comme on le voit, si le servage proprement dit n'existe plus, il en est tout autrement du servage moral; il est même douteux que la traite de blancs, parmi nous, ait tout à fait disparu.

C. — *Devoirs envers l'honneur de nos semblables.*

1. Du sentiment de l'honneur. — 2. Des outrages. — 3. De la calomnie. Ses effets. Moyens dont elle use. Motifs qui l'inspirent. — 4. De la médisance. Médisance et mensonge. — 5. De la délation. Des lettres anonymes. — 6. De l'envie et de la jalousie. — 7. De l'émulation.

1. Du sentiment de l'honneur. — Si la vie et la liberté nous sont chères, plus cher encore nous est l'honneur. Charron en fait bien comprendre la nature, lorsqu'il le définit : « L'éclat d'une conduite vertueuse qui rejaillit de notre âme à la vue du monde, et, par réflexion, en nous-même, nous apporte un témoignage de ce que les autres croient de nous, qui se tourne en un grand contentement d'esprit. » — Le véritable honneur est

donc inséparable de la vertu : il consiste dans le mépris de tout
ce qui est vil et bas, dans le culte de tout ce qui est grand et
généreux ; dans le souci constant d'éviter ce qui pourrait nous
rabaisser à nos propres yeux et aux yeux de nos semblables, dans
le désir de mériter l'estime d'autrui et de conserver intacte notre
réputation. Le sentiment de l'honneur a ainsi sa source dans la
conscience de notre propre dignité et dans l'estime que nous
faisons des autres[1]. Pascal remarque justement que « nous
avons une si grande idée de l'âme de l'homme, que nous ne pouvons souffrir d'en être méprisés ». — Ce sentiment est si vif et
souvent si fécond, qu'il suffit à inspirer les actions les plus subli-
mes et à faire éviter bien des chutes : c'est pourquoi l'on ne
saurait trop méditer cette règle de conduite que nous donne
Juvénal : « Considère, nous dit-il, comme le plus grand crime de
préférer la vie à l'honneur et, par amour de la vie, de perdre
les raisons qui la rendent digne d'être vécue. »

On conçoit dès lors que toutes les atteintes portées à l'honneur de nos semblables soient fautes graves ; or, ces fautes on
peut les commettre soit par des outrages, soit par la calomnie,
soit par la médisance, soit par la délation.

2. Des outrages. — Outrager quelqu'un, c'est lui témoi-

---

(1) Il est difficile d'admettre, avec M. Taine, que le sentiment de l'honneur était inconnu des anciens et qu'il a une origine exclusivement féo-
dale. Comment expliquer, en effet, dans cette hypothèse que les stoïciens
aient donné pour but à nos actions « le louable », c'est-à-dire ce qui est
digne d'estime ; qu'ils aient professé une morale aussi austère et presque
théâtrale, qu'ils aient affecté le mépris de la mort et de la douleur ; comment expliquer, surtout, les deux vers de Juvénal que nous citions tout
à l'heure. Ce qui est vrai, c'est que ce sentiment, extrêmement complexe,
a subi des modifications profondes ; or, on en trouve la raison dans les
éléments mêmes qui le composent. Comme il implique le désir de s'estimer soi-même et le besoin d'obtenir l'estime des autres, il arrive que le
satisfaire est souvent difficile, c'est alors qu'il peut se transformer, se
vicier même quelquefois. — Si nos semblables nous jugent mal, quand
notre conscience ne nous reproche rien, la douleur que nous éprouvons
est si vive, qu'il est presque impossible de nous résigner à cette injustice.
Si le contraire se produit, nous nous laissons volontiers bercer par la
louange, et l'estime qu'on nous accorde nous fait malheureusement
oublier que nous n'en sommes dignes qu'à demi. L'amour-propre étouffe
en nous, peu à peu, le pur amour du devoir. — Quelque important que
soit le culte de l'honneur, « cette religion mâle, sans symboles et sans
dogmes, cette pudeur virile, » comme parle Alfred de Vigny, il ne saurait donc remplacer le culte de l'honnête. Sujet à l'exaltation et capable
de s'éprendre même d'un idéal dangereux, le sentiment qu'il inspire a,
comme tout autre sentiment, besoin d'être éclairé et guidé par la raison.

gner ouvertement son mépris, soit en l'injuriant, soit en le frappant. L'outrage est plus ou moins blâmable, suivant que les motifs qui le provoquent sont plus ou moins légitimes, suivant qu'il est public ou privé, suivant aussi les conséquences qu'il peut avoir. Quand il est inspiré par des motifs futiles ou inavouables, il ne déshonore ordinairement que son auteur; mais souvent aussi il peut nuire à la réputation de la personne injustement attaquée; dans ce cas, il ne saurait être assez énergiquement flétri.

3. De la calomnie. — Calomnier, c'est, avec l'intention de nuire, accuser une personne de torts dont elle est innocente. Pour bien faire comprendre tout l'odieux de la calomnie, il suffit de songer aux conséquences qu'elle entraine, aux moyens dont elle use et aux motifs qui l'inspirent.

a). Conséquences de la calomnie. — Tout le monde connait les conséquences de la calomnie : c'est la perte de la réputation, le mépris public, les soupçons offensants, parfois même la ruine de toute une famille. Même lorsque le calomniateur est démasqué, ses insinuations ou ses accusations continuent à porter leur fruit. C'est que, en effet, la foule se montre accueillante à l'excès pour tous les méchants bruits, et, sous le beau prétexte qu'il « n'y a point de fumée sans feu, » elle croit volontiers que tous les accusés sont plus ou moins coupables. Aussi, comme il est vrai ce conseil de Basile : « Calomniez, calomniez; il en restera toujours quelque chose ! »

b). Moyens dont use la calomnie. — Les moyens dont use le calomniateur le rendent plus méprisable encore. Il est rare qu'il aime le grand jour pour accomplir son œuvre. Il ne décoche ses flèches que lorsqu'il se croit en sûreté; il sait choisir son heure, profiter des circonstances, graduer ses accusations, nuancer ses discours. Le plussouvent, ce n'est qu'un mot glissé, comme par mégarde, dans la conversation, un soupçon qu'on éveille, mais à regret, — puis, sur les instances des écoutants, au milieu de mille réticences, viennent peu à peu les confidences plus explicites, les insinuations plus perfides et la calomnie, colportée par les malveillants, se répand bien vite de tous côtés. C'est là ce qu'a bien compris Beaumarchais qui nous décrit ainsi la calomnie : « D'abord un bruit léger, rasant le sol, comme une hirondelle avant l'orage. Telle bouche le recueille et, piano, piano, vous le glisse en l'oreille, adroitement; le mal est fait, il germe, il rampe, il chemine et, rinforzando, de bouche en bouche, il va le diable; puis, tout à coup, ne sais comment, vous voyez la calomnie se dresser, siffler, s'enfler, grandir à vue d'œil; elle s'élance, étend son vol, tourbillonne, enveloppe, arrache, entraîne, éclate, et tonne et devient un cri général, un crescendo public, un chorus universel de haine et de proscription. »

c). Motifs de la calomnie. — Quant aux motifs qui l'inspirent, ils sont toujours plus ou moins viciés. Parfois, c'est simplement à un amour-propre frivole qu'obéit le calomniateur, et au désir trop accusé de faire parade de son esprit. Il est si difficile d'être applaudi, lorsqu'on est charitable et bon, si facile, lorsqu'on est caustique et méchant! L'esprit qui loue et qui console n'appartient qu'aux âmes d'élite et bien peu le comprennent; l'esprit qui blesse et fait souffrir, qui déchire en souriant est, au contraire, à la portée du plus grand nombre; de là son succès dans le monde. Il ne se fait pas aimer, mais rechercher; on le blâme peut-être tout bas, mais on l'applaudit tout haut. Il possède, d'ailleurs, ordinairement du moins, l'habileté suprême : ne s'attaquer qu'aux absents ou à ceux qui, présents, sont incapables de se défendre. Ce qu'en doit penser le moraliste, La Bruyère nous l'apprend : « Diseur de bons mots, écrit-il, mauvais caractère, » et il ajoute : « Ceux qui nuisent à la réputation ou à la fortune des autres, plutôt que de perdre un bon mot, méritent une peine infamante. » — Le plus souvent, la calomnie a des motifs moins avouables encore, car elle provient de basse jalousie, d'orgueil blessé ou de méprisable rancune; elle n'est plus alors que la vengeance vile d'un cœur honteux, sans qu'il en convienne, de son propre abaissement.

4. De la médisance. — La médisance consiste à dévoiler les fautes, les travers ou les ridicules de nos semblables, sans jamais rien avancer qui soit contraire à la vérité; elle diffère donc de la calomnie, puisqu'elle n'est point un mensonge, mais est-elle plus excusable?

Pour bien l'apprécier, il est nécessaire d'en connaître, d'abord, exactement la nature. — Une première remarque importante à faire, c'est que si le médisant ne ment pas, il évite de dire la vérité tout entière; il divulgue le mal, mais, d'ordinaire, il tait le bien; il montre les défauts, mais il cache les qualités ; des hommes dont il parle, les imperfections seules le frappent, tous

leurs mérites sont écartés. Se faire une opinion d'après ses jugements, c'est donc s'exposer à de flagrantes injustices.

En second lieu, de quel droit l'un de nous peut-il s'ériger en
juge et en censeur de la conduite d'autrui ? Sommes-nous sans
reproche ? Molière prétendait, non sans raison, croyons-nous,
que les plus âpres à la critique sont souvent ceux qui devraient
songer le plus, par leur bienveillance, à la désarmer :

> Ceux de qui la conduite offre le plus à dire,
> Sont toujours sur autrui les premiers à médire.

Les médisants, d'ailleurs, ne peuvent même pas invoquer pour
excuse leur amour de la vérité et de la vertu, car les moyens
dont ils usent sont leur condamnation. S'ils disent du mal de
leur prochain, c'est, le plus souvent, en son absence ; le corriger
importe peu ; ce qui importe beaucoup, c'est de le discréditer.
Ne s'élève-t-on pas en abaissant les autres ? Divulguer une faute,
n'est-ce pas un sûr moyen de la rendre parfois irréparable ? —
Ajoutons que la médisance a ce grand avantage d'offrir moins
de dangers que la simple calomnie, puisque, disant la vérité,
elle se justifie plus aisément ; elle est donc plus habile, car elle
est moins imprudente, mais l'habileté, en morale, ne saurait
servir d'excuse, encore moins saurait-elle être considérée comme
vertu.

Quant aux conséquences de la médisance, elles ne sont pas
moins funestes que celles de la calomnie. « La médisance, disait
Bourdaloue, est également funeste à celui qui médit, à celui
dont on médit et à celui devant qui l'on médit. » En effet, elle
nuit au premier, parce qu'elle l'avilit à ses propres yeux et
l'expose au mépris de tous ; elle nuit au second, car, en l'atta-
quant dans sa réputation, elle lui fait un tort souvent très
grave ; elle nuit au troisième, car elle réveille tous les mauvais instincts qui sommeillent toujours plus ou moins au fond
de chacun de nous ; enfin, on peut dire qu'elle nuit à la société
entière, car elle tend à détruire la confiance et la bonne
harmonie sans lesquelles nulle association ne saurait être prospère.

Pourquoi maintenant la médisance et la calomnie sont-elles
vices si communs ? — Parce que nous faisons trop bon accueil
aux médisants et aux calomniateurs dont nous devenons ainsi les

complices[1]. Les colporteurs de méchants bruits seraient beaucoup moins audacieux, si leurs auditeurs étaient plus honnêtes.

5. De la délation. — Lorsque la médisance dévoile une faute à ceux qui peuvent ou doivent la punir, elle prend le nom de délation. Abuser d'une confidence qu'on nous a faite, sous le sceau du secret; accuser un adversaire politique dont on a surpris quelques propos plus imprudents que coupables ; dénoncer les fraudes dont on a connaissance, moins pour faire respecter la loi, que pour faire punir ceux qui la violent, c'est se conduire en délateur. On sait quels crimes a causés la délation aux époques troublées de l'histoire; à Rome, sous Tibère, Néron, Caligula; en France, sous la Terreur. Bien accueillie des gouvernements tyranniques, car elle permet d'écarter des adversaires dangereux, elle est, pour ceux qui la pratiquent, un moyen commode de satisfaire, sans s'exposer, leur ambition ou leur rancune. Jeter le trouble dans les familles, détruire les plus solides amitiés, rompre les associations les plus utiles, tel est le but que, en temps ordinaire, la délation semble plus particulièrement poursuivre.

L'un des moyens favoris auquel recourt le délateur, est la lettre anonyme. De toutes les armes dont peut se servir un ennemi, celle-ci est la plus honteuse et la plus lâche. Que penser, en effet, d'une personne qui, contrefaisant son écriture, pour mieux s'assurer l'impunité, vient, par un billet non signé, attaquer la réputation d'autrui et provoquer, peut-être, des maux irréparables?

Il est des cas cependant où démasquer un coupable est un devoir. Supposons qu'un homme soit accusé injustement d'un crime qu'il n'a pas commis : les plus lourdes charges pèsent sur lui; devons-nous le laisser condamner, si le vrai coupable nous est connu? — Évidemment non ! mais nul, dans ce cas, ne saurait nous accuser de délation. En agissant ainsi, nous agissons ouvertement, loyalement; le seul mobile de notre conduite, c'est l'amour de la vérité et de la justice; or, tout autres, comme nous l'avons vu, sont les motifs qui inspirent le délateur.

6. De l'envie et de la jalousie. — A la source de tous ces attentats contre l'honneur de nos semblables, l'analyse

---

(1) « La calomnie, dit un écrivain contemporain, est comme la fausse monnaie; bien des gens qui ne voudraient pas l'avoir émise, la font circuler. » — « C'est un méchant métier, dit Boileau, que celui de médire. »

nous fait aisément découvrir l'amour-propre ou, plus exactement, l'envie et la jalousie.

« L'envie, dit Charron, est sœur germaine de la haine : c'est un regret du bien que les autres possèdent, qui nous ronge le cœur et tourne le bien d'autrui en notre mal. » Il faut croire que ce sentiment est bien naturel à l'homme, car les auteurs les plus anciens le signalent. « L'envie, dit Job, tue les petits. » « Le potier, dit encore Hésiode, porte envie au potier, l'artisan à l'artisan, le pauvre même au pauvre, le poète au poète, » entendant par là que l'envie est plus ou moins au cœur de chacun de nous. Quant à Molière, il croit qu'elle durera autant que les hommes.

> Les envieux mourront, mais non jamais l'envie.

Le propre de l'envieux est donc de prendre ombrage de tous les avantages que possèdent les autres : richesses, honneurs, talents, beauté. De là, la souffrance continuelle qu'il éprouve, et l'impossibilité pour lui d'être heureux. « Pendant que les envieux, dit Charron, regardent de travers les biens d'autrui, ils laissent gâter le leur et en perdent le plaisir. » C'est le premier châtiment de ceux qui ont ce défaut. — Ce châtiment est accru par les remords ; nul, en effet, ne saurait faire taire complètement la voix de sa conscience, et la conscience nous dit qu'un tel sentiment est mauvais. Aussi l'envieux cherche-t-il à cacher son vice à tous les yeux. C'est là ce qu'a bien observé La Rochefoucauld. « L'envie, dit-il, est une passion timide et honteuse que l'on n'ose jamais avouer. » — Les effets de cette passion sur le caractère sont ordinairement des plus fâcheux ; elle rend sombre, taciturne, inquiet et misanthrope ; elle nous fait prendre en aversion la société de nos semblables et gâte toutes nos joies ; nous en sommes donc les premières victimes ; malheureusement nous n'en sommes pas les seules, puisque c'est elle qui nous porte à la dissimulation, souvent même à la médisance, à la délation et à la calomnie.

De l'envie il faut distinguer la jalousie qui, suivant la juste remarque de La Rochefoucauld, « est en quelque manière juste et raisonnable, puisqu'elle ne tend qu'à conserver un bien qui nous appartient, ou que nous croyons nous appartenir ; au lieu que l'envie est une fureur qui ne peut souffrir le bien des autres. »

Il convient de remarquer, cependant, que de l'une à l'autre le passage est facile et fréquent.

7. De l'émulation. — Toute différente est l'émulation. Prise dans son sens le plus général, l'émulation est ce sentiment qui nous porte à égaler, à surpasser même quelquefois ceux qui nous sont supérieurs[1]. Les causes qui l'excitent sont extrêmement nombreuses.

La première, la plus importante, est l'instinct du mieux, l'amour du beau, le désir de la perfection. Nous ne pouvons, en effet, connaître une supériorité quelconque sans nous sentir attirés vers elle. — La seconde, est la conscience même de notre propre valeur et la honte d'être surpassés par des rivaux souvent moins bien doués que nous. Dans ces deux cas, l'émulation est légitime et louable, car elle est au service du devoir et de l'honneur, et témoigne d'un juste sentiment de notre dignité personnelle. — Il peut arriver, maintenant, qu'elle soit excitée par de tout autres motifs : par l'amour du bien-être, par la passion du pouvoir, par la vanité, l'orgueil, la méchanceté même : alors elle cesse d'être vraiment morale, et l'on ne peut que la condamner, quels qu'en soient les résultats.

Ces simples distinctions nous montrent combien il serait dangereux de voir simplement dans toute émulation « une envie qui se tient dans les bornes de la décence[2] », et de soutenir, comme on l'a fait, « qu'elle élève l'esprit, mais qu'elle gâte toujours le cœur. » — Raisonner ainsi, c'est méconnaître sa vraie nature : comme tout autre sentiment, elle peut se vicier, sans doute ; mais, tant qu'elle est éclairée par la raison et inspirée par le devoir, — c'est-à-dire, tant qu'elle reste elle-même, — elle n'offre rien de commun ni avec la jalousie, ni avec l'envie ; au lieu d'abaisser l'âme, elle l'élève ; au lieu de nuire à l'honneur d'autrui, elle nous porte à le défendre, en défendant le nôtre ; au lieu d'entraver le progrès, elle le favorise. N'est-ce pas à cette émulation pour le bien que tous les hommes labo-

(1) Quelques moralistes désignent encore sous le nom d'émulation cette tendance qui nous pousse à nous surpasser en quelque sorte nous-mêmes, et à devenir de moins en moins imparfaits. C'est une telle émulation qui animait Virgile lorsqu'il relisait, en la corrigeant, son *Énéide* ; Le Tasse, lorsqu'il s'affligeait des défauts de sa *Jérusalem délivrée*.

(2) Voltaire, *Dictionnaire philosophique*. — La Bruyère fait ressortir avec beaucoup de force et de précision les différences essentielles qui séparent l'émulation de la jalousie et de l'envie. Voy. *Caractères*, chapitre de l'*Homme*.

rieux et honnêtes doivent beaucoup de leurs succès; que la plupart des artistes doivent leurs chefs-d'œuvre; que la charité doit ses créations les plus utiles à tous les malheureux qui souffrent.

D. — *Devoirs envers la propriété de nos semblables.*

Du droit de propriété. — 1. Fondement du droit de propriété. *a.* L'instinct et le besoin. *b.* La première occupation. *c.* La loi. *d.* La liberté et le travail. — 2. Objections contre le droit de propriété. Communisme et socialisme.— 3. Du droit de tester et du droit d'aînesse. — 4. Du vol et de la fraude. — 5. Des promesses et des contrats. — 6. De la probité.

De l'idée que nous nous sommes faite de la justice découlent un nouveau droit et un nouveau devoir : le droit de propriété et le devoir de respecter ce droit chez nos semblables. « Le droit de propriété, dit la constitution de 93, c'est celui qui appartient à tout citoyen de jouir et de disposer, à son gré, de ses biens, de ses revenus, du fruit de son travail et de son industrie.» — Nul droit n'ayant été, même à notre époque, plus vivement combattu, voyons sur quel principe il repose, quelle en est la légitimité, et quelles en sont les conséquences.

1. Fondement du droit de propriété. — *a). L'instinct et le besoin.* — Nous devons remarquer d'abord que la propriété répond à l'un de nos *instincts* les plus naturels : l'enfant aime à dire *siens* les objets qui lui plaisent; dans les biens dont il peut disposer à son gré, l'homme voit volontiers comme un prolongement de sa personnalité même. — La propriété répond, de plus, à un *besoin* nécessaire, car, sans le droit de nous approprier les fruits de notre travail, nous ne pourrions même pas nous nourrir et nous vêtir. — Toutefois, ni l'intérêt, ni l'instinct ne sauraient suffisamment la justifier : si l'instinct est souvent l'indice d'un droit, il n'en est jamais la raison; quant au besoin et à l'intérêt, comment pourraient-ils le légitimer, puisqu'ils sont continuellement en conflit avec les besoins et les intérêts de nos semblables?

b). La première occupation. — On peut supposer qu'à l'origine des sociétés, lorsque les hommes étaient encore peu nombreux, un tel conflit n'existait pas. La terre et les fruits qu'elle porte n'ayant été appropriés par personne, celui-là en devenait le propriétaire légitime, qui s'en emparait le premier; aussi certains philosophes ont-ils vu dans ce fait de *la première occupation*, l'origine et le véritable fondement de la propriété.—Ce qui est vrai, c'est que ce fait en est la condition nécessaire : je ne puis détourner à mon profit ce qui déjà appartient à d'autres. Mais, de ce qu'un objet n'est possédé par personne, nous ne saurions conclure qu'il peut être possédé par nous, car l'absence des droits d'autrui ne suffit jamais à constituer un droit en notre faveur. En outre, ce droit du premier occupant jusqu'où peut-il s'étendre? à toute terre actuellement disponible, ou à la partie seulement qui est utile à nos besoins? Si nulle règle n'en fixe les limites, n'est-il pas à redouter qu'il devienne dangereux pour la société elle-même?

c). La loi.— Montesquieu et Bentham croient échapper à ces difficultés, en faisant reposer sur la *loi civile* le droit de propriété. « Avant les lois, dit Bentham, il n'y a pas de propriété; ôtez les lois, toute propriété cesse. » Une chose n'est véritablement nôtre qu'après avoir été reconnue pour telle par l'autorité publique.

Cette explication nous paraît plus insuffisante encore que la précédente, car elle accorde à la loi une vertu qu'elle ne saurait avoir. — Il ne faut pas oublier que si la loi a pour mission de protéger le droit, elle est impuissante à le fonder ; elle en est plutôt la conséquence que la cause. La loi me protège dans ma vie, dans ma liberté et dans mon honneur; mais admettons qu'elle n'existe point, mon honneur, ma liberté et ma vie n'en seront pas moins respectables. De même, c'est elle qui sauvegarde mon droit de propriété, mais ce droit me vient d'ailleurs : elle ne peut pas plus le créer, qu'elle ne peut le détruire. C'est là ce que Portalis a bien mis en lumière : « Les propriétés, dit-il, ne sont la matière des lois que comme objet de protection et de garantie, et non comme objet de disposition arbitraire.—Les lois, ajoute-t-il, ne sont pas de purs actes de puissance; ce sont des actes de justice et de raison. Quand le législateur publie des règlements sur les propriétés particulières, il n'intervient pas comme maître, mais uniquement comme arbitre, comme régulateur pour le maintien du bon ordre et de la paix. »

d). La liberté et le travail.— Le véritable fondement du droit de propriété, c'est la liberté et le travail; sa justification, le caractère inviolable de la personne humaine.

Par cela même qu'il leur est naturellement supérieur, l'homme peut, sans aucun doute, utiliser à son profit les objets que nul encore ne s'est appropriés. Ce droit est celui qu'a la *personne* sur les *choses*, l'être raisonnable et libre, sur ceux qui ne le sont pas. « En les soumettant à sa volonté pour les faire servir à son bien-être et au progrès de tous, il ne fait qu'achever l'œuvre de la création. » Or, parmi les choses dont il a besoin, s'il en existe que l'homme peut se procurer sans effort, comme l'air qu'il respire, il en existe, au contraire, que le travail seul procure, et ce sont les plus nombreuses. Sans le travail, ni les fruits de la terre, ni ses plantes, ni ses animaux ne serviraient, comme ils le font, à notre usage de chaque jour; sans lui, le sol ne produirait que de maigres moissons et des récoltes incertaines. C'est donc à son activité que l'homme doit le plus grand nombre de ses richesses, et, comme il a contribué à leur production, il est bien légitime qu'il puisse les considérer comme siennes, sans que nul ait le droit de les lui disputer. Il est légitime que je m'attribue les fruits que j'ai cueillis, le poisson ou le gibier que j'ai pris dans mes filets, la moisson qui, sans moi, n'aurait jamais germé; il est légitime même que je considère comme ma propriété la pierre ou le métal dont j'ai fait des outils, et le sol que j'ai enclos, après l'avoir fertilisé par mes labeurs. En me les appropriant je n'ai fait tort à personne; je dois donc pouvoir en disposer à mon gré.

2. Objections contre le droit de propriété. Communisme et socialisme. — Bien que nul droit ne paraisse plus solidement établi, on l'a cependant violemment combattu et on le combat encore, tant au nom de l'expérience et de l'histoire, qu'au nom de la raison.

L'histoire ne nous montre-t-elle pas que la propriété a toujours été la cause des guerres qui ont ensanglanté le genre humain, le point de départ de toutes les violences, de toutes les conquêtes iniques, de toutes les haines qui divisent non seulement les peuples, mais les individus? Or, suivant J.-J. Rousseau, il en sera toujours ainsi, tant que les hommes s'attribueront à eux seuls des biens qui devraient rester la propriété de tous. — Il est bien vrai que si la propriété n'existait pas, quelques-uns de ces maux nous seraient épargnés; mais faut-il condamner tout ce qui peut exciter la convoitise des hommes, provoquer des querelles et rendre possible l'injustice? L'argument qu'on invoque ici ne tend à rien moins qu'à amnistier tous les voleurs et à blâmer tous les volés ; si vos richesses ne m'avaient pas réduit, je n'aurais point songé à vous les dérober. Généralisée, cette théorie pourrait, au point de vue social, conduire à de merveilleux résultats.

Plus sérieuse est l'objection suivante : « L'usurpation, soutient Rousseau, a commencé le jour où un homme ayant enclos un champ, dit : « Ceci est à moi. » Ce qui est à lui, c'est le produit de son travail ; ce sont les fruits, les moissons qu'il a cultivées ; mais la terre elle-même, elle est à tous : nul ne peut se l'approprier sans nuire à la communauté, sans nuire surtout à ceux qui viendront après lui. Comment, en effet, pourront-ils vivre, si le sol entier est possédé ? Ils n'auront qu'une ressource, celle de se faire nos serviteurs, bien que la nature leur ait accordé les mêmes droits et les mêmes titres qu'à nous. — On comprend dès lors dans quel sens il faut interpréter le célèbre paradoxe de Proudhon : La propriété, c'est le vol.

Le premier reproche qu'on peut adresser aux défenseurs de cette thèse, c'est de n'être logiques qu'à demi. Pourquoi accorder à l'ouvrier la moisson plutôt que le sol qui l'a portée ? S'il n'a pas créé ce sol, il n'a pas créé davantage la sève qui nourrit l'épi et le soleil qui le fait mûrir. De la moisson il faudrait donc défalquer encore la meilleure part, puisqu'elle n'est pas produite par notre seul travail. — Prétendre, en second lieu, que la possession du sol entier empêche les nouveau-venus d'exercer leurs droits sur la nature, c'est oublier que la propriété foncière n'est pas la seule qui existe, ni même la plus productive. N'y a-t-il pas la propriété industrielle, la rente, la propriété littéraire ? Or, ces propriétés sont accessibles à quiconque est laborieux et économe ; bien plus, le sol dont nous revendiquons la jouissance, ne change-t-il pas continuellement de possesseurs ? Si nous en voulons une parcelle, c'est à nous de la gagner. — On répète que la propriété est un instrument d'esclavage ; l'histoire nous prouve, au contraire, qu'elle est l'instrument indispensable du progrès : c'est à dater du jour où ils ont pris possession du sol, que les peuples primitifs ont pu substituer à la vie nomade, la vie sédentaire, à une existence précaire et sans cesse menacée, une existence plus sûre et plus calme, cultiver les sciences et les arts qui ont de plus en plus affranchi l'homme des forces ennemies qui l'entourent, sans l'asservir à ses semblables.

Les socialistes prétendent que la propriété présenterait les mêmes avantages si, au lieu de rester *individuelle*, elle était *nationalisée*; ils prétendent surtout qu'elle ne présenterait plus les mêmes dangers. N'est-il pas inique, disent-ils, de voir aux mains de quelques-uns, parfois des moins capables et des moins dignes, des richesses immenses, tandis que des malheureux, en grand nombre, restent dénués de tout? Pour faire cesser cette injustice, il n'y a qu'un moyen pratique, c'est de laisser l'État seul propriétaire de tous les biens. A lui seul doivent appartenir « et le sol, source de toute richesse, et les moyens de production »; à lui revient également la mission de distribuer à chacun ce qui lui est dû, en raison de sa *capacité* et de ses *œuvres*. — Ce rêve d'une propriété *commune*, dont *socialistes* et *collectivistes* nous vantent les mérites, est séduisant sans doute, mais on ne saurait le réaliser sans violer la justice, et sans nuire en même temps aux intérêts de la société. De quel droit, en effet, l'État s'emparerait-il des biens que j'ai acquis par le travail et par l'épargne? — En outre, si je ne puis jamais considérer comme miens ni le champ que je cultive, ni la maison que je bâtis, n'est-il pas à craindre que j'en use comme un simple dépositaire pressé d'en jouir, négligeant de les améliorer, uniquement soucieux de leur utilité immédiate. La richesse nationale ne tarderait donc pas à décroître. En voulant améliorer le sort des hommes, le communisme l'aggraverait; en luttant pour qu'il n'y ait plus de pauvres, il les rendrait plus nombreux.

3. Du droit de donation. Du droit d'aînesse. — Au droit de *posséder*, se rattache celui de *donner*. Une chose n'est véritablement à moi que si je puis en disposer à mon gré, la transmettre à qui bon me semble, soit de mon vivant, soit après ma mort. Enlever ce droit au propriétaire, comme le veulent les socialistes, et décréter, qu'à la mort de chacun de nous, tous nos biens reviendront à la communauté, c'est détruire le goût de l'épargne et tarir l'une des sources les plus fécondes de la richesse nationale. Pourquoi tant d'hommes laborieux s'imposent-ils les tâches les plus dures, vivant avec économie, s'ingéniant à rendre leur travail plus productif, sinon pour laisser à ceux qu'ils affectionnent un peu plus de bien-être? S'ils savaient que, après eux, ce qu'ils ont laissé doit retourner à l'État, tout autre serait probablement leur conduite ; ils songeraient plus au présent, beaucoup moins à l'avenir. — Au droit de donation et de transmission la loi a cependant, et d'une manière fort sage, imposé des limites. C'est ainsi qu'elle s'oppose à ce que nous puissions complètement déshériter nos enfants. En voici la raison : lorsqu'un homme contracte mariage, il s'oblige, par avance, envers tous ceux qui naitront de cette union ; or, c'est à l'accomplissement de ce devoir que veille la société. Elle ne croit pas juste, par exemple, qu'un fils qui a été élevé dans une famille riche soit, au profit d'un étranger, privé de tous les biens que ses parents possèdent. — En France, la loi n'autorise même pas les parents à laisser toute leur fortune à l'un de leurs enfants, au préjudice des autres. Contre cette restriction de la loi, on a pourtant élevé plusieurs objections sérieuses : on l'accuse de contribuer au morcellement de la propriété, à l'émiettement des fortunes, par suite, à l'appauvrissement de la nation. — Il est certain que, lorsqu'elle est trop morcelée, la propriété est moins productive ; il est prouvé encore que, par le fait de la division entre plusieurs des biens qu'un seul possède, on accroît le nombre des paresseux et des inutiles. Rien de pareil dans un pays où existe le *droit d'ainesse*. Celui qui hérite prend en mains la propriété familiale et la fait fructifier ; quant aux autres, obligés de se suffire et de travailler, ils deviennent nécessairement producteurs et, par là même, utiles à la société. — Quels que soient, au point de vue économique, ces avantages du droit d'ainesse, il ne saurait être légitimé, car il crée, au bénéfice d'un seul, un privilège que la raison condamne et que la justice réprouve. Dans la famille tous les enfants ont mêmes droits, tous doivent être également aimés et secourus. Si cependant, pour des raisons spéciales et dont leur conscience est seule juge, les parents croient devoir avantager l'un d'entre eux, la loi n'y met point obstacle ; mais elle veille à ce que cette faveur ne devienne pas excessive, sauvegardant ainsi, dans la mesure du possible, les droits du propriétaire et ceux des héritiers.

4. Du vol et de la fraude. — La propriété étant inviolable, tout attentat contre elle doit donc être flétri ; il est à remarquer, d'ailleurs, que le mépris public s'attache d'ordinaire à tous ceux qui se rendent coupables de *vol*, et l'on conçoit que les législateurs aient édicté contre eux des peines sévères. « La propriété, est-il dit dans la *Déclaration des droits de l'homme*, étant un droit inviolable et sacré, nul ne peut en être privé si ce n'est lorsque la nécessité publique, légalement constatée, l'exige évidemment, et sous la condition d'une juste et préalable indemnité. » « Les attentats contre la propriété, ajoute le Code pénal, sont punis, suivant la gravité des cas, de la prison, de la réclusion, des travaux forcés à temps et des travaux forcés à perpétuité. »

Lorsque le vol se dissimule, recourant à la ruse plutôt qu'à la force, afin de mieux s'assurer l'impunité, il prend le nom de *fraude*. Tel est le vol du marchand qui trompe l'acheteur ; du banquier qui, par de faux renseignements, dupe ses actionnaires ; du caissier qui falsifie ses livres. Tous ces actes frauduleux sont d'autant plus condamnables que leur hypocrisie même les rend plus dangereux.

5. Des promesses et des contrats. — Nous devons aussi considérer comme un devoir de justice, celui de tenir fidèlement les promesses que nous avons faites et les engagements que nous avons contractés. Manquer à ce devoir, c'est non seulement prouver qu'on est sans honneur, qu'on ne se respecte pas soi-même et qu'on ne respecte pas les autres, c'est encore porter préjudice à ses semblables. L'accomplissement des promesses et le respect des contrats ne cessent d'être obligatoires que si ces engagements nous ont été arrachés par surprise ou par force, ou si la conscience, mieux éclairée, les juge déshonnêtes.

6. De la probité. — La pratique de tous les devoirs que nous venons d'énumérer constitue la *probité*. La probité est le respect scrupuleux de la justice, le souci constant de ne léser jamais les intérêts de nos semblables ; aussi doit-elle être considérée comme la plus indispensable des vertus sociales. Sans elle, nulle confiance entre les hommes, nulle sécurité dans les contrats, nulle association durable. Où règne la mauvaise foi, nos droits sont toujours menacés ; où règne la probité, ils trouvent toujours protection. Nous ne pouvons avoir pour l'une que de l'estime, pour l'autre, que du mépris.

OUVRAGES A CONSULTER

Kant, *Principes métaphysiques du droit*. — Fouillée, *L'idée moderne du droit. La science sociale contemporaine*. — Littré, *Origine de l'idée de justice*. — Renouvier, *La science de la morale*.

Beaussire, *Principes du droit*. — Letainturier-Fradin, *Le duel à travers les âges*. — Wallon, *Histoire de l'esclavage*.

Thiers, *De la propriété*. — Franck, *Philosophie du droit civil*. — Paul Janet, *Les origines du socialisme contemporain*. — Leroy-Beaulieu, *Le collectivisme, examen critique du nouveau socialisme*. — Eugène Richter, *Où mène le socialisme* (traduit de l'allemand, par P. Villard).

III

DEVOIRS DE CHARITÉ ET DEVOIRS MIXTES

I. — 1. De la bienveillance et de la bienfaisance. — 2. Des principales manifestations de la charité. L'aumône. L'assistance dans le péril. Le dévouement. — 3. Moyens de développer en nous les sentiments de charité.
II. — De la tolérance et de la politesse. — 1. *a*. Définition de la tolérance; *b*. De l'intolérance dans l'histoire; *c*. Causes de l'intolérance; *d*. Ses conséquences. — 2. *a*. Définition de la politesse; *b*. De la politesse intérieure et de la politesse extérieure; *c*. Critiques générales qu'on élève contre la politesse.

I

1. De la bienveillance et de la bienfaisance. — La première condition requise pour remplir ses devoirs de charité, c'est d'être *bienveillant*, c'est-à-dire d'aimer ses semblables d'un amour désintéressé et de leur vouloir du bien ; la seconde, c'est de leur en faire en leur venant en aide par tous les moyens dont on dispose, c'est-à-dire d'être *bienfaisant*. La bienveillance que ne suit jamais aucun bienfait est rarement sincère, car toute bonne volonté est essentiellement agissante ; quant à la bienfaisance que la bienveillance n'a point inspirée, elle n'a que le masque de la charité et n'est point vertu. La source commune de la bienveillance et de la bienfaisance est la *bonté* que Charron définit : « La douceur d'une âme bien née et bien réglée ; une prompte, efficace et constante affection à ce qui est droit, juste, selon raison et nature. »

2. Des principales manifestations de la charité. — A chacun de nos devoirs de justice correspond un devoir de charité. La justice nous défend de porter atteinte à la vie, à l'honneur et à la propriété d'autrui ; la charité nous ordonne de secourir tous ceux dont l'existence, la réputation ou les biens sont menacés. L'une nous impose de respecter nos semblables dans leur sensibilité, leur intelligence et leur volonté ; l'autre nous oblige à les protéger le plus possible contre la servitude, la souffrance et l'erreur. Quant aux moyens dont use la bienfaisance pour accomplir son œuvre, ils sont innombrables comme les intérêts mêmes qu'elle sauvegarde et les maux qu'elle combat.

Le plus commun de ces moyens est l'*aumône* qui consiste à donner volontairement une partie de ses biens afin de venir en aide aux indigents. De la manière dont est faite l'aumône, plus encore que de sa valeur matérielle, dépend son efficacité : il importe, d'abord, qu'elle ne devienne jamais une prime à la paresse ou un encouragement au vice ; aussi, nos dons doivent-ils être distribués avec sagesse ; il importe, en outre, qu'elle sache se faire accepter avec reconnaissance par ceux qui la reçoivent ; or, elle n'atteint ce résultat que si elle est discrète et bienveillante [1]. Il faut être assez généreux pour respecter la susceptibilité de ceux qui souffrent, et veiller à ne point aggraver leur peine en cherchant à la soulager. L'aumône qui n'est pas inspirée par l'amour du prochain est sans valeur morale. Celui qui donne par vanité, paie les louanges qu'il ambitionne, il ne fait pas la charité; celui-là la fait mal, et n'en comprend pas la beauté, qui, incapable de s'imposer un sacrifice, limite à son superflu la part des indigents et craint de compatir aux souffrances qu'ils endurent [2].

Procurer du travail aux ouvriers, intéresser les riches à la cause des pauvres, importuner, même ses amis, au profit d'une bonne œuvre, combattre les préjugés et l'erreur, soigner les malades, recueillir les enfants abandonnés, faire leur instruction, c'est pratiquer encore la bienfaisance et la pratiquer d'une manière souvent plus utile qu'en faisant l'aumône.

Enfin, c'est un devoir de bienfaisance que d'*assister dans le*

[1]

La façon de donner vaut mieux que ce qu'on donne;
Tel donne à pleines mains qui n'oblige personne.

[2] « Il est des personnes à qui une délicatesse égoïste fait redouter les visites aux indigents. Elles s'attendrissent de loin, elles sont prêtes à beaucoup donner, et elles donnent en effet, par élan de générosité; mais ne leur demandez pas d'entrer dans ces greniers malpropres, d'approcher ces malades, de respirer cet air méphitique. Leur goût d'artiste est grossièrement choqué de ces laideurs; leur âme, avide au théâtre des émotions les plus brutales, ne peut supporter le contact de ces réalités. Eh bien, le devoir commande de n'être pas si délicat; la bienfaisance est un devoir et elle n'est complète que chez celui qui paye de sa personne. » Ludovic Carrau, *De l'éducation*, p. 155.

péril tous nos semblables, quels qu'ils soient. C'est le sentiment de ce devoir qui multiplie chaque jour les actes de courage, à mesure que se multiplient les dangers ; c'est lui qui, par exemple, dans un naufrage ou un incendie, en temps d'épidémie ou en temps de guerre, nous fait bravement disputer à la mort tous ceux que nous croyons menacés.

Lorsque la bienfaisance nous pousse ainsi jusqu'à sacrifier notre vie pour les autres ; lorsqu'elle nous fait oublier notre intérêt, nos sentiments, nos passions pour secourir même un ennemi, elle prend le nom de *dévoûment* ou de *sacrifice*. Le dévoûment est le triomphe de la charité, l'expression la plus sublime de la vertu, l'affirmation la plus éclatante du respect que nous avons de la personne humaine et de notre amour pour elle.

3. Moyens de développer en nous les sentiments de charité. — Dans la bienfaisance et le dévoûment certains moralistes ne veulent voir que le fruit d'un calcul habilement dissimulé, ou la conséquence naturelle d'une tendance irrésistible. La première de ces hypothèses est une injure gratuite à la nature humaine méconnue ; la seconde, la négation de tout mérite. — Ce qui est vrai, c'est que la pratique de la bienfaisance n'est pas également facile à tous ; on apprend à être charitable et bon, comme on apprend à être juste et équitable. Or, c'est cet apprentissage que chacun de nous doit faire en se rendant bien compte, d'abord, des liens d'étroite solidarité qui l'unissent à ses semblables, en s'informant, ensuite, des maux qui peuvent les frapper. Celui qui a vu de près les pauvres déshérités, qui sait quelles formes nombreuses le malheur peut revêtir, quelles épreuves ont souvent à subir même les hommes les plus honnêtes, celui-là sera mieux que tout autre préparé au dévoûment et au sacrifice. Il importe donc de s'habituer de bonne heure à compatir aux souffrances d'autrui ; ainsi se fait l'éducation du cœur, éducation plus importante encore que celle de l'esprit.

II

Jusqu'ici nous nous sommes occupés des devoirs qui relèvent directement soit de la justice, soit de la charité, il nous reste à dire un mot de ceux qui relèvent à la fois de ces deux vertus et qui peuvent se ramener à la *tolérance* et à la *politesse*.

1. *a*). De la tolérance. — La tolérance est cette vertu sociale qui nous fait non seulement *supporter*, mais encore *respecter* les croyances et les opinions de nos semblables, toutes les fois que ces croyances et ces opinions sont réfléchies, honnêtes et sincères.

Nos croyances étant formées, souvent par de longs efforts, de nos sentiments et de nos pensées les plus intimes, on comprend qu'elles puissent devenir pour nous un bien plus cher que la fortune, plus cher même que la vie; on comprend aussi qu'elles aient, comme la personne, droit au respect de tous[1]. Je dois être libre d'admettre et de propager les vérités que j'ai découvertes dans le domaine de la science ou de la philosophie ; je dois être libre de défendre les opinions politiques et religieuses que je crois les meilleures. Mon droit ici ne saurait avoir d'autres limites que le droit même de mes semblables. C'est ce droit qui a été proclamé par l'Assemblée constituante lorsqu'elle a décrété que « nul ne pourra être poursuivi pour ses opinions politiques ou religieuses, si leur manifestation ne trouble point l'ordre public établi par la loi ».

L'intérêt ne nous tient pas un autre langage que le devoir. La tolérance est, en effet, pour les individus comme pour les États, le garant le plus sûr de la concorde et de la paix. Suivant Voltaire, c'est même le seul moyen d'établir entre les hommes une véritable fraternité. « Puisqu'il est impossible, dit-il, de les réunir dans les mêmes opinions, il faut leur apprendre à traiter comme leurs frères ceux qui ont des opinions contraires aux leurs. » « Ne cherchez point, ajoute-t-il, à gêner les cœurs, et tous les cœurs seront à vous. »

La tolérance est, de plus, la condition nécessaire du progrès, « car elle donne à l'esprit toute l'activité que comporte la nature humaine. Lorsque les hommes ont la liberté de discuter, la liberté finit toujours par triompher de l'erreur[2] ».

---

(1) « La liberté des opinions, celle de les professer publiquement et de s'y conformer dans sa conduite, en tout ce qui ne porte pas atteinte aux droits d'un autre homme, est un droit aussi réel que la liberté personnelle et la propriété des biens. » Voltaire, *Traité sur la tolérance.*

(2) « La raison est douce, elle est humaine, elle inspire l'indulgence, elle étouffe la discorde, elle affermit la vertu, elle rend aimable l'obéissance aux lois, plus encore que la force ne les maintient. » Voltaire, *Ouvrage cité.*

b). **De l'intolérance.** — Nul devoir ne parait donc mieux établi que celui d'être tolérant, et cependant nul n'a été et nul, peut-être, n'est encore aussi constamment violé. C'est parce qu'il est méconnu que, dans l'antiquité, Socrate est condamné à boire la ciguë ; qu'au moyen âge, les guerres de religion sont si fréquentes ; que, dans les temps modernes, Descartes doit renoncer à la publication de son *Traité du monde ;* que, de nos jours, sont si nombreuses les petites églises d'où l'on s'anathématise mutuellement, au grand scandale de la raison et sans profit pour personne.

L'histoire nous a depuis longtemps appris ce que produit l'intolérance lorsqu'elle est au service du pouvoir. Elle aigrit les esprits, fausse les consciences, émousse les bonnes volontés, développe la servilité et favorise l'hypocrisie, jusqu'au jour où, par de justes représailles, les intolérants sont victimes eux-mêmes de leur intolérance. — L'intolérance des partis politiques ou religieux est, au sein de l'État, plus fâcheuse encore, car elle nous divise en fractions de plus en plus infimes, suscite la discorde, rend toute majorité sérieuse impossible, et impossible également tout progrès durable.

Et quelle est la cause de ce défaut ? Balmès nous l'indique avec précision quand il soutient que « nous ne sommes si intolérants que par suite de notre orgueil, de notre manque de charité et de notre ignorance des hommes ». C'est notre orgueil qui nous pousse à regarder toute contradiction comme injurieuse, à nous mettre directement en scène, à oublier les principes que nous défendons pour songer uniquement à notre amour-propre et à notre vanité. — C'est notre manque de charité qui nous fait voir partout des ennemis, quand nous ne devrions voir que des contradicteurs. — Enfin, c'est notre ignorance des hommes qui nous entraîne souvent, avec les intentions les meilleures, à leur faire le plus grand mal et à nous nuire à nous-mêmes. Beaucoup attaquent l'erreur avec tant de mauvaise grâce et de hautaine arrogance, qu'ils ne réussissent qu'à la faire aimer.

c). **La tolérance n'est pas le scepticisme.** — Que l'on se garde cependant de confondre la tolérance avec l'indifférence sereine de quelques sceptiques désabusés, dont le dilettantisme transcendant ne voit, dans toute discussion, qu'un jeu propre à distraire. Nous ne saurions nous désintéresser des grandes luttes

qui s'engagent autour de nous, touchant des opinions que nous
jugeons vraies ou fausses, car c'est un devoir pour chacun de
chercher à faire prévaloir ses convictions par tous les moyens
honnêtes dont il dispose. Il ne faut pas que notre tolérance
puisse être interprétée comme une approbation de l'erreur ou
une apostasie.

2. *a*). **De la politesse.** — La politesse est la forme la plus
aimable de la tolérance, disons mieux, de toutes les vertus sociales. Elle consiste dans une façon délicate de penser et d'agir,
« dans une certaine attention à faire que, par nos paroles et
par nos manières, les autres soient contents de nous et d'eux-
mêmes [1] ». Cette qualité, dit M. Legouvé qui en fait une judicieuse analyse, « tient au cœur par la bienveillance, à l'esprit
par le tact, au corps par la grâce et prend tour à tour, selon
les circonstances, les noms variés et toujours charmants d'urba-
nité, d'affabilité, de courtoisie, de déférence et de respect. C'est
elle, ajoute-t-il, qui nous apprend à tenir compte, dans les relations sociales, de l'âge, du sexe et du rang ; à écouter patiemment l'opinion d'autrui, et à attendre plus patiemment encore
le moment de produire la sienne ; à pousser la crainte d'offenser
jusqu'à l'héroïsme, en sachant supporter même un ennuyeux, et
le désir d'être agréable jusqu'à la charité, en dissimulant les
vérités pénibles sous une forme qui les adoucisse [2]. »

b). **De la politesse intérieure et de la politesse
extérieure.** — Cette analyse nous montre bien les deux aspects
sous lesquels nous devons envisager la politesse pour l'apprécier justement. Il faut considérer, d'abord, l'intention et les sentiments qui l'inspirent ; il faut considérer, ensuite, la forme ou
l'expression qui sert à les traduire. Aussi les moralistes distin-
guent-ils d'ordinaire, non sans raison, la politesse de l'esprit
et du cœur, et la politesse des manières.

La politesse de l'esprit n'a pas plus besoin d'être défendue
que la bonté elle-même, avec laquelle elle se confond. — Quant
à la politesse des manières, si parfois elle est moins appréciée,
c'est qu'on en méconnaît l'importance. Or, n'est-il pas évident,
en premier lieu, qu'elle est l'accompagnement naturel et indis-

---

(1) La Bruyère, *De la société et de la conversation.*

(2) Legouvé, *Les pères et les enfants au XIXe siècle.* Consultez également : H. Spencer, *Premiers principes.* — Dugas, *La politesse. Revue de
l'enseignement primaire supérieur,* 1892. N°s 41, 43, 45.

pensable de la bienveillance? Celle-ci, en effet, comme nous l'avons constaté déjà, doit se traduire au dehors par des signes, sinon elle ne peut avoir toute son efficacité.

En second lieu, la politesse extérieure offre l'immense avantage de rehausser le mérite et de rendre aimable la vertu. « Avec de la vertu, de la capacité et une bonne conduite, remarque judicieusement La Bruyère, on peut être insupportable. Les manières polies donnent cours au mérite et le rendent agréable, et il faudrait avoir de bien éminentes qualités pour se soutenir sans politesse. »

Sans la politesse, les relations sociales, souvent si difficiles, deviendraient plus difficiles encore ; plus nombreux seraient les froissements d'amour-propre et les querelles qui divisent. Grâce à elle, bien des angles sont émoussés, bien des difficultés supprimées, car « elle est l'art de concilier avec agrément ce que nous devons aux autres et ce que nous nous devons à nous-mêmes ». (Mme de Saint-Lambert.)

Enfin, il est permis de soutenir, sans paradoxe, que l'habitude de la politesse extérieure peut avoir sur l'esprit l'influence la plus heureuse. L'effort qu'elle exige parfois de nous, n'est-il pas une première victoire remportée sur nos passions ? — De plus, agir de telle sorte que nos paroles, nos gestes, toute notre conduite manifestent la bienveillance et la bonté, n'est-ce pas travailler, en quelque sorte, à devenir bons et bienveillants? N'oublions pas, en effet, que si les attitudes du corps tendent à se régler sur les dispositions de l'esprit, les dispositions de l'esprit tendent également à se modifier suivant les attitudes du corps. « Il ne faut pas se méconnaître, dit Pascal : nous sommes automates autant qu'esprit ; et de là vient que l'instrument par lequel se fait la persuasion n'est pas la seule démonstration. La coutume fait nos preuves les plus fortes et les plus crues ; elle entraine l'automate qui entraine l'esprit sans qu'il y pense. »

*c). **Objections générales**. —* Entre la politesse des manières et la politesse de l'esprit l'accord tend donc naturellement à s'établir ; or, si cet accord existait toujours, si nos paroles et nos actes n'étaient jamais que l'expression de la bonté, les Alcestes, sans doute, n'auraient point songé à les condamner ; mais il faut bien reconnaître que la politesse extérieure n'est souvent qu'un moyen de s'acquitter, à peu de frais, des devoirs rigoureux que la bienveillance impose, et de déguiser adroitement ses sentiments véritables. En outre, que d'enfantillages, que de formules creuses et d'actes puérils son code nous impose! Ce code est consacré par l'usage et nous le subissons chaque jour, à chaque instant, d'ordinaire sans le comprendre, et c'est notre seule excuse.

Nous n'avons point à expliquer, encore moins à défendre les lois contre lesquelles les Alcestes s'insurgent. Il est probable cependant que si nous connaissions mieux les causes qui ont suscité les formes si variées de la politesse extérieure, nous serions pour elles moins sévères. Spencer soutient qu'elles avaient toutes, à l'origine du moins, un sens fort précis; que leurs transformations correspondent aux transformations mêmes de nos mœurs; de sorte que nos railleries faciles sur ce sujet pourraient bien ne prouver que notre ignorance. — Il est bien certain encore que la politesse des manières n'est souvent qu'*hypocrisie*, mais ne savons-nous pas que ce vice est habile en ses métamorphoses, et qu'il s'offre à nous tour à tour sous le nom de toutes les vertus?

OUVRAGES A CONSULTER

Cicéron, *Traité des devoirs*. — Jules Simon, *Le devoir* (3ᵉ partie). — V. Cousin, *Justice et charité*. — Maxime Ducamp, *La vertu en France*. — Voltaire, *Traité sur la tolérance*. — Marillier, *La liberté de conscience*. — Legouvé, *Les pères et les enfants au XIXᵉ siècle*. — H. Spencer, *Premiers principes*.

CHAPITRE IV

DEVOIRS ENVERS LA FAMILLE

I. — I. De la famille. *a.* Origine de la famille; *b.* Principaux types de la famille : monogamie et polygamie; *c.* Avantages de la famille. — 2. Du mariage. Le divorce. — 3. Devoirs réciproques des époux. — 4. Devoirs des parents envers leurs enfants. — 5. Devoirs des enfants envers les parents et grands-parents. — 6. Devoirs des enfants entre eux. — 7. Devoirs réciproques des maitres et des serviteurs.

II. — De l'amitié. Caractères de la véritable amitié. A quelles conditions elle est vraiment utile et durable.

I

Plus sont nombreux les liens de solidarité qui nous unissent à nos semblables, plus nos devoirs deviennent impérieux et se précisent; or, nulle part ces liens ne sont aussi étroits que dans la famille.

1. LA FAMILLE. — La famille est essentiellement la société naturelle formée par le père, la mère et les enfants. Dans un sens plus général, on désigne encore par ce mot la réunion de tous les parents et même des domestiques qui sont à leur service.

a). **Origine de la famille.** — Suivant les philosophes évolutionnistes, la famille aurait été inconnue des premiers hommes : loin d'être le principe de toute organisation sociale, elle ne serait qu'un effet de cette organisation même, une conséquence de son perfectionnement. C'est donc à l'image des nombreuses peuplades sauvages dont nous savons aujourd'hui l'histoire, qu'il faudrait se représenter les primitives sociétés humaines : à l'origine, le communisme le plus absolu; l'état patriarcal ne fait son apparition que plus tard, et plus tard, enfin, la famille telle qu'elle existe actuellement chez les peuples civilisés. — Cette explication a d'abord le défaut grave de reposer sur une hypothèse invérifiable. Comment prouver que les tribus sauvages représentent bien l'humanité des temps préhistoriques, et que l'état où elles se trouvent a été nécessairement celui de toutes les races civilisées ? Comment prouver surtout que ces tribus, au lieu d'être arrêtées dans leur évolution, ne sont pas des peuplades dégénérées, avilies par la misère, l'ignorance ou le vice et déchues d'un état moral plus élevé ?

De plus, si l'on songe à toutes les difficultés que devaient rencontrer les premiers hommes pour se procurer des aliments et un sûr abri ; à la faiblesse de l'enfant nouveau-né et à celle de sa mère, alors impuissante à le protéger, on conçoit malaisément qu'ils aient pu les uns et les autres, subsister sans le secours de la famille. — Enfin, cette hypothèse qui semble inconciliable avec les besoins les plus impérieux de l'espèce humaine, nous amène à concevoir l'homme des premiers âges comme inférieur aux animaux eux-mêmes, car elle lui refuse tout sentiment domestique et le juge incapable d'affection et d'attachement durables pour ses enfants et pour la compagne qu'il a choisie.

*b). **Principaux types de la famille. Monogamie et polygamie.** — Il est donc plus logique de concevoir la famille comme une société *naturelle* qui a dû exister dès l'origine de l'humanité. Cette société, cependant, ne s'offre pas toujours à nous avec les mêmes caractères : ses deux types principaux sont le type *monogamique* et le type *polygamique ;* le premier qui est caractérisé par l'union d'un homme avec une seule femme, le second, par son union avec plusieurs.

La polygamie ne se rencontre plus de nos jours dans les pays civilisés. Elle est, en effet, contraire à la dignité et à l'intérêt véritable des membres de la famille. Elle est contraire à leur dignité, car elle crée à la femme une situation peu différente de la situation de l'esclave ; elle est contraire à leur intérêt, car elle provoque des jalousies et des discordes inévitables, non seulement entre les femmes, mais encore entre les enfants qui se disputent et l'affection et la fortune du chef de la maison. — Dans la famille monogame, il en est autrement ; l'affection y est d'autant plus profonde et durable qu'elle est moins divisée ; la femme y est plus heureuse et surtout plus respectée, car elle est la maîtresse unique du foyer ; les enfants y sont plus unis, car, ayant les mêmes parents, ils se savent, par eux, également aimés et protégés

c): **Avantages de la famille.** — Quant aux avantages qu'offre la famille, surtout la famille monogame, ils sont non moins importants au point de vue utilitaire qu'au point de vue moral. Comme nous l'avons remarqué déjà, c'est en elle que, enfants, nous trouvons l'aide et les secours sans lesquels nous ne saurions vivre ; nous pouvons ajouter que c'est à son foyer seulement que peuvent se développer d'une manière normale toutes nos facultés et que nous trouvons, à tous les âges de la vie, les satisfactions les plus légitimes et les plus douces.

La famille est essentiellement moralisatrice, car elle développe en nous le sentiment de notre responsabilité. Combien d'actes répréhensibles, combien de paroles coupables sont évités par cette seule considération que les nôtres pourraient s'en scandaliser ou en souffrir ! Elle est moralisatrice encore en ce sens qu'elle nous inspire l'amour de l'ordre, de l'économie et du travail. Si l'homme n'était pas constamment soutenu par le désir de venir en aide à ceux qui l'entourent et d'augmenter leur bien-être, il serait vite las et découragé.

La famille, enfin, est l'école de toutes les vertus sociales, car, seule, elle nous apprend véritablement à aimer, à nous dévouer, à obéir et à commander. Celui qui aura, de bonne heure, appris à cette école, à souffrir des souffrances de ceux qu'il aime, à apprécier le dévouement des parents qui l'ont élevé, à respecter leur autorité, à voir dans ses frères des égaux ayant mêmes droits que lui, et, plus tard, à diriger avec fermeté ses propres enfants, celui-là saura toujours mieux que tout autre compatir aux maux de ses semblables, se dévouer, sans calcul, se soumettre à ses supérieurs légitimes, sans murmure, pratiquer la justice, sans faiblesse, commander, sans tyrannie. C'est donc à tort qu'on a représenté la famille comme une école d'égoïsme. En la sacrifiant à l'État, comme le voulait Platon, on détruirait, par là même, les vertus essentielles sans lesquelles une nation ne pourrait être puissante et prospère. L'histoire, d'ailleurs, nous prouve que tout progrès dans l'organisation sociale est précédé d'une amélioration dans l'organisation de la famille.

Ces raisons nous expliquent pourquoi certains philosophes ne craignent pas de nous représenter la famille non seulement comme *nécessaire*, mais comme *obligatoire*, et pourquoi ils condamnent le *célibat*. — Il est bien évident que renoncer à constituer une famille, uniquement afin de se soustraire aux charges qu'elle impose, et de conserver plus complètes son indépendance et sa liberté, c'est agir en égoïste et manquer à ses devoirs envers le pays ; il faut reconnaître cependant qu'y renoncer afin de se dévouer plus entièrement à quelque grande cause, à la défense de la religion par exemple, à la défense du pays ou au soulagement des malades, c'est faire œuvre méritoire et louable. Quant à celui qui y renonce simplement pour des raisons sérieuses de santé, et pour ne point transmettre à ses descendants quelque maladie grave dont il est atteint, il ne fait qu'obéir à un impérieux devoir.

2. Du mariage. Le divorce. — La famille repose sur le *mariage*. Le mariage, dit la loi romaine qui nous en montre bien le vrai caractère, est « l'union de l'homme et de la femme à la condition d'une vie commune et d'un partage complet de tous les droits divins et humains : *Nuptiæ sunt conjunctio maris et fœminæ et consortium omnis vitæ, divini et humani juris communicatio.* » (Digest. XXIII, titre II, livre I). — Devant unir deux êtres pour la vie entière, le mariage est donc un engagement d'une gravité exceptionnelle ; aussi importe-t-il qu'il ne soit contracté qu'après mûre réflexion. Agir ici par légèreté et simple caprice, serait d'autant plus dangereux et coupable que les conséquences de notre conduite peuvent être funestes, non seulement pour nous, mais encore pour nos enfants. — Le mariage n'est réellement sérieux que s'il est inspiré, non par l'intérêt seul, mais par l'amour et le respect. Il doit être l'union des cœurs et des volontés, non l'association de deux fortunes ; un don gratuit de soi-même, non un marché où l'on se popose quelque chose à gagner. Par conséquent, le mariage ne se conçoit que s'il est, de part et d'autre, librement consenti. Nul n'a le droit de nous l'imposer, encore moins de forcer notre choix ; nos parents eux-mêmes ne peuvent, à ce sujet, que nous donner des conseils, ceux que leur suggèrent leur expérience et leur affection.

Malgré les garanties dont les époux se sont entourés avant le mariage, il peut se faire que la vie en commun devienne pour l'un d'eux impossible ; aussi la loi a-t-elle autorisé la séparation de corps et de biens et même, dans certains cas, extrêmement rares, permis le divorce. Elle a voulu, en agissant ainsi, rendre à celui des deux époux qui a été trahi son indépendance, et ne plus s'opposer à ce qu'il se crée une famille nouvelle ; toutefois, le divorce peut entrainer des conséquences si graves que beaucoup de philosophes n'hésitent pas à le condamner, au nom même de la morale et des véritables intérêts de la société.

3. Devoirs réciproques des époux. — Dans le mariage, l'égalité morale du mari et de la femme entraîne des devoirs réciproques. Comme ils se sont unis l'un à l'autre par un serment solennel, s'engageant « à partager les plaisirs, mais aussi à supporter en commun les épreuves de la vie », ils se doivent « mutuellement fidélité, secours et assistance ». — Ils se doivent également cette entière confiance qui écarte les soupçons blessants, et cette bienveillance affectueuse qui sait éviter les froissements inutiles, supporter les défauts et les moments d'humeur que les chagrins rendent inévitables, consoler, enfin, aux heures de découragement.

Chacun des époux a, en outre, des devoirs qui lui sont propres. Le mari doit, d'abord, « protection » à sa femme. C'est à lui qu'il appartient de subvenir à ses besoins, de la défendre, de la guider, de la conseiller ; c'est à lui également qu'appartient l'autorité, puisque dans la famille sa responsabilité est la plus grande. Remarquons cependant que l'exercice de cette autorité ne doit jamais dégénérer en tyrannie. « Ne soyez pas, dit l'Ecclésiaste, comme un lion dans votre maison, maltraitant ceux qui vous sont soumis, » vous méconnaîtriez vos devoirs, et vous en seriez les premiers victimes. L'autorité qui veut être obéie et respectée, est celle qui cherche à s'imposer non par la force, mais bien par la douceur et la persuasion. Aussi importe-t-il que le mari initie sa femme à ses occupations et à ses travaux, dans la mesure où elle peut les comprendre ; qu'il l'associe à ses projets, lorsqu'il le peut sans imprudence ; qu'il la consulte toujours avec déférence et fasse tous ses efforts pour qu'il n'y ait, dans la famille, qu'une volonté.

La femme, de son côté, doit obéissance au mari, ou mieux elle doit avoir cet esprit de tact, de douceur et de mesure qui sait, en toute occasion, écarter les causes de trouble et de désunion. Son action est, ordinairement, d'autant plus efficace qu'elle est moins apparente et mieux éclairée. Or, c'est dans l'intérieur du ménage que cette action doit spécialement s'exercer. Il faut que sa préoccupation constante soit d'y faire régner l'ordre, l'économie et la bonne humeur, de telle sorte que tous aiment le foyer de la famille et soient heureux de s'y trouver réunis. Tout autre est, il est vrai, l'ambition de certaines femmes, à notre époque. Insuffisante est pour elles l'administration du ménage; pourquoi ne pourraient-elles point gouverner aussi l'État? — Il est probable que si, un jour, elles obtiennent tous les emplois qu'elles désirent, elles seront les premières à le regretter. Les soins qu'elles donneront aux affaires du dehors, leur feront négliger nécessairement leur famille. Elles cesseront d'être, alors, pour le mari et pour les enfants, les épouses et les mères qu'ils aiment et vénèrent d'autant plus, aujourd'hui, qu'elles leur consacrent toute leur tendresse et tous leurs soins. Afin de conquérir une autorité peu enviable, elles auront perdu cette supériorité morale que donnent l'abnégation et le dévouement et qui se concilient toujours le respect et l'affection.

4. Devoirs des parents envers les enfants. — Les devoirs envers les enfants ne sont pas moins impérieux que les devoirs qui précèdent. — On peut soutenir que ces devoirs commencent même avant la naissance des enfants. Nul, en effet, ne devrait se résoudre à fonder une famille avant d'avoir réfléchi mûrement aux obligations nombreuses qu'il se crée envers les êtres qui naîtront de lui.

Il est évident, en second lieu, que les parents doivent veiller à la santé de leurs enfants, qu'ils doivent les nourrir et les vêtir. Si naturel est ce devoir, qu'il nous semble dicté au père et surtout à la mère, non moins par l'instinct que par la raison. Est-ce que les animaux eux-mêmes n'ont pas soin de leurs petits, est-ce qu'ils ne sont pas prêts à les défendre, même au péril de leur vie, contre tous les dangers?

Mais il ne suffit pas de veiller à la santé de l'enfant, il faut encore veiller à son *instruction* et à son *éducation*. En veillant à son *instruction*, nous servons à la fois son intérêt et ceux de l'État. Les progrès de la science, le rôle que chacun de nous est appelé à jouer dans le pays, grâce au suffrage universel, rendent, chaque jour, l'instruction de plus en plus nécessaire, même au simple ouvrier.

L'*éducation* est plus spécialement la formation du *caractère* et de la *volonté*. H. Spencer nous en indique nettement le but lorsqu'il nous donne ces conseils : « Souvenez-vous, nous dit-il, que l'éducation morale a pour but de former un être apte à se gouverner lui-même, non un être apte à être gouverné par les autres. Si votre enfant était destiné à vivre en esclave, vous ne pourriez trop l'habituer à l'esclavage dès son enfance; mais, puisqu'il sera, tout à l'heure, un homme libre qui n'aura plus personne auprès de lui pour diriger sa conduite journalière, vous ne pouvez trop l'accoutumer à se diriger lui-même pendant qu'il est encore sous vos yeux [1]. » — On conçoit que Spencer, assignant un tel but à l'éducation, ait condamné *la méthode d'autorité* longtemps en honneur dans la famille et, peut-être, trop délaissée de nos jours. Toutefois, ce qu'il a bien montré, c'est qu'exiger une obéissance passive, commander sans explication, ordonner sans commentaire, recourir à tout l'arsenal des punitions corporelles ou autres pour réprimer chaque faute, c'est fausser l'esprit des enfants. Il ne faut pas oublier, en effet, que les sentiments qui produisent un arrêt, comme la crainte, la terreur, etc., « ont été, à l'origine, et restent toujours des états dépressifs qui tendent à diminuer l'action [2] ». — Nous voulons faire de nos enfants des hommes énergiques, des hommes d'initiative, des hommes libres, nous ne devons donc pas paralyser leur énergie, en leur dictant tous leurs actes et en les traitant comme des ilotes. Il est sans doute des volontés qui résistent à ce régime de compression, mais il en est beaucoup qui sont brisées. Si les enfants sont timides, peu intelligents, la peur continuelle des punitions en fait des caractères hésitants, incapables d'une idée personnelle, incapables même de tirer parti des qualités qu'ils possèdent; si, au contraire, ils sont mieux doués, il peut arriver, — et le danger est alors plus grand, — que leur volonté comprimée par les parents se donne, une fois affranchie de leur tutelle, libre carrière pour se porter au mal. Il y avait là une force vive à ménager et à utiliser pour le bien; on a voulu l'enchaîner et elle se venge. — Devons-nous donc interdire au père et à la mère toute réprimande et toute punition? Il semble bien que, de nos jours, quelques éducateurs désireux de rendre avant tout l'*éducation attrayante*, ne soient point éloignés de le penser; mais les résultats produits par leur ensei-

---

(1) H. Spencer, *De l'éducation intellectuelle, morale et physique.*

(2) Ribot, *Les Maladies de volonté.*

gnement trop écouté, suffit à le faire apprécier. Si l'on se plaint si fréquemment, de tous côtés, de l'insubordination des enfants et de leur manque de respect, accusons-en surtout la faiblesse des parents, leur manque de dignité et leur égoïsme. Combien, par crainte de s'aliéner un instant l'affection de leur fils ou de leur fille, ou simplement, par crainte de leur causer quelque léger chagrin, les laissent contracter des habitudes funestes qui compromettent leur avenir? S'il est vrai que l'enfant doit toujours conserver une certaine initiative, il est vrai également qu'il doit toujours se sentir guidé et soutenu par une autorité supérieure à la sienne et qui même, à l'occasion, n'hésitera pas à sévir. La fermeté des parents ne nuit en rien, d'ailleurs, à leur affection et à leur dévouement; si tous en étaient convaincus davantage, la maison de famille serait beaucoup plus aimée, et l'on rencontrerait moins, même parmi les tout jeunes enfants, de ces petits maîtres exigeants et querelleurs qui ne pourront être plus tard que des citoyens capricieux.

Lorsqu'il y a plusieurs enfants dans la famille, on conçoit que les parents les doivent tous entourer d'une égale affection. Si quelque préférence est permise, c'est uniquement en faveur des plus faibles et des moins bien doués par la nature. Les soins plus délicats qu'alors on leur prodigue, sont comme une compensation aux maux dont ils sont affligés. Les autres enfants ne sauraient s'en montrer jaloux sans faire preuve d'un mauvais cœur.

A mesure que les enfants approchent de l'âge d'homme, les devoirs des parents deviennent de plus en plus difficiles à remplir, car ils ont besoin d'être de plus en plus éclairés; mais c'est spécialement quand l'heure de choisir une profession est arrivée, qu'ils doivent bien se rendre compte de leur responsabilité, et n'user de leur influence qu'avec prudence et sagesse. Les dangers d'une fausse vocation sont, en effet, des plus graves. Eblouis par l'éclat d'une carrière, les pères, bien souvent, contraignent leurs fils à y entrer. Pourquoi, comme tant d'autres, n'y trouveraient-ils pas le succès? — Combien de parents ont ainsi, par vanité et légèreté, causé le malheur de leurs enfants! Ils n'ont oublié qu'une chose : consulter leurs aptitudes et leurs forces, prendre conseil de la raison. Ils sont alors d'autant plus coupables, que le mal dont ils sont cause est parfois sans remède. — Lorsqu'il s'agit du mariage, leurs conseils doivent être plus circonspects encore et uniquement inspirés par l'intérêt des enfants et l'honneur de la famille.

5. Devoirs des enfants envers leurs parents et grands-parents. — On a judicieusement caractérisé le sentiment que nous devons éprouver pour nos parents, lorsqu'on l'a désigné sous le nom de *piété filiale*. Nos parents ne sont-ils pas pour nous, surtout lorsque nous sommes encore jeunes, les représentants de la divinité auxquels nous devons un culte de reconnaissance, d'amour, de vénération et de respect?

La véritable piété filiale implique l'*obéissance*. Désobéir à ses parents, c'est manquer d'affection, car on les afflige; c'est manquer de reconnaissance et de respect, car on méconnaît leur autorité et les services qu'ils nous ont rendus. A l'âge d'homme, ce devoir de l'obéissance est moins rigoureux ; toutefois, lorsque nous nous croyons obligés de résister aux conseils que l'on nous donne, faisons en sorte de froisser le moins possible ceux qui, en définitive, ne désirent que notre bien.

Lorsque les parents sont âgés ou malades, les enfants leur doivent, de plus, l'*assistance*. S'ils sont pauvres, c'est un devoir strict de subvenir à leurs besoins ; dans tous les cas, c'est un devoir de les entourer de soins affectueux et dévoués. Nous faisons une bonne œuvre toutes les fois que nous leur procurons quelque joie. Ils sont faibles, peut-être même sont-ils exigeants, soyons alors pour eux ce qu'ils ont été pour nous lorsque nous étions encore jeunes, faibles et capricieux : ne craignons pas de trop leur montrer notre tendresse et de les gâter un peu, eux qui nous ont tant gâtés, tout enfants. — Quant à notre conduite envers nos grands-parents, elle doit être inspirée par les mêmes sentiments de tendresse respectueuse et de dévouement filial [1].

6. Devoirs des enfants entre eux. — Lorsque dans la famille il y a plusieurs enfants, les frères et les sœurs doivent rester d'autant plus unis « que les mêmes parents leur ont donné naissance et qu'ils sont, pour ainsi dire, suivant l'expression d'Aristote, une seule substance en des individus distincts ». Si naturelle est l'amitié des frères entre eux, que le mot de *fraternité* sert à désigner aujourd'hui le plus haut degré d'amitié qui puisse exister entre les hommes. Toute inimitié, toute

(1) Xénophon, *Les Mémorables*, liv. II, ch. II. — Platon, *La République*.

jalousie serait donc infiniment coupable. C'est d'un frère surtout qu'on peut dire qu'il est un autre nous-même; notre devoir, par conséquent, est de le traiter comme tel. — Dans le cas malheureusement trop fréquent, où les enfants restent orphelins, c'est aux aînés qu'il appartient de prendre la direction de la famille et de subvenir aux besoins des autres. Ceux-ci, alors, doivent la soumission à leurs nouveaux protecteurs; ils doivent surtout, par leur docilité et leur reconnaissance, chercher à leur rendre le moins pénible possible, la lourde charge qu'ils ont acceptée [1].

7. De l'esprit de famille. — La conscience de l'étroite solidarité qui nous unit à nos parents donne naissance à l'*esprit de famille*. L'esprit de famille consiste essentiellement dans le respect du nom qu'on porte, dans le souci constant d'accroître l'héritage d'honneur qui nous a été transmis, dans la préoccupation généreuse d'aider, de protéger ou de consoler ceux des nôtres qui peuvent être dans le besoin, en un mot, dans cette sympathie efficace et naturelle qui pousse tous les parents à s'associer mutuellement aux joies et aux tristesses de tous.

8. Devoirs réciproques des maîtres et des serviteurs. — La famille comprend encore les *domestiques*. Le nom même qu'ils portent nous indique que, à certains égards, ils font *partie de la maison*. — Nous ne devons donc pas les traiter comme de simples étrangers, encore moins, comme des esclaves; en le faisant, nous manquerions à notre devoir et nous serions plus mal servis. Nous ne devons pas davantage, en leur laissant une liberté trop grande, permettre qu'ils s'arrogent des droits dont ils pourraient abuser. Le bon maître, nous dit Aristote, est celui dont les ordres sont toujours raisonnables; qui sait faire accepter son autorité sans recourir à la brutalité; qui n'impose jamais à ses serviteurs de travaux excessifs; qui sait, en toute circonstance, se faire aimer et respecter, en prouvant à ceux qui lui sont soumis qu'il s'intéresse à eux, qu'il les affectionne et qu'il leur est dévoué. — Si le maître doit de tels égards à ses serviteurs, on conçoit que, à plus forte raison, les mêmes égards leur soient dus des autres membres de la famille. On répète à chaque instant, de nos jours, que les bons domestiques deviennent de plus en plus rares; il

(1) Xénophon, *Les Mémorables*, liv. II, ch. III.

est probable que le mal serait moins grand, si les bons maîtres étaient plus nombreux.

Aux devoirs des maîtres correspondent ceux des serviteurs. Les serviteurs doivent remplir scrupuleusement les engagements qu'ils ont contractés ; ne point oublier qu'ils sont tenus à l'obéissance et au respect; défendre les intérêts de leur maître, comme ils défendraient leurs propres intérêts, et s'interdire tout acte ou toute parole qui pourrait lui nuire soit dans sa fortune, soit dans sa réputation.

II

1. De l'amitié. — Des sentiments qui nous unissent aux membres de notre famille, il faut rapprocher ceux qui nous unissent à nos amis. En effet, si nos frères sont des amis que nous a donnés la nature, on peut dire que les amis sont des frères que nous nous sommes donnés nous-mêmes. On peut définir l'amitié : une affection profonde et réciproque, née du libre choix de deux âmes qui sympathisent entre elles. Nul peut-être n'en a mieux montré la vraie nature que Montaigne, dans cette page souvent citée : « En l'amitié de quoi je parle, dit-il, les âmes se meslent et confondent l'une en l'autre d'un meslange si universel, qu'elles effacent et ne retrouvent plus la cousture qui les a joinctes. Si on me presse de dire pourquoy je l'aymais, je sens que cela ne se peult expliquer qu'en respondant : « par ce que c'estait lui, parce que c'estait moi. » Ce n'est pas une spéciale considération, ny deux, ny trois, ny mille ; c'est je ne sçais quelle quintessence de tout ce meslange qui, ayant saisi toute ma volonté, l'amena se plonger et se perdre en la sienne; qui, ayant saisi toute sa volonté, l'amena se plonger et se perdre en la mienne, d'une faim, d'une concurrence pareille; je dis perdre, à la vérité, ne nous réservant rien qui nous fust ou sien ou mien. Nos âmes ont charrié si uniment ensemble; elles se sont considérées d'une si ardente affection, et de pareille affection découvertes jusqu'au fin fond des entrailles l'une de l'autre, que non seulement je connaissais la sienne comme la mienne, mais que je me fusse certainement plus volontiers fié à lui de moi, qu'à moi[1]. »

(1) Montaigne, *Essais*, liv. I, ch. xxvii. — Voy. également : La Fontaine, *Les deux amis*.

2. Des causes de l'amitié. — L'amitié telle que la définit ici Montaigne, ne saurait avoir sa cause ni dans le plaisir, ni dans l'intérêt, mais bien dans la seule vertu. L'amitié qui ne repose que sur le plaisir ou sur l'intérêt ne saurait être vraiment durable; c'est que le plaisir est passager, et notre intérêt variable. « Regarde, dit Épictète, jouer ensemble ces petits chiens; ils se caressent, ils se flattent, ils te paraissent bons amis. Jette un petit os au milieu d'eux et tu verras. Telle est l'amitié de certains hommes ; qu'ils aient à disputer une terre, un champ, il n'y a plus d'amis. » Leur amitié s'évanouit avec la cause qui l'avait fait naître. En outre, suivant la profonde remarque d'Aristote, de telles amitiés ne peuvent être qu'accidentelles, car « on n'aime pas celui qu'on aime pour ce qu'il est réellement, mais simplement pour les avantages qu'il nous procure ». — « Tout autre, ajoute-t-il, est l'amitié des gens vertueux et qui se ressemblent par leur vertu, car ceux-là se veulent mutuellement du bien *en tant qu'ils sont bons*. Or, la vertu est une chose solide et durable; aussi l'amitié de ces cœurs généreux subsiste-t-elle aussi longtemps qu'ils restent eux-mêmes bons et vertueux [1]. »

3. Avantages de l'amitié. — Les avantages de l'amitié ainsi comprise ne sont pas moins importants au point de vue purement utilitaire, qu'au point de vue moral. Elle répond, en effet, à un impérieux besoin de notre nature, celui d'aimer et de nous sentir aimés; à tous les âges et dans toutes les circonstances de la vie, dans la joie, comme dans la tristesse, elle peut seule efficacement nous conseiller, nous guider et nous secourir. Enfin, dans l'habitude de penser tout haut devant nos amis, dans le souci de mériter leur estime et de la conserver, dans l'affection qui nous porte à nous dévouer pour eux, lorsque notre aide leur est nécessaire, ne trouvons-nous pas de nombreuses raisons qui nous engagent dans la voie de l'honnête et nous y maintiennent? Aussi conçoit-on que les anciens qui ont parlé si éloquemment de l'amitié, l'aient considérée comme un auxiliaire de la vertu et une condition indispensable du bonheur.

(1) Aristote, *Morale à Nicomaque*, I, VIII, ch. 1 et suiv.

OUVRAGES A CONSULTER

Xénophon, *Les Mémorables*. — Platon, *La République.* — Bachofen, *Das Mutterrecht.* — Mac Lennan, *Primitive mariage.* — Maine, *Ancient Law.* — Lange, *Rœmische allerthümer.* — Giraud-Teulon, *Les origines de la famille.* — Alfred Espinas, *Les sociétés animales.* — Janet, *La famille.* — H. Spencer, *De l'éducation intellectuelle, morale et physique.* — Sur l'amitié consulter Xénophon, *Mémorables*, II, IV et suiv. Aristote, *Morale à Nicomaque*, I. — Épictète, *Entretiens.* — Cicéron, *De l'amitié.* — Montaigne, *Essais*, liv. I.

CHAPITRE V

DEVOIRS ENVERS LA PATRIE

1. La Patrie. Ses conditions : communauté de territoire, de race,
de langue, d'intérêts, de religion, de sentiments et de volonté. —
2. L'État et la Patrie. L'État est un organisme contractuel. — 3. Fondement de l'autorité publique. — 4. Pouvoirs essentiels de l'État. Le
gouvernement. — 5. Droits et devoirs de l'État. — 6. Droits et devoirs
des citoyens envers l'État. — 7. Devoirs des citoyens entre eux. —
8. Droit des gens.

1. La Patrie : ses conditions. — Nos devoirs envers
la famille nous aideront à comprendre nos devoirs envers
la patrie. Mais, avant tout, qu'est-ce que la Patrie?

La patrie est, d'abord, comme le nom l'indique, le pays de
nos aïeux, la portion de territoire qu'ils nous ont léguée, après
l'avoir habitée, cultivée, souvent même défendue au prix de
leur sang. Si profond est notre attachement au sol de la patrie,
que nous souffrons d'en être exilés, et que nous sommes toujours
heureux de le revoir. Toutefois, condition nécessaire de la patrie, la *communauté de territoire* ne saurait suffire à la créer.
Certaines contrées de l'Amérique sont peuplées de colons venus
de toutes les parties du monde, mais malgré leur réunion dans
un même pays, ils n'en demeurent pas moins attachés, pour la
plupart, à la nation qu'ils ont dû quitter.

Suivant quelques philosophes, c'est principalement dans la
communauté de race que nous devrions chercher la raison
d'être de la patrie. — Il est bien évident que cette communauté,
surtout à l'origine, dut jouer un rôle important et contribuer à
la formation des premières sociétés, mais l'importance de ce rôle
ne doit pas être exagérée. Est-ce que la patrie française, par
exemple, n'est pas composée de peuples d'origines très différentes? Nous trouvons en elle des Celtes, des Francs, des Ger-

mains, comme nous trouvons, en Italie, des Gaulois, des Etrusques, des Pélasges, des Grecs. La vérité, c'est qu'il n'y a pas
aujourd'hui de race pure et qu'il faut chercher ailleurs que dans
des considérations ethnographiques les conditions de la patrie.

Ces conditions ne se trouvent pas davantage dans la *communauté de langue*, qu'on a également invoquée. Sans doute,
cette communauté tend à établir celle des pensées et des sentiments; elle facilite les relations et, par là même, invite les
hommes à se réunir, mais elle n'y force pas. Ainsi, les républiques de l'Amérique espagnole et l'Espagne parlent une même
langue, sans, pour cela, former une même nation. En Suisse,
au contraire, on parle trois ou quatre langues différentes. En
France même, combien d'hommes, notamment en Bretagne, qui
ne comprennent que leur idiome et qui sont, cependant, tout aussi
dévoués que nous à leur pays.

Nous ferons les mêmes remarques, à propos de la *communauté d'intérêts* et de la *communauté de religion*. Ces
causes peuvent contribuer à rendre une nation plus forte, elles
ne peuvent *seules* la constituer. Lorsqu'une guerre éclate entre
deux pays, on voit fréquemment des hommes qui se sont associés pour une entreprise commune, aller, malgré les intérêts qui
les unissent, combattre les uns contre les autres. — Enfin,
n'existe-t-il pas en France plusieurs religions différentes? La patrie française cependant n'en est pas moins *une* et, lorsqu'elle
est menacée, tous, sans distinction, sont prêts à la défendre.

Pour faire une patrie il faut donc autre chose. — La communauté de territoire, la communauté de race, de langue, d'intérêts, de religion, ne serviraient de rien, s'il n'y avait en même
temps *la communauté des sentiments et des volontés*. Une nation est, en effet, une « grande solidarité ». Et, cette solidarité
a ses sources à la fois dans le présent et dans le passé.

Elle a sa source dans le passé, car « la nation, comme, l'individu, est l'aboutissant d'une longue série d'efforts, de sacrifices et de dévouements : les ancêtres nous ont faits ce que nous
sommes. Un passé héroïque, des grands hommes, de la gloire,
voilà le capital social sur lequel on assied une idée nationale...
Avoir souffert, joui, espéré ensemble, voilà ce qui vaut mieux que
des douanes communes et des frontières conformes aux idées
stratégiques; voilà ce que l'on comprend, malgré les diversités de
race et de langue... Avoir souffert ensemble! oui, la souffrance

en commun unit plus que la joie. En fait de souvenirs nationaux, les deuils valent mieux que les triomphes, car ils imposent des devoirs ; ils commandent l'effort en commun. »

Dans le présent, la patrie suppose « le consentement actuel, le désir de vivre ensemble, la volonté de continuer à faire valoir l'héritage qu'on a reçu indivis [1], » la ferme résolution d'en accroître sans cesse la richesse et de le défendre contre toute agression.

C'est grâce à ces caractères essentiels que la Patrie ou la nation peut être distinguée de toute autre société établie par les hommes, et considérée comme un être vivant ayant sa *personnalité* propre, étant animé par une même *âme* dont les aspirations et les efforts doivent tendre sans cesse vers un même idéal [2].

2. L'État et la Patrie. — *L'État est un organisme contractuel.* — L'État est l'ensemble des citoyens qui constituent la nation et sont soumis aux mêmes lois : c'est donc essentiellement une société politique; de là les différences qui séparent l'idée d'État de celle de patrie. — L'unité politique suffit à constituer un État, elle ne suffit pas à constituer une patrie : « L'Autriche, par exemple, n'est qu'un État. Allemands, Tchèques, Madgyars, Slaves, qui composent son empire reconnaissent également la loi du *Kaiser* leur maître ; pourtant aucune de ces nationalités n'a consenti à se fondre entièrement avec les nationalités voisines. Comme dans certains livres, l'unité tient au fil de la reliure, ainsi c'est l'autorité politique commune qui seule ici empêche les éléments divers de se séparer les uns des autres. Ils demeurent distincts et superposés sous cette autorité, comme l'eau et l'huile dans un vase, car ils ne sont pas réellement animés d'un même sentiment et ne portent pas au cœur le même esprit de sacrifice et d'enthousiasme [3]. » — Inversement, la

(1) Renan, *Qu'est-ce qu'une nation? Revue politique et littéraire,* 18 mars 1882.

(2) « Une nation est un être vivant de la vie la plus haute, car si les individus qui la composent sont physiquement, matériellement indépendants les uns des autres, leurs pensées et leurs volontés sont unies dans une pensée et une volonté communes, et c'est dans le domaine de l'idée que naît, vit et se développe l'être collectif à la survivance duquel chacun doit subordonner, sacrifier au besoin son existence particulière. » L. Bourgeois.

(3) Ch. Bigot, *L'idée de Patrie. Revue politique et littéraire,* 25 mars 1882.

Patrie peut survivre même à la disparition de l'État : Les Polonais ont encore une patrie, bien qu'ils ne forment plus un État et obéissent à des législations différentes. Gardons-nous cependant d'exagérer ces oppositions ; nous ne devons pas oublier, en effet, que l'unité politique est de la plus haute importance pour maintenir l'ordre et la paix dans la nation, et qu'un État ne saurait être puissant et durable, si tous ses membres ne sont pas dévoués à la même patrie.

C'est là ce qu'ont bien compris les philosophes contemporains lorsqu'ils ont défini l'État un *organisme contractuel* [1].

L'État est un *organisme*, c'est-à-dire un tout dont les différentes parties sont si étroitement solidaires qu'elles vivent d'une vie commune, s'aident, se soutiennent les unes les autres et concourent à la réalisation d'une même œuvre, malgré la diversité de leurs fonctions.

Toutefois, ce qui distingue l'organisme social de tout autre, c'est qu'il est un *organisme contractuel*. Tandis que tous les éléments constitutifs du corps humain sont enchaînés par des lois fatales, les éléments du corps social sont unis par des liens qu'ils se sont imposés eux-mêmes. — A l'origine, les hommes se rapprochent parce qu'un instinct puissant les y pousse et que leur intérêt l'exige, mais ce rapprochement lui-même, cette première association n'implique-t-elle pas déjà un *contrat inconscient* et *tacite*, par lequel chacun s'engage à respecter les droits de tous, à les défendre s'ils sont attaqués ? C'est ce même contrat que nous voyons se renouveler d'une manière de plus en plus *explicite* et *formelle*, à mesure que les sociétés premières se perfectionnent et que, sous l'influence exercée par le souvenir des mêmes épreuves, l'amour d'un même pays, la solidarité des intérêts, la fidélité à une même religion, s'affirme davantage entre ses membres, la communauté des sentiments et des volontés. — L'extension toujours plus grande du régime contractuel chez les peuples civilisés nous est d'ailleurs attestée par le nombre croissant des associations particulières et par le rôle qui leur est accordé. Ce sont les individus qui librement s'associent ; ce sont les membres des associations particulières qui librement délèguent leurs élus pour former des associations plus hautes et plus puissantes. Réunion de toutes ces associations,

____

(1) Fouillée, *La science sociale.*

l'État nous apparait alors comme le résultat même d'un contrat passé entre tous, contrat librement accepté et librement consenti.

Toute autre manière de concevoir l'État est fausse et dangereuse. Une association entre des êtres moralement égaux ne peut être juste et durable que si elle repose sur le consentement de tous [1]. S'il est des États qui ne réalisent point ces conditions, il n'en est pas un qui ne doive y tendre comme à l'idéal même de sa perfection.

3. Fondement de l'autorité publique. — Pour veiller aux intérêts communs, sauvegarder la liberté de tous, combattre à la fois les ennemis du dedans et ceux du dehors, il faut que l'État ait le *droit* de faire des lois et le *pouvoir* d'en assurer l'exécution.

Ce droit et ce pouvoir, fondements de l'autorité publique, résident évidemment dans l'universalité des citoyens. Nul ne peut, sans leur assentiment formel, s'arroger le privilège de les gouverner. Les anciennes théories qui nous représentent certaines familles comme investies par Dieu même du droit de diriger l'État, l'autorité d'une seule personne comme sacrée et supérieure à celle de tous, ne comptent plus guère aujourd'hui de sérieux défenseurs ; il n'y a et il ne peut y avoir qu'un seul souverain légitime, c'est le peuple ou mieux la nation. — Aussi la République, qui est le gouvernement de la nation par la nation elle-même, est-elle, au point de vue moral, la forme idéale de l'État.

4. Pouvoirs essentiels de l'État. Le gouvernement. — Comme tous les citoyens, pour défendre leurs droits, ne peuvent exercer le pouvoir qu'ils détiennent, ils le confient à des mandataires désignés soit directement, soit indirectement par le *suffrage universel* [2]. Aux uns est conféré le *pouvoir législatif*, aux autres, le *pouvoir exécutif*, à d'autres, enfin, le *pouvoir judiciaire.*

Le pouvoir législatif, comme l'indique son nom, est chargé de

(1) Malgré les apparences contraires, l'homme est bien de la patrie dont il veut être. Nous naissons sans doute Français, mais, à notre majorité, il nous est permis de renoncer à ce titre et d'opter pour une nationalité étrangère.

(2) Voy. sur toutes ces questions extrêmement délicates, les judicieux ouvrages de M. Paul Laffitte, *Le paradoxe de l'égalité* et *Le suffrage universel.*

faire et de reviser, lorsqu'il y a lieu, les lois de l'État. Ce pouvoir doit donc être constitué de telle sorte qu'il représente tous les droits et tous les intérêts. Quant aux lois qu'il élabore, elles doivent être *justes*, c'est-à-dire conformes aux principes immuables de la morale ; *praticables*, c'est-à-dire en harmonie avec le génie de la nation qui doit s'y soumettre ; *opportunes*, c'est-à-dire appropriées aux besoins du pays et, autant que possible, en rapport avec les légitimes exigences de l'opinion publique. Enfin, comme la loi s'adresse à des êtres libres et raisonnables, il est indispensable que les articles en soient publiquement discutés, et que chacun en puisse connaitre les motifs. — Dans un État qui repose sur le suffrage universel, il est rare que tous les membres du pouvoir législatif n'aient, dans la discussion des lois, qu'un seul et même avis ; c'est donc l'avis de la majorité qui doit l'emporter. Toutefois, ce qu'il importe, c'est que cette majorité n'abuse point de la force que lui donne le nombre ; c'est qu'elle n'oublie pas surtout que les minorités ont aussi leurs droits, et que ses décisions doivent être inspirées non par l'esprit de parti, mais par l'esprit de justice.

Quand la loi est faite, le pouvoir exécutif la promulgue et en assure les effets. Il met la force au service du droit.

Le pouvoir judiciaire compare les actes des citoyens au texte de la loi, déclare qu'ils lui sont conformes ou contraires et, s'ils lui sont contraires, que leurs auteurs encourent tel ou tel châtiment.

Ces trois pouvoirs ne sauraient être confondus, ni réunis entre les mêmes mains. Si les mêmes personnes détiennent à la fois le pouvoir exécutif et le pouvoir législatif, on a toujours à redouter le despotisme. Le pouvoir judiciaire appartient-il au pouvoir exécutif, celui-ci devient le maître absolu de l'État : il interprète la loi qu'il doit faire exécuter, il est à la fois juge et partie.

C'est aux délégués de la nation spécialement chargés du pouvoir exécutif, que l'on donne d'ordinaire le nom de *gouvernement*.

5. Droits et devoirs de l'État. — Il suffit de connaitre l'origine et la nature de l'État pour comprendre qu'il ait des droits et des devoirs.

Comme il a d'abord pour mission de nous protéger, il est nécessaire, avant tout, qu'il ait le pouvoir de promulguer des lois et de les faire exécuter, même par la force. C'est là d'ailleurs ce que nous avons constaté déjà. Lui refuser le *droit de punir*, ce serait lui enlever toute autorité et toute utilité. — Mais il importe de ne point se méprendre sur les raisons qui légitiment ce droit. Lorsque l'État punit une faute, ce n'est point pour en tirer vengeance, c'est moins encore pour rendre le mal pour le mal, c'est pour assurer le respect de la justice, défendre les droits des citoyens et l'existence de la société menacée. Aussi le droit de punir a-t-il des limites relativement restreintes. Il ne saurait autoriser aucun des châtiments que la conscience réprouve, comme la torture, par exemple, même en vue de l'intérêt général ; en outre, il ne saurait s'étendre à toutes les infractions de la loi morale : celles-là seules qui peuvent nuire à l'ordre ou à la moralité publique, doivent être réprimées.

Les dangers qui menacent la société pouvant venir non seulement du dedans, mais aussi du dehors, l'État a le droit, pour défendre la vie et l'honneur de tous les citoyens, de repousser par les armes toute inique agression. Le *droit de guerre* n'est, en définitive, que le droit de légitime défense et les limites en sont les mêmes. On ne saurait approuver les guerres qui n'ont d'autre justification que l'ambition ou l'intérêt.

Pour protéger les droits de chacun de nous et assurer l'obéissance aux lois, l'État a besoin de fonctionnaires nombreux et, par suite, de ressources considérables ; il est donc logique qu'il ait aussi le droit, pour se procurer ces ressources, de prélever *des impôts* sur tous les citoyens. — Il est logique également qu'il ait le droit de veiller à l'enseignement qu'on donne à la jeunesse, et même de rendre pour tous *l'instruction obligatoire*. En exerçant ce droit, il ne fait que travailler à la moralité, à la sécurité et à la prospérité de la nation [1].

Chacun de ces droits entraîne naturellement des devoirs. — Le premier de ces devoirs est de respecter la justice : il n'est jamais permis, par exemple, d'attenter à la liberté ou à la vie d'un honnête homme, même en vue du salut de l'État. Le second est de n'oublier jamais que toute autorité procède de la volonté des citoyens ; quand les hommes qui détiennent le

---

(1) « Le fondement du droit et du devoir de l'État en matière d'enseignement public est inébranlable, c'est en lui que repose la perpétuité de la patrie. » L. Bourgeois.

F. Thomas. — Résumé de philos.   20

pouvoir se croient obligés, en conscience, de ne plus se soumettre à cette volonté, ils n'ont qu'à renoncer à leur mandat. L'État doit, enfin, avoir pour préoccupation constante d'augmenter le bien-être de tous et d'aider, en même temps qu'il protège. Il importe donc qu'il favorise le développement de l'instruction, qu'il donne une utile impulsion au commerce et à l'industrie, qu'il facilite les relations entre les peuples, qu'il fasse place à tous ceux qui travaillent, et tende la main et ceux qui souffrent [1].

6. Droits et devoirs des citoyens. — Nos devoirs envers l'État ne sont pas moins impérieux que ses devoirs envers nous. Le premier est de s'interdire, d'une manière absolue, tout ce qui pourrait en compromettre l'existence. Fomenter des troubles intérieurs ou conspirer avec l'ennemi du dehors, est une trahison et une lâcheté. — Nous devons, en second lieu, obéir aux lois établies, même lorsqu'elles nous paraissent injustes. S'arroger le droit de les trangresser, c'est reconnaître implicitement que ce droit appartient à tous, et rendre par là même toute société impossible. Qu'on se rappelle le bel exemple que nous a donné Socrate : injustement condamné par l'Aréopage, il résiste aux prières de ses amis et préfère boire la ciguë que désobéir aux lois de son pays. — User de subterfuges et de mensonges pour échapper aux exigences de la loi, c'est souvent ajouter à la gravité de sa faute tout l'odieux de l'hypocrisie. Celui, par exemple, qui, par supercherie, se soustrait au service militaire ; celui qui, en temps de guerre, se dérobe au danger et obtient, grâce à la faveur, quelque emploi bien paisible où la mort ne pourra l'atteindre ; celui qui refuse de payer l'impôt et croit que « voler l'État est œuvre fort permise » ; tous ceux, en un mot, qui cherchent à s'affranchir des charges qui doivent peser sur tous, manquent à la justice et à la loyauté. Ils sont des ennemis de la nation qu'ils devraient défendre.

Outre ces devoirs de justice, il en est d'autres que la charité ou mieux le *patriotisme* nous impose. Or, on remplit ces devoirs, toutes les fois que l'on travaille à accroître l'héritage de gloire

(1) On ne saurait indiquer avec précision jusqu'où peut et doit aller l'initiative de l'État. Il est évident, en effet, que son action est appelée à se modifier avec les temps et les pays, suivant que le sentiment de l'*individualité* est plus ou moins développé. C'est là du reste un problème qui relève plus encore de la sociologie que de la morale. — Voy. Fouillée, *La propriété sociale.*

et d'honneur que nos ancêtres nous ont transmis ; toutes les fois que l'on met au service de la nation, sans y être contraint, ses forces, sa fortune, voire même sa vie. La nation ou l'État doit être, en effet, considéré comme une grande famille à laquelle nous ne saurions marchander, sans ingratitude, ni notre affection, ni notre concours. Quant aux théories humanitaires qui, sous le beau nom de philanthropie ou de cosmopolitisme, cherchent à étouffer le patriotisme, elles doivent être d'autant plus énergiquement repoussées qu'elles ne tendent, en définitive, qu'à déguiser nos devoirs et à amnistier la lâcheté.

En échange de ces devoirs envers l'État, nous avons aussi des droits : le droit d'être protégé dans notre vie et dans notre propriété ; le droit d'agir librement, tant que nous ne nuisons pas à autrui et ne devenons pas un danger public ; le droit d'embrasser et de pratiquer la religion que nous jugeons bonne ; le droit de communiquer aux autres hommes nos croyances : tous droits naturels dont les lois doivent nous garantir l'usage. — A côté de ces droits qui appartiennent à tout homme, il en est d'autres qui nous sont plus spécialement conférés par notre titre de citoyens, et qui nous permettent de participer aux affaires de l'État. Les plus importants de ces droits sont le droit de voter, le droit de réunion et le droit d'association : droits qui ne peuvent être limités que dans l'intérêt même de la société dont nous sommes les membres. On les appelle *droits politiques*, par opposition aux droits précédents qui sont des *droits civils*.

7. Devoirs des citoyens entre eux. — La nature et la multiplicité des rapports qui nous unissent à nos concitoyens, expliquent que, envers eux, nos devoirs soient plus impérieux et plus nombreux encore qu'envers les autres hommes. C'est, en effet, avec nos concitoyens que nous avons fait un contrat ; c'est de la communauté de nos sentiments et de nos volontés, que dépendent la force et l'unité de la nation ; c'est vers un même but que nos efforts doivent tendre ; c'est à une même œuvre que nous collaborons. Aussi conçoit-on qu'un simple devoir de charité envers un étranger, devienne parfois un devoir de justice envers un compatriote. — Il suffit, d'ailleurs, pour bien comprendre toute l'étendue de ces devoirs, de s'inspirer de la belle devise républicaine : Liberté, égalité et *fraternité*.

8. Droit des gens. — Jusqu'ici nous avons simplement considéré les rapports qui existent entre les citoyens et l'État,

il nous reste à dire un mot de ceux qui unissent les nations entre
elles. — Si, comme nous l'avons établi, les nations sont réellement des personnes morales, ayant leur vie propre et leur auto-
nomie, il est naturel qu'elles aient les unes envers les autres des
obligations réciproques ; or, c'est l'ensemble de ces obligations
qui constitue le droit international ou *droit des gens.*

Les nations, comme les individus, sont obligées, d'abord, au
nom de la justice, de se respecter mutuellement dans leur indépendance, dans leur honneur, dans leur territoire, dans tous les
biens qu'elles possèdent; mais elles sont obligées de plus, au
nom de la charité, de s'aider et de se protéger, de défendre les
plus faibles qui n'ont pour elles que leur droit, contre les plus
puissantes qui n'ont pour elles que leur force ; en un mot, de
travailler en commun au triomphe des idées morales et au progrès de la civilisation.

Pour assurer la pratique de ces devoirs et le respect des droits
qui leur correspondent, il serait à souhaiter qu'il existât un tribunal suprême où seraient jugés les différends qui s'élèvent
entre les peuples ; les guerres deviendraient alors inutiles. Mais
un tel tribunal existera-t-il jamais ? — Il faut cependant reconnaître que les nations ont plus souvent recours à l'arbitrage
qu'autrefois, et que les conventions qui règlent aujourd'hui leurs
rapports en temps de paix et en temps de guerre [1], constituent
un progrès immense sur les siècles passés. — Elles tendent en
effet à diminuer, dans la mesure du possible, les horreurs de la
guerre, et à rendre de plus en plus faciles les relations entre les
peuples.

OUVRAGES A CONSULTER

Paul Janet, *Histoire de la science politique.* — A. Franck, *Philosophie
du droit civil.* — Fouillée, *La science sociale. L'idée moderne du droit. La
propriété sociale.* — Renan, *Qu'est-ce qu'une nation?* — Ch. Bigot, *L'idée
de Patrie.* — H. Spencer, *Principes de sociologie. L'individu contre
l'État.* — Rousseau, *Le contrat social.* — Paul Laffitte, *Le paradoxe de l'égalité. Le suffrage universel.* — Barni, *La morale dans la démocratie.*

[1] La plus importante de ces conventions est celle de Genève (1867). —
Les nations se sont engagées, en temps de guerre, à respecter les neutres;
à ne tirer ni sur les ambulances, ni sur les médecins, à relever et à soigner tous les blessés, quelle que soit d'ailleurs leur nationalité; à rendre
les prisonniers lorsque la paix est signée, etc. En temps de paix, la personne et le domicile des agents diplomatiques sont inviolables; en outre,
des traités spéciaux relatifs au commerce, à l'extradition des malfaiteurs, etc., fixent les rapports qui existent de peuple à peuple.

CHAPITRE VI

DEVOIRS A L'ÉGARD DES ANIMAUX

1. Avons-nous des devoirs envers les animaux? — 2. Opinion de Descartes. Réfutation. — 3. Quels sont nos devoirs à l'égard des animaux. — 4. Les vivisections.

1. Avons-nous des devoirs envers les animaux. — L'homme ne vit pas seulement au milieu de ses semblables; des liens étroits l'unissent à tous les autres êtres de la nature et principalement aux animaux dont beaucoup sont pour lui des auxilliaires précieux, quelques-uns même des compagnons fidèles. — A-t-il également des devoirs envers eux?

Si le devoir est essentiellement, suivant la formule de Kant, l'obligation de respecter, en nous et dans les autres, *la personne morale*, c'est-à-dire l'être raisonnable et libre, il est évident que nous ne saurions avoir, à proprement parler, de devoirs envers les animaux. En eux, en effet, nous ne trouvons ni la liberté, ni la raison ; ils ont sans doute, comme nous, une fin déterminée, mais c'est fatalement qu'ils y tendent; aussi ne sont-ils pas, au sens rigoureux du mot, responsables de leurs actes. C'est pourquoi nous les traitons comme des *moyens*, non comme des *fins*, nous croyant autorisés à les asservir et même à leur donner la mort, lorsque notre intérêt l'exige. — Ces droits que nous nous arrogeons sur eux sont-ils sans limites ?

2. Opinion de Descartes. — Réfutation. — Plusieurs philosophes l'ont prétendu. On connaît la thèse célèbre de Descartes et de Malebranche. — Ces philosophes refusent à l'animal non seulement toute raison et toute liberté, mais encore toute sensibilité. L'animal ne serait qu'un automate, une machine, merveilleuse sans doute, mais incapable même d'une émotion.

C'est cette théorie que résume admirablement La Fontaine dans ces vers :

> ...Ils disent donc
> Que la bête est une machine ;
> Qu'en elle tout se fait sans choix et par ressorts :
> Nul sentiment, point d'âme ; en elle tout est corps.
> Telle est la montre qui chemine
> A pas toujours égaux, aveugle et sans dessein.
> Ouvrez-la, lisez dans son sein :
> Mainte roue y tient lieu de tout l'esprit du monde ;
> La première y meut la seconde ;
> Une troisième suit : elle sonne à la fin.
> Au dire de ces gens, la bête est toute telle.
> L'objet la frappe en un endroit ;
> Ce lieu frappé s'en va tout droit,
> Selon nous, au voisin en porter la nouvelle.
> Le sens de proche en proche aussitôt la reçoit.
> L'impression se fait : mais comment se fait-elle ?
> Selon eux, par nécessité,
> Sans passion, sans volonté :
> L'animal se sent agité
> De mouvements que le vulgaire appelle
> Tristesse, joie, amour, plaisir, douleur cruelle,
> Ou quelque autre de ces états.
> Mais ce n'est point cela : ne vous y trompez pas.
> Qu'est-ce donc ? Une montre.

Contre une telle doctrine protestent également la science et le bon sens. S'il est vrai que nos facultés les plus hautes font défaut à l'animal, qu'il n'est probablement capable ni de réfléchir, ni de s'élever aux idées générales, ni d'apprécier la valeur morale de ses actes, il est vrai également qu'il est capable de jouir et de souffrir ; qu'il est, comme nous, doué de mémoire ; qu'il fait preuve souvent, envers son maître, d'un attachement profond et parfois même de dévoûment.

3. Quels sont nos devoirs à l'égard des animaux. — Telle étant la nature de l'animal, on conçoit que nous ne puissions le traiter absolument comme nous pourrions traiter les êtres inanimés. Il est un principe que Malebranche a mis dans tout son jour et qui doit ici nous guider : tous les êtres, nous dit-il, forment une hiérarchie telle que chacun d'eux l'emporte en perfection sur ceux qui le précèdent ; or, notre conduite à leur égard doit se régler d'après leur perfection relative. Dès lors, les rapports étroits qui unissent à l'homme surtout

les animaux domestiques, ne nous font-ils pas un devoir de ne
jamais les détourner inutilement de leur fin [1]? — En second lieu,
nous savons que la douleur est un mal; faire souffrir les animaux sans besoin, c'est donc faire œuvre impie et condamnable.
— Enfin, celui qui prend l'habitude de maltraiter des êtres animés, sans qu'il soit urgent de le faire, non seulement témoigne
d'un mauvais naturel, mais encore développe en lui tous ses
mauvais instincts, et s'avilit aux yeux de tous. Sa méchanceté
ne s'exerce actuellement que sur les animaux, il est toujours à
craindre qu'elle n'en arrive à s'exercer sur ses semblables.

Si la conscience réprouve tous les châtiments inutiles infligés
aux animaux, elle réprouve également tous ces divertissements,
tels que les *combats de coqs* et les *courses de taureaux*, dont le
résultat est non point, comme on l'affirme, d'habituer au danger
et de fortifier le courage, mais bien de satisfaire une curiosité
malsaine et d'encourager la brutalité. Il n'y a donc rien de
trop sévère dans cet article de la *loi Grammont* : « Seront punis
d'une amende de cinq à quinze francs, et pourront l'être d'un à
cinq jours de prison, ceux qui auront exercé publiquement et
abusivement de mauvais traitements envers les animaux domestiques. »

4. Les vivisections. — On a cru pouvoir s'appuyer sur
les principes qui précèdent, pour condamner absolument les
vivisections et toutes les expériences douloureuses qui, dans
l'intérêt de la science et de l'humanité, sont faites dans les labo-
ratoires; il suffit, pour apprécier de telles condamnations à leur

(1) « La cruauté envers les animaux est la violation d'un *devoir envers
nous-même*, dit Kant; elle émousse la pitié pour les douleurs des bêtes et
affaiblit ainsi celle de nos qualités naturelles qui est la plus essentielle à
l'accomplissement de nos devoirs d'humanité. » — Contre cette théorie qui
soutient que « l'homme n'a réellement d'obligation qu'envers l'homme »,
Schopenhauer a de nos jours énergiquement protesté. « Là, dit-il, où la
bonne volonté s'est dégagée et montre une première ébauche de la volonté
humaine, comme chez les animaux domestiques, chez le cheval laborieux,
le chien fidèle, il y a un commencement de droit. Parfois même il y a entre
l'homme et l'animal domestique une association véritable pour le travail,
une sorte de convention implicite entre inégaux, analogue à celle qui
existe entre majeurs et mineurs dans la famille. Les animaux alors font
partie de la maison, comme l'indique leur qualificatif de « domestiques. »
Leurs droits deviennent ainsi assez précis, assez déterminables pour que
la loi doive les sanctionner. » — La plupart des membres actifs de la
Société protectrice des animaux ne sont pas éloignés de penser comme
Schopenhauer.

juste valeur, de se demander si les expériences qu'on réprouve, tout en les reconnaissant utiles, devraient être, de préférence, faites sur l'homme lui-même, et si la vie, même d'un seul d'entre nous, qu'elles peuvent prolonger, ne les justifie pas pleinement? — La réponse ne saurait être douteuse. Celles-là seules sont interdites par la conscience et par la raison, qui auraient pour but unique de satisfaire notre curiosité, sans profit pour nous ni pour nos semblables. — Il est donc deux excès contre lesquels nous devons nous tenir en garde. Dans l'un tombent tous ceux pour qui les animaux sont de simples instruments que l'on peut, à toute heure, maltraiter à son gré; dans l'autre, tous ceux dont l'âme sensible, outre mesure, leur accorde les mêmes droits qu'à nous et gémit, à tout propos, sur leurs souffrances. Les premiers oublient trop que la brutalité est odieuse, les seconds que la sensiblerie est ridicule; les uns et les autres ce que nous nous devons à nous-mêmes.

OUVRAGES A CONSULTER

Montaigne, *Apologie de Raimond de Sebonde.* — Joly, *L'instinct. Ses rapports avec la vie et l'intelligence.* — Michelet, *L'insecte.* — Bulletins de la Société protectrice des animaux. — La Fontaine, *Les deux rats, le renard et l'œuf.*

CHAPITRE VII

LE TRAVAIL

1. Le travail. Définition. — 2. Nécessité du travail. Son utilité pour le perfectionnement physique, intellectuel et moral de l'individu et de la société. — 3. De la liberté du travail. Ses conséquences. — 4. Préjugés contre le travail. Leurs causes. — 5. Conclusion.

1. Le travail : Définition. — Tous les devoirs que nous venons de passer en revue peuvent se ramener à un seul : le *devoir de travailler*. — Dans un sens tout à fait général, travailler, c'est appliquer son activité, avec persévérance et méthode, à l'accomplissement d'une œuvre déterminée ; dans un sens plus restreint, c'est l'exercer en vue d'une fin utile.

2. Nécessité du travail. — On peut dire que la loi du travail est la loi même de la vie. Sans travail, en effet, ni bien-être, ni progrès, ni moralité.

a). Et d'abord, n'est-il pas la *condition nécessaire de notre existence même ?* « Un homme, comme le remarque justement Stanley Jevons, périrait dans le lieu le plus fertile, s'il ne prenait quelque peine pour approprier les choses qui l'entourent. Le fruit sauvage qui pend aux arbres doit être cueilli pour devenir une richesse, et le gibier doit être pris avant de pouvoir servir de nourriture. Nous devons dépenser une somme considérable de travail pour avoir des vêtements confortables, des maisons et des vivres réguliers en quantité suffisante. » Sans effort et, par conséquent, sans travail, l'existence serait donc impossible. — Nous devons ajouter que le travail est encore le plus sûr gardien de la *santé*. Les hommes les plus robustes ne sont-ils pas les travailleurs ? C'est que l'exercice assouplit les organes, endurcit contre les épreuves, met en fuite la maladie. Les paresseux ont, il est vrai, essayé de tous temps d'accréditer ce paradoxe que le travail épuise, mais leur plaidoyer est trop intéressé pour être probant.

b). Au point de vue du *perfectionnement de nos différentes facultés*, l'utilité du travail n'est pas moins manifeste. — C'est grâce à lui que nous pouvons discipliner notre sensibilité, lutter contre la passion, développer peu à peu en nous l'amour du juste et du beau. — C'est grâce à lui que nous donnons à nos sens plus de finesse et plus de sûreté; à notre mémoire, plus d'étendue; à notre imagination, plus de richesse; à notre raison, plus d'autorité. Toutes les découvertes du génie humain ne sont-elles pas, d'ailleurs, ses tributaires? « Chercher la vérité dans les sciences, comme le disait Descartes, c'est livrer des batailles, » c'est-à-dire, lutter et travailler. — Quant à la volonté dont l'idéal serait la liberté.parfaite, nous avons montré déjà, en parlant du courage, quels efforts lui sont nécessaires pour se dégager des liens qui l'entravent.

c). Le travail est, de plus, essentiellement *moralisateur*, car il met en fuite tous les soucis frivoles et toutes les tentations malsaines qui nous détournent du devoir. « Le travail, disait Voltaire, éloigne de nous trois grands maux : l'ennui, le vice et le besoin » ; nous pouvons ajouter qu'il nous procure trois grands biens : la gaieté, la vertu [1] et l'indépendance [2].

d). La puissance et la dignité du travail s'offrent surtout à nous avec leurs vrais caractères, lorsque nous en observons les effets, non dans la vie de l'individu, mais bien dans celle de la société. — Là, en effet, nous apparaissent clairement toutes les merveilles enfantées par le travail des hommes. C'est lui qui, en défrichant le sol, en façonnant les métaux, en domptant les forces de la nature, a étendu de plus en plus sur elle les limites de notre empire; c'est lui qui, en créant la propriété, a permis à tous de vivre en hommes libres; c'est lui, enfin, qui a rendus possibles l'art, la science et leurs innombrables applications.

Nous sommes donc autorisés à conclure en disant que le tra-

---

(1) C'est là ce que constate V. Hugo dans ces beaux vers :

> Dieu, vois-tu,
> Fit naître du travail que l'insensé repousse,
> Deux filles : la *vertu* qui rend la gaîté douce,
> Et la *gaîté* qui rend aimable la vertu.

(2) « Il est difficile, dit le bonhomme Richard, à un sac vide de se tenir longtemps debout. »

vail est non seulement pour l'homme une nécessité, mais encore un *devoir* et un *droit*.

3. De la liberté du travail : ses conséquences. — De cette conclusion découlent plusieurs conséquences importantes.

La première, c'est que le *travail doit être libre*. — En dehors des travaux que la loi exige de chacun de nous sous forme d'impôts, la société ne peut, sans outrepasser ses droits, imposer de tâche à remplir, même aux oisifs. Nous savons, d'ailleurs, que le travail imposé par la force, comme était autrefois celui des esclaves, n'est réellement profitable ni au point de vue économique, ni au point de vue moral. Il enrichit peu le pays, et il n'améliore point ceux qui le subissent.

La deuxième conséquence est que chacun a le *droit de choisir la carrière qu'il lui plaît* et répond le mieux à ses aptitudes. Longtemps méconnu, malgré sa légitimité, ce droit n'a été définitivement consacré que par la Révolution de 1789. « Tous les hommes, est-il dit dans la *Déclaration des Droits de l'homme*, sont égaux devant la loi ; partant, tous sont également admissibles à toutes dignités, places et emplois publics, selon leur capacité et sans autre distinction que celle de leur vertu et de leur talent. »

La liberté du travail implique enfin le droit de *tarifer nous-mêmes le prix de nos services*. De là les débats toujours ouverts entre le patron et l'ouvrier, et les luttes qui s'engagent entre l'offre et la demande ; de là aussi la *concurrence*, auxiliaire active du progrès lorsqu'elle n'est pas déloyale.

4. Préjugés contre le travail. Leurs causes. — Malgré les titres nombreux qui rendent le travail respectable pour tous, il existe contre lui plusieurs préjugés qu'on s'étonne d'avoir encore à combattre, même de nos jours.

Le plus fâcheux est celui qui, établissant une différence radicale entre le travail intellectuel et le travail manuel, fait déprécier celui-ci, comme s'il avilissait l'homme qui s'y livre. Ce préjugé était si profondément enraciné dans l'esprit des anciens, que les plus illustres philosophes de la Grèce et de Rome n'hésitent pas à le défendre. Aux esclaves, le travail des mains ; aux hommes libres, celui de la pensée. Labourer la terre et, surtout, manier un outil ou faire du commerce, était œuvre servile. « De pareilles occupations dégradent les gens qui s'y exercent, écrit

Platon : ce sont de vils mercenaires, des misérables sans nom. »
Aristote parle des manouvriers en ces termes : « Gens dont les
occupations sont basses et qui n'ont rien de commun avec la
vertu. » — Cicéron va même jusqu'à dire « que toute industrie
est vile et méprisable, car il ne peut rien y avoir de noble dans
une boutique ou un atelier ».

Ces préjugés sont loin d'avoir complètement disparu avec les
Grecs et les Romains. Voici ce que Lamartine écrivait à son
ami Virieu, devenu maître de forges : « Un homme comme toi
ne doit faire que de l'agriculture : voilà le lot du grand seigneur
qui est un homme ; mais de l'industrie jamais ! L'industrie n'est
ni noble, ni religieuse, ni morale, ni politique ; elle est bourgeoise,
avide, avare et voilà tout. Lave-toi les mains dès que tu pourras. »
— Dans certaines de nos colonies, le mépris pour le travail manuel
est encore de nos jours si exagéré qu'il cesse d'être odieux, pour
devenir simplement ridicule [1]. — Aux victimes de ce préjugé, il
suffit de rappeler la critique de Socrate. A l'un de ses disciples
qui se plaignait amèrement de ne pouvoir subvenir aux besoins
de tous les parents qu'il avait dû recueillir chez lui, Socrate
demande pourquoi il ne les fait point travailler. — Pourquoi ?
répond Aristarque ; c'est que mes parents sont des *personnes
libres*. — « Ainsi, dit Socrate, parce que ces personnes sont
libres et tes parentes, tu penses qu'elles ne doivent rien faire
que manger et dormir ? Mais ne sais-tu donc pas que l'oisiveté
et la paresse n'engendrent que les mauvaises pensées, les querelles, le trouble, les divisions ? Loin de se déshonorer, celui
qui travaille s'ennoblit ; il conserve son indépendance et sa gaité.
Veux-tu m'en croire ? Procure de l'occupation à tous les tiens et
vous redeviendrez tous heureux [2]. »

---

(1) Quelques faits suffiront à prouver combien est profonde, dans certaines colonies, l'horreur instinctive pour tout ce qui peut ressembler à
une œuvre servile. « La première année où le lycée de la Réunion fut
ouvert, un élève n'aurait jamais consenti à fermer une fenêtre, même
pour éviter un courant d'air ; c'eût été faire œuvre servile. Un créole
qui fait une emplette dans un magasin, ne l'emportera jamais lui-même
s'il ne peut entièrement la dissimuler. Il craindrait d'être surpris faisant
œuvre servile. — Une maîtresse de maison qui a laissé par mégarde tomber son éventail, devant ses invités, ne souffrira jamais qu'un d'eux le lui
ramasse, il faudra qu'un domestique vienne le prendre et le lui mette en
main. Les serviteurs seuls doivent faire des œuvres serviles. » Cazamian.
Voy. Baudrillart, *Economie politique.*

(2) Xénophon, *Mémorables.*

A ces préjugés il faut opposer ceux qu'ont parfois les ouvriers contre tous ceux qui n'exercent pas un métier manuel. Que de fois n'a-t-on pas accusé les penseurs de n'être « que des oisifs et des inutiles, des parasites que fait vivre le monde des travailleurs » ! C'est l'ancienne querelle des membres contre l'estomac. Or, l'apologue de Ménénius Agrippa n'a rien perdu de sa valeur. Mieux encore que les Romains, nous savons aujourd'hui combien le travail manuel serait précaire s'il n'était guidé par la pensée. Que pourrait l'ouvrier sans l'ingénieur; le maçon, sans l'architecte? Les découvertes du physicien et du chimiste, les œuvres des artistes et des poètes ne contribuent-elles pas à accroître la richesse et le bonheur de tous? Sans l'historien, l'orateur et le philosophe, nos ancêtres n'auraient probablement jamais reconquis leurs droits. Auraient-ils même songé à les revendiquer?

Enfin ne vient-elle pas de préjugés analogues, cette tendance qui porte tout travailleur, quel qu'il soit, à considérer la tâche qu'il a choisie et qu'il remplit avec goût, comme étant supérieure à celle des autres? Pour l'orateur, l'éloquence est le premier des arts ; pour le poète, c'est la poésie; le négociant croit l'emporter sur l'artiste et l'artiste sur le négociant, et c'est ainsi que chacun se grandit un peu à ses propres yeux. — Ces préjugés ne doivent pas être condamnés sans appel ; c'est grâce à eux, en effet, que l'homme s'attache avec plus d'ardeur aux travaux qu'il entreprend ; qu'il aime d'un amour fécond le métier qu'il exerce; qu'il défend avec énergie la corporation dont il est membre. Mais il peut arriver aussi qu'ils engendrent des jalousies mesquines et des luttes peu loyales ; dans ce cas, ils ne sauraient être trop blâmés.

Quant aux causes de ces préjugés on peut les ramener aux trois suivantes : l'esclavage, l'ignorance et la vanité.

L'esclavage nous aide surtout à comprendre les préjugés qui ont existé et qui existent encore contre le travail manuel. C'est l'habitude que les hommes ont eue trop longtemps de faire exécuter par d'autres toutes les tâches pénibles, qui a fait germer peu à peu dans l'esprit cette idée fausse qu'on ne pouvait soi-même s'y livrer sans déchoir. Les idées d'esclavage et de travail manuel sont, d'ailleurs, dans certains pays, si étroitement associées, qu'on ne saurait les séparer. C'est là ce qui nous explique pourquoi les plus rebelles à ce genre de travail, sont

précisément les fils d'affranchis, — et il y en a beaucoup dans
nos colonies, — et, parmi nous, certains parvenus. — Les préjugés contre le travail intellectuel ont des causes moins profondes : ils ne peuvent venir que de l'ignorance. Ce travail, en
effet, étant de tous le plus pénible et le plus fécond, ceux-là
seuls peuvent chercher à le déprécier qui en méconnaissent la
nature. — Pour tous les autres préjugés, il nous a suffi de les
définir, pour laisser entrevoir qu'ils procèdent toujours d'un
sentiment trop vif de notre propre dignité, sinon de simple
vanité.

2. Conclusion. — En résumé, tous ces préjugés consistent
soit à exagérer les différences qui séparent les travaux des
hommes, soit à les supprimer ; or, dans les deux cas, la vraie
nature du travail est méconnue : dans le premier, on oublie
que le travail est respectable en lui-même, étant obligatoire,
et que tout ouvrier remplissant bien sa tâche, quelque modeste
qu'elle soit, a droit à l'estime générale; on oublie, dans le
second, que la vertu du travail lui vient surtout de la pensée
qui l'inspire et le dirige. S'il en était autrement, il faudrait
mettre au même rang l'effort du bœuf qui tire la charrue et celui
de l'agriculteur qui la conduit. En encourageant, comme elle le
fait, et en rémunérant davantage le travail intelligent qui, au
point de vue moral, n'est pas supérieur à l'autre, mais qui est
plus utile, la société agit donc sagement et sert les intérêts de
tous.

OUVRAGES A CONSULTER

Xénophon, *Mémorables*, liv. II, ch. VII. — Jules Simon, *Le travail*. —
Paul Janet, *La philosophie du bonheur*. — Baudrillart, *L'économie politique
dans ses rapports avec la morale*. — Consulter également les principaux
Traités d'économie politique de MM. Cauwès, Beauregard, Leroy-Beaulieu,
Levasseur, etc.

CHAPITRE VIII

CONCLUSION

I. **Devoirs envers Dieu.** — 1. Idée que nous nous faisons de Dieu. — 2. Devoirs envers Dieu. Pratiquer le bien c'est l'honorer. — 3. Du culte intérieur. La prière. — 4. Du culte extérieur. — 5. Rôle du sentiment religieux en morale.
II. **De l'immortalité de l'âme.** — 1. Importance de ce problème. — 2. Comment devons-nous concevoir l'immortalité de l'âme. — 3. Preuves de l'immortalité.

I

DEVOIRS ENVERS DIEU

1. Idée que nous nous faisons de Dieu. — L'idée de Dieu est le terme naturel où savants et moralistes sont conduits par leurs études. En effet, n'est-il pas logique que le *mathématicien* se demande si les principes qui, d'une manière universelle et fixe, éclairent et dirigent la pensée, permettant aux hommes de tous les pays et de tous les temps de se comprendre, n'ont pas leur source commune dans une Intelligence suprême où ils seraient éternellement entendus? — Pour rendre compte des faits multiples qu'il observe, le *physicien* est obligé de remonter sans cesse à des causes de plus en plus éloignées; mais dans cette régression indéfinie des causes secondes, n'est-il pas nécessaire de s'arrêter à une cause première qui se suffise à elle-même et dont toutes les autres procèdent? Lorsqu'ils font dériver notre système solaire d'une nébuleuse primitive, Kant et Laplace reconnaissent eux-mêmes qu'il reste encore deux importants problèmes à résoudre : D'où vient cette nébuleuse? D'où vient le mouvement qui l'anime? — Le *naturaliste*, plus encore peut-être que tout autre savant, nous montre qu'il existe dans l'univers et surtout dans l'organisation des êtres animés, un ordre merveilleux et une merveilleuse harmonie; or, cet ordre et cette harmonie que raisonnablement on ne saurait considérer ni comme les effets du hasard, ni comme le produit de forces aveugles et fatales, n'impliquent-ils pas l'existence d'un ordonnateur divin, d'un ordonnateur qui aurait à la fois tracé les lois qui gouvernent l'esprit, et celles qui gouvernent le monde?—Quant au *moraliste*, ce qu'il constate d'abord en nous, c'est la présence de l'idée du bien, c'est-à-dire d'un certain idéal de perfection que l'expérience ne nous offre, en réalité, nulle part. Quelle est l'origine de cette idée? S'il nous est impossible d'en trouver la cause suffisante ni en nous, puisque nous sommes imparfaits, ni dans le monde extérieur, puisqu'il est plus imparfait encore, ne faut-il pas reconnaître qu'elle existe uniquement dans l'Etre qui, lui-même, possède la perfection absolue? — Bien plus, le moraliste ne saurait séparer les idées de bien et de devoir, de celles de mérite et de bonheur, car la conscience nous affirme, avec une autorité souveraine, que l'homme juste doit être récompensé du bien qu'il a fait ici-bas; or, les lois physiques semblent indifférentes à ces exigences de la morale. L'honnête homme n'est-il pas souvent en butte aux maladies et aux revers de toutes sortes? Les lois civiles sont elles-mêmes impuissantes à le protéger contre l'injustice de ses semblables, de telle sorte que le droit et la vertu sont souvent méprisés, malgré les protestations de la raison. Qui donc rétablira l'harmonie entre les lois qui nous dirigent, et assurera le triomphe final de la justice, s'il n'existe pas un législateur équitable et bon ?—Ainsi nous sommes amenés à admettre qu'il y a un Dieu et à nous le représenter comme la cause première et la fin dernière de tout ce qui existe; comme l'être qui résume en lui toutes les perfections : perfection de la puissance, perfection de l'intelligence, perfection de la sagesse et de la bonté; comme l'être, en un mot, dont procède toute réalité, tout ordre et toute moralité.

2. Nos devoirs envers Dieu. Pratiquer le bien, c'est honorer la divinité. — Si tels sont les attributs du Dieu que réclame la raison, on conçoit que tous nos devoirs soient, en définitive, des devoirs envers lui et, qu'en dernière analyse, le sentiment religieux se confonde avec le sentiment moral. C'est donc honorer Dieu que de pratiquer le bien; en travaillant à notre perfection et à celle de nos semblables, nous obéissons, en effet, à la loi du devoir qui émane de lui, et nous assurons, dans la mesure de nos forces, « l'avènement de son règne ici-bas ».

3. Du culte intérieur : la prière. — Mais pratiquer simplement le devoir ne suffit pas ; il faut encore le pratiquer avec la ferme intention d'être agréable à celui qui nous l'impose. C'est pourquoi nous devons développer le plus possible en nous les sentiments de respect, d'amour et d'adoration auxquels a droit l'Auteur de toutes choses ; ce qui s'obtient par la *prière*. — La prière « est un élan du cœur vers la perfection ; » une élévation de l'âme vers Dieu. Prier, ce n'est donc point « haranguer Dieu, » mais bien se détacher de tout ce qui est mal, pour reporter sa pensée vers l'Être pur et saint par excellence ; c'est demander à Dieu la force de pratiquer sa loi et de devenir de plus en plus semblable à lui.

C'est là ce qui constitue le *culte intérieur*. « Ce culte, nous dit Bossuet, est celui que Dieu exige surtout de ses créatures. L'encens le plus exquis, les cérémonies les plus majestueuses ne sont que les signes extérieurs et corporels de ce culte intérieur qui est la conformité de notre volonté à celle de Dieu. » Sans ce sentiment religieux, intime et sincère, tout culte public n'est qu'hypocrisie et mensonge, tout appel à la divinité, illogique et coupable. Quand nous nous adressons à Dieu, il faut que nos prières, si elles étaient entendues de tous, puissent être reconnues justes et légitimes ; celles que l'intérêt seul inspire et qu'on ne saurait exaucer sans iniquité, constituent un outrage. Les hommes doivent voir en Dieu un père indulgent et sage et mettre en lui leur confiance ; ils ne doivent jamais le considérer comme un simple auxiliaire dont ils pourraient faire leur complice. — Enfin, quand nous sollicitons un concours efficace pour une œuvre qui est juste, n'oublions pas que le meilleur moyen de l'obtenir est de travailler, nous-mêmes, avec ardeur, au succès que nous souhaitons. « Aide-toi, dit la sagesse populaire, et le ciel t'aidera ; » la religion et la morale ne nous tiennent pas un autre langage.

4. Du culte extérieur. — Le culte *extérieur* est une conséquence du culte intérieur. Il répond d'abord à un *besoin de notre esprit*. Il est impossible que nous sentions vivement ce que nous devons à Dieu, que nous connaissions bien les rapports qui nous unissent à lui, sans traduire par des actes notre propre conviction. Aussi n'existe-t-il pas un peuple chez lequel nous ne trouvions des traces d'un culte public rendu à la Divinité. — Ce culte, en outre, est pour nous *un devoir*. Nous ne devons pas plus hésiter à rendre à Dieu les hommages qui lui sont dus, que nous ne devons hésiter à montrer ouvertement notre reconnaissance pour un père que nous aimons. S'en abstenir, comme il arrive souvent, par respect humain ou par bravade, c'est manquer à la fois de courage et de loyauté. C'est là ce qu'exprime admirablement Épictète : « Si nous étions sages, nous dit-il, que devrions-nous faire autre chose, en public et en particulier, que de célébrer la bonté divine et de lui rendre de solennelles actions de grâces? Ne devrions-nous pas en bêchant, en labourant, en mangeant, chanter cet hymne au Seigneur : Dieu est grand!... Mais, puisque vous êtes tous dans l'aveuglement, ne faut-il pas que quelqu'un s'acquitte pour vous de ce devoir sacré, en chantant pour tout le monde un hymne à notre Dieu? Que puis-je faire autre chose, moi, vieillard, boiteux et infirme, si ce n'est chanter Dieu? Si j'étais rossignol, je ferais le métier de rossignol; si j'étais cygne, celui de cygne. Je suis un être raisonnable, il me faut chanter Dieu! Voilà mon métier, et je le fais. C'est un rôle auquel je ne faillirai pas, autant qu'il sera en moi, et je vous engage à chanter comme moi. »

5. Rôle du sentiment religieux en morale. — Lorsque le sentiment religieux est profond et sincère, sans faiblesse et sans fanatisme, il peut exercer sur la vie de l'homme et sur sa moralité l'influence la plus salutaire. — En effet, il entretient en nous le culte de l'idéal et, sans nous détourner de nos obligations journalières, tient en éveil toutes nos inclinations supérieures, les seules qui rendent capables et des enthousiasmes féconds et des grands dévoûments. Il rend, en outre, plus vif notre amour pour le bien et plus efficace notre respect pour le devoir. L'honnête homme, sans doute, fait le bien pour le bien et obéit au devoir parce qu'il est le devoir, mais combien cette obéissance sera plus douce et plus assurée, si, dans la loi qui s'impose à lui, il voit l'expression même d'une volonté souverainement intelligente et bonne! « Enlevez à l'espèce humaine, dit un philosophe contemporain, la croyance à un monde supérieur, et vous lui ôtez assurément une partie des forces nécessaires à la pratique de la vertu. Si cet univers n'est plus qu'une vaste solitude où la voix de l'humanité se perd dans le vide, sans qu'aucune puissance secourable assure le triomphe définitif de la justice, l'humanité est exposée à se laisser aller, par désenchantement et par impuissance morale, à l'appât des jouissances matérielles, à une vie inférieure [1]. » — Voltaire reconnaissait lui-même que la croyance en un Dieu juste a empêché bien des crimes, et que c'est faire œuvre nuisible que de combattre cette croyance. « Nous nageons tous, dit-il, dans une mer dont nous n'avons jamais vu le rivage, abordera qui pourra ; mais celui qui me crie vous nagez en vain, il n'y a point de port, me décourage et m'ôte toutes mes forces. »

II

DE L'IMMORTALITÉ DE L'AME

1. Importance de ce problème. — Il nous reste à examiner un dernier problème qui peut être considéré comme le corollaire de ceux qui précèdent, et la conclusion même de toute philosophie. C'est le problème de l'*immortalité*. A la mort, lorsque le corps se dissout, l'homme périt-il tout entier ? Celui qui, pendant la vie, a lutté et souffert pour la justice, et celui qui l'a toujours injurieusement violée, auront-ils même sort, ou bien existe-t-il une vie future où la vertu aura sa récompense et le vice son châtiment ? Cette question, dit Pascal, « nous importe si fort et nous touche si profondément, qu'il faut avoir perdu le sentiment pour être dans l'indifférence de savoir ce qu'il en est ». « Je trouve bon, dit-il encore, qu'on n'approfondisse pas l'opinion de Copernic, mais il importe à toute la vie de savoir si l'âme est mortelle ou immortelle. »

2. Comment devons-nous concevoir l'immortalité de l'âme ? — Ainsi, ce que nous entendons par immortalité, « c'est l'*immortalité de la personne*, de cette âme particulière qui a pensé, aimé, agi, lutté, souffert durant une vie plus ou moins longue ; c'est la persistance de cette existence individuelle gardant, si je puis dire, après la mort, la physionomie qu'elle s'est créée, le signe de sa réalité distincte et séparée. Cette immortalité seule nous intéresse ; tout autre genre d'immoralité nous laisse absolument insensibles. » Si la force qui en nous se connaît elle-même, par la conscience, dans le présent, et, dans le passé, par la mémoire, ne survit pas avec ses attributs essentiels, son immortalité m'est indifférente, car que m'importent « les destinées métaphysiques de ce je ne sais

(1) G. Compayré, *Cours de morale*, p. 305.

quoi qui n'est plus rien de ce qui a fait ma personne et qui, par conséquent, ne serait plus moi [1]. »

3. Preuves de l'immortalité. — Quelles raisons avons-nous d'espérer une telle immortalité ?

a). Preuve métaphysique. — La première se tire de la nature même de l'esprit. « Une notion commune à tout homme qui se sert plutôt de sa raison que de ses sens, dit Port-Royal, c'est *que rien ne peut s'anéantir par les forces ordinaires de la nature ;* le passage de l'être au néant, ou du néant à l'être est également impossible. Or, pourquoi craindrions-nous pour nos âmes qui sont infiniment plus nobles que le corps, l'anéantissement que nous ne craignons pas pour le corps ? » — Si le corps, il est vrai, ne s'anéantit point, il se dissout ; avec la vie, il perd sa forme et sa beauté ; mais comment en serait-il de même pour l'âme, puisqu'elle est essentiellement une, simple et identique, comme le prouvent la mémoire, la comparaison, en un mot toutes nos opérations intellectuelles ? Elle ne saurait donc périr par la dissolution de ses parties. — On s'est demandé toutefois si, tout en survivant, l'âme conservait bien sa personnalité. Le sentiment vif que nous avons de cette personnalité, n'est-il pas dû à l'étroite union de l'âme et du corps ; est-ce que ce sentiment ne s'altère pas lorsque le corps est malade ? Or, lorsque le corps se désagrège, le moi ne pourrait-il pas être détruit ? — Une telle hypothèse est difficilement admissible, car on ne conçoit guère que l'âme qui est une force et une force indestructible, puisse survivre sans ses attributs essentiels, l'amour, l'intelligence, la volonté. « Non seulement, dit M. Ravaisson, commentant Leibniz, ce qui a pensé une fois éternellement pensera, mais chacune de nos pensées contient quelque chose de tout ce que nous pensâmes jamais, quelque chose de tout ce que jamais nous penserons. Comme, en effet, il n'est point de mouvement qui ne dépende de tous les mouvement qui se sont jamais accom p...s, et qui ne doive contribuer à tous ceux qui jamais s'accompliront, il n'est point de pensée en laquelle ne retentisse plus ou moins obscurément tout ce qui fut, et qui ne doive subsister et se propager elle-même sans s'éteindre jamais, comme en vibrations éternelles. Chaque âme est un foyer où se réfléchit de toutes parts, sous mille angles différents, l'universelle lumière,

____

(1) Caro, *De l'idée de Dieu.*

et non seulement chaque âme, mais chacune des pensées, chacun des sentiments par lesquels se produit sans cesse, du fond
de l'infini, son immortelle personnalité[1]. »

b). Preuve psychologique. — Cette immortalité de la personne
nous est encore attestée par les tendances mêmes de tout notre
être. S'il est douteux, en effet, que nous ayons conscience d'être
immortels, comme l'affirme Spinoza, il est certain que nous
avons conscience d'être faits pour l'immortalité.

Nous avons, d'abord, l'horreur instinctive du néant et nous
désirons vivre toujours d'une vie de plus en plus complète.
Notre sensibilité, quelque bonheur qu'elle éprouve, reste toujours inassouvie et toujours avide d'un bonheur plus grand :
Sors tua mortalis, non est mortale quod optas. — Plus notre
intelligence étend les limites de son savoir, et plus elle veut les
étendre. Au delà des vérités qu'elle découvre, elle entrevoit
d'autres vérités encore et sa curiosité n'est jamais satisfaite. —
Enfin, la volonté aspire au bien et à l'affranchissement, mais,
malgré tous ses efforts et toutes ses victoires, elle se sent faible,
limitée, constamment en lutte avec les passions et entravée dans
sa poursuite de l'idéal. Or, pourquoi cette aspiration vers le
bonheur infini, si nous ne devons jamais le goûter ; vers la vérité
pure, si elle nous est interdite; vers le bien, s'il doit toujours
nous fuir? Admettre que toutes nos facultés s'éteindront à la
mort, que toutes nos espérances sont illusoires, n'est-ce pas
admettre que notre nature est essentiellement contradictoire et
blasphémer contre Dieu ? — Tel est bien, en effet, le vrai caractère de cette preuve : elle vaut pour ceux-là seuls qui voient dans
l'univers, l'œuvre d'une puissance suprême, souverainement
juste et sage : une telle puissance n'aurait pu créer une âme
éprise de vie et d'idéal et condamnée d'avance à l'anéantissement.

c). Preuve morale. — C'est sur ce même fondement, à savoir
notre croyance en Dieu, que repose la preuve morale que nous
avons déjà signalée en parlant de la loi morale et de ses sanctions. — Si le bien est conçu par nous comme méritoire, et si le mal
est punissable; si les sanctions humaines sont réellement insuffisantes, ne faut-il pas, de toute nécessité, qu'il y ait une vie future
où l'accord, souvent rompu ici-bas entre le bonheur et la vertu,
sera rétabli, où chacun recevra la récompense ou le châtiment

____

(1) Ravaisson, *La philosophie en France au XIXe siècle.*

de ses œuvres[1]. « Le mérite et la souffrance, voilà ce qui nous fait immortels, voilà la vérité humaine, l'évidence devant laquelle pâlissent et s'effacent tous les fantômes de la logique abstraite. C'est l'éternel, l'indéracinable argument de la vie future. » (Caro.)

Ne se pourrait-il pas cependant que notre âme survécût au corps assez longtemps pour recevoir la récompense de ses vertus et le châtiment de ses vices, et que, la justice satisfaite, elle perdît sa personnalité ou rentrât dans le néant? — Une telle hypothèse est absolument contraire à l'idée que nous nous faisons de la bonté de Dieu. Anéantir, à un moment quelconque, l'être auquel il a donné l'horreur profonde du néant, serait un jeu cruel et indigne d'un être parfait. — En second lieu, si nous admettons qu'il existe un rapport étroit entre la vertu et le bonheur, pourquoi ne pas admettre que la vertu a un prix infini ? Toute perfection a une valeur propre et inviolable que Dieu ne saurait détruire sans contradiction flagrante.

Quel est maintenant l'état de l'âme après la mort, et comment devons-nous concevoir la vie future? Ce sont là problèmes d'autre sorte qui échappent à la raison, et que la morale ne saurait agiter avec profit.

OUVRAGES A CONSULTER

Descartes, *Discours de la méthode. Méditations.* — Fénelon, *Traité de l'existence de Dieu.* — Bossuet, *De la connaissance de Dieu et de soi-même.* — Caro, *L'idée de Dieu.* — Saisset, *Essai de philosophie religieuse.* — J. Simon, *La religion naturelle.* — Renouvier, *La science de la morale.* — P. Janet, *La morale.*

(1) M. Renan qui juge toutes ces preuves insuffisantes, pense que leur insuffisance même peut être un argument en faveur du devoir et de l'immortalité. « On peut dire sans paradoxe que si les doutes qui planent sur les vérités de la religion naturelle étaient levés, les vérités auxquelles ils s'attaquent disparaîtraient du même coup. Supposons, en effet, une preuve directe, positive, évidente pour tous des peines et des récompenses futures; où sera le mérite de faire le bien? Il n'y aurait que des fous qui, de gaîté de cœur, courraient à leur damnation. Une foule d'âmes basses feraient leur salut, cartes sur table; elles forceraient en quelque sorte la main de la divinité. Dans l'ordre moral et religieux, il est indispensable de croire sans démonstration; il ne s'agit pas de certitude, mais de foi. Des croyances trop précises sur la destinée humaine enlèveraient tout le mérite moral. Qu'avons-nous besoin de ces preuves brutales qui gêneraient notre liberté? Nous craindrions d'être assimilés à ces spéculateurs de vertu ou à ces peureux vulgaires, qui portent dans les choses de l'âme le grossier égoïsme de la vie pratique. » Renan, *Conférences à l'institution royale.*

SUJETS DE DISSERTATIONS[1]

CHAPITRE PREMIER. — LA SCIENCE

1. — Expliquer ce mot de Bacon : « Savoir véritablement, c'est savoir par les causes. »

2. — Expliquer et apprécier ce jugement des philosophes anciens : « Il n'y a pas de science du particulier, mais du seul général. »

3. — Montrer que la science est une réduction du particulier à l'universel, du composé au simple, et du contingent au nécessaire.

4. — Expliquer ce jugement de Descartes : « Chercher la vérité dans les sciences, c'est véritablement livrer des batailles. »

5. — Quel est le sens exact du mot système° Quels sont les principaux systèmes que vous connaissez dans les sciences? Qu'entend-on par esprit systématique?

6. — Apprécier les classifications des sciences proposées par Bacon et par Auguste Comte.

7. — Qu'est-ce qu'un phénomène? Qu'est-ce qu'une loi? La connaissance des phénomènes et des lois suffit-elle à l'esprit humain?

8. — Indiquer avec précision les limites de la science, de la philosophie des sciences, et de la philosophie première ou métaphysique. Caractériser les connaissances que leur étude nous fournit.

9. — Le rôle de la philosophie doit-il être uniquement de systématiser les résultats obtenus par les autres sciences?

CHAPITRE II. — DE LA MÉTHODE

1. — Expliquer par des exemples cette maxime de Descartes : « Ce n'est pas assez d'avoir l'esprit bon; le principal est de l'appliquer bien. »

2. — Apprécier cette pensée de Buffon : « Le génie n'est qu'une longue patience. »

---

(1) Sur la plupart de ces sujets on trouvera d'utiles renseignements dans l'ouvrage de M. Émile Boirac : *la Dissertation philosophique*. (Félix Alcan, éditeur.)

3. — Expliquer ces maximes de Bacon : « L'antiquité n'est que la jeunesse du monde. » « La vérité est fille du temps, non de l'autorité. »

4. — Commenter les jugements de Descartes et de Pascal sur la méthode d'autorité appliquée aux sciences.

5. — De l'analyse et de la synthèse dans les divers ordres de sciences.

6. — Rapports de l'analyse et de la synthèse.

7. — De l'esprit d'analyse et de l'esprit de synthèse.

8. — La différence des méthodes suivies suffit-elle à expliquer, comme semble le croire Descartes, l'inégalité des intelligences?

CHAPITRE III. — DE LA MÉTHODE DANS LES SCIENCES MATHÉMATIQUES

A. — *De la démonstration.*

1. — Prouver, en s'appuyant sur l'histoire des mathématiques, que tout progrès dans ces sciences est dû à une simplification apportée dans leurs méthodes.

2. — Pour quelles raisons les sciences mathématiques sont-elles appelées sciences exactes ?

3. — Quelles sont les qualités de l'esprit que peut développer plus spécialement l'étude des sciences mathématiques?

4. — La méthode expérimentale est-elle la méthode propre des sciences mathématiques?

5. — Des axiomes et des définitions, leurs différences, leur rôle dans la démonstration?

6. — Est-il vrai de dire avec Pascal que la méthode la plus parfaite serait celle où l'on définirait tous les termes, et où l'on prouverait toutes les propositions ?

7. — De la démonstration. Ses différentes espèces.

8. — De l'esprit métaphysique et de l'esprit géomètre. (Voyez sur ce sujet les pages intéressantes que lui consacre d'Alembert dans ses *Essais de philosophie,* pages 325, 356 et suivantes).

9. — Du langage mathématique; en quoi se distingue-t-il du langage des autres sciences?

B. — *De la déduction.*

1. — Montrer comment les termes diffèrent entre eux, au point de vue de la compréhension, et comment les propositions diffèrent entre elles, au point de vue de la qualité et au point de vue de la quantité. Donner des exemples.

2. — Expliquer, à l'aide d'exemples, les règles de l'opposition et celles de la conversion des propositions.

3. — Quel est le rôle du moyen terme dans le syllogisme ?

4. — Des diverses formes et des diverses espèces de syllogismes.

5. — Exposer et critiquer s'il y a lieu, la théorie de Stuart-Mill sur le syllogisme.

6. — Quel est le sens de cette proposition de Bacon : « Le syllogisme lie l'esprit et non les choses. »

7. — Descartes a-t-il raison de soutenir que le syllogisme est plutôt un moyen de contrôle qu'un instrument de découverte?

8. — Apprécier ce jugement de Leibniz : « Je tiens que l'invention de la forme des syllogismes est une des plus belles de l'esprit humain, et même des plus considérables. C'est une espèce de mathématique universelle dont l'importance n'est pas assez connue, et l'on peut dire qu'un art d'infaillibilité y est contenu, pourvu qu'on sache et qu'on puisse s'en servir. » (*Nouveaux essais*, liv. IV.)

9. — Montrer par des exemples que les démonstrations mathématiques peuvent être ramenées à des séries de syllogismes.

CHAPITRE IV. — MÉTHODE DES SCIENCES DE LA NATURE

A. — *Les procédés des sciences physiques.*

1. — Décrire la procédure que logiquement doit suivre l'investigateur dans son laboratoire, pour arriver à la détermination d'une loi physique.

2. — Qu'est-ce que l'observation et l'expérimentation? Quelles doivent être les qualités de l'observateur et de l'expérimentateur?

3. — Du raisonnement inductif. Donner, par des exemples, une idée nette de cette opération. Du genre de certitude qu'elle comporte; des conditions requises pour qu'elle soit scientifiquement correcte.

4. — Quelle est la valeur scientifique de l'induction?

5. — De l'hypothèse. Son rôle dans les sciences. Son utilité et ses dangers.

6. — Expliquer cette phrase de Bacon : « L'esprit qui prétend tout tirer de lui-même, ressemble à l'araignée filant sa toile, aussi fragile que légère. »

7. — En quoi la méthode expérimentale diffère-t-elle de l'empirisme ?

8. — Apprécier ce jugement d'un contemporain : « L'empirisme a fait son temps; la science ne pourra atteindre son but que par l'expérience guidée par la théorie. »

B. — *Les procédés des sciences naturelles.*

1. — Quelle est la différence qui existe entre les sciences physiques et les sciences naturelles? Appuyer cette distinction sur des exemples.

2. — Rôle de l'expérimentation dans les sciences naturelles.

3. — Montrer par des exemples détaillés, la différence des classifications naturelles et des classifications artificielles.

4. — Rôle de la classification dans les sciences de la nature.

5. — Rapports et différences entre l'induction et l'analogie.

6. — Quelle est la différence entre les définitions empiriques et les définitions géométriques?

7. — Montrer par des exemples, le rapport qu'il y a entre les deux opérations de l'esprit qu'on appelle la définition et la classification? La définition est-elle possible sans la classification ?

8. — Pourquoi les sciences expérimentales font-elles une part de plus en plus large au raisonnement déductif?

9. — Apprécier ce jugement de d'Alembert : « Pour acquérir la sagacité, cette qualité première de l'esprit, deux choses sont nécessaires : s'exercer aux démonstrations rigoureuses, et ne pas s'y borner; l'habitude trop grande et continue du vrai absolu et rigoureux, peut émousser le sentiment de ce qui ne l'est pas. »

CHAPITRE V. — MÉTHODE DES SCIENCES MORALES

1. — En quoi les sciences morales diffèrent-elles des sciences physiques et naturelles?

2. — Montrer combien la connaissance de l'activité libre est importante pour les sciences morales?

3. — Rôle de l'induction et de la déduction dans les sciences morales.

4. — En quoi consiste la méthode de la psychologie? Qu'a-t-elle de commun et de différent avec la méthode des sciences physiques?

5. — En quoi la morale suppose-t-elle la psychologie?

6. — De la sociologie. Sa méthode. Caractères des lois auxquelles elle conduit.

7. — Montrer que les vérités de l'ordre moral ne sont pas susceptibles du même genre de démonstration que les vérités mathématiques et que les vérités de l'ordre physique.

8. — Sur quel fondement repose la croyance à la véracité du témoignage humain?

9. — Des règles du témoignage humain selon qu'il s'applique à des doctrines ou à des faits.

10. — Rôle de l'histoire dans les sciences morales.

11. — Apprécier ce jugement d'un ancien : « L'histoire est écrite pour raconter, non pour prouver. »

12. — Fénelon a-t-il raison de demander que l'historien ne soit d'aucun temps, ni d'aucun pays? En quoi consiste l'impartialité de l'histoire?

13. — Du scepticisme en histoire.

14. — De la philosophie de l'histoire.

15. — Quelles sont les principales causes des erreurs en histoire? Règles à suivre pour s'en défendre.

CHAPITRE VI. — DES HYPOTHÈSES SCIENTIFIQUES

1. — Utilité des grandes hypothèses scientifiques.

2. — Comparer la théorie de Cuvier et celle de Darwin sur l'origine des espèces.

3. — Énumérer les principaux problèmes que les hypothèses scientifiques ne peuvent résoudre, et dire pourquoi elles ne peuvent les résoudre.

4. — Expliquer ce mot attribué à Newton : « Physique, préserve-toi de la métaphysique. »

MORALE THÉORIQUE

CHAPITRE PREMIER. — CONDITIONS DE LA MORALITÉ

1. — Objet et importance de la morale.

2. — Méthode de la morale.

3. — L'étude de la morale pratique doit-elle précéder ou suivre l'étude de la morale théorique?

4. — Analyse de la conscience morale.

5. — Qu'est-ce que la conscience morale? Faut-il la rattacher à la sensibilité ou à la raison?

6. — De l'autorité de la conscience morale.

7. — Différences qui existent entre la conscience morale et la conscience psychologique.

8. — Marquer par des traits précis les différences qui existent entre le regret, le remords et le repentir.

9. — Du respect, analyse de ce sentiment, son importance en morale.

10. — Analyse de l'acte volontaire.

11. — Distinction entre le désir et la volonté, importance de cette distinction.

12. — Définir et distinguer : 1° la liberté d'action; 2° la liberté civile; 3° la liberté politique; 4° la liberté morale. Montrer que la liberté civile et la liberté politique supposent la liberté morale.

13. — De la liberté d'indifférence. L'influence des motifs sur la volonté est-elle une objection valable contre la liberté humaine?

14. — De l'influence des passions, des habitudes, du tempérament et des circonstances extérieures sur l'activité humaine, montrer que cette influence ne détruit pas la liberté.

15. — On oppose souvent la nécessité des lois de la nature à la liberté de l'esprit. Les déterministes suppriment la liberté; ne serait-il pas aussi logique de nier la nécessité?

16. — Y a-t-il des degrés dans la liberté morale? S'il y en a, en donner l'explication.

17. — De la personnalité. Caractères essentiels de la personne.

18. — Parallèle entre la *chose*, l'*individu* et la *personne*.

19. — Maladies de la personnalité.

20. — Distinction des personnes et des choses. Conséquences morales de cette distinction.

CHAPITRE II. — LES FINS DE LA VIE HUMAINE

1. — Quelle différence établissez-vous entre un motif et un mobile? Quels sont nos principaux motifs d'action.

2. — Montrer la différence qui existe entre nos principaux motifs d'action.

3. — Marquer par des traits précis les différences qui existent entre la morale du plaisir et la morale de l'intérêt.

4. — Comparer entre eux les systèmes de Hobbes, de Bentham et de Stuart Mill sur la morale.

5. — Exposer et critiquer, s'il y a lieu, la morale de l'intérêt général.

6. — Rôle du sentiment en morale.

7. — Qu'est-ce que le sentiment de l'honneur? Peut-il remplacer l'idée du devoir comme règle de conduite?

8. — Du respect, rôle de ce sentiment en morale.

CHAPITRE III. — MORALE DU DEVOIR

I. 1. — Quelle distinction doit-on établir entre le bien absolu ou bien en soi, et le bien moral?

2. — De l'universalité des notions morales. Discuter les objections des sceptiques.

3. — De la distinction du bien et du mal. Quelles sont les doctrines qui ont essayé de l'expliquer empiriquement? Que pensez-vous de ces doctrines?

4. — Peut-on expliquer par l'éducation et la coutume, la distinction que les hommes établissent entre le bien et le mal?

II. 1. — Préciser le sens scientifique du mot loi et montrer ce qu'est la loi: 1° dans le monde physique; 2° dans le monde moral.

2. — Du devoir, ses principaux caractères.

3. — Exposer dans ses traits généraux la morale de Kant.

4. — Comparer entre elles la morale de Kant et celle des stoïciens.

5. — Apprécier ce jugement de Platon : « Nul n'est méchant volontairement. »

6. — Expliquer et discuter ces deux maximes d'Aristote : « La vertu est une habitude. » « La vertu est un milieu entre deux extrêmes. »

7. — Comparer entre elles la morale de Platon et celle d'Aristote.

III. 1. — Qu'est-ce que le droit? Comment le droit dérive-t-il de la liberté?

2. — Quelle différence y a-t-il entre le droit naturel et le droit positif? Donner des exemples.

3. — En quel sens et dans quelles limites y a-t-il corrélation et réciprocité entre l'idée du droit et celle du devoir?

4. — Examiner cette maxime : « Le droit c'est la force. »

IV. 1. — De la responsabilité morale. Dire exactement quelles conditions elle suppose, dans quels cas elle croit ou diminue.

2. — De la responsabilité morale. Ses rapports et ses différences avec la responsabilité légale.

3. — Du mérite et du démérite. Définir ces deux notions. En établir les fondements et les conséquences.

4. — De la vertu et des différentes espèces de vertus.

5. — Comparer entre elles les théories de Platon, d'Aristote, d'Epicure et des stoïciens sur la vertu.

6. — Sanctions de la loi morale : les énumérer, les définir, appuyer chaque définition par un ou plusieurs exemples.

7. — Rapports de la vertu et du bonheur.

MORALE PRATIQUE

CHAPITRE PREMIER. — DE LA SOLIDARITÉ MORALE

1. — Qu'entend-on par solidarité morale ? Quels sont les principaux faits qui prouvent cette solidarité ?

2. — Montrer qu'il est impossible de bien comprendre ses devoirs si l'on ne connaît pas les liens d'étroite solidarité qui nous unissent à nos semblables.

3. — Montrer comment la solidarité peut diminuer ou accroître notre responsabilité.

4. — Quelles sont les principales causes qui ont contribué à développer le sentiment de la solidarité ?

CHAPITRE II. — DEVOIRS ENVERS NOUS-MÊMES

1. — L'homme a-t-il des devoirs envers lui-même ?

2. — Discuter cette maxime : « Je ne fais tort qu'à moi-même ? »

3. — Du sensualisme et de l'ascétisme.

4. — Du suicide.

5. — Apprécier la théorie des épicuriens et celle des stoïciens sur les passions.

6. — Apprécier le paradoxe de J.-J. Rousseau sur les lettres, les arts et les sciences.

7. — Apprécier cette maxime de La Rochefoucauld : « La valeur est dans les simples soldats un métier périlleux qu'ils ont pris pour gagner leur vie. »

8. — Apprécier ce jugement de Pascal : « La douceur de la gloire est si grande, qu'à quelque chose qu'on l'attache, même à la mort, on l'aime. »

CHAPITRE III. — DE LA JUSTICE ET DE LA CHARITÉ

1. — Rapports du droit et de la justice.

2. — Comparer entre elles la justice et la charité.

3. — Montrer que ni la justice seule, ni la charité seule, ne peuvent servir de fondement à la morale.

4. — Apprécier ce jugement de La Rochefoucauld : « L'amour de la justice n'est, en la plupart des hommes, que la crainte de souffrir l'injustice. »

5. — De la justice et de l'équité.

6. — De l'esclavage et du servage; montrer en quoi ils sont contraires à la loi morale.

7. — Est-il vrai, comme on l'a prétendu, que l'émulation élève l'esprit et gâte le cœur.

8. — Comparer entre elles l'envie, la jalousie et l'émulation.

9. — Du droit de propriété.

10. — De la probité.

11. — Montrer que l'intolérance est à la fois contraire au devoir et à notre véritable intérêt.

12. — La politesse est-elle un devoir?

CHAPITRE IV. — DEVOIRS ENVERS LA FAMILLE

1. — Apprécier la théorie de Platon sur la famille.

2. — De l'autorité paternelle.

3. — Montrer que la famille est véritablement l'école de toutes les vertus sociales.

4. — Apprécier cette maxime de La Rochefoucauld : « Ce que les hommes ont nommé amitié n'est qu'une société, un ménagement réciproque d'intérêts, un échange de bons offices : ce n'est enfin qu'un commerce où l'amour-propre se propose toujours quelque chose à gagner. »

CHAPITRE V. — DEVOIRS ENVERS LA PATRIE

1. — L'État et la Patrie.

2. — Quel est le fondement de l'autorité publique.

3. — Expliquer cette définition d'un philosophe contemporain : « L'État est un organisme contractuel. »

4. — « Les sociétés modernes sont en progrès évident sur celles qui les ont précédées, au point de vue de l'accroissement des connaissances dans toutes les branches de la science : elles tendent manifestement à un adoucissement général des mœurs, à un développement plus libre et plus heureux de l'humanité. — L'idée de Patrie doit-elle être entamée par cette évolution? Ne doit-elle pas, au contraire, se

fortifier de plus en plus? La nature, l'histoire, les aspirations les plus nobles de l'être humain ne se trouvent-elles pas d'accord pour commander d'entretenir l'énergie morale que donne le patriotisme?» (*Ecole Polytechnique, concours de* 1889.)

5. — Dans quelles conditions un État a-t-il le droit et le devoir de faire la guerre?

6. — Du cosmopolitisme.

CHAPITRES VI ET VII. — DEVOIRS A L'ÉGARD DES ANIMAUX

DU TRAVAIL

1. — Quelles sont les principales différences qui existent entre l'homme et l'animal?

2. — Pourquoi avons-nous des devoirs envers les animaux?

3. — Le savant a-t-il le droit de faire des vivisections? Quelles sont les limites de ce droit?

4. — Des principaux préjugés contre le travail. Leurs causes.

5. — Utilité du travail au point de vue individuel et au point de vue social.

6. — Du droit au travail.

CHAPITRE VIII. — CONCLUSION

1. — Quels sont les principaux arguments que l'on peut invoquer en faveur de l'existence de Dieu?

2. — Expliquer ce jugement de Kant : « Deux choses remplissent mon âme d'admiration : le ciel étoilé au-dessus de nos têtes, la loi morale au dedans de nos cœurs. »

3. — Est-il vrai, comme on l'a prétendu, que si un peu de science éloigne de Dieu, beaucoup de science y ramène?

4. — Quelle différence y a-t-il entre l'immortalité de substance et l'immortalité personnelle?

5. — Prouver que la destinée de l'homme ne peut s'accomplir entièrement sur la terre.

TABLE DES MATIÈRES

F. Thomas. — Résumé de philos.   22

CHAPITRE III

DE LA MÉTHODE DANS LES SCIENCES MATHÉMATIQUES

A

B. — DE LA DÉDUCTION, SES DIFFÉRENTES FORMES

CHAPITRE IV. — MÉTHODE DES SCIENCES DE LA NATURE

A. — LES PROCÉDÉS DES SCIENCES PHYSIQUES

CHAPITRE V. — MÉTHODE DES SCIENCES MORALES

Chapitre VI. — DES HYPOTHÈSES SCIENTIFIQUES

DEUXIÈME PARTIE

ÉLÉMENTS DE PHILOSOPHIE MORALE

INTRODUCTION

Chapitre Premier. — CONDITIONS DE LA MORALITÉ

Chapitre IV. — LA RESPONSABILITÉ ET LA SANCTION

TROISIÈME PARTIE

MORALE PRATIQUE

Chapitre Premier. — DE LA SOLIDARITÉ MORALE

Chapitre II. — DEVOIRS ENVERS NOUS-MÊMES

ESPINAS (Alf.), doyen de la Faculté des lettres de Bordeaux. — **Des Sociétés animales**. 1 vol. in-8, 2e édit. . . . . 7 fr. 50

FONSEGRIVE. — **Essai sur le libre arbitre**. Sa théorie, son histoire. 1 vol. in-8. . . . . 10 fr. »

FOUILLÉE (Alf.), ancien maître de conférences à l'École normale supérieure. — **La Liberté et le Déterminisme**. 1 vol. in-8. 7 fr. 50

— **Critique des systèmes de morale contemporains**. In-8 . 7 fr. 50

FRANCK (A.), de l'Institut. — **Philosophie du droit civil**. 1 vol. in-8 . . . . 5 fr. »

GUYAU. — **La morale anglaise contemporaine**. 1 vol. in-8. 7 fr. 50

— **Esquisse d'une morale sans obligation ni sanction**. 1 vol. in-8. 5 fr.

— **La Morale d'Épicure** et ses rapports avec les doctrines contemporaines. 1 vol. in-8, 3e édit . . . . 7 fr. 50

HERBERT SPENCER. — **Les premiers principes**. Traduit par Cazelles. 1 fort volume in-8 . . . . 10 fr. »

— **Principes de sociologie**, traduits par Cazelles et Gerschel, 4 vol. in-8, tome I, 10 fr.; tome II, 7 fr. 50; tome III, 15 fr.; tome IV, 3 fr. 75.

— **De l'éducation physique, intellectuelle et morale**. In-8 . 5 fr. »

— **L'individu contre l'Etat.** — Traduit par M. Gerschel. In-18. 2 fr. 50

JANET (Paul), de l'Institut. — **Histoire de la science politique dans ses rapports avec la morale**. 3e édit., revue, remaniée et considérablement augmentée, 2 forts vol. in-8. . . . . 20 fr. »

— **Les origines du socialisme contemporain**. 1 vol. in-18 . 2 fr. 50

JANET (Pierre), professeur au Collège Rollin. — **L'automatisme psychologique**. Essai sur les formes inférieures de l'activité mentale. 1 vol. in-8, 1889. . . . . 7 fr. 50

JOYAU. — **Essai sur la liberté morale**. 1 vol. in-18. . . . 3 fr. 50

KANT. — **La Critique de la raison pratique**. Traduction nouvelle, avec introduction et notes, par M Picavet. 1 vol. in-18 . . . 6 fr. »

— **Principes métaphysiques de la morale**, augmentés des *Fondements de la métaphysique des mœurs*, trad. par M. Tissot. In-8 . 8 fr. »

MARION (H.), professeur à la Sorbonne. — **De la Solidarité morale**. Essai de psychologie appliquée. 1 vol. in-8, 2e édit. . . 5 fr. »

RIBOT (Th.). — **Les maladies de la personnalité**. 4e éd. In-18. 2 fr. 50

STUART MILL. — **L'Utilitarisme**. 2e édit. 1 vol. in-18 . . 2 fr. 50

VALLIER. — **De l'intention morale**. 1 vol. in-8 . . . . . 3 fr. 50

DESCARTES. — **Discours sur la Méthode**, avec notes, par V. Brochard, professeur à la Faculté des lettres de Paris. In-12. . . . 1 fr. 25

ARISTOTE. — **Morale à Nicomaque**, livre X, avec notes par L. Carrau, professeur à la faculté des lettres de Paris. 1 vol. in-12. 1 fr. 25

CICÉRON. — **De officiis**, livre I, avec notes par E. Boirac, professeur au lycée Condorcet. 1 vol. in-12 . . . . 1 fr. 40

PLATON. — **La République**, livre VI, avec notes par Espinas, professeur à la faculté des lettres de Bordeaux. 1 vol. in-12. 2 fr. »

XÉNOPHON. — **Mémorables**, livre I, avec notes par Penjon, professeur à la Faculté des lettres de Lille. 1 vol. in-12. . . . . . 1 fr. 25

E. BOIRAC. — **Cours élémentaire de Philosophie**, suivi de *Notions d'histoire de la philosophie, de sujets de dissertation, donnés à la Faculté des lettres de Paris et d'un résumé du cours* pour les classes de philosophie et de première (lettres), par Émile Boirac, professeur de philosophie au Lycée Condorcet. 1 vol. in-8, 5e édit., br. 6 fr. 50, cart. à l'angl . . . . 7 fr. 50

E. BOIRAC. — **La Dissertation philosophique.** *Choix de sujets, plans, développements, avec une introduction sur les règles de la dissertation philosophique,* par EMILE BOIRAC, professeur de philosophie au Lycée Condorcet. 1 vol. in-8, 3e édit., br. 6 fr. 50; cart. à l'angl.   7 fr. 50

REVUE PHILOSOPHIQUE de la France et de l'Étranger, DIRIGÉE PAR TH. RIBOT, professeur au Collège de France. — 18e année, 1893.
La Revue philosophique parait tous les mois, par livraisons de 7 feuilles grand in-8, et forme ainsi à la fin de chaque année deux forts volumes d'environ 680 pages chacun. — Abonnement : Un an, pour Paris, 30 fr. — Pour les départements et l'étranger, 33 fr.
La livraison. . . . .   3 fr.

BIBLIOTHÈQUE UTILE

110 VOLUMES PETIT IN-18 DE 192 PAGES, DONT UN GRAND NOMBRE ILLUSTRÉS
Chaque volume broché, 60 cent., cartonné à l'anglaise, 1 fr.

LECTURES SCIENTIFIQUES

Télescope et Microscope, par ZURCHER et MARGOLLÉ.
Les Phénomènes de l'atmosphère, par ZURCHER.
Histoire de l'air, par ALBERT LÉVY (avec fig.).
Histoire de l'eau, par BOUANT (avec fig.).
Histoire de la terre, par BROTHIER.
Principaux faits de la chimie, par SAMSON.
Les Phénomènes de la mer, par MARGOLLÉ.
Introduction à l'étude des sciences physiques, par MORAND (avec fig.).
Géologie, par GEIKIE (avec fig.).
Les Migrations des animaux et le Pigeon voyageur, par ZABOROWSKI.
Premières Notions sur les sciences, par Th. HUXLEY.
Les mondes disparus, par ZABOROWSKI (avec fig.).

Zoologie générale, par H. BEAUREGARD (avec fig.).
La Machine à vapeur, par H. GOSSIN (avec fig.).
La Photographie, par H. GOSSIN (avec fig.).
Les entretiens de Fontenelle sur la pluralité des mondes, mis au courant de la science par BOILLOT.
Les chemins de fer, par G. MAYER (avec fig.).
Le Soleil et les Etoiles, par le P. SECCHI, BRIOT, WOLF et DELAUNAY (avec fig.).
Les phénomènes célestes, par ZURCHER et MARGOLLÉ.
A travers le ciel, par AMIGUES.
Origine et Fin des mondes, par RICHARD, 3e édition.
Notions d'astronomie, par CATALAN (avec fig.).

LECTURES PHILOSOPHIQUES

Histoire de la Philosophie, par BROTHIER. | L'homme est-il libre ? par G. RENARD. | Physiologie de l'esprit, par FR. PAULHAN.

LECTURES SUR LES PRINCIPES DU DROIT ET L'ÉCONOMIE POLITIQUE

Économie rurale et agricole, par PETIT.
Richesse et Bonheur, par AD. COSTE.
Alcoolisme ou Épargne, par AD. COSTE.

La Loi civile en France, par MORIN.
La Justice criminelle en France, par G. JOURDAN.
Économie politique, par STANLEY JEVONS.

LECTURES HISTORIQUES

HISTOIRE DE FRANCE

Les Mérovingiens, par BUCHEZ.
Les Carlovingiens, par BUCHEZ.
Les Luttes religieuses des premiers siècles, par BASTIDE.
La France au moyen âge, par F. MORIN.
Jeanne d'Arc, par LOCK.
La Révolution française, par H. CARNOT (2 volumes).
La Défense nationale en 1792, par P. GAFFAREL.
Histoire de la Restauration, par LOCK.
Histoire de Louis-Philippe, par Edgar ZEVORT.
Mœurs et Institutions de la France, par P. BONDOIS (2 volumes).
Histoire de l'armée française, par L. BÉRE.
Histoire de la marine française, par DONEAUD.
Histoire de la conquête de l'Algérie, par QUESNEL.
Les Origines de la Guerre de 1870, par CH. DE LA RIVIÈRE.

HISTOIRES ÉTRANGÈRES

L'Espagne et le Portugal, par RAYMOND.
Histoire de l'empire ottoman, par COLLAS.
La révolution d'Angleterre, par Eug. DESPOIS.
Histoire de la maison d'Autriche, par ROLLAND.
L'Europe contemporaine (1789-1879), par P. BONDOIS.
Histoire contemporaine de la Prusse, par DONEAUD.
Histoire contemporaine de l'Italie, par HENNEGUY.
Histoire contemporaine de l'Angleterre, par REGNARD.

HISTOIRE ANCIENNE

La Grèce ancienne, par COMBES.
L'Asie occidentale et l'Egypte, par OTT.
L'Inde et la Chine, par OTT.
Histoire romaine, par CREIGHTON.
L'Antiquité romaine, par WILKINS (avec gravures).
L'Antiquité grecque, par MAHAFFY (avec gravures).

LECTURES GÉOGRAPHIQUES

Torrents, fleuves et canaux de la France, par BLERZY.
Les colonies anglaises, par BLERZY.
Les Iles du Pacifique, par le capitaine de vaisseau JOUAN.
Les mines de la France et de ses colonies, par MAIGNE.
L'Indo-Chine française, par FAQUE.

L'Afrique française, par A. JOYEUX.
Géographie physique, par GEIKIE (avec fig.).
Continents et Océans, par GROVE (avec fig.).
Les Frontières de la France, par P. GAFFAREL.

ÉVREUX, IMPRIMERIE DE CHARLES HÉRISSEY

9 782019 701611